Se você estiver sofrendo por estresse, cansaço, doença ou simplesmente quiser reencontrar algum equilíbrio em sua vida, mindfulness pode ajudar. Estas pequenas dicas práticas podem ajudar a aumentar seu entendimento sobre o assunto, esboçar algumas meditações curtas e fornecer informação o suficiente para capacitá-lo a introduzir mindfulness em sua vida.

USANDO MINDFULNESS PARA LIDAR COM EMOÇÕES DIFÍCEIS

Todos temos dias difíceis; alguns são piores do que outros. Quando as emoções ficam insustentáveis, você pode usar esta fórmula RAIN para ajudá-lo a gerenciar seus sentimentos de uma forma atenta:

- **R — Reconheça** a emoção que está sentindo. Nomeie a emoção caso consiga.

- **A — Aceite** a experiência que está vivendo. Sim, você provavelmente não gosta da sensação, mas a realidade é que a emoção está aqui agora.

- **I — Investigue.** Torne-se curioso acerca de sua experiência. Onde você sente a emoção em seu corpo? Que tipos de pensamentos estão passando pela sua cabeça?

- **N — Não se identifique.** Pense na emoção como um evento passageiro, e não quem você realmente é, assim como imagens refletidas em um espelho não são o espelho. Diferentes emoções surgem e passam por você, mas não são você mesmo. O passo mais importante é a não identificação. Tenha a atitude de que "a raiva está chegando mas logo passará" ou então "a tristeza está surgindo em mim, mas ela se dissolverá em algum momento".

Algumas vezes você só precisa de um passo destes, enquanto que, em outras vezes, precisará trabalhar com toda a fórmula. Pratique utilizando a fórmula sempre que puder, assim, quando as coisas se tornarem um desafio para você, ela será mais fácil de ser utilizada.

APRENDENDO SOBRE O VERDADEIRO MINDFULNESS

Mindfulness é mais do que uma série de técnicas para praticar. Ele tem como essência questionar sua identidade e relacionamento com o mundo ao seu redor. Ao compreender quem é num âmbito mais profundo, você é menos afetado pelas emoções, pensamentos ou sensações físicas negativas — você está atacando a raiz do problema. Por esses motivos, vale a pena gastar um tempo e esforço para descobrir quem você realmente é. Experimente isto:

- Perceba que seus pensamentos vêm e vão. Você está atento a eles. Você é aquele que está ciente dos seus pensamentos — você não é os pensamentos em si.

- Perceba que suas emoções vêm e vão também. Você está ciente da emoção em vez de ser a emoção em si. Você é o observador da emoção.

- Observe que, embora sua *atenção* vá de uma coisa para outra, sua intenção de estar sempre *consciente* está constantemente presente. Você está sempre *consciente* de alguma coisa. A consciência está sempre a postos e completamente sem esforço. Você é a própria consciência.

- Reflita sobre a afirmação: *"Não posso ser o que observo"*. Assim como seu olho não é o livro só porque está lendo, você não é seus pensamentos, emoções, sensações e percepções só porque os está observando. Você é a testemunha deles. Como testemunha, está completamente livre deles.

- Seja como você é. Você não consegue *tornar-se* você, pois já é quem você é! Então apenas relaxe e seja — consciência sem esforços. A consciência é seu estado natural — o que você sempre foi e sempre será.

Um dos maiores magos do século XX, Nisargatta colocou isso da seguinte maneira: "Descubra tudo o que você não é — corpo, sentimentos, pensamentos, tempo, espaço, isso ou aquilo — nada, concreto ou abstrato, que você possa perceber pode ser você mesmo."

COMPREENDENDO OS TRÊS ASPECTOS DO MINDFULNESS

Mindfulness tem três aspectos diferentes que funcionam juntos para trazer um estado de consciência com atenção plena. Imprima e pendure esta lista para lembrar-se de quais são eles.

- Intenção — Sua intenção é o que você espera receber da prática da atenção plena. Você pode querer reduzir o estresse, obter um maior equilíbrio emocional ou descobrir sua natureza real. A força de sua intenção ajuda a motivá-lo a praticar a atenção plena diariamente e molda a qualidade da sua consciência mindfulness.

- Atenção — Atenção plena é focar na sua experiência interna ou externa. Sua atenção plena é desenvolvida principalmente por meio de vários tipos diferentes de meditação — sejam elas formais, tradicionais ou informais — ao falar, tomar banho ou dirigir, por exemplo.

- Atitude — A atenção plena envolve focar em certas atitudes, como a curiosidade, aceitação e bondade.

Mindfulness

para
leigos

Mindfulness
para leigos

Tradução da 2ª Edição

Por Shamash Alidina

Rio de Janeiro, 2018

Mindfulness Para Leigos® — Tradução da 2ª Edição
Copyright © 2018 da Starlin Alta Editora e Consultoria Eireli. ISBN: 978-85-508-0299-2

Translated from original Mindfulness For Dummies®, 2nd Edition. Copyright © 2015 by John Wiley & Sons, Ltd. ISBN 978-1-118-86818-8. This translation is published and sold by permission of John Wiley & Sons, Ltd., the owner of all rights to publish and sell the same. PORTUGUESE language edition published by Starlin Alta Editora e Consultoria Eireli, Copyright © 2018 by Starlin Alta Editora e Consultoria Eireli.

Todos os direitos estão reservados e protegidos por Lei. Nenhuma parte deste livro, sem autorização prévia por escrito da editora, poderá ser reproduzida ou transmitida. A violação dos Direitos Autorais é crime estabelecido na Lei nº 9.610/98 e com punição de acordo com o artigo 184 do Código Penal.

A editora não se responsabiliza pelo conteúdo da obra, formulada exclusivamente pelo(s) autor(es).

Marcas Registradas: Todos os termos mencionados e reconhecidos como Marca Registrada e/ou Comercial são de responsabilidade de seus proprietários. A editora informa não estar associada a nenhum produto e/ou fornecedor apresentado no livro.

Impresso no Brasil — 2018 — Edição revisada conforme o Acordo Ortográfico da Língua Portuguesa de 2009.

Publique seu livro com a Alta Books. Para mais informações envie um e-mail para autoria@altabooks.com.br

Obra disponível para venda corporativa e/ou personalizada. Para mais informações, fale com projetos@altabooks.com.br

Produção Editorial Editora Alta Books	**Gerência Editorial** Anderson Vieira	**Produtor Editorial (Design)** Aurélio Corrêa	**Marketing Editorial** Silas Amaro marketing@altabooks.com.br	**Vendas Atacado e Varejo** Daniele Fonseca Viviane Paiva comercial@altabooks.com.br
Produtor Editorial Thiê Alves	**Assistente Editorial** Illysabelle Trajano		**Ouvidoria** ouvidoria@altabooks.com.br	
Equipe Editorial	Adriano Barros Aline Vieira Bianca Teodoro	Ian Verçosa Juliana de Oliveira Kelry Oliveira	Paulo Gomes Thales Silva Viviane Rodrigues	
Tradução Gustavo Monsanto	**Copidesque** Ana Paula da Fonseca	**Revisão Gramatical** Vivian Sbravatti Samantha Batista	**Revisão Técnica** Daniela Sopezki Psicóloga, instrutora de yoga e mindfulness	**Diagramação** Joyce Matos

Erratas e arquivos de apoio: No site da editora relatamos, com a devida correção, qualquer erro encontrado em nossos livros, bem como disponibilizamos arquivos de apoio se aplicáveis à obra em questão.
Acesse o site www.altabooks.com.br e procure pelo título do livro desejado para ter acesso às erratas, aos arquivos de apoio e/ou a outros conteúdos aplicáveis à obra.

Suporte Técnico: A obra é comercializada na forma em que está, sem direito a suporte técnico ou orientação pessoal/exclusiva ao leitor.

A editora não se responsabiliza pela manutenção, atualização e idioma dos sites referidos pelos autores nesta obra.

Dados Internacionais de Catalogação na Publicação (CIP) de acordo com ISBD

A398m   Alidina, Shamash

           Mindfulness para leigos / Shamash Alidina ; traduzido por Gustavo Monsanto. - Rio de Janeiro : Alta Books, 2018.
           376 p. : il. ; 17cm x 24cm.

           Tradução de: Mindfulness For Dummies
           Inclui índice.
           ISBN: 978-85-508-0299-2

           1. Meditação. 2. Estresse. 3. Concentração. 4. Mindfulness. I. Monsanto, Gustavo. II. Título.

2018-438   CDD 158.128
                                                   CDU 159.923

Elaborado por Odílio Hilario Moreira Junior - CRB-8/9949

Rua Viúva Cláudio, 291 — Bairro Industrial do Jacaré
CEP: 20.970-031 — Rio de Janeiro (RJ)
Tels.: (21) 3278-8069 / 3278-8419
www.altabooks.com.br — altabooks@altabooks.com.br
www.facebook.com/altabooks — www.instagram.com/altabooks

Sobre o Autor

Shamash Alidina ensina mindfulness desde 1998. Ele foi convidado para fazer uma pequena experiência com um exercício curto de mindfulness enquanto estudava em um curso noturno de filosofia prática. E ele pegou o vírus do mindfulness! Ficou encantado pelo poder de transformar seu estado mental, durante a meditação em si e por meio de exercícios na sua vida cotidiana. Decidiu, então, dedicar seu tempo a aprender e ensinar mindfulness aos outros. Ele ensinou mindfulness para grupos de adultos e, além disso, ensinou em uma escola para crianças em Londres por oito anos, que integrava mindfulness e meditação ao currículo. Ele tem trabalhado no campo do mindfulness em tempo integral desde 2010.

Shamash treinou formalmente no Centro de Mindfulness da Universidade de Bangor, no país de Gales. Ele comanda sua própria organização de treinamento bem-sucedida, ShamashAlidina.com (em inglês), para apresentar mindfulness ao público geral, assim como treinar professores e organizações de negócios, em aulas presenciais e, frequentemente, por intermédio de aulas ao vivo online. Deu treinamentos em gestão em saúde do trabalho com o Health and Safety Executive (autoridade sanitária no Reino Unido) e treina regularmente executivos para a redução do estresse. Ele ensinou mindfulness no mundo todo, incluindo EUA, Austrália, Nova Zelândia, Oriente Médio e Europa.

Shamash foi entrevistado por muitos jornais de circulação nacional e revistas, além de aparecer no rádio e na televisão. Apresentou-se em campanhas de mindfulness e regularmente posta em blogs sobre suas maiores paixões: mindfulness, compaixão, sabedoria e felicidade. Vive atualmente em Londres.

Dedicatória

Este livro é dedicado a você, leitor querido. Que a prática da atenção plena beneficie você e aqueles que você ama.

Agradecimentos do Autor

Eu gostaria de dizer meu muito obrigado à minha editora Iona Everson, que eu tive o prazer de encontrar e trabalhar junto — tenho o orgulho de ter seu olho treinado na produção desta segunda edição. Gostaria de agradecer à Jenniffer Prytherc e Nicole Hermitage, que originalmente me encomendaram a criação da primeira edição deste livro. E também gostaria de estender meus agradecimentos de todo o meu coração para toda a equipe de produção da Wiley — este livro certamente é um trabalho de equipe!

Gostaria de agradecer a todos os membros da minha família, em especial, ao meu irmão Aneesh, que foi o primeiro a dar a ideia do *Mindfulness para Leigos* e aos meus pais Majuh e Fateh, que me apoiam vida afora.

Muito obrigado aos meus amigos maravilhosos pelo seu incentivo (além dos motivos pelos quais eu acho que eles sejam incríveis): Joelle (brilhante entusiasmo), Vicky (positividade brilhante), Michal (percepção visionária e bondade), Patrycja (ser cheia de compaixão), Alma (minha inspiração), Garry (cheio de risos), Marc (tão sábio e divertido), Harpal (amistoso e engraçado), Oskar (puramente espiritual), Maneesh (grande pensador), Joe (amistoso e divertido), Richard (faz as coisas acontecerem), BKC (profundo pensador), Sid (mantém a coisa tranquila), Leroy (hilário) e Waqas (um grande amigo). Eu não tenho a chance de ver alguns de vocês com tanta frequência, mas fiquem certos de que eu, frequentemente, penso em todos. E desculpem-me aqueles que eu esqueci — isso quer dizer apenas que a atenção plena não melhorou minha memória!

Gratidão ao meu Diretor Chefe de Tecnologia e amigo Paul que me ajudou TANTO ao transformar minha paixão em meu trabalho. E à Teresa, minha amiga e Diretora Chefe de Felicidade, com quem você falará caso entre em contato conosco.

Gostaria de agradecer a Steven Hickman, Diretor do UCSD Center for Mindfulness pelo seu apoio ao meu livro e por escrever um belo prefácio para ele.

Finalmente, gostaria de agradecer aos professores que continuam a me inspirar com a atenção plena, sabedoria e compaixão em suas palestras e textos: o Dalai Lama, Matthieu Ricard, Jon Kabat-Zinn, Mark Williams, Steven Hayes, Russ Harris, Ramana Maharshi e Nisargadatta. Obrigado por inspirar outros a olharem profundamente para dentro de si e compartilharem a beleza deste dom misterioso que possuímos — a própria vida.

Sumário Resumido

Introdução 1

Parte 1: Começando com Mindfulness......................5
CAPÍTULO 1: Descobrindo Mindfulness 7
CAPÍTULO 2: Aproveitando os Benefícios do Mindfulness 21

Parte 2: Preparando o Terreno para uma Vida com Atenção Plena 39
CAPÍTULO 3: Nutrindo Sua Motivação.............................. 41
CAPÍTULO 4: Cultivando Atitudes Saudáveis 55
CAPÍTULO 5: Humanos Sendo **Versus** Humanos Fazendo 77

Parte 3: Praticando Mindfulness 95
CAPÍTULO 6: Entrando na Prática Formal da Meditação Mindfulness 97
CAPÍTULO 7: Usando Mindfulness para Você e para os Outros 129
CAPÍTULO 8: Usando o Mindfulness em sua Vida Diária...................... 151
CAPÍTULO 9: Estabelecendo Sua Própria Rotina Mindfulness 173
CAPÍTULO 10: Lidando com os Obstáculos e Transcendendo as Distrações 191

Parte 4: Colhendo os Frutos do Mindfulness............. 211
CAPÍTULO 11: Descobrindo uma Felicidade Maior 213
CAPÍTULO 12: Reduzindo o Estresse, a Raiva e a Fadiga 235
CAPÍTULO 13: Usando Mindfulness para Combater a Ansiedade, a Depressão e a Dependência... 255
CAPÍTULO 14: Estabelecendo Contato com o Corpo: Curando o Corpo 279
CAPÍTULO 15: Treinando Crianças em Mindfulness 293

Parte 5: A Parte dos Dez.................................... 311
CAPÍTULO 16: As Dez Melhores Dicas sobre Viver com Mindfulness 313
CAPÍTULO 17: Dez Maneiras pelas quais o Mindfulness pode Realmente Ajudá-lo.. 323
CAPÍTULO 18: Dez Mitos do Mindfulness para Descobrir 333
CAPÍTULO 19: Dez Caminhos para Estudar Mais........................343

Índice.. 351

Sumário

INTRODUÇÃO 1
   Sobre Este Livro 1
   Penso que... 2
   Ícones Utilizados Neste Livro 2
   Além Deste Livro 3
   De Lá para Cá, Daqui para Lá 3

PARTE 1: COMEÇANDO COM MINDFULNESS 5

CAPÍTULO 1: **Descobrindo Mindfulness** 7
   Compreendendo o Significado do Mindfulness 8
   Observando a Meditação Mindfulness 9
   Usando Mindfulness para lhe Ajudar 11
      Dando espaço para a cura 11
      Gozando de um relaxamento maior 12
      Melhorando a Produtividade 13
      Desenvolvendo uma maior sabedoria 14
      Descobrindo o seu eu observador 15
   Começando a Aventura do Mindfulness 16
      Começando a viagem 16
      Superando os desafios 17
      Explorando a jornada de uma vida inteira 18

CAPÍTULO 2: **Aproveitando os Benefícios do Mindfulness** . . . 21
   Relaxando o Corpo 22
      Entrando novamente em contato 22
      Estimulando seu sistema imunológico 24
      Reduzindo a dor 24
      Desacelerando o processo de envelhecimento 25
   Acalmando a Mente 26
      Ouvindo os seus pensamentos 27
      Tomando decisões melhores 28
      Recobrando seus sentidos 29
      Criando uma mente atenta 30
   Tranquilizando Suas Emoções 32
      Compreendendo suas emoções 32
      Lidando com os sentimentos de forma diferente 33
   Conhecendo a Si Mesmo: Descobrindo seu Eu Observador 34

xiii

PARTE 2: PREPARANDO O TERRENO PARA UMA VIDA COM ATENÇÃO PLENA........................39

CAPÍTULO 3: **Nutrindo Sua Motivação**............................41

Explorando Suas Intenções.................................42
Esclarecendo a intenção em mindfulness.................42
Encontrando o que você busca...........................43
Desenvolvendo uma visão................................45
Praticando mindfulness para o benefício de todos...........47
Preparando-se para o Mindfulness..........................48
Olhando Além da Resolução de Problemas...................48
Aperfeiçoando seu Comprometimento.......................50
Dominando a autodisciplina..............................50
Comprometendo-se com algo que seja certo para você.......51
Inspirando-se com motivação extra.......................52
Lidando com a resistência em praticar...................54

CAPÍTULO 4: **Cultivando Atitudes Saudáveis**.....................55

Sabendo como a Atitude Afeta o Resultado..................56
Descobrindo suas Atitudes em Relação ao Mindfulness.........56
Desenvolvendo Atitudes Úteis..............................58
Compreendendo a aceitação...............................58
Descobrindo a paciência.................................60
Vendo de novo..61
Encontrando a confiança.................................63
Cultivando a curiosidade................................64
Libertando-se..65
Desenvolvendo a bondade.................................67
Apreciando a 'Amabilidade'................................69
Compreendendo o mindfulness como amabilidade...........69
Desenvolvendo uma Atitude de Gratidão....................70
Aprendendo a deixar para trás por meio do perdão.........71
Abordando Atitudes Inúteis................................73
Evitando soluções temporárias...........................74
Superando o perfeccionismo..............................74
Descobrindo a partir do fracasso........................74

CAPÍTULO 5: **Humanos Sendo *Versus* Humanos Fazendo**.....77

Entrando no Modo Mental de Fazer..........................78
Abraçando o Modo Mental de Ser............................80
Combinando o Ser e o Fazer................................82
Superando o Fazer Obsessivo: Distinguindo as Vontades
das Necessidades......................................83
Estar na Zona: A Psicologia do Fluxo......................84
Compreendendo os fatores do fluxo de atenção plena.......85
Descobrindo suas experiências de fluxo..................86

xiv   Mindfulness Para Leigos

Encorajando um Modo Mental de Ser 87
    Lidando com as emoções usando o modo ser 89
    Encontrando tempo para apenas ser 90
    Vivendo no momento 91

PARTE 3: PRATICANDO MINDFULNESS 95

CAPÍTULO 6: Entrando na Prática Formal da Meditação Mindfulness 97

Preparando seu Corpo e Mente para a Meditação Mindfulness . . . 98
Saboreando a Meditação Mindfulness ao Comer 98
Relaxando com a Meditação Mindfulness ao Respirar 100
Aderindo ao Movimento com Atenção Plena 102
Experimentando a Meditação de Escaneamento Corporal
    (Body Scan) 104
    Praticando o escaneamento corporal 104
    Apreciando os benefícios da meditação de escaneamento
        corporal 110
    Superando obstáculos no escaneamento corporal 111
Aproveitando a Meditação Sentada 113
    Encontrando uma postura que seja boa para você 113
    Praticando a meditação sentada 117
    Superando os obstáculos da meditação sentada 120
Andando Por Aí e Meditando 121
    Examinando seus hábitos de caminhada 122
    Praticando a caminhada meditativa 122
    Experimentando caminhadas meditativas alternativas 123
    Superando os obstáculos da caminhada meditativa 124
Gerando Compaixão: Meditações Metta 125
    Praticando a meditação do amor e bondade 126
    Superando os obstáculos da meditação Metta 128

CAPÍTULO 7: Usando Mindfulness para Você e para os Outros 129

Usando um Miniexercício de Mindfulness 130
    Introduzindo a pausa para respirar 131
    Praticando a pausa para respirar 131
    Usando a pausa para respirar entre as atividades 135
Usando Mindfulness para Cuidar de Si 136
    Exercitando-se com atenção plena 136
    Preparando-se para dormir com mindfulness 138
    Visando um equilíbrio consciente entre trabalho e vida 139
Usando Mindfulness em Relacionamentos 140
    Começando pelo seu relacionamento consigo mesmo 140
    Lidando com as discussões em relacionamentos
        românticos: um caminho de atenção plena para
        uma paz maior 142

XV

Engajando-se em uma escuta profunda .143
Estando consciente das expectativas. .145
Observando o espelho dos relacionamentos. 146
Trabalhando com suas emoções 147
Vendo pessoas difíceis como seus professores. 148

CAPÍTULO 8: Usando o Mindfulness em sua Vida Diária 151
Usando Mindfulness no Trabalho. 152
Começando o dia com atenção plena .152
Começando com minimeditações. 153
Indo da reação à resposta 154
Resolvendo problemas criativamente .156
Praticando a atenção plena ao trabalhar. 158
Tentar realizar uma tarefa só por vez: descobrindo o mito
da multitarefa 158
Terminando com o "deixar para lá" 160
Usando Mindfulness em Movimento 160
Caminhando com atenção plena 160
Dirigindo com atenção plena. 161
Viajando com atenção plena no transporte público 162
Usando Mindfulness no Lar. 163
Acordando com atenção plena 163
Cumprindo tarefas diárias com consciência 164
Segunda fome: superando a alimentação problemática 166
Vivendo com Atenção Plena na Era Digital 168
Avaliando seu nível de dependência em tecnologia 168
Usando mindfulness para estar no controle novamente 170
Usando a tecnologia para aumentar a atenção plena 171

**CAPÍTULO 9: Estabelecendo Sua Própria Rotina
Mindfulness**. 173
Experimentando o Curso de Mindfulness Baseado
em Evidências. 174
Semana Um: Compreendendo o Piloto Automático 175
Semana Dois: Lidando com as barreiras 176
Semana Três: Estar com a atenção plena em movimentos 177
Semana Quatro: Permanecendo Presente 178
Semana Cinco: Abraçando a aceitação 179
Semana Seis: Percebendo que pensamentos são
apenas pensamentos 180
Semana Sete: Cuidando de si mesmo .181
Semana Oito: Reflexão e mudança. 181
Escolhendo o que Praticar para a Redução Rápida
do Estresse 183
Indo Ainda Mais Fundo 185
Descobrindo o valor do silêncio 185
Separando um dia para o mindfulness .186

xvi Mindfulness Para Leigos

Juntando-se a um grupo 188
Encontrando um retiro apropriado 189

CAPÍTULO 10: **Lidando com os Obstáculos e Transcendendo as Distrações** 191

Extraindo o Máximo da Meditação 192
Achando tempo 192
Superando o tédio e a inquietação 193
Permanecendo acordado durante a meditação
mindfulness 195
Encontrando um foco 197
Recarregando o entusiasmo 197
Lidando com Distrações Comuns 198
Lidando com experiências incomuns 199
Aprendendo a relaxar 201
Desenvolvendo paciência 201
Aprendendo a partir de Experiências Negativas 202
Lidando com o desconforto físico 203
Superando emoções difíceis 203
Aceitando seu progresso 205
Indo além dos pensamentos que não ajudam 205
Encontrando um Caminho Pessoal 206
Abordando dificuldades com bondade 207
Entendendo o porquê de você estar se incomodando 208
Percebendo que os obstáculos são inevitáveis 208
Estabelecendo expectativas realistas 209
Observando a mudança 210

PARTE 4: COLHENDO OS FRUTOS DO MINDFULNESS . . 211

CAPÍTULO 11: **Descobrindo uma Felicidade Maior** 213

Descobrindo o Caminho para a Felicidade 214
Explorando suas ideias sobre a felicidade 214
Deduções desafiadoras sobre a felicidade 215
Aplicando Mindfulness com a Psicologia Positiva 217
Entendendo os três caminhos para a felicidade 217
Usando seus pontos fortes pessoais com atenção plena 218
Escrevendo um diário da gratidão 220
Saboreando o momento 222
Ajudando os outros com atenção plena 223
Gerando Emoções Positivas com o Mindfulness 225
Respirando e sorrindo 226
Risada com atenção plena 228
Liberando Sua Criatividade 230
Explorando a criatividade 230
Criando condições para a originalidade 233

xvii

CAPÍTULO 12: Reduzindo o Estresse, a Raiva e a Fadiga 235

Usando o Mindfulness para Reduzir o Estresse. 236
Entendendo o seu estresse 236
Percebendo os primeiros sinais de estresse 238
Avaliando seu estresse 238
Indo da reação à resposta ao estresse 239
Expirando seu estresse. 242
Usando sua mente para administrar o estresse 244
Acalmando Sua Raiva 246
Compreendendo a raiva. 246
Lidando com o fogo quando ele surge 248
Diminuindo o Cansaço 250
Avaliando seus níveis de energia. 250
Descobrindo esgotadores de energia 251
Descobrindo o que o anima. 252
Usando as meditações para erguer-se e brilhar 253

CAPÍTULO 13: Usando Mindfulness para Combater a Ansiedade, a Depressão e a Dependência 255

Lidando com a Depressão com Atenção Plena 256
Compreendendo a Depressão 256
Entendendo o porquê de a depressão ocorrer 257
Usando o mindfulness para mudar o seu relacionamento
com o mau humor 258
Descobrindo a Terapia Cognitiva Baseada em
Mindfulness (MBCT). 260
Experiências Agradáveis e Desagradáveis. 262
Interpretando pensamentos e sentimentos 263
Combatendo os pensamentos automáticos. 264
Pontos de vista alternativos 265
Tirando o foco dos pensamentos difíceis 266
Listando suas atividades. 266
Fazendo escolhas sábias. 267
Usando um sistema de alerta contra a depressão 268
Acalmando a Ansiedade: Deixe Estar. 268
Sinta o medo... e faça amizade com ele. 268
Usando o mindfulness para lidar com a ansiedade. 269
Estar com ansiedade 271
Superando a Dependência. 272
Compreendendo uma abordagem com atenção plena
para a dependência. 273
Descobrindo como driblar o desejo: A chave da atenção
plena para destrancar a dependência 273
Administrando a recaída: Descobrindo o segredo
surpreendente para o sucesso 277

xviii Mindfulness Para Leigos

CAPÍTULO 14: Estabelecendo Contato com o Corpo: Curando o Corpo 279

Contemplando a Totalidade: Curando a partir de Dentro 280
Vendo a Conexão entre a Mente e o Corpo 281
Reconhecendo seus Limites 283
Indo Além de sua Doença 284
    Usando o Mindfulness para Administrar a Dor 285
    Conhecendo a diferença entre a dor e o sofrimento 285
    Lidando com a dor 288
Usando o Mindfulness Quando a Saúde Está Abalada 290
    Ajudando o processo de cura 291

CAPÍTULO 15: Treinando Crianças em Mindfulness 293

Crianças e Mindfulness: Uma Combinação Natural 294
Ensinando Mindfulness a Crianças 296
    Dando um exemplo 296
    Um passo de cada vez 297
Fazendo Exercícios e Jogos de Mindfulness 297
    Jogo da memória 298
    Ursinho 298
    Girar o catavento de papel 298
    A mente curiosa 299
    Meditação da bondade amorosa 300
    Meditação na Bolha 300
    Desenhando com atenção plena 301
    Escaneamento corporal com mindfulness 302
Apoiando Adolescentes com Mindfulness 302
    Introduzindo o mindfulness para os adolescentes 303
    Ajudando os adolescentes com o estresse nas provas 304
Parentalidade com Mindfulness 307
    Estar presente para seus filhos 307
    Experimentando dicas para a parentalidade com mindfulness 309

PARTE 5: A PARTE DOS DEZ 311

CAPÍTULO 16: As Dez Melhores Dicas sobre Viver com Mindfulness 313

Passe Algum Tempo Quieto Todos os Dias 314
Conecte-se às Pessoas 314
Aproveite a Beleza da Natureza 315
Mude sua Rotina Diária 316
Veja a Maravilha do Momento Presente 317
Escute As Emoções Desagradáveis 317
Lembre-se de que os Pensamentos Não São Fatos 318
Seja Grato Todos os Dias 319
Use a Tecnologia com Atenção Plena 320
Respire e Sorria! 321

xix

CAPÍTULO 17: Dez Maneiras pelas quais o Mindfulness pode Realmente Ajudá-lo 323

Treinando o Cérebro..324
Melhorando Relacionamentos 325
Estimulando a Criatividade...................................326
Diminuindo a Depressão 326
Reduzindo a Dor Crônica 327
Dando um Significado Mais Profundo à Vida 328
Reduzindo o Estresse e a Ansiedade 329
Controlando o Comportamento Dependente 330
Regulando os Hábitos Alimentares...........................331
Aumentando sua Felicidade..................................332

CAPÍTULO 18: Dez Mitos do Mindfulness para Descobrir 333

Mindfulness Baseia-se na Mente 334
Mindfulness Não É para Pessoas Inquietas 334
Mindfulness É o Pensamento Positivo........................335
Mindfulness É Só para os Budistas...........................336
Mindfulness Serve Só Para as Adversidades..................336
Mindfulness É uma Série de Técnicas 337
Mindfulness Não É para Mim.................................338
A Meditação Mindfulness É Relaxamento 339
Mindfulness Pode Ser Usado no Lugar de uma Terapia
     ou Remédio...340
Mindfulness É Complicado e Chato 340

CAPÍTULO 19: Dez Caminhos para Estudar Mais.................343

Web Sites...344
    ShamashAlidina.com 344
    The Greater Good Science Center 344
    Mindful.org 345
Livros, Revistas e Filmes 345
    Livro: Wherever you go, there you are 345
    Livro: Peace is every step 346
    Livro: Atenção Plena — Mindfulness: como encontrar
        a paz em um mundo frenético 347
    Revista: Mindful...347
    DVD: Room to Breathe 347
Retiros 348
    Centros de retiro baseados em mindfulness no mundo todo. .348
    Plum Village e centros relacionados........................349

ÍNDICE 351

Prefácio

Sentar-se para começar a escrever um livro tem muitas semelhanças com sentar-se para uma ótima refeição. Existe uma gostosa sensação de prever (em corpo e mente) uma experiência agradável. Existe curiosidade na mente. Existe uma consciência de uma certa 'fome' do que será absorvido. E cá estamos nós, completamente presentes no que encontramos perante nós: seja a experiência visual do projeto de um livro ou da apresentação de um prato na sua refeição, seja o aroma do alimento desejado ou o frescor do cheiro de um livro recém-impresso e aberto. Talvez isso capture algo de sua experiência enquanto lê estas palavras, mas, por outro lado, como eles dizem, 'sua quilometragem pode variar'. Pare por um momento e perceba qual é, NA VERDADE, a sua experiência neste momento. Qual a qualidade de sua mente? O que você percebe no seu corpo? Você está ciente de sua respiração entrando e saindo do seu corpo, essencialmente 'se respirando'?

Poucas coisas são elementarmente mais básicas ou simples e, ainda assim, tão difíceis de serem transmitidas por meio de palavras e instruções, do que o mindfulness. Em sua essência, é simplesmente estar presente em nossa experiência completa e nada mais do que nossa experiência. Ainda assim, você pode ler aquela frase anterior dezenas, até mesmo milhões, de vezes e ainda não saber (num nível bem abaixo de palavras) como praticá-la sistematicamente e trazê-la para sua vida com todos os seus estresses e desafios. A única maneira de verdadeiramente conhecer o mindfulness e cultivá-lo na vida de alguém é praticá-lo como se sua vida dependesse disso. Porque, de diversas maneiras, depende. O grau no qual você pode estar plenamente presente em sua experiência, libertando-se do julgamento quando ele não é útil e verdadeiramente vendo as coisas como elas são é o que determina realmente o grau de sofrimento e estresse que você experimentará nessa sua vida louca.

Então, a maior diferença entre sentar-se com este livro ou para uma bela refeição num restaurante gourmet é que, por mais maravilhoso, instrutivo e inspirador que este livro seja, ele é simplesmente o cardápio e não a refeição em si. Todos nós já vimos cardápios lindos em restaurantes incríveis pelo mundo afora, mas nenhum deles teria o mesmo sabor de nada do que eles descreveram! Estes cardápios, como *Mindfulness para Leigos*, simplesmente (mas de forma elegante) apontam para o verdadeiro x da questão: a *prática* do mindfulness. Uma prática que tem o potencial de nutrir e nos preencher de maneiras que nada mais consegue e trazem equanimidade, bondade e equilíbrio para cada parte de nossas vidas ocupadas e plenas.

Então, o convite é abordar este livro como Derek Wolcott (em seu poema *Love After Love*) sugere que abordemos nossa própria existência: 'Sente-se. Saboreie o banquete que é sua vida.'

Steven D. Hickman. Doutor em Psicologia, Psicólogo Clínico, Professor Clínico Assistente, Universidade da Califórnia, em San Diego, Departamento de Psiquiatria e foi Diretor do UCSD Center for Mindfulness

Introdução

Quando eu tinha cerca de oito anos de idade, descobri uma coisa incrível — eu estava na verdade vivo, neste planeta, neste universo! Assim como todo mundo. O fato de que existisse um universo por si só já era incrível, mas que eu fizesse parte dele também... era maravilhoso! Eu comecei a dizer isso a todo mundo que encontrava, mas eles não compartilhavam da minha excitação. Via adultos indo mecanicamente para o trabalho e fazendo compras e amigos brincando com jogos, mas eu tinha a consciência de uma sensação maravilhosa da existência acontecendo, a qual eles não eram capazes de compartilhar. Era como se vários fogos de artifício incríveis estivessem explodindo e todo mundo estivesse olhando para o lado errado.

Conforme eu cresci, comecei a me perder desta sensação de excitação até encontrar o mindfulness e uma série de filosofias. Fiquei aliviado ao descobrir outros que contemplavam questões similares às minhas e aprender uma maneira de administrar o meu estresse ao mesmo tempo. Eu continuo a gostar de fazer as perguntas fundamentais e descobrir que o mindfulness complementa lindamente a minha tendência natural a ser filosófico.

Neste livro, você pode descobrir como reacender a sua percepção desse mistério chamado vida, para que não esteja somente existindo para completar listas de tarefas, mas vivendo de verdade. Você descobrirá como praticar a atenção plena para que possa integrar uma nova maneira de ser a sua vida cotidiana, ajudando a lidar com a administração do estresse, desafiar emoções e aumentar seu senso geral de bem-estar em uma rica variedade de maneiras diferentes.

Sobre Este Livro

Mindfulness Para Leigos, tradução da 2ª Edição, traz as ferramentas para praticar o mindfulness sozinho. Cada capítulo está cheio de pontos de vista sobre o que é o mindfulness, como praticá-lo de forma rápida e fácil e como aprofundar sua experiência. Escrevi este livro com o iniciante em mente, mas o conhecimento se aprofunda muito mais e os praticantes experientes do mindfulness encontrarão vários novos aspectos a ponderar. Como a pesquisa da atenção plena continua a desenvolver-se rapidamente, escolhi explicar detalhadamente as suas práticas e abordagens centrais que foram testadas muitas vezes anteriormente e mostraram-se eficazes.

Penso que...

Ao escrever este livro, fiz algumas deduções sobre quem você é:

» Você quer saber mais sobre o mindfulness, mas não sabe exatamente o que ele é e como praticá-lo.
» Você está disposto a ter uma boa chance de experimentar os diversos exercícios de mindfulness antes de julgar se são eficazes para você.
» Você está interessado nas muitas aplicações do mindfulness.
» Você não tem medo de um pouco de meditação do mindfulness.

Além disso, não deduzi muito mais, espero. Este livro é para você, seja homem ou mulher, tendo 18 ou 88 anos de idade.

Ícones Utilizados Neste Livro

Espalhados ao longo deste livro, você encontrará vários ícones para guiá-lo na sua jornada. Ícones são uma maneira da *Para Leigos* de chamar sua atenção para coisas importantes e interessantes e o que você realmente precisa saber como fazer.

As faixas de áudio que aparecem no livro são uma compilação de exercícios guiados de mindfulness para você praticar. Encontre o exercício sempre que este ícone aparecer.

Estas são as coisas que você precisa saber: anote estas partes com atenção, pois são o que você quer levar deste livro.

Experimente os diferentes exercícios e dicas de mindfulness com este ícone.

Observe cuidadosamente os conselhos sob este ícone e evitará problemas desnecessários — ignore por sua conta e risco.

Encontre algumas pérolas de sabedoria e histórias significativas próximas a este ícone.

Além Deste Livro

Na página do livro, em nosso site, faça o download da Folha de Cola completa, bem como de erratas e, ainda nesse link, você encontrará as faixas de áudio dos exercícios de mindfulness para baixar. Tudo disponível no endereço: www.altabooks.com.br.

Procure pelo título do livro/ISBN.

O livro faz referência às faixas de áudio que aparecem no ícone Toque Agora!

De Lá para Cá, Daqui para Lá

Eu escrevi este livro para que você possa entrar e sair dele conforme quiser. Eu o convido a fazer bom uso da Tabela de Conteúdos — ou do índice — e vá diretamente à seção que quiser. Você está no comando e decide o que fazer. Caso seja um iniciante completo, ou não saiba por onde começar, utilize a abordagem tradicional e comece pela Parte I.

Desejo o melhor na sua busca pela atenção plena e espero que encontre algo de útil nestas páginas. Feliz mindfulness!

Mindfulness Para Leigos

1
Começando com Mindfulness

NESTA PARTE . . .

Descubra o que é mindfulness e explore seu significado

Faça uma jornada rumo aos benefícios da vida com mindfulness

Saiba o que torna mindfulness tão popular

NESTE CAPÍTULO

Definindo mindfulness

Descobrindo os benefícios do mindfulness

Explorando a jornada de mindfulness

Capítulo 1

Descobrindo Mindfulness

Mindfulness significa prestar atenção com propósito, no momento presente, infundida com atitudes como bondade, curiosidade e aceitação.

Sendo plenamente atento, você descobrirá como viver no momento presente de uma maneira positiva em vez de importar-se com o passado ou preocupar-se com o futuro. O passado já se foi e não pode ser alterado. O futuro ainda vai chegar e é desconhecido. O momento presente, este momento agora é, definitivamente, o único momento que você possui. O mindfulness mostra como viver neste momento de uma forma harmoniosa. Você descobrirá como fazer do momento presente um momento mais maravilhoso para se estar — o único lugar no qual pode criar, decidir, ouvir, pensar, sorrir, agir ou viver.

Você pode desenvolver e aprofundar o mindfulness por intermédio da meditação diária, de alguns minutos até o máximo de tempo que quiser. Este capítulo introduzirá o mindfulness e sua meditação e lhe dará as boas vindas a uma jornada fascinante.

Compreendendo o Significado do Mindfulness

Mindfulness foi originalmente desenvolvido na antiguidade e pode ser encontrado nas culturas Ocidentais e Orientais. É uma tradução da antiga palavra indiana *Sati*, que significa consciência, atenção e memória:

- » **Consciência.** Este é um aspecto do ser humano que o torna consciente de suas experiências. Sem consciência, nada existiria para você.
- » **Atenção.** A atenção é uma consciência focada; o treinamento de mindfulness desenvolve a sua habilidade de movimentar e sustentar sua atenção onde e como você escolher.
- » **Memória.** Este aspecto do mindfulness é sobre lembrar-se de prestar atenção à sua experiência de momento a momento. É fácil esquecer-se de estar com atenção plena. A palavra inglesa 'remember' (lembrar) vem originalmente do Latim *re* (novamente) e *memorari* (estar ciente de).

Digamos que você queira praticar mindfulness para ajudá-lo a lidar com o estresse. No trabalho, você pensa sobre sua apresentação futura e começa a sentir-se estressado e nervoso. Ao tornar-se *ciente* disto, você se *lembra* de *focar* sua atenção em sua própria respiração em vez de preocupar-se constantemente. Sentir sua respiração com uma sensação calorosa e gentil ajuda a acalmá-lo lentamente. Veja o Capítulo 6 para mais detalhes sobre o mindfulness na respiração.

CONSCIÊNCIA DO CORAÇÃO

O caractere japonês para mindfulness está ilustrado abaixo.

Ele combina as palavras para 'mente' e 'coração' e captura lindamente a essência do mindfulness, que não se trata apenas da consciência, mas da amabilidade, ou seja, consciência amorosa.

Dr. Jon Kabat-Zinn, que desenvolveu primeiramente o mindfulness num ambiente terapêutico, diz:

'Mindfulness pode ser cultivado prestando atenção de uma determinada maneira, ou seja, no momento presente e o mais não reativo, sem julgamento e de coração mais aberto possível.'

Você pode aprofundar o significado ainda mais:

» **Prestando atenção.** Para a atenção plena, é necessário que se preste atenção em qualquer coisa na qual você decida focar.

» **Momento presente.** A realidade de se estar no aqui e agora significa que você só precisa estar ciente da maneira que as coisas são, *como elas estão agora*. Sua experiência é válida e correta como ela é.

» **Não reativamente.** Normalmente, quando você experimenta alguma coisa, automaticamente reage àquela experiência de acordo com seu condicionamento passado. Por exemplo, caso você pense, 'eu ainda não terminei meu trabalho', reage com pensamentos, palavras e ações de alguma forma ou modelo.

   Mindfulness o encoraja a *responder* à sua experiência em vez de *reagir* a seus pensamentos. Uma reação é automática e não dá opção; uma resposta é uma ação deliberada e escolhida conscientemente (o Capítulo 12 mergulha mais fundo nas respostas de atenção plena).

» **Sem julgar.** A tentação de julgar uma experiência como boa ou ruim, algo que você gosta ou desgosta. Eu quero me sentir bem. Não gosto de me sentir com medo. Libertar-se de julgamentos o ajuda a ver as coisas como elas são, em vez de passar pelo filtro de seus julgamentos pessoais baseados no condicionamento passado.

» **De coração aberto.** Mindfulness não é somente um aspecto da mente. É também referente ao coração. Ter o coração aberto traz uma qualidade de bondade, compaixão, carinho e gentileza à sua experiência. Por exemplo, caso se pegue pensando "sou péssimo em meditação", você descobre como se libertar deste pensamento crítico e docilmente dirige sua atenção de volta ao foco da sua meditação, seja ele qual for. Para mais a respeito de atitudes para o cultivo de mindfulness, veja o Capítulo 4.

Observando a Meditação Mindfulness

Meditação Mindfulness é um tipo particular de meditação que já foi bem pesquisado e testado em ambientes clínicos.

Meditação não é pensar em nada. Meditar é prestar atenção de uma maneira sistemática em qualquer coisa na qual você decida concentrar-se, o que pode incluir a consciência de seus pensamentos. Ouvindo seus pensamentos, você descobre seus padrões habituais. Seus pensamentos têm um impacto maciço sobre suas emoções e as decisões que você toma, então estar mais ciente deles é útil.

Na meditação mindfulness, você normalmente se concentra em um ou mais dos itens abaixo:

» A sensação de sua própria respiração

» Qualquer um de seus sentidos

» Seu corpo

» Seus pensamentos ou emoções

» O que for predominante em sua consciência

LEMBRE-SE

Este livro e os áudios disponíveis para download (MP3s) incluem meditações guiadas.

A meditação mindfulness vem em dois tipos distintos:

» **Meditação Formal.** Ela é uma meditação em que você intencionalmente tira um tempo de seu dia para embarcar numa prática meditativa. Essa pausa dá a oportunidade de aprofundar sua prática do mindfulness e compreender mais sobre sua própria mente, suas tendências habituais e como manter a atenção por um determinado período de tempo, com um senso de bondade e curiosidade em relação a você e sua experiência. A meditação formal é um treinamento mental. O Capítulo 6 contém mais sobre meditação formal.

» **Meditação Informal.** Nessa meditação você entra num estado mental focado e meditativo enquanto cumpre suas tarefas diárias como cozinhar, limpar, caminhar para o trabalho, conversar com um amigo, dirigir — qualquer coisa. Pense nisso como o mindfulness cotidiano. Dessa maneira, você continua a aprofundar sua capacidade de ter atenção plena e treina sua mente para permanecer no momento presente em vez de ir para o passado ou futuro. A meditação informal de mindfulness significa que você pode descansar em uma consciência em qualquer momento do dia, independente do que estiver fazendo. Veja o Capítulo 8 para ver mais maneiras de informalmente usar o mindfulness.

LEMBRE-SE

Quando eu digo 'praticar', no que diz respeito a meditação, não quero dizer um ensaio. Praticar a meditação significa engajar-se no seu exercício — não praticar no sentido de um dia meditar com perfeição. Você não precisa julgar sua meditação ou aperfeiçoá-la de forma alguma. Sua experiência é sua experiência.

Usando Mindfulness para lhe Ajudar

Você sabe como se perde nos pensamentos? A maior parte do dia, quando você está fazendo suas coisas, sua mente está livre para pensar no que quiser. Você está funcionando em 'piloto automático' (explicado mais detalhadamente no Capítulo 5). Mas alguns de seus pensamentos automáticos podem não ser úteis, ou talvez você esteja tão preso a eles que acaba não experimentando o mundo ao seu redor. Por exemplo, você vai dar uma caminhada no parque para relaxar, mas sua mente está perdida em pensamentos sobre seu próximo projeto. Primeiramente, você não está vivendo no momento presente e, além disso, está ficando mais estressado, ansioso ou deprimido, no caso de seus pensamentos não serem úteis (os Capítulos 12 e 13 exploram a superação de pensamentos inúteis).

Mindfulness não é focado na resolução de problemas. Ele enfatiza a aceitação, primeiramente, e a mudança pode vir ou não mais tarde. Então, se você sofre de ansiedade, o mindfulness mostra como aceitar a sensação de ansiedade em vez de negar ou lutar contra o sentimento e, por meio desta abordagem, a mudança vem naturalmente. Como diz um velho ditado: "tudo aquilo a que nós resistimos, persiste". O mindfulness diz: "o que você aceita, transforma."

Esta seção explora as muitas maneiras nas quais o mindfulness pode ajudar.

CUIDADO

No mindfulness, aceitação significa o *reconhecimento* da sua experiência do momento presente. A aceitação não significa resignação ou desistência.

Dando espaço para a cura

Quando você tem uma doença física, o momento pode ser complicado. Sua condição pode ser dolorosa ou até com risco de morte. Talvez sua doença signifique que você não seja mais capaz de fazer as coisas simples da vida às quais não dava importância antes, como subir os degraus correndo ou cuidar de si mesmo de forma independente. A doença pode abalar até a sua essência. Como você pode lidar com isso? Como você pode construir sua força interna para lidar com as mudanças que ocorrem sem ficar sobrecarregado e perder toda a sua esperança?

Altos níveis de estresse, particularmente ao longo de um grande período de tempo, mostraram claramente uma capacidade de reduzir a força do sistema imunológico. Talvez você tenha ficado de cama com gripe depois de um período de estresse alto. Uma pesquisa sobre cuidadores que experimentam altos níveis de estresse por longos períodos de tempo mostram que eles têm um sistema imunológico mais fraco em resposta a doenças como a gripe.

O mindfulness reduz o estresse e, por esse motivo, é uma maneira de administrar doenças. Reduzindo seu estresse, você aumenta a eficácia de seu sistema imunológico e isso pode ajudar a aumentar a taxa de recuperação da doença que sofre, especialmente se ela estiver relacionada ao estresse.

LEMBRE-SE

O mindfulness pode reduzir o estresse, a ansiedade, a dor e a depressão e incentivar a energia, a criatividade, a qualidade de seus relacionamentos e seu senso geral de bem-estar. Quanto mais você usar do mindfulness, melhor; monges que praticaram o mindfulness a vida toda têm níveis de bem-estar medidos em seus cérebros muito acima de qualquer coisa que os cientistas julgassem possível.

O Capítulo 14 é todo sobre como o mindfulness pode ajudar a curar o corpo.

Gozando de um relaxamento maior

Mindfulness pode ser uma experiência muito relaxante. Conforme você descobre como descansar estando consciente de sua respiração ou dos sons ao seu redor, pode começar a sentir-se mais calmo.

No entanto, *o objetivo do mindfulness não é o relaxamento*. O relaxamento é um dos benefícios colaterais dele.

O mindfulness é o desenvolvimento de uma consciência das suas experiências internas e externas, sejam elas quais forem, com um senso de bondade, curiosidade e aceitação. Você pode ou não experimentar estados muito profundos de relaxamento quando praticar o mindfulness. Caso não consiga, isso não significa que você esteja praticando o mindfulness incorretamente. Você precisa somente de um pouco de paciência.

Por que o relaxamento não é a meta do mindfulness? Tente estar relaxado pelos próximos minutos. E se você não conseguir relaxar? Caso esteja em busca de relaxamento, terá êxito ou fracasso. Se você sente que está fracassando, ficará mais tenso e estressado, que é exatamente o que você não quer. No mindfulness você não pode fracassar, pois não tem uma experiência que precisa realizar. Você simplesmente pratica prestar atenção em qualquer experiência que seja a sua, da melhor maneira possível e o que tiver que acontecer, acontecerá. Você ganha um entendimento a partir de sua experiência. O mindfulness é bastante tolerante!

A Tabela 1-1 mostra a diferença entre os exercícios de relaxamento e o mindfulness.

TABELA 1-1   Relaxamento versus Mindfulness

Exercício	Meta	Método
Mindfulness	Prestar atenção na sua experiência, de momento a momento, da melhor maneira possível, com bondade, curiosidade e reconhecimento	Observar sua experiência e voltar sua atenção ao seu foco caso você se perca em pensamentos, sem autocrítica, caso seja possível
Relaxamento	Deixar os músculos relaxados e sentir-se calmo	Vários, como contração e relaxamento dos músculos

Melhorando a Produtividade

Para ter a atenção plena, você normalmente precisa fazer uma coisa por vez. Ao andar, você somente anda. Ao ouvir, você somente ouve. Ao escrever, você somente escreve. Ao praticar mindfulness formal e informalmente, você está treinando seu cérebro com atitudes de atenção plena, como a bondade, a curiosidade e o reconhecimento.

Então, se você estiver escrevendo um relatório, concentre-se nesta atividade o máximo que puder, sem esforçar-se demais. Cada vez que sua mente pular para outro pensamento, você percebe no que estava pensando (curiosidade) e depois, sem se criticar (lembre-se que está sendo gentil consigo mesmo), leva sua atenção de volta à escrita. Então, você termina seu relatório mais cedo (menos tempo gasto pensando em outras coisas) e o trabalho é, provavelmente, de uma qualidade melhor (por ter dado ao relatório sua atenção plena). Quanto mais você focar no que está fazendo, mais coisas pode realizar. Uau — mindfulness pode ajudá-lo a aumentar sua produtividade!

LEMBRE-SE

Você não pode, de uma hora para outra, decidir focar-se em seu trabalho e ficar focado. O poder da atenção não é uma decisão súbita que você toma. Você pode treinar a atenção, assim como faz com seu bíceps na academia. O mindfulness é a ginástica da mente. No entanto, você não precisa fazer um esforço enorme como faz na malhação. Ao treinar sua mente para ser atenta, você precisa ser gentil ou a mente se torna menos atenciosa. Por isso, o mindfulness requer bondade. Caso seja duro demais consigo mesmo, sua mente se revolta.

A consciência também significa que você percebe onde a energia está sendo desperdiçada. Caso você tenha o hábito de preocupar-se ou de pensar negativamente, pode se tornar ciente de tais pesamentos e aprender a pará-los.

O estresse é a maior causa de ausência no trabalho. Mindfulness é uma forma de administrar seus níveis de estresse, aumentando a produtividade, porque é mais provável que você permaneça saudável e seja capaz de trabalhar (talvez este não seja um benefício, no fim das contas).

Seu trabalho também se torna mais prazeroso se você está com a atenção plena e quando você está fazendo algo que seja mais criativo e produtivo. Caso esteja treinando sua mente para ter curiosidade a respeito da experiência em vez de sentir-se entediado, você pode estar curioso a respeito de qualquer coisa em que se engaje.

Eventualmente, com a experiência, começa a perceber que o trabalho flui em você, em vez de fazer o trabalho. Você vai perceber-se alimentando as crianças ou fazendo aquela apresentação. Você perde o senso do 'eu' estou fazendo isso e fica mais relaxado e descontraído. Quando isso acontece, o trabalho é sem esforço, normalmente de qualidade muito alta e inteiramente agradável — o que soa como um bom tipo de produtividade, você não acha?

Desenvolvendo uma maior sabedoria

A sabedoria é altamente respeitada nas tradições Ocidentais e Orientais. Sócrates e Platão consideravam a filosofia literalmente como o amor pela sabedoria (*philo-sophia*). De acordo com as tradições Orientais, a sabedoria é sua natureza essencial e leva a uma felicidade profunda por si e em ajudar os outros a acharem aquela felicidade dentro deles também.

Você pode acessar uma sabedoria maior. O mindfulness leva à sabedoria porque você aprende a lidar habilmente com seus próprios pensamentos e emoções. Só porque você tem um pensamento negativo não quer dizer que deva acreditar que ele seja verdadeiro. E quando experimentar emoções difíceis como tristeza, ansiedade ou frustração, será capaz de processá-las com o uso do mindfulness, em vez de ser dominado por elas.

Com um maior equilíbrio emocional, você é capaz de ouvir mais profundamente os outros e criar relacionamentos mais duradouros e satisfatórios. Com uma mente limpa, é capaz de tomar decisões melhores. Com seu coração aberto, você pode ser mais feliz e saudável.

O mindfulness leva à sabedoria devido ao seu maior nível de consciência. Você se torna ciente de como lida consigo mesmo, com os outros e com o mundo ao seu redor. Com a consciência aumentada, você está num lugar muito melhor para fazer escolhas certas. Em vez de viver automaticamente como um robô, você está conscientemente desperto e age baseado na reflexão e no que for do melhor interesse de todos, incluindo o seu.

Eu considero o Dalai Lama como um exemplo de pessoa sábia. Ele é bom, tem compaixão e pensa sobre o bem-estar dos outros. Busca reduzir o sofrimento e aumentar a felicidade da humanidade como um todo. Não é egocêntrico, ri bastante e não parece sobrecarregado com todos os seus afazeres e as perdas significativas pelas quais passou. As pessoas parecem realmente gostar de passar o tempo com ele. Ele, certamente, parece viver no modo de atenção plena.

14   PARTE 1 **Começando com a Atenção Plena**

Pense naqueles que você considera como sendo pessoas sábias. Quais são as suas qualidades? Eu penso que você vai achá-los conscientes e cientes de suas ações, em vez de comuns e perdidos em seus próprios pensamentos — em outras palavras, vivem a atenção plena.

Descobrindo o seu eu observador

Mindfulness pode levar a uma jornada interessante de descoberta pessoal. A palavra *pessoa* vem da palavra latina *persona*, originalmente significando um personagem em um drama ou uma máscara. A palavra *descoberta* significa des-cobrir, ou tirar uma capa. Então, neste sentido, a descoberta pessoal baseia-se em descobrir sua máscara.

Como disse Shakespeare: "Todo o mundo é um palco e todos os homens e mulheres são meramente atores." Com a prática do mindfulness, você começa a ver seus papéis, suas personas ou máscara(s) como parte do que significa ser você mesmo. Você ainda faz tudo o que fazia antes: pode continuar ajudando as pessoas, ganhando dinheiro ou o que quer que goste de fazer, mas sabe que esta é somente uma maneira de ver as coisas, uma dimensão do seu ser.

Você provavelmente usa todo tipo de máscara específica nos diferentes papéis que desempenha. Pode ser um pai, uma filha ou filho, parceiro, empregado. Cada um destes papéis pede que desempenhe certas obrigações. Você pode não ter a consciência de que isso é possível: tirar todas as máscaras por meio da prática do mindfulness.

Mindfulness é uma oportunidade de ser você mesmo. Ao praticar a meditação, você tem, às vezes, experiências nítidas de um sentimento de ser. Pode ter a sensação profunda e inteira de paz, calma e estabilidade. Seu corpo físico que, normalmente, parece tão sólido, às vezes sai do foco da sua consciência e você tem um sentimento de conexão com o seu entorno.

Algumas pessoas se apegam muito a estas experiências e tentam repeti-las muitas vezes, como se elas estivessem 'chegando mais perto' de alguma coisa. No entanto, ao longo do tempo, você começa a se dar conta de que mesmo estas experiências, de uma aparente benção, também vem e vão. Aproveite quando elas vierem e, depois, deixe-as ir.

Com a prática do mindfulness, você pode vir a descobrir que é uma testemunha das experiências da vida. Pensamentos, emoções e sensações corporais vêm e vão durante a sua prática do mindfulness e, ainda assim, uma parte sua está observando tudo o que está acontecendo — a consciência em si. Isto é algo muito simples que todo mundo pode ver e experimentar. Na verdade, ser naturalmente você mesmo é tão simples que, às vezes, pode facilmente ser ignorado.

De acordo com a filosofia oriental, como esta testemunha, você é perfeito, inteiro e completo exatamente como é. Você pode não se sentir perfeito porque identifica-se com seus pensamentos e emoções, que estão sempre mudando. Finalmente, não precisa fazer nada para atingir este estado natural, porque você é este estado natural o tempo todo — bem aqui e bem neste momento.

Por esses motivos, o mindfulness não busca a melhora pessoal. No centro do seu ser, você é perfeito exatamente como é! Os exercícios e meditações mindfulness são apenas para ajudar a treinar seu cérebro a ser mais focado e calmo e seu coração a ser aberto e acolhedor. A atenção plena não busca modificá-lo: é dar-se conta de que você é perfeitamente belo por dentro, exatamente como é.

PALAVRAS DE SABEDORIA

Eckhart Tolle, autor de *Um Novo Mundo: O Despertar de uma Nova Consciência*, diz:

'Que libertação é dar-se conta de que a "voz na minha cabeça" não é quem eu sou. Quem sou eu então? Aquele que se dá conta disso.'

Uma vez que você descobrir que é uma testemunha de toda a experiência, passa a se incomodar menos com os altos e baixos da vida. Este conhecimento oferece um caminho para uma vida feliz. É um pouco mais fácil seguir o fluxo e ver a vida como uma aventura em vez de somente uma série de lutas.

Começando a Aventura do Mindfulness

Minfulness não é uma dose rápida, mas uma aventura de uma vida inteira. Imagine o mindfulness como se fosse uma jornada num barco. Durante o caminho, vou explicar como o mindfulness se assemelha a uma jornada como essa.

Começando a viagem

A viagem começa e você dá a largada. Não sabe o que encontrará e pode até não ter muita certeza do porquê vai, mas está finalmente fazendo algo que realmente gosta e com o que pode ganhar algo. Isto é o que você quis fazer e está agora no barco. Ao mesmo tempo, está um pouco ansioso sobre o que pode acontecer — e se as coisas não derem certo?

O começo da jornada do mindfulness pode parecer assim para você. Você pode pensar: "Finalmente descobri o que preciso fazer" e estar feliz em descobrir como fazê-lo, sendo curioso e antecipando. Ao mesmo tempo, pode sentir-se inseguro sobre como "fazer" o mindfulness: Você suspeita que não tem paciência/foco/disciplina/força de vontade. Você tem ideias sobre a jornada do mindfulness. No momento, você pode sofrer de x ou y, mas, depois de ler este livro, terá reduzido tais sensações dolorosas. Pode ser que tenha objetivos claros que queira realizar e espera que o mindfulness possa ajudá-lo nisso.

LEMBRE-SE

Ter uma visão a longo prazo com o que você consegue obter com o mindfulness, mas concentrar muito nos objetivos não ajuda muito. O mindfulness é uma atividade sem objetivos. Ela é mais orientada pelo processo do que pelo objetivo. Você não vai a lugar algum, na verdade. Este é o paradoxo do mindfulness. Se ficar muito obcecado com os objetivos, você se foca na meta e não no processo. No entanto, o mindfulness é a própria jornada em si. Você não vai chegar ao momento presente em algum lugar do futuro; você só pode estar no momento presente *agora*. Mais importante do que qualquer coisa é como você encontra esse momento; se puder treinar a si mesmo para estar aberto, curioso, bom, consciente deste momento e aceitando-o, o futuro se encarrega dele mesmo. Então, enquanto você toca seu barco, esteja acordado e consciente. Veja o Capítulo 3 para mais sobre visão em mindfulness.

Superando os desafios

Quando você segue a sua jornada do mindfulness, não demora muito tempo e a excitação inicial começa a diminuir. Você enfrenta mares difíceis e piratas! Alguns dias, você gostaria que não tivesse começado esta jornada para começo de conversa. Talvez devesse ter ficado em casa.

Praticar mindfulness regularmente pode ser desafiador. O que era novo e excitante no começo não tem mais sabor de novidade. Você pode sentir uma resistência em sentar-se e meditar, mesmo por um período curto, mas sem saber o porquê. Não se preocupe: isso é muito comum. Quando você superar a resistência inicial, pode descobrir que a prática não é tão ruim quanto você imaginava que fosse. Tão logo comece, vai sentir-se bem e até gostar. Você também se sentirá bem depois, porque terá conseguido superar a resistência inicial de sua mente em fazer algo para a sua saúde e bem-estar.

Cada vez que luta com os pensamentos e sentimentos na sua prática de mindfulness, você geralmente não os está aceitando ou reconhecendo como o estado natural de sua mente. A falta de reconhecimento sempre significa crítica de si mesmo ou do processo todo do mindfulness. Caso persevere, descobrirá lentamente, mas com certeza, a importância da aceitação de seus pensamentos e emoções e a situação na qual você está ao não culpar ninguém por aquela situação, incluindo você mesmo. Em mindfulness, a aceitação sempre vem em primeiro lugar; a mudança vem depois.

Outro desafio comum é a compreensão da atitude correta para trazer a sua prática de mindfulness. Atitudes não saudáveis, mas comuns, incluem:

- » Farei isto e devo fazê-lo corretamente.
- » Eu devo focar 100 por cento.
- » Eu tentarei com muito esforço.

PALAVRAS DE SABEDORIA

CHEGANDO AO OUTRO LADO

Um dia, um jovem estava indo para uma caminhada quando chegou a um rio largo. Ele passou um tempo grande se perguntando como poderia atravessar uma corrente que flui com tanta intensidade. Quando ele ia desistir da sua jornada, viu seu professor do outro lado. O jovem gritou de sua margem: 'Você pode me dizer como posso chegar ao outro lado do rio?'

O professor riu e respondeu: 'Meu amigo, você está do outro lado.'

Você pode achar que tem que mudar quando, na verdade, precisa somente dar-se conta de que talvez esteja bem como está. Você está correndo para realizar objetivos para que possa estar em paz e feliz, mas, na verdade, está fugindo da paz e felicidade. Mindfulness é um convite para parar de correr e descansar. Você já está do outro lado.

Depois de fazer um pouco de meditação mindfulness, você tem pensamentos do tipo 'não consigo me concentrar' ou 'minha mente estava por toda a parte, não consigo fazer isso' ou 'essa foi uma meditação ruim'. No entanto, conforme você continua sua jornada pelo mindfulness, suas atitudes começam a mudar e viram coisas do tipo:

» Trarei uma atitude de bondade e curiosidade e reconhecerei da melhor maneira possível qualquer que seja a minha experiência.

» Não vou tentar com muita intensidade nem desistirei. Ficarei em algum lugar no meio do caminho.

» A minha mente está fadada a vagar. Tudo bem, isso é parte da atenção plena.

» Meditação ruim não existe.

Conforme suas atitudes mudam, os exercícios e meditações de mindfulness tornam-se mais fáceis porque você é bombardeado por menos pensamentos de julgamento durante e depois da prática. E mesmo que esteja julgando, trate estes pensamentos como todos os outros que você experimentar e deixe-os partir da melhor forma que conseguir.

Explorando a jornada de uma vida inteira

Depois de navegar por um longo tempo, você finalmente vê no horizonte terra firme que é mais bonita do que qualquer coisa que já tenha visto nesta exploração. Você decide parar quando chega lá. A terra parece tão nova e fresca, mas, ao mesmo tempo, bastante familiar e aconchegante. Conforme você se aproxima, descobre que está chegando em sua própria casa. De todos os lugares em que já esteve e de todas as aventuras que já teve, aqui é onde você se sente mais em casa, o lugar que deixou! No entanto, a jornada não foi sem frutos. Você descobriu muito ao longo dela e teve que fazer essa jornada para descobrir o que realmente amava.

TOQUE AGORA!

UMA AMOSTRA DE MINDFULNESS: MINDFULNESS DOS SENTIDOS

Você pode querer experimentar um pouco de mindfulness. Você poderia ler infinitamente sobre que gosto tem um coco, mas não vai saber exatamente do que se trata até provar. O mindfulness é a mesma coisa.

A beleza deste simples exercício de mindfulness é que ele abrange tudo o que você precisa saber sobre o assunto. Eu adaptei o exercício a partir de uma técnica que descobri numa 'escola de filosofia prática' muitos anos atrás. Gostaria de passar este presente a vocês.

Este exercício é melhor feito ouvindo a Faixa 2 do áudio. Ache uma posição confortável para você. Pode ficar sentado numa cadeira, sofá ou deitar num colchão — o que preferir. Comece percebendo as cores entrando em seus olhos. Perceba os tons, sombras e matizes. Aproveite o milagre da visão, que algumas pessoas não possuem. Feche então, delicadamente, seus olhos e perceba a sensação do tato. As sensações do seu corpo. A sensação física do seu corpo naturalmente e automaticamente respirando. Sinta áreas de tensão e relaxamento. Em seguida, perceba o olfato. Depois, vá para qualquer gosto em sua boca. Tome consciência dos sons, na sequência. Os sons próximos e os distantes. Escute o próprio som, nem tanto os seus pensamentos sobre os sons. Liberte-se de todo esforço ao ouvir — permita que os sons venham até você. Finalmente, entre no seu eu observador — a consciência que acende todos os seus sentidos. Permaneça nesta consciência de fundo, independente do que ela possa significar para você. A sensação do 'existir'. O sentimento do 'eu sou' que todos nós temos. Liberte-se de todo esforço em fazer alguma coisa, apenas seja... E quando estiver pronto, traga este exercício de atenção plena a seu desfecho e alongue seu corpo, caso assim deseje.

Considere estas questões:

Qual o efeito que este exercício teve sob seu corpo e mente? O que você descobriu?

Caso queira absorver mais a atenção plena, pode simplesmente praticar este exercício algumas vezes por dia. Este exercício é simples, mas poderoso e transformador quando praticado regularmente.

Por fim, no mindfulness você se dá conta de que não precisa buscar por nada. Tudo é bom do jeito que as coisas são. Você já está em casa. Cada momento é mágico, novo e fresco. Todo momento é um tesouro que nunca se repetirá. A sua consciência está sempre brilhando, iluminando o mundo ao seu redor e dentro de você, sem maiores esforços. A consciência não tem um interruptor de liga/desliga: ela está sempre ligada, sem esforço. Embora você experimente altos e baixos, prazer e dor, você não se apega mais tanto às coisas e passa a sofrer menos. Este não é tanto um objetivo final, mas uma jornada em andamento de duração vitalícia. A vida continua a desdobrar-se de sua própria maneira e você começa a entender como fluir com ela.

PALAVRAS DE SABEDORIA

Atribuem-se a Buda as seguintes palavras:

> 'O segredo da saúde da mente e do corpo é não lamentar o passado, preocupar-se com o futuro ou antecipar problemas, mas viver no presente momento de forma sábia e séria.'

A jornada mindfulness é descobrir como viver dessa forma.

> **NESTE CAPÍTULO**
>
> Compreendendo para que serve o mindfulness
>
> Descobrindo os efeitos do mindfulness em seus pensamentos e emoções
>
> Explorando o principal do mindfulness

Capítulo 2

Aproveitando os Benefícios do Mindfulness

A satisfação que vem do mindfulness é um pouco parecida com aquela que a dança traz. Você dança por causa dos benefícios cardiovasculares ou para estimular seu cérebro, seguindo uma sequência de passos de dança complicados? Quando você dança com um motivo ou objetivo em mente, meio que estraga um pouco a coisa, não é mesmo? Dançar por dançar é muito mais divertido. Mas é claro que dançar pelo mero prazer não reduz os benefícios que a dança traz para sua mente e seu corpo — é somente a cereja do bolo.

A atenção plena funciona da mesma forma. O seu objetivo é a conexão com seus sentidos, ser curioso, explorar o funcionamento interno da mente humana. Se você estiver preocupado demais em colher os benefícios do mindfulness, estragará a graça dele. A jornada do mindfulness não visa atingir algum ponto de chegada: ela *é* o ponto de chegada. Não se esqueça disso ao ler sobre os diversos benefícios do mindfulness descritos neste capítulo e deixe a sua dança desenrolar-se dentro de você. Seus benefícios — relaxamento, melhor saúde mental e emocional e um relacionamento melhor com os outros e consigo mesmo — são apenas os bônus que vêm ao longo do caminho. Leia mais para saber como mindfulness pode ajudá-lo.

Relaxando o Corpo

O corpo e a mente são quase que uma só entidade. Caso sua mente esteja tensa, com pensamentos ansiosos, seu corpo automaticamente se enrijecerá. Eles andam juntos, de mãos dadas.

Por que o seu corpo fica tenso quando você experimenta altos níveis de estresse? A razão é a parte mecânica e a fiação do corpo humano. Quando você experimenta o estresse, uma reação em cadeia começa em seu corpo e todo o seu ser se prepara para lutar ou fugir da situação. Então muita energia é lançada em seu corpo, mas como ele não sabe o que fazer com toda essa energia, você fica tenso.

O objetivo do mindfulness não é simplesmente deixá-lo mais relaxado. A coisa vai muito além disso. Mindfulness — estado de autoconsciência — é tornar- -se ciente e explorar sua experiência de momento a momento, de maneira alegre, caso seja possível.

Então, se você estiver tenso, mindfulness significa ficar ciente dessa tensão. Qual parte do seu corpo está tensa? Qual a forma, a cor e a textura dessa tensão? Qual é sua reação a ela; quais os seus pensamentos? O mindfulness deve trazer curiosidade à sua experiência. Você pode então começar a fazer a parte tensa do seu corpo respirar, trazendo bondade e reconhecendo sua experiência — mais uma vez, sem tentar mudar ou se livrar da tensão. E é isso. Pode ter certeza de que isso leva ao relaxamento. Veja o Capítulo 12 para mais detalhes sobre a redução do estresse.

Entrando novamente em contato

Quando você era bebê, provavelmente tinha muito contato com seu corpo. Percebia sensações sutis, e devia gostar de sentir diferentes texturas no mundo ao seu redor. Conforme você cresceu, aprendeu a usar mais sua cabeça e menos seu corpo. Provavelmente não tem tanto contato com seu corpo quanto tinha quando era criança. Você pode não perceber mensagens sutis que o corpo lhe manda pela da mente. Tenho certeza de que algumas pessoas veem o corpo simplesmente como um veículo para carregar o cérebro de uma reunião para outra!

Na verdade, as mensagens entre sua mente e corpo são um processo de mão dupla. Sua mente dá sinais ao seu corpo e ele faz o mesmo com sua mente. Você pensa: 'eu quero ler aquele livro sobre mindfulness' e seu corpo pega o tal

CUIDADO

livro. Você se sente com fome e seu corpo sinaliza para sua mente que é hora de comer. E a sensação de estresse? Caso perceba a tensão em seus ombros, o tremor no seu olho ou o batimento acelerado de seu coração, mais uma vez seu corpo está mandando sinais para sua mente.

E se sua mente estiver ocupada demais com seus próprios pensamentos a ponto de nem perceber os sinais de seu corpo? Quando isso acontece, você não está mais em contato ou cuidando de seu corpo. Fome e sede, cansaço e estresse — você não está ouvindo claramente suas mensagens instintivas. Isso leva a uma desconexão ainda maior entre seus sinais corporais e sua mente, então as coisas podem piorar. O estresse pode sair do controle por causa dessa falta de consciência.

Mindfulness enfatiza a consciência de seu corpo. Uma meditação mindfulness importante é o escaneamento corporal (descrita por completo no Capítulo 6). Nessa meditação, você passa de 10 a 30 minutos simplesmente sendo guiado a prestar atenção em diferentes partes de seu corpo, das pontas dos dedos de seus pés ao alto de sua cabeça. A reação de algumas pessoas é 'uau, nunca prestei tanta atenção ao meu corpo. Isso foi interessante!' ou 'eu agora me sinto de volta a meu corpo'.

PALAVRAS DE SABEDORIA

O VASO RACHADO

Era uma vez um carregador de água que levava dois vasos d'água para seu professor todos os dias. Todo dia ele ia até o córrego mais próximo encher os dois vasos com água e caminhar com um de cada lado de um mastro que ele carregava atravessado em seu pescoço. Um vaso estava rachado e quando o aluno chegou a seu professor, ele estava cheio só até a metade. Isto continuou por dois anos, com o carregador de água levando somente um vaso e meio d'água. O vaso perfeito estava orgulhoso de sua realização. O vaso rachado estava triste, pois só podia realizar metade da tarefa que deveria fazer. Um dia o vaso rachado disse ao rapaz: 'sinto-me tão triste e envergonhado. Sou imperfeito e não consigo ser um vaso cheio d'água. Qual a minha utilidade para alguém?' O carregador de água disse ao vaso rachado que olhasse para o chão enquanto ele o carregava. O vaso rachado percebeu as flores selvagens e plantas mais lindas do seu lado do caminho. O rapaz explicou: 'quando me dei conta de que você estava rachado, decidi plantar sementes em um lado do caminho e todo dia, enquanto você vazava, molhava as plantas do seu lado. Caso não estivesse rachado, todas estas lindas flores não estariam aqui para que todos as vissem.'

Às vezes você pode achar que não é perfeito e que sua prática do mindfulness não é perfeita, mas como você sabe? Esta história mostra que mesmo um vaso rachado pode ser visto como perfeito do jeito que é. Da mesma forma, você é perfeito como é, com todas as suas imperfeições — elas são o que o torna único.

A meditação de escaneamento corporal pode oferecer uma experiência de cura. Emoções que você experimentou no passado mas não estava pronto para sentir, talvez por ser jovem demais, podem ser suprimidas e presas ao corpo. Às vezes as pessoas sofrem por anos de uma doença física específica, mas os médicos são incapazes de explicar a sua causa. Depois disso, por intermédio de aconselhamento ou meditação, a emoção suprimida vem à tona da consciência, o que liberta a emoção. O endurecimento do corpo ou a doença inexplicada, às vezes desaparece uma vez que a emoção é libertada. Este é outro exemplo do quanto mente e corpo realmente são interconectados e dos benefícios de entrar em contato novamente com seu corpo. O Capítulo 14 fala mais sobre curar o corpo por meio do mindfulness.

Estimulando seu sistema imunológico

Caso algo esteja errado com seu corpo, normalmente o seu sistema imunológico combate isso. Infelizmente, um aspecto da resposta ao estresse é que o seu sistema imunológico não trabalha tão duro. Quando é ameaçado, seu corpo coloca todos os seus recursos para sobreviver a essa ameaça; a energia necessária para a digestão ou imunidade é desligada temporariamente.

O estresse não é necessariamente ruim para você. Caso os seus níveis de estresse estejam baixos demais, você fica incapacitado de desempenhar tarefas eficazmente e fica entediado facilmente. No entanto, caso você esteja estressado por longos períodos de tempo em altos níveis, o sistema imunológico do seu corpo para de funcionar adequadamente.

As últimas pesquisas descobriram que se você tem uma atitude positiva perante o estresse, vendo-o como algo que energiza e levanta, ele parece ter pouco efeito negativo sobre o corpo. Então, mesmo sua atitude perante o estresse tem um efeito.

Mindfulness o capacita a perceber mudanças sutis em seu corpo. Ao primeiro sinal de estresse excessivo, você pode trazer uma consciência de atenção plena à situação e descobrir como dissipá-lo em vez de exacerbá-lo. Utilizando-se da atenção plena, você pode também lembrar-se de ver os benefícios positivos e energizantes do estresse em vez de somente seus aspectos negativos. Dessa maneira, o mindfulness pode realmente beneficiar seu sistema imunológico.

Reduzindo a dor

Incrivelmente, o mindfulness provou que realmente pode reduzir o nível de dor experimentado pelas pessoas que a praticaram ao longo de um período de oito semanas. Eu tive clientes que não conseguiam achar nada que os ajudasse a administrar e lidar com sua dor até que eles começaram a usar a meditação mindfulness.

Quando você experimenta a dor, de forma bastante natural, quer bloqueá-la. Você contrai seus músculos em torno da região e faz um esforço para se distrair. Outra abordagem é que você quer que a dor pare, e então reage de forma raivosa em relação a ela. Isto cria uma tensão ainda maior, não só na região dolorida, mas em outras áreas do corpo. Outras vezes você pode sentir vontade de combater a dor. Isso cria uma dualidade entre você e sua dor, que fica queimando energia para lutar contra ela mesma. Ou talvez você reaja com resignação: a dor pega seu melhor e você se sente indefeso.

Mindfulness usa uma abordagem radicalmente diferente. Nela, você é encorajado a prestar atenção à sensação de dor, o quanto você aguentar. Então, caso seu joelho esteja doendo, em vez de se distrair ou reagir de qualquer outra maneira, você, na verdade, se concentra na área de dor física com uma consciência com atenção plena.

Isso significa que você traz atitudes como bondade, curiosidade e reconhecimento para a área de dor, da melhor maneira possível. Isso não é fácil no início, mas pode melhorar com a prática. Você pode então considerar a diferença entre a sensação de dor física em si e todas as outras coisas que você traz à dor. Você começa a entender a diferença entre a dor *física* e *psicológica*. A dor física é, na verdade, a sensação crua de dor no corpo enquanto a psicológica é o estresse, ansiedade e frustração gerados. Por meio do mindfulness, você começa a libertar-se da dor psicológica para que somente a dor física permaneça. Quando a dor psicológica começa a se dissolver, a tensão muscular em torno da dor física começa a relaxar, reduzindo ainda mais a percepção da dor. Você começa a ser capaz de aceitar a dor como ela é no momento presente. Leia o Capítulo 14 para saber mais sobre mindfulness e cura física.

Desacelerando o processo de envelhecimento

Você já se perguntou por que as pessoas morrem devido à idade avançada? Qual exatamente é o processo de envelhecimento? Os cientistas descobriram que o envelhecimento ocorre de maneira bem natural em suas células. Aqueles que descobriram isso (Elizabeth Blackburn e colegas) ganharam o Prêmio Nobel de medicina em 2009 pelo feito.

Todas as suas células contêm DNA — a informação necessária para reproduzir cada célula. Estes agrupamentos de DNA são protegidos com pequenas tampas chamadas de *telômeros*, que são como as capas protetoras encontradas nas pontas dos cadarços de sapatos. Elas evitam que as cadeias de DNA se choquem.

Quanto mais velho você fica, mais estas tampas diminuem. Eventualmente, elas desaparecerem completamente e suas células não conseguem mais se reproduzir. Isso se chama morrer de velhice.

PALAVRAS DE SABEDORIA

NÃO SE ESFORCE DEMAIS

Um estudante de artes marciais foi ao seu mestre e disse seriamente: 'dedico-me a estudar sua arte marcial. Quanto tempo vou levar para dominá-la?' A resposta do mestre foi casual: 'dez anos.' Impacientemente, o estudante respondeu: 'mas eu quero dominá-la mais rápido do que isso. Eu trabalharei muito duro. Treinarei todo dia — dez ou mais horas por dia caso precise. Quanto tempo levará então?' O professor pensou por um momento e respondeu: 'vinte anos.'

O que essa história significa para você? Para mim, mostra que trabalhar duro e atingir um objetivo nem sempre andam de mãos dadas. Às vezes, especialmente ao praticar o mindfulness, você só precisa deixar que as coisas se desenrolem em seu próprio tempo. Caso seja ansioso, pode bloquear a sua própria compreensão. A ideia do mindfulness é libertar-se, não tentar mais arduamente.

Este desgaste nas tampas dos agrupamentos de DNA é associado a muitas doenças da idade avançada como câncer, problemas cardíacos, diabetes e artrite. Anteriormente, os cientistas achavam que este encurtamento de telômeros era inevitável.

A boa notícia é, no entanto, que quanto mais baixo for seu nível de estresse, mais lentamente estes telômeros se desgastam. Pesquisas em grupos que praticam meditação mindfulness mostram que os telômeros podem, na verdade, ser aumentados. Esta é uma descoberta incrível.

Uma disciplina mental de mindfulness afetou os genes microscópicos nos corpos daqueles no estudo e efetivamente reduziu a velocidade do envelhecimento. Os meditadores de atenção plena que sentiram a maioria dos benefícios positivos foram aqueles que mais tiveram o tamanho de telômeros aumentados.

Então, não é mais preciso Botox, creme antirrugas ou cirurgia plástica. Apenas pratique o mindfulness — é mais barato e você ficará mais bonito e viverá até uma idade bastante madura!

Acalmando a Mente

Sua mente é como o oceano: ocasionalmente selvagem, e calmo em outros momentos. Às vezes, sua mente vai de um pensamento a outro sem parar para descansar. Outras vezes, seus pensamentos vêm mais lentamente e têm mais espaço entre eles.

Mindfulness nem é tanto sobre mudar a velocidade de seus pensamentos, mas sobre perceber o surgimento deles, em primeiro lugar. Ao distanciar-se um pouco dos pensamentos, você pode pairar sobre as ondas. Elas ainda estão lá, mas você tem mais possibilidade de assistir ao show do que ser controlado pelos próprios pensamentos.

LEMBRE-SE

Pense na sua mente como uma boa amiga. Caso você a convidasse para ir a sua casa, como a trataria? Você deveria obrigá-la a beber café, comer três biscoitos de chocolate e ouvi-lo falar sobre seu dia, mesmo que ela não queira? Ela pode preferir chá, outros sabores de biscoitos e querer falar sobre o dia dela também. Você *pergunta* o que ela gostaria, de forma dócil e amistosa. Da mesma forma, trate sua mente como uma amiga. Convide-a a prestar atenção em sua respiração ou no trabalho que você está fazendo. Quando perceber que sua mente está inquieta, reconheça isso. Sorria e gentilmente peça à sua mente que refoque. A abordagem gentil é a única maneira. Depois disso, sua mente naturalmente se clareará em seu tempo.

Ouvindo os seus pensamentos

Tudo o que é feito pelo homem ao seu redor foi originalmente um pensamento na cabeça de alguém. Muitas pessoas consideram o pensamento como algo com poder ilimitado. Todas as suas palavras, as suas ações e atividades — tudo é motivado pelo pensamento. Então, faz sentido estar ciente do tipo de pensamento que está passando pela sua mente.

Você já percebeu como sempre tem o mesmo tipo de pensamentos rodeando sua cabeça? O cérebro facilmente entra em padrões habituais enquanto seus pensamentos traçam seus caminhos dentro de seu cérebro. *Neurônios que disparam juntos, ligam-se juntos.* Cada vez que você tem um pensamento particular ou exercita uma ação em particular, aumenta levemente a chance de ter o mesmo pensamento novamente. Por meio de pensamentos e ações repetidas, a conexão entre neurônios se fortalece. Caso você não tenha atenção plena sob estas ações e pensamentos, pode ter todo o tipo de pensamentos e comportamentos negativos, inúteis e mentirosos influenciando sua vida sem nem mesmo ter consciência deles ou questionar sua verdade ou validade.

Por exemplo, digamos que um cliente dê uma avaliação negativa a respeito de algum trabalho que você tenha feito. O pensamento 'eu não sou bom o bastante para este trabalho' ou 'esta pessoa é tão estúpida' pode continuar rondando sua cabeça. Você se sente mal, seu sono sofre impacto e não consegue concentrar-se adequadamente nas tarefas de hoje. Não ajuda muito. Mas não tema: o mindfulness pode resgatá-lo!

Mindfulness o encoraja a vigiar seus pensamentos, emoções e ações; depois, você é ainda mais capaz de perceber pensamentos que não ajudam e a questionar a sua veracidade. Além disso, somente ter a atenção plena sobre seus pensamentos e emoções com um senso de amabilidade parece dissipá-los naturalmente. Eles se tornam um problema muito menor. Vá até o Capítulo 6 para uma meditação sentada, que inclui o mindfulness de pensamentos e emoções.

SEU CÉREBRO ESTÁ CONTANDO HISTÓRIAS

Os cientistas estão interessados em como o sentido a seu próprio respeito se forma no cérebro. Você sabe que está vivo, mas como? Isso é o que os cientistas estão estudando.

Os pesquisadores descobriram que seu cérebro está constantemente contando histórias. Histórias sobre quem você é, qual é seu relacionamento com as pessoas com as quais está, para onde está indo, o que fará esta semana e aí por diante. Chamaremos isso do seu autocontador de histórias.

Mas o que fazer se ele estiver contando histórias negativas? Histórias sobre o quão você não é bom o bastante e que não merece felicidade e sucesso? Isso pode realmente se tornar uma verdadeira maneira de sugar sua energia.

Felizmente, tenho boas notícias para você. O autocontador de histórias não está sempre funcionando. Existe o eu do momento presente. Quando esta parte do seu cérebro é ativada, você vive no aqui e agora, conectado com seus sentidos. As pessoas que praticam o mindfulness e seus exercícios podem aumentar a quantidade de tempo em que operam no tempo presente e isso pode ajudá-las a tornarem-se pessoas mais felizes!

Então, preste atenção quando sua mente estiver contando histórias sobre você, em especial quando forem desencorajadoras, e sorria virando então a sua atenção para algum de seus sentidos. Sorrindo, você se ajuda a ver o lado positivo de sua situação em vez de estabelecer uma batalha em sua mente. Conectando-se aos seus sentidos, você ajuda a desconectar o cérebro ruminante e contador de histórias do domínio de sua mente.

Tomando decisões melhores

A cada momento de cada dia você toma decisões, estando consciente delas ou não. Você tomou a decisão de ler este capítulo. Em algum ponto, decidirá parar e fazer alguma outra coisa. Mesmo que você decida não tomar decisões, isto é uma decisão também! As decisões mais significativas que você precisa tomar têm um impacto maior e uma decisão "boa" é altamente desejável. Tudo o que você faz e tem no momento é, em sua maior parte, devido às decisões que tomou no passado.

LEMBRE-SE

O conhecimento de seu corpo pode ajudá-lo a tomar decisões melhores; um instinto é um sinal do seu corpo dizendo o que fazer e foi tido em algumas experiências como uma maneira mais rápida e precisa do que o pensamento lógico. Pesquisas mostram uma massa de nervos nas suas tripas que parece um segundo cérebro. Esta intuição é usada frequentemente pelos maiores diretores das corporações para tomar decisões críticas.

Richard Branson, fundador do Virgin Group, diz que toma a maioria de suas decisões baseadas em seu instinto. Caso ele confiasse puramente no pensamento lógico e conselhos de contadores, não teria fundado a Virgin Atlantic, Virgin Galactic ou muitas de suas outras empreitadas. Confiando em seus sentimentos e não somente na razão pura, tornou-se um multibilionário e grande filantropo.

Por que os instintos são tão eficazes? Sua mente inconsciente tem muito mais informações do que sua mente consciente consegue lidar. Tomar decisões baseadas somente no pensamento de lógica consciente ignora a enorme capacidade do cérebro subconsciente. Mindfulness ajuda a aprofundar seu nível de consciência e a começar a abordar seu lado intuitivo e subconsciente.

Recobrando seus sentidos

Uma das maneiras-chave de chegar mais perto da atenção plena e acalmar a mente é conectar-se aos seus sentidos: visão, audição, tato, olfato e paladar. Considere as expressões 'isto foi *sensível*', 'eu *sinto* que há algo de errado' e 'ela recobrou seus *sentidos*'. O uso que as pessoas fazem desses termos mostra que apreciamos e valorizamos estar em contato com nossos órgãos de percepção. Você sabe de forma inata o valor de conectar-se a seus sentidos caso queira tomar uma decisão *sensível*.

Qual o benefício de conectar-se de propósito aos seus sentidos? Bem, caso você não esteja prestando atenção aos estímulos que chegam por intermédio de seus cinco sentidos, só está focado em seus pensamentos e emoções. Não está consciente de nada mais. Seus pensamentos baseiam-se principalmente em suas experiências do passado — da memória. Você pode imaginar algo novo, mas, num todo, sua mente retrabalha experiências passadas ou projeta ideias para o futuro baseado em suas experiências passadas. As emoções também são influenciadas por seus pensamentos. Então, sem prestar atenção a seus sentidos, você está preso a seus próprios pensamentos e emoções, baseados no passado, em vez de no presente.

Ao conectar-se propositadamente com um de seus sentidos — digamos, o tato — você começa a naturalmente acalmar sua mente um pouco. No mindfulness, você pode começar ao concentrar-se em sua respiração. Concentre-se na sua barriga se esticando ou seu peito se expandindo, ou, talvez, no movimento de ar, conforme ele entra e sai de seu corpo. Ao concentrar-se em um sentido em particular, neste caso o tato, você está focando sua atenção. Em vez de sua mente vagar para onde ela quiser, você está gentilmente treinando-a para focar em um objeto somente, neste caso sua respiração. E, da mesma maneira que você treina um filhote para seguir um caminho e não começar a correr desgovernado, a cada vez que sua atenção escapulir, traga-a de volta. Você está

CAPÍTULO 2 **Aproveitando os Benefícios do Mindfulness** 29

descobrindo como ser gentil consigo mesmo, e também em como focar sua atenção. Veja o Capítulo 6 para uma curta meditação de respiração mindfulness.

Ao recobrar seus sentidos, você está:

» Treinando sua atenção para focar

» Sendo gentil consigo mesmo quando sua atenção vagar

» Percebendo que tem uma certa quantidade de escolhas sobre em que prestará atenção

» Compreendendo que pode deliberadamente escolher desviar sua atenção do pensamento para os sentidos

» Acalmando sua mente e desenvolvendo um sentido de claridade

Criando uma mente atenta

A atenção é essencial na realização de qualquer coisa. Se você não conseguir prestar atenção, não consegue realizar o trabalho, qualquer que seja ele. Mindfulness treina sua mente a sustentar seu foco em uma coisa ou mudar o tipo de atenção de tempos em tempos.

Daniel Goleman, autor do livro *Inteligência Emocional: A Teoria Revolucionária que Redefine o que É Ser Inteligente,* recentemente publicou um livro chamado *Foco: A Atenção e Seu Papel Fundamental para o Sucesso.* Ele explica exatamente o quão importante o foco é em cada área de nossas vidas. Ele também identificou um estudo de pesquisadores que mostrava os cérebros de pessoas praticando mindfulness na respiração (experimente por si próprio no Capítulo 6). Os pesquisadores encontraram quatro estágios diferentes de respiração enquanto o cérebro atravessava a seguinte série de exercícios mentais:

1. **Concentre-se em sua respiração. A parte do cérebro que lida com o foco é ativada.**

2. **Perceba que seu cérebro está numa linha de raciocínio. A parte do cérebro que percebe que sua atenção divaga em uma linha de raciocínio é ativada.**

3. **Liberte-se daquela linha de raciocínio. A parte do cérebro que o capacita a deixar seus pensamentos livres é ativada.**

4. **Concentre-se novamente em sua respiração. A parte do cérebro que é usada para concentrar-se novamente no objeto em que deseja focar é reativada.**

As partes do cérebro dedicadas a cada um destes processos foram fortalecidas por meio da constante repetição da prática de mindfulness.

Caso faça este exercício regularmente, irá se tornar mais eficaz em focar no que for necessário prestar atenção — seja escrever um e-mail, escutar a pessoa amada ou assistir a um pôr do sol.

Sua atenção pode ser focada de maneiras diferentes (exibidas na Figura 2-1):

- A atenção restrita é focada e aguda, como um raio laser. Você pode usar este tipo de atenção quando estiver cortando vegetais ou escrevendo uma carta.
- Atenção ampla é mais aberta e espaçosa, como um holofote. Quando está dirigindo, idealmente sua atenção é aberta, então você percebe se um carro chega mais perto de você pelo lado ou se tem crianças brincando adiante.
- Atenção externa é a atenção ao mundo exterior por meio de seus sentidos.
- Atenção interna é uma consciência de seus pensamentos e sentimentos.
- A consciência de observador ou testemunha é sua capacidade de saber que tipo de atenção você está utilizando. Por exemplo, caso esteja desenhando uma gravura, estará ciente de que sua atenção é fechada. Se estiver caminhando pelo campo, estará ciente de que sua atenção é ampla.

PALAVRAS DE SABEDORIA

ESVAZIE SUA XÍCARA

Um professor universitário certa vez foi visitar um instrutor de mindfulness. O docente era um erudito em mindfulness conhecido no mundo todo e havia estudado todos os diferentes métodos. Ele conhecia todas as escrituras Orientais e a consciência Ocidental a respeito do assunto. Podia responder qualquer questão sobre o assunto com facilidade e um senso de orgulho.

O instrutor perguntou se ele gostaria de uma xícara de chá e o professor disse sim. O instrutor começou a encher a xícara até ela ficar cheia e continuou. O chá estava transbordando e o instrutor seguiu derramando. 'O que você está fazendo? A xícara já está cheia!', exclamou o professor, em pânico. 'Você é como esta xícara', disse calmamente o instrutor. 'Como posso ensinar qualquer coisa de valor real até você esvaziar sua xícara?'

Caso queira beneficiar-se do mindfulness precisa colocar de lado todas as suas ideias a respeito dela, especialmente se acha que sabe o que é o mindfulness e tudo a seu respeito.

Opiniões, ideias e crenças bloqueiam a beleza e simplicidade do mindfulness.

Todas as diferentes meditações mindfulness sobre as quais você lerá neste livro treinam sua mente para que ela seja capaz de sustentar o foco nas diversas maneiras mencionadas na lista anterior.

FIGURA 2-1: Os tipos diferentes de atenção.

Tranquilizando Suas Emoções

As emoções têm uma influência tremenda sobre seu comportamento e pensamentos. Caso esteja sentindo-se para baixo, provavelmente estará muito mais relutante em sair com amigos, rir de uma piada ou trabalhar com gosto. Caso esteja sentindo-se ótimo, dominará as coisas; tudo parecerá fácil e a vida fluirá facilmente.

Como você lida com as emoções? Você é derrubado por elas ou apenas espera que o melhor aconteça? O mindfulness oferece a oportunidade de tranquilizar-se e distanciar-se dos altos e baixos emocionais.

Compreendendo suas emoções

O que é uma emoção, um sentimento ou o humor?

Você experimenta a emoção parcialmente a partir de um ponto de vista de sobrevivência. Caso não se sinta apavorado ao deparar-se com um touro feroz, encontrará muitos problemas. Outras emoções, como a felicidade, ajudam a criar laços sociais com aqueles ao seu redor, aumentando sua segurança. Mesmo a depressão é tida como algo que evoluiu para a sua proteção, reduzindo a motivação e, desta forma, a chance de experimentar danos ou de gastar energia na busca de um objetivo inalcançável.

A emoção vem de uma palavra latina que significa "sair". Se você observar as emoções, poderá descobrir certas características importantes:

» As emoções estão sempre mudando. Você não fica preso à mesma emoção a vida toda, na mesma intensidade.

» As emoções são uma experiência bastante física. Caso esteja se sentindo ansioso, pode sentir uma manifestação no seu estômago. Caso esteja se sentindo com raiva, pode sentir sua respiração e batimentos cardíacos acelerarem.

» Você pode observar suas próprias emoções. Pode sentir a diferença entre si próprio e suas emoções. Você não é as suas emoções, apenas o observador delas.

» As emoções têm um grande impacto sobre seus pensamentos. Quando está se sentindo pra baixo, provavelmente prevê coisas negativas sobre si próprio ou outras pessoas. Quando está se sentindo feliz, provavelmente sente coisas positivas, prevê resultados positivos e olha para o passado sob uma perspectiva positiva também.

» Você tende a perceber as emoções como agradáveis, desagradáveis ou neutras.

Lidando com os sentimentos de forma diferente

Tire alguns minutos para considerar as seguintes emoções e como você lida com elas:

» Raiva

» Ansiedade

» Medo

» Depressão

Sua abordagem pode ser ou evitar a emoção e fingir que ela não está lá, ou expressar seus sentimentos a qualquer um que esteja por perto. Mindfulness oferece uma alternativa — uma maneira de encontrar emoções que o capacita a enxergá-las de uma forma diferente. A ideia é reconhecer e dar atenção plena a sentimentos difíceis em vez de evitar ou reagir a eles. Surpreendentemente, isto tende a dissipar a força e a dor da emoção. Veja os Capítulos 12 e 13 para maneiras de lidar com uma variedade de emoções diferentes.

CAPÍTULO 2 **Aproveitando os Benefícios do Mindfulness** 33

A CASA DE HÓSPEDES

PALAVRAS DE SABEDORIA

Este grande poema de Rumi[1] (1207–1273) captura a atitude a que você se dirige ao lidar com as emoções com mindfulness.

O ser humano é uma casa de hóspedes
Toda manhã uma nova chegada
Uma alegria, uma depressão, uma falta de sentido,
uma consciência momentânea chega
como um visitante inesperado.
Dê boas vindas e entretenha a todos!
Mesmo que seja uma multidão de dores
que violentamente varre sua casa
e leva todos os seus móveis,
ainda assim, trate cada hóspede honradamente.
Ele pode estar lhe limpando
para algum novo prazer.
O pensamento obscuro, a vergonha, a malícia,
encontre-os à porta rindo
e convide-os para entrar.
Seja grato por quem vier,
porque cada um foi enviado
como um guia do além.

Minha primeira experiência de mindfulness foi excitante, porque meu estado emocional mudou rapidamente para uma sensação de calma e alegria. Na verdade, eu nem sabia que estava estressado anteriormente! A sensação de estresse era apenas meu estado mental normal. Eu espantei-me ao ver que apenas um pequeno exercício de mindfulness pudesse ter um efeito tão poderoso. Imediatamente desejei compartilhar essa técnica recém-encontrada com outras pessoas.

Conhecendo a Si Mesmo: Descobrindo seu Eu Observador

Antes de examinar meu autossenso e relacionamento com o mundo, costumava acreditar que eu era um ser humano pequeno e isolado vivendo na esquina de uma cidade num planeta chamado Terra, lutando para sobreviver e torcendo para vencer. No entanto, por meio do mindfulness, comecei a descobrir uma dimensão totalmente diferente e satisfatória que eu havia ignorado. Mindfulness

---

1 N.E.: jurista, poeta e teólogo sufi persa do século XIII

ajuda a ver as coisas de uma perspectiva mais holística[2]. Ter um senso de uma dimensão e uma conexão mais profunda com o mundo ao seu redor coloca as ondas dos desafios da vida num contexto muito maior. Se você fosse o oceano, qual a dificuldade que as ondas lhe trariam?

Inscrita acima do antigo templo Grego de Apollo em Delphi está a frase 'Conheça-te a ti mesmo', um conceito de importância vital para os filósofos gregos como Sócrates. Mas a autorreflexão não é tão defendida no século XXI!

Quem é você? O que é esta coisa incrível chamada de vida? Estas são as questões com as quais frequentemente me deparei. Embora ganhar dinheiro e passar o tempo com meus amigos fosse divertido, não havia nenhuma sensação de profundidade. Então deparei-me com uma classe de mindfulness. A vida era linda e misteriosa demais para ser vivida sem sentido ou objetivo.

PALAVRAS DE SABEDORIA

O LEÃO E A OVELHA

O mindfulness leva naturalmente ao autoexame — exame de quem está fazendo o mindfulness em primeiro lugar. A seguinte história pode ajudar a ilustrar a percepção que pode acontecer.

Um filhote de leão perdeu-se acidentalmente de sua mãe e foi parar junto de um rebanho de ovelhas. Ele cresceu com as outras ovelhas, comia o que elas comiam e comportava-se como elas também. Conforme o leão cresceu, ele continuou a comportar-se da mesma forma, com medo dos sons mais sutis. No entanto, algo não parecia certo. Um dia ele olhou uma poça de água parada e viu um reflexo de si mesmo maravilhosamente nítido. Ele era um leão, não uma ovelha. Como ele acreditava que fosse como as outras ovelhas, comportava-se e pensava como tal. Agora que via quem realmente era, tudo mudara e ainda assim, ele era o mesmo que sempre havia sido. Retornou ao seu grupo de leões e viveu de acordo com sua real natureza.

Da mesma maneira, caso você se identifique com pensamentos do tipo 'eu nunca vou conseguir falar com ela!' ou emoções como 'eu estou deprimido', é um leão identificando-se como uma ovelha. A atenção plena mostra que você é muito maior do que pensamentos ou emoções fugazes; você também é a própria consciência. Você vê então os pensamentos apenas como pensamentos e as emoções apenas como emoções. Elas não são realidades: elas são apenas uma experiência passageira.

---

2 N.E.: algo relacionado com o holismo, ou seja, que procura compreender os fenômenos na sua totalidade e globalidade.

Mindfulness ajuda a colocar as coisas em perspectiva. Caso você vá de um lugar para outro, correndo para terminar todas aquelas coisas na sua lista de afazeres, ao terminar tudo estará tão exausto que cairá duro na frente da televisão, é possível que tenha um problema para descobrir quem realmente é neste meio tempo. Separando um tempo para dedicar-se ao mindfulness, dará a si mesmo uma oportunidade de parar e descobrir a sensação de ser quem está por trás do blá-blá-blá mental. Uma parte sua que é pacífica, alegre e inteira.

Este livro descreve uma abordagem na descoberta de seu sentido de ego que achei altamente liberadora e fascinante. A autodescoberta é uma jornada pessoal, então você pode ter uma maneira totalmente diferente de compreender seu ser profundo e interno.

EXPERIMENTE ISTO

Leia cada um destes parágrafos o mais devagar possível. Observe seus julgamentos e desejos em concordar ou discordar com as afirmações. Experimente não fazer nenhum dos dois e, em vez disto, leia e reflita.

» **Você é apenas seu corpo?** Seu corpo é composto de centenas de milhões de células. Elas morrem e reformam-se o tempo todo. De anos em anos, basicamente todas as células do seu corpo são substituídas por novas — logo, seu corpo é completamente diferente daquele que você tinha quando era um bebê. Agora, você está digerindo comida, suas unhas e cabelo estão crescendo e o seu sistema imunológico está combatendo alguma doença dentro de você. Tudo está acontecendo — você não está fazendo nada. Mesmo que seu corpo fique paralisado por completo, a sensação de que você está aqui ainda está presente. O próprio fato de que o chama de 'meu corpo' sugere que ele seja algo que você *tenha*, em vez de ser seu próprio centro.

» **Você é apenas os seus pensamentos?** Os pensamentos continuam vindo, independentemente do seu grau de atenção plena. O fato de que você possa estar ciente de seus pensamentos significa que está separado deles. Caso você fosse seus pensamentos, não seria capaz de notá-los; o fato de poder observar seus pensamentos significa que eles são algo separado e que existe um espaço entre você e o que pensa. Na prática do mindfulness, você pode afastar-se de seus pensamentos de tempos em tempos, mas não pode controlá-los. Você sabe no que vai pensar nos próximos minutos? Não. Mas pode estar *consciente* de seus pensamentos? Sim.

» **Você é apenas suas emoções?** Da mesma maneira que você consegue observar os pensamentos, pode fazer o mesmo com as emoções. Isto não significa que você é separado de suas emoções? Elas surgem e eventualmente passam. Caso você fosse suas emoções, elas não passariam problema algum. Você seria capaz de controlar emoções e escolheria não ter sensações negativas.

LEMBRE-SE

Então, o que você é? O que ainda resta? Chamaremos isso de o 'eu observador'. Não existe uma palavra específica na língua portuguesa para ele. Se você é o observador, não pode ser aquilo que você observa. Neste sentido, podemos dizer que *você é a consciência*. Os pensamentos e ideias, emoções e imagens, desejos, medos e ações surgem dentro de si, mas você está ciente de todos eles. Tudo vem à tona *na consciência,* no ser. Isto é o que você é. Você não é somente o pensamento 'eu sou o Shamash' ou 'eu sou a Joana'; você é aquela sensação de presença que fundamenta a experiência.

Algumas das atitudes da consciência do eu observador são:

» **Você está sempre consciente.** Às vezes aquela consciência é perdida em pensamentos e sonhos; às vezes está conectada com os sentidos.

» **A consciência acontece por si só.** A consciência é diferente da atenção. A atenção, ou consciência da *atenção*, é algo a ser cultivado e treinado, sobre o que a maior parte deste livro trata, mas a consciência *pura* é seu eu interior. Ser consciente não requer esforço. A consciência está funcionando sem fazer esforço neste momento enquanto você lê. Não é possível desligar-se ou fugir da consciência!

» **A consciência vem antes do pensamento.** Quando você era um bebê, tinha consciência sem palavras e ideias. Os pensamentos e conceitos vieram depois da consciência.

» **Em termos de consciência, você é, ao mesmo tempo, coisa nenhuma e todas as coisas.** Sem a consciência, nada existiria para você. Com a consciência, você é parte de cada experiência que tem. Isso soa contraditório, mas observe você mesmo estes conceitos. Pergunte-se qual seria a sua experiência diária sem consciência.

Tendo lido todos estes atributos de consciência, qual é a sua reação? Se você acredita ou não nestas ideias não é importante; o que *é* importante é examinar e explorar estas ideias por si mesmo. Como Sócrates dizia, 'a vida não examinada não vale a pena ser vivida'. Eu, pessoalmente, descobri que olhar de maneira mais profunda para minha identidade foi muito transformador e libertador — a autodescoberta com atenção plena foi a exploração definitiva para mim!

EXPERIMENTE ISTO

Passe alguns minutos descansando como um observador de sua experiência de momento a momento. Isto pode se tornar uma experiência incrivelmente pacífica. Essa é uma meditação em si própria. Não é necessário reagir aos seus pensamentos, emoções ou qualquer outra sensação. Apenas observe as experiências surgirem e caírem novamente. Seja o auto-observador. E, caso você se pegue tentando com muito empenho, não se esqueça de sorrir! Isto o lembrará de que este é um processo de não fazer — não é mais uma coisa que necessite de bastante esforço. Para experimentar isso ainda mais, vá até a meditação sentada no Capítulo 6. Ela é chamada de 'consciência aberta'.

PALAVRAS DE SABEDORIA

A HISTÓRIA DO PEDREIRO

Era uma vez um pedreiro que parou para descansar de seu trabalho pesado por alguns minutos ao lado de uma enorme pedra. Ele viu um senhor e seus servos passarem debaixo da sombra das árvores próximas.

Quando o pedreiro viu este rico senhor com todos os seus luxos e confortos, seu trabalho de repente pareceu muito mais duro. 'Ah, se eu fosse um homem rico', pensou ele, 'eu seria tão feliz!' De repente, uma voz respondeu do alto da montanha: 'seu desejo se tornará realidade; você se tornará um homem rico!'

Quando o pedreiro voltou para casa, encontrou um palácio lindo no lugar onde ficava sua simples casa. O pobre homem transbordava de alegria e, em pouco tempo, sua velha vida havia sido esquecida. Um dia, ele estava caminhando no mercado, e sentiu o sol queimar seu rosto. Desejou então ser tão poderoso quanto o próprio sol. Imediatamente, ele se tornou o sol.

Como sol, ele se sentiu completamente poderoso. Sua luz brilhou em torno do mundo todo, e seus raios iluminavam reis e sapateiros da mesma forma. Mas, não demorou muito para uma nuvem mover-se para a sua frente e obscurecer sua luz. 'O que é isto?', ele se indagou. 'Uma nuvem é mais poderosa do que eu! Ah, como eu queria ser uma nuvem.'

Ele tornou-se então uma nuvem. Ele bloqueou os raios do sol e por semanas fez chover até que os rios transbordassem suas margens e as plantações de arroz ficassem inundadas. Cidades e vilarejos foram destruídos pelo poder absoluto da chuva, mas ele percebeu que apenas a grande rocha na cordilheira permanecia firme. 'O que é isto?', ele gritava. 'Uma rocha é mais poderosa do que eu! Oh, como eu queria ser uma rocha.'

Ele tornou-se então uma rocha e glorificava-se de seu poder. Ficava ali impávido e nem o calor, nem o sol, nem a força da chuva poderiam movê-lo. 'Isto é o auge!', disse para si mesmo. Mas, logo ele ouviu um barulho estranho a seus pés e quando olhou para baixo, viu um pedreiro quebrando-o, pedaço por pedaço. Cheio de raiva ele gritou, 'Ah, se eu fosse um pedreiro!'

Naquele instante ele tornou-se um pedreiro novamente e continuou contente pelo resto de sua vida.

2

Preparando o Terreno para uma Vida com Atenção Plena

NESTA PARTE . . .

Crie uma base sólida sobre a qual construirá uma vida repleta de mindfulness diariamente.

Explore como a motivação e o comprometimento com mindfulness podem beneficiar sua vida.

Aprenda a deixar o fluxo levá-lo.

NESTE CAPÍTULO
Estabelecendo suas intenções com atenção plena
Entrando no estado mental correto
Comprometendo-se em longo prazo
Comprometendo-se com o mindfulness

Capítulo 3
Nutrindo Sua Motivação

Uma das melhores maneiras de aumentar a sua capacidade de ter atenção plena é praticar a sua meditação todos os dias. Estabelecer um hábito diário de mindfulness nem sempre é fácil, mas vale muito a pena este esforço. Com uma motivação clara e forte para praticar, você pode desenvolver o comprometimento firme necessário para engajar-se no mindfulness regularmente. Uma vez que o hábito do mindfulness diário for criado, a rotina se torna tão natural quanto tomar um banho. Você agora tem uma maneira de treinar e descansar sua mente todos os dias, não apenas seu corpo.

Este capítulo explora quais são as suas profundas intenções de mindfulness e incluem uma vasta gama de exercícios e como você pode usá-los para motivar sua prática diária de mindfulness.

Explorando Suas Intenções

A palavra ''intenção'' vem do Latim *intendere*, que significa direcionar a atenção. Intenção é objetivo — o que você busca alcançar a partir de uma certa ação. Caso esteja dirigindo para o trabalho e sua intenção seja chegar lá na hora, independente do que aconteça, pode dirigir de maneira irresponsável e perigosa. Caso esteja dirigindo para o trabalho e queira chegar lá de forma segura, você tenta dirigir com a atenção mais concentrada, numa velocidade segura e razoável. Eis um exemplo mais espantoso. Imagine alguém cortando-o com uma faca — como um cirurgião que tem que inserir uma lâmina e abrir você. Como a intenção do cirurgião é ajudar a restabelecer sua saúde, você provavelmente estará disposto a passar por este procedimento aparentemente horrendo. No entanto, um assassino também pode usar uma lâmina, mas com uma intenção bem menos positiva e você provavelmente não estará tão disposto!

A intenção molda a natureza da ação por completo. Embora a ação possa ser a mesma (como no exemplo de abrir alguém), a intenção em si influencia fortemente a sua experiência de momento a momento e seu estado mental. Por esta razão, a intenção correta é de importância vital para a meditação mindfulness. Eu chegaria a dizer que a natureza da intenção em si influencia fortemente a qualidade do processo meditativo.

Esclarecendo a intenção em mindfulness

A Dra. Shauna Shapiro, da Santa Clara University, juntamente a vários colegas, criou um modelo útil para sugerir como o mindfulness funciona. Os pesquisadores identificaram três componentes-chave: *intenção, atenção* e *atitude*. É preciso ter todos eles juntos e que eles estejam interligados quando você se engaja no mindfulness. Os componentes se conectam bem com a definição de mindfulness frequentemente usada, que é: *prestar atenção de um modo particular: com propósito, no momento presente* e *sem julgamento*. Dividindo isso, você tem:

» Prestar atenção — *atenção*

» Com propósito — *intenção*

» De um modo particular — *atitude*

Esses três componentes trabalham juntos perfeitamente para criar a experiência de momento a momento que é o mindfulness. A Figura 3-1 demonstra os componentes do mindfulness trabalhando juntos.

FIGURA 3-1: Os três componentes do mindfulness.

A intenção é um componente que frequentemente se perde quando as pessoas consideram o mindfulness e, ainda assim, é de importância vital. Ela estabelece o cenário para o que se desenrola na própria prática.

A intenção evolui. Um estudo mostrou que a intenção das pessoas com mindfulness é normalmente a redução do estresse, que vai para uma maior compreensão de seus pensamentos e emoções e, finalmente, rumo a uma compaixão maior. Por exemplo, você pode começar a praticar a meditação para reduzir sua ansiedade e, quando isso sumir, começar a praticá-la para atingir uma maior autorregulação emocional e, eventualmente, ser uma pessoa mais bondosa com mais compaixão pela sua família e amigos. Qual é a *sua* intenção?

LEMBRE-SE

O mindfulness está sendo desenvolvido para aliviar o sofrimento causado por toda uma vasta gama de condições diferentes, de distúrbios alimentares a ansiedade na gravidez, passando pela redução do estresse dos estudantes até o processo de cura da psoríase. Todas elas são aplicações maravilhosas do mindfulness, mas não se esqueça de que o objetivo original e sua visão são um modo de aliviar todo o sofrimento, seu e dos outros, desenvolvendo um sentido maior de compaixão. Uma visão ampla e positiva aumenta a prática do mindfulness para aqueles que compartilham tais possibilidades.

Encontrando o que você busca

O seguinte exercício — que eu chamo de uma 'visualização mindfulness' — pode dar uma grande ideia sobre suas intenções reais e profundas na prática de mindfulness. Quando eu comecei a usar este exercício, fiquei surpreso e fascinado pela força dos pontos de vista a respeito de meus próprios motivos profundos.

Na sequência, faça o exercício por escrito descrito na próxima seção.

Esclarecendo intenções — Visualização plena do lago

TOQUE AGORA!

Este exercício funciona melhor acompanhando a faixa 3 de áudio. Ache uma posição confortável: sentado numa cadeira ou sofá, ou deitado. Escolha uma posição na qual você se sinta confortável e à vontade. Feche seus olhos.

Imagine que está sentado à beira de um lindo lago. Pode ser em algum lugar que você já tenha estado antes, ou visto antes, ou criado na sua imaginação — não importa. Encontre um lugar onde sinta-se calmo e relaxado. O lago pode ter árvores majestosas de um lado e montanhas deslumbrantes no horizonte. A temperatura é exatamente perfeita para você e uma brisa garante que sinta-se refrescado. Um bando de pássaros está voando no horizonte e você consegue sentir um frescor no ar. Seu corpo está relaxado e descontraído.

Realmente imagine que está sentado à beira deste lago, o melhor que puder. Você não precisa visualizá-lo perfeitamente, o que quer que consiga está ótimo. Agora note os sons que pode ouvir enquanto senta à beira deste lago. Talvez a batida gentil da água contra a costa. A brisa nas árvores. O som dos pássaros a distância. Fique consciente de como seu corpo estaria enquanto senta-se à beira do lago, relaxado, energizado e revigorado.

Você olha para baixo e percebe uma pedra. Você a pega e a observa. Ela tem uma pergunta gravada nela. A pergunta é: 'O que eu espero receber do mindfulness?' Você observa a pergunta cuidadosamente enquanto segura a pedra delicadamente em sua mão.

Você joga a pedra no lago. Observa-a enquanto ela voa pelo ar como um arco, quase em câmera lenta e eventualmente entra em contato com a superfície da água. Você vê as ondas circulares irradiarem. Quando a pedra entra em contato com a água, você continua a pensar na questão: 'O que eu espero receber do mindfulness?'

A pedra afunda na água. Você pode vê-la indo cada vez mais fundo. Conforme ela afunda na água, você continua a observá-la e a pensar na questão: 'O que eu espero receber da atenção plena?' Você continua olhando e pensando a respeito disso.

Eventualmente a pedra entra em contato com o fundo e fica por lá. A questão 'O que eu espero receber da atenção plena?' ainda é visível. Pense na questão por mais alguns momentos.

Não é preciso forçar nenhuma resposta. Apenas reflita sobre a pergunta. Termine o exercício, percebendo as sensações físicas de seu corpo, dando uma inspirada um pouco mais profunda e, quando estiver pronto, abra seus olhos lenta e delicadamente. Agora, quando estiver pronto, registre o que descobriu no seu diário, se quiser.

Termine o exercício, percebendo as sensações físicas de seu corpo, dando uma respirada um pouco mais profunda e, quando estiver pronto, abra seus olhos lentamente. Caso tenha um diário, registre o que descobriu nele. Isso pode ajudar a revelar mais coisas importantes no futuro, conforme você for escrevendo.

Não existem respostas certas ou erradas para essa meditação de intenção. Algumas pessoas têm respostas claras sobre o que elas esperam encontrar na prática do mindfulness, outros pensam na questão, mas não têm respostas. Algumas pessoas acham que as respostas que elas encontram na superfície do lago são as mais óbvias, mas conforme a pedra afunda mais e mais, suas razões pela prática tornam-se mais claras e profundas também. Se a meditação foi útil, bom. Se não foi, não se preocupe — existem outros exercícios para fazer adiante neste capítulo.

Descobrindo sua intenção: completar frases

Pegue um pedaço de papel ou seu diário e escreva tantas respostas quanto você conseguir para as seguintes questões em um minuto, sem pensar muito sobre elas:

Quero praticar mindfulness porque...

Eu espero que mindfulness me dê...

Se eu tiver mais atenção plena, eu...

Os reais motivos pelos quais eu quero praticar mindfulness são...

Por fim, o mindfulness me dará...

Mindfulness é...

Estes exercícios de complementar frases podem ajudar a esclarecer sua motivação e intenções com o mindfulness.

Agora leia e reflita sobre suas respostas. Alguma delas surpreendeu? Por quê? Você pode querer voltar a essas respostas quando estiver lutando para motivar-se a meditar; ler suas respostas pode ser uma maneira de fortalecer-se para praticar um pouco de meditação.

Desenvolvendo uma visão

Uma visão é uma aspiração a longo prazo: algo rumo ao qual você esteja disposto a trabalhar. Tendo uma visão clara, você tem uma ideia de onde precisa chegar. Pense nisso em termos de qualquer jornada que precise fazer, para a qual você precise saber duas coisas: onde está agora e aonde precisa chegar.

O mindfulness é estar no momento presente e livrar-se de metas. Por que pensar em visões e intenções? Por que não estar apenas no aqui e agora e esquecer as aspirações? Bem, a visão lhe dá energia, motivação e força para praticar mindfulness, especialmente quando está sem vontade.

Por exemplo, sua mente pode estar lotada de pensamentos, ideias e opiniões a um ponto em que você não consegue acalmar-se facilmente. Sua visão pode ser tornar-se uma pessoa calma e contida, alguém que nunca se preocupa demais com as coisas e que os outros procuram para conselhos. Tendo isso em mente, você sabe porque está praticando o mindfulness e está *comprometido* em manter-se nela. Isso não quer dizer que o objetivo de cada meditação mindfulness seja a calma e que se você não estiver calmo, fracassou; uma visão vai além disso — um objetivo a longo prazo em vez de a curto prazo.

EXPERIMENTE ISTO

Caso você não esteja muito certo de qual é a sua visão, volte a esta seção depois de fazer alguns exercícios de mindfulness ou de entrar em outras áreas deste livro. Fazer isso pode lhe dar uma ideia mais clara do trabalho a ser feito adiante. A prática de mindfulness em si ajuda a desenvolver uma visão livre de ambiguidade conforme você começa a experimentar alguns benefícios.

Experimente os dois exercícios seguintes para ajudar a clarear sua visão.

Escrever uma carta para seu eu do futuro

Esta é uma bela maneira de desenvolver uma visão a longo prazo do que você busca atingir via mindfulness.

Reflita sobre seu eu futuro em cinco ou dez anos. Esta é a sua chance de se deixar levar e sonhar. Como você se sentirá? Que tipo de pessoa espera ser? Como você lida com os desafios em sua vida?

Escreva uma carta para si a respeito disso ou, caso seja uma pessoa visual, desenhe figuras. Esta visão dá ao seu cérebro uma direção para a qual trabalhar e a oportunidade de começar a descobrir um caminho a seguir. Pendure a carta numa parede de sua casa ou peça a um bom amigo que envie-a de volta no ano que vem, em algum momento. A maioria das pessoas sente-se bem ao receber uma carta delas mesmas no correio e a autorreflexão sempre parece chegar no momento certo da sua vida.

DICA

Você pode até mesmo mandar um e-mail para seu eu futuro. O site `www.futureme.org` (conteúdo em inglês) permite que você o faça.

Indo ao seu próprio velório

Tente superar qualquer relutância a respeito deste exercício, porque ele é muito comovente e forte. Imagine estar no seu próprio velório. Você está consciente da família e amigos ao seu redor. Considere cada pessoa e imagine todos dizendo o que você *gostaria* que elas dissessem sobre você. Realmente ouça as coisas positivas que elas estão dizendo sobre você e sua vida. O que eles valorizam em você? Quais tipos de aspectos de sua personalidade você gostaria que elas falassem? O que elas admiravam em você? Depois do exercício, pense nisso. Como você se sentiu? O que as pessoas falaram a seu respeito?

O exercício ajuda a colocar as coisas em contexto e esclarece seus valores — o que realmente importa. Como você pode usar o que foi dito a seu respeito para criar uma visão do tipo de pessoa que quer se tornar? Como esta visão pode ajudá-lo a motivar sua prática de mindfulness?

Faça a você mesmo a seguinte pergunta todos os dias por algumas semanas: ''Caso hoje fosse o último dia da minha vida, eu desejaria fazer o que vou fazer hoje?'' Quando a resposta for não por muitos dias seguidos, você sabe que precisa mudar alguma coisa. Mesmo quando não se fizer explicitamente esta pergunta, tenha uma amostra do valor da consideração da morte a fim de ajudá-lo a acordar e concentrar-se no que é mais importante na vida.

Praticando mindfulness para o benefício de todos

Caso estejam claros para você os benefícios pessoais do mindfulness e a prática para seu próprio benefício, isso é ótimo. No entanto, você também pode experimentar a prática de mindfulness pelos outros. Tirar o foco de si na intenção pode tornar a experiência mais agradável. Assim como quando se faz trabalho voluntário, o trabalho é feito para ajudar outros, para que você possa praticar a meditação mindfulness de uma maneira que sirva a outras pessoas.

Como mindfulness beneficia os outros? Bem, quanto mais você o pratica, as chances de você ser bondoso, atencioso e prestativo com os outros aumentam. Você provavelmente estourará e se irritará menos. Estará mais no controle de seu temperamento e terá a energia e força de vontade de ajudar os outros em suas dificuldades. Todas essas qualidades não são boas somente para você — são boas para todos com quem entrar em contato.

Eis algumas pessoas que poderão beneficiar-se de sua prática de mindfulness:

» Seu parceiro ou família imediata

» Seus amigos

» Seus colegas de trabalho

» O vilarejo, município ou cidade onde você vive

Escolha um grupo que o motive. Veja se você consegue praticar seu mindfulness sob a perspectiva de ajudar aquele grupo em particular de pessoas com a sua consciência aumentada pela atenção plena e conduta amistosa.

Esta abordagem funciona para todas as atividades. Por exemplo, quando eu me lembro de que estou escrevendo este livro para o seu benefício, sinto-me bem mais motivado. Quero escrevê-lo da melhor forma possível para ajudá-lo a tornar-se mais saudável, feliz e pacífico. A sensação é ótima! Se eu estivesse escrevendo e apenas pensando no quanto ele pode me deixar mais popular ou rico, a ação se tornaria muito menos alegre.

Preparando-se para o Mindfulness

Ter uma atitude positiva em relação ao mindfulness ajuda. Você provavelmente é novo no mindfulness, logo não sabe se ele funcionará na sua vida. Mas estar aberto à possibilidade de encontrar valor no mindfulness, assim como quando você está aprendendo algo novo como golfe, Francês ou a fazer arranjo de flores.

Caso entre no mindfulness pensando ''isso provavelmente não vai me ajudar'', conforme praticar e deparar-se com obstáculos, pode acabar desistindo.

Como disse Henry Ford:

''Se você acha que consegue, ou acha que não consegue — você está certo.''

Então, pense que você consegue! Vale a pena ouvir Henry Ford: ele revolucionou a indústria de automóveis. Você pode não concordar com a sua invenção, mas ele realizou o que muitos acreditavam ser impossível. Mindfulness pode ser tão revolucionário quanto sua própria vida, caso você tenha a atitude correta. Tendo uma atitude positiva, você está se permitindo achar mais paz e alegria em sua vida.

DICA

Quando você cultiva uma visão em longo prazo para o porquê da prática de mindfulness, deixe que seja exatamente isso: longo prazo. Deixe pra lá no aqui e agora enquanto estiver na prática. Não se preocupe tanto se está indo adiante em seu objetivo. Confie que o processo da meditação mindfulness, praticado por milhões de pessoas e apoiado cientificamente por milhares de teorias e pesquisas, cuidará de si mesmo se você der o tempo necessário e pare de questionar-se de seu valor se puder.

Olhando Além da Resolução de Problemas

Mindfulness não é um remédio rápido. Você precisa praticá-lo nos dias ruins e bons — nos dias em que acha que as coisas estão indo bem, assim como quando sente-se ansioso, estressado ou deprimido. O mindfulness é melhor cultivada lentamente e continuamente, a cada dia, para que quando as coisas ficarem difíceis ou desafiadoras para você, possa lembrar-se e usar a consciência mindfulness para trazer sua atenção para sua respiração e aliviar sua mente.

Pense na meditação midfulness regular como colocar um cinto de segurança num carro. Você coloca o cinto toda vez que viaja no caso de ter um acidente. Não se coloca o cinto logo antes de ter um acidente — seria tarde demais. A viagem de carro é a mesma coisa, estando você de cinto ou não, mas a principal diferença é a preparação para o que possa acontecer. O cinto de segurança do

PALAVRAS DE SABEDORIA

QUEM SABE? VEREMOS

Um dia, um estudante graduou-se com honras de primeira classe em uma universidade. Seus amigos e família celebravam e diziam como ele era sortudo. Ele certamente conseguiria um excelente emprego. Ele respondia: "Quem sabe? Veremos."

Assim que a festa acabou, o país entrou numa recessão grande. Pessoas eram demitidas por toda parte. Nenhuma empresa contratava ninguém. Ele tentou 50 empregos diferentes e nada aconteceu. Acabou nem sendo entrevistado. Seus pais e parceira sentiam pena dele. Ele disse: "Quem sabe? Veremos."

Decidiu começar um negócio vendendo telefones. No começo, pareceu não dar certo, mas, de repente, conforme a demanda aumentou, o negócio começou a ganhar muito dinheiro. Ele assinou um contrato enorme e, eventualmente, tornou-se um multimilionário. Comprou uma casa nova com vista para o mar. Outros se espantaram com sua virada de destino. Ele disse: "Quem sabe? Veremos."

Infelizmente, todas as suas economias foram perdidas quando um grande banco quebrou. Sua casa foi penhorada e ele teve que mudar-se para casa de seus pais. Todos aqueles ao seu redor diziam o quanto tinham pena dele pelo desfecho das coisas. Ele sorria e dizia: "Quem sabe? Veremos."

Ele leu no jornal que o casal que vivia na sua antiga casa sofreu uma inundação completa. Devido aos níveis crescentes do mar, a fundação da casa enfraqueceu e teve que ser demolida. A companhia de seguros não pagou e o casal perdeu tudo. Todo mundo dizia o quanto o homem havia sido sortudo em ter saído quando ele saíra. E ele sorria e dizia: "Quem sabe? Veremos."

Esta história ilustra que você pode julgar os problemas da vida como "bons" ou "ruins", mas não está realmente enxergando como um todo. Ninguém sabe o que acontecerá em seguida e as coisas podem ficar bem. Tente manter sua mente aberta mesmo em sua aparente felicidade e infelicidade.

mindfulness ajuda a desacelerar as coisas para que você possa apreciar a paisagem e possa dar uma freada segura quando as coisas ficarem desafiadoras.

DICA

Sempre haverá dias nos quais você se esquecerá de praticar o mindfulness ou apenas não encontrará a motivação para fazê-lo. Quando isso acontecer, seu trabalho será ser tremendamente compreensivo e perdoar-se. Seja realmente bom consigo mesmo. Da mesma maneira quando as crianças têm uma nota ruim numa matéria — não tem por que gritar com elas. Em vez disso, você deve encorajá-las. Anime-as. Diga a elas que tentem novamente, passo a passo, de maneira gentil e calma. Dê a si o mesmo encorajamento quando lutar para ter atenção plena — esta é a única maneira de voltar à prática.

Aperfeiçoando seu Comprometimento

O comprometimento é um juramento que você faz por meio de um plano de ação. Neste caso, o seu comprometimento é com o mindfulness, desenvolvida por meio da meditação e praticada todos os dias. Uma vez que você tenha decidido praticar a meditação, comprometer-se é apenas seguir adiante com suas crenças de forma consistente. O comprometimento também é a persistência com objetivo. Para obter algo significativo, você precisa prender-se a certos comprometimentos-chave. Sem o comprometimento você pode ser facilmente varrido pelos sentimentos passageiros e logo se esquecerá das práticas que pensou em fazer ou elas ficarão muito fora de seu alcance para mantê-las em sua vida.

Como eu me comprometo? A verdade da questão é que o comprometimento é um trabalho duro. É só olhar o número de pessoas que lutam para honrar suas resoluções de ano novo. No entanto, só o fato de você estabelecer um compromisso já é um primeiro passo. Só porque você não conseguiu realizar seu compromisso não significa que deva desistir por completo. Digamos que você queira parar de comer chocolate. Os primeiros dias são tranquilos, mas depois de uma semana, você vê um tablete de seu chocolate favorito na mesa cozinha como uma imensa tentação e começa a devorá-lo sem pensar. Quando joga a embalagem no lixo, sente-se 'fracassado' e pode desistir da resolução por completo. Em vez disso, dê-se conta de que, durante os sete primeiros dias desde a sua resolução de não comer chocolate, você permaneceu seis dias sem comê-lo. É uma ótima média: seis de sete, ou uma taxa de sucesso de 86%! Tente de novo amanhã.

LEMBRE-SE

O comprometimento é mais difícil quando os momentos são difíceis. Quando teve um dia ruim, quando tudo parece dar errado, quando a última coisa que você quer fazer é sentar-se e meditar, ironicamente é quando mais precisa comprometer-se. Dias difíceis testam seu comprometimento à sua decisão original de praticar todos os dias. No entanto, caso você não pratique, embora tenha todo o desejo e esgotado cada pedaço do seu comprometimento para praticar mas não conseguiu, traga uma atitude de curiosidade e aceitação à situação em vez de se martirizar. O que está feito, está feito. Você queria praticar, mas não praticou. A questão é 'o que aconteceu?' Quais pensamentos e sentimentos o levaram até a sua inatividade? O que está passando pela sua cabeça neste momento enquanto você se faz estas perguntas?

Dominando a autodisciplina

A palavra 'disciplina' tem conotações negativas para algumas pessoas e pode ser meio desanimadora, o que é uma pena, pois a autodisciplina é importante para um estilo de vida saudável. Ela é a capacidade de condicionar-se a realizar uma tarefa, independentemente do seu estado emocional no momento.

Imagine o que você pode realizar com níveis perfeitos de autodisciplina. Independentemente do que escolha fazer, você será capaz de fazê-lo. Digamos que queira emagrecer. Você tomou essa decisão e garante que seguirá com os exercícios regulares diários que farão com que seu resultado desejado ocorra. Este pequeno exemplo mostra o quão forte a autodisciplina pode ser e porque vale a pena cultivá-la.

No entanto, por si só, a disciplina pode criar uma sensação de ação clínica e fria, quase vazia de emoção. Com a combinação deste senso de disciplina com suas intenções e atitudes de ajuda (abordadas no Capítulo 4), você pode criar uma fonte útil de inspiração para a sua prática de mindfulness.

Eis algumas dicas para aumentar sua autodisciplina para a meditação mindfulness diária:

» **Perdoe-se pelo eventual deslize.** Lembre-se, a meditação é um processo em longo prazo. Não desista por causa de um lapso. Caso não dê certo inicialmente, descubra o porquê e tente novamente!

» **Leve as coisas passo a passo.** Pesquisas descobriram que a força de vontade é como um músculo. A força de vontade pode ficar cansada caso você a use muito durante o dia, mas pode ser fortalecida com o tempo. Então, não tente transformar sua vida inteira em um só dia. Você pode querer começar com uma prática diária bem curta de mindfulness.

» **Acredite em si mesmo.** Você consegue. Mesmo que sofra de desordens de atenção ou esteja doente, você pode praticar o mindfulness, então acredite que será capaz de comprometer-se. Todo pequeno passo é válido.

» **Peça ajuda.** Talvez você possa praticar meditação com um parceiro ou amigo. Entrar num grupo de meditação pode ser um apoio valioso também.

» **Recompense a si mesmo.** Provavelmente você tenha sido duro consigo mesmo em muitas ocasiões por não fazer algo bem ou da forma correta, por não ser bom o bastante, então por que não se recompensar por fazer algo de que tenha orgulho? Criar uma disciplina diária de meditação é difícil, então se você conseguir por uma semana ou até mesmo por alguns dias, presenteie-se com alguma coisa.

Comprometendo-se com algo que seja certo para você

Uma das razões pelas quais as pessoas acham difícil manter um compromisso é porque elas são ambiciosas demais. Caso você nunca tenha corrido anteriormente e de repente decida correr uma maratona amanhã, uma das duas coisas acontecerá: você desistirá ou terminará num estado infeliz e bastante debilitado. O efeito imediato será que você odiará correr ou achará que é péssimo nisso.

Caso decida que vai meditar por duas horas por dia pelo resto de sua vida, independente do que aconteça, pode ser difícil. Você precisa levar as coisas com tranquilidade e começar lentamente. Como decidir qual o compromisso certo para você? Bem, depende do que você deseja obter com a meditação. Você pode começar com um compromisso de oito semanas praticando meditação mindfulness por 30 minutos diários e ver o que acontece (veja o Capítulo 9 para mais detalhes sobre a rotina de oito semanas).

Talvez dez minutos por dia seja algo mais apropriado para seu estilo de vida ou mesmo meditações regulares de três minutos ao longo do dia. Talvez você sofra de dor crônica ou depressão ou queira chegar a um alto nível e assumir um compromisso maior. Está bem, é claro, mas comece de forma mais modesta e vá aumentando seu tempo de prática. A meditação não possui um tempo mínimo nem máximo para a sua prática. Na verdade, sua vida inteira pode ser uma meditação. Sempre que fizer alguma coisa que estiver fazendo de forma consciente, com uma atenção sem julgamento, usará a atenção plena.

Caso ache que a vida está indo bem para você, apenas fica um pouco estressado de tempos em tempos e quer algo para relaxar e concentrar-se um pouco mais, então talvez dez minutos de prática formal de meditação mindfulness podem ser suficientemente bons. Caso sofra de nível de estresse de médio a alto, ansiedade, depressão ou saúde abalada, vá aos Capítulos 12 a 14 para conselhos sobre o compromisso certo para você.

Uma vez que a disciplina regular da meditação tornar-se um hábito, o esforço da prática diminui. Volte em sua mente a quando você aprendeu a escovar seus dentes. Provavelmente era uma tarefa árdua. Sim, é bom para os seus dentes, mas você não estava interessado — queria jogar alguma coisa ou ver televisão, não gastar seu tempo escovando os dentes. Mas, hoje em dia, se você não escovar seus dentes por algum motivo, *não parece certo*. Conforme você praticar a meditação com regularidade, eventualmente sentirá a mesma coisa: você é alimentado pela própria prática e o que pode ter, por vezes, parecido difícil de fazer agora parece estranho de não ser feito. Este é o sinal de que você criou uma maneira maravilhosa e positiva de aumentar sua saúde e bem-estar. É claro que, às vezes, você relutará em praticar como quando reluta em escovar os dentes quando está cansado de verdade, mas, num todo, é um feliz meditador mindfulness.

Sua prática informal, que envolve estar consciente da atenção plena de suas atividades cotidianas (ver Capítulo 8), acontecerá quase que naturalmente caso você pratique regularmente a meditação por um tempo determinado todos os dias.

Inspirando-se com motivação extra

Ainda lutando com a ideia da autodisciplina? Eis alguns pensamentos finais para ajudá-lo.

Pense em sua mente como se ela fosse um filhote. Quando você o treina, precisa ser bondoso e gentil no começo. Caso coloque uma coleira nele e puxe de forma dura de um lugar para outro, o filhote não aprenderá. Você provavelmente o deixará triste e nunca o treinará bem. No entanto, se deixá-lo fazer o que quiser, estará encrencado também. O cão será o mestre e dominará a casa. O filhote aprende que o que ele quiser fazer naquela hora será possível, fazendo com que você se sinta muito cansado e frustrado em limpar e atender às suas necessidades e desejos infinitos. O filhote pode comer demais e ficar doente. A melhor maneira é o meio do caminho. Você precisa guiar o filhote para realizar certas ações e toda vez em que ele realizá-las, recompensá-lo. Caso ele faça a coisa errada, não preste tanta atenção e ele eventualmente vai parar.

Treine sua própria mente da mesma maneira. Quando sua mente começar a trazer todo o tipo de ideia de coisas que poderia fazer em vez de meditar, gentilmente as ignore, sem lutar ou bloquear os pensamentos. Dê sua atenção ao comprometimento interno de meditar e recompense este aspecto da mente com a meditação. Não vai demorar e seu filhote será um cão lindo e bem treinado, comportando-se na maior parte do tempo. Você precisa de muita paciência e o progresso pode ser lento, mas as recompensas tornam o programa de treinamento do filhote bastante válidos.

LEMBRE-SE

Cada vez em que pratica mindfulness, aumenta a chance de meditar novamente num outro dia. Isto é porque cada nova atividade que você adquire, seja ela física ou mental, cria um novo caminho no seu cérebro. É um pouco como criar uma trilha numa floresta. No começo, caminhar no meio daquele mato todo é complicado. Você precisa desviar dos galhos pendurados pelo caminho e lidar com a grama alta sob seus pés. No entanto, caso continue seguindo aquele caminho, ele se tornará cada vez mais fácil. Logo, você não precisará batalhar mais ou pensar em que caminho seguir na sequência. O caminho estará limpo. É a mesma coisa com as trilhas no seu cérebro. Na verdade, isso é o que o comprometimento com uma ação cria no cérebro — um caminho para uma maior atenção plena, consciência e vivacidade.

NADA É MELHOR DO QUE A COISA DE VERDADE

Descubro que o tempo todo que passo falando, escrevendo ou ensinando mindfulness quase não faz diferença na minha própria atenção plena. A única coisa que aprofunda a minha atenção plena é a prática regular da meditação em si; ela pode ser uma caminhada em mindfulness, uma meditação de escaneamento corporal ou sentado em atenção plena. Você pode passar cada hora acordado lendo, escrevendo, estudando e falando sobre meditação, mas dificilmente praticando.

Assim como descrever uma manga não é a mesma coisa do que saborear uma, falar sobre mindfulness não é a mesma coisa que praticá-lo. Ler e discutir sobre o mindfulness pode parecer bem mais fácil e confortável do que fazê-lo, mas infelizmente não faz diferença para a sua mente ou corpo. Então, recomendo que você busque fazer o 'não fazer' todos os dias, pelo tempo em que for necessário e de qualquer forma que funcione para você.

Lidando com a resistência em praticar

As pessoas frequentemente me perguntam, ao vivo e nas redes sociais, como superar a resistência à prática de mindfulness. Sabem que é bom para elas, mas por algum motivo não conseguem sentar-se e meditar. Eu acho que é uma experiência comum para muitas pessoas.

Algumas dicas que eu sugiro:

» **Faça as pazes com a resistência:** Caso realmente não queria meditar, tudo bem. Você não precisa entrar em guerra contra si mesmo. Em vez disso, dê um tempo. Esqueça desta luta interna pela prática. Volte a ela quando estiver pronto para tal.

» **Sinta a resistência.** Perceba quando sente a resistência no seu corpo. A sensação é na boca do estômago, seu peito ou em algum outro lugar? Tenha a sensação junto a sua respiração. Agora você já está praticando mindfulness sem saber — sorrateiro, mas legal!

» **Estimule sua prática informal de mindfulness.** Isto significa somente estar mais consciente do que quer que sejam suas atividades diárias. Caso precise caminhar até o ponto de ônibus, realmente sinta as sensações em seus pés e a brisa contra sua pele. Caso esteja secando roupas no varal, faça um esforço extra em perceber o frescor do cheiro das roupas e o alongamento de seu corpo enquanto as pendura. Dê um descanso para a sua mente dos seus pensamentos recorrentes.

PALAVRAS DE SABEDORIA

O BURRO E O POÇO

Era uma vez, o burro de um fazendeiro que caiu num poço. O fazendeiro tentou de todas as maneiras resgatar o burro, sem sucesso. Eventualmente e com pesar, ele desistiu. O poço precisava ser preenchido de qualquer maneira, então ele resolveu enterrar o burro. Ele se convenceu de que o burro não sofreria mais. Começou então a jogar terra no poço.

No começo, o burro ficou com medo e zurrava alto, mas acalmou-se e ficou em silêncio. Depois de jogar terra por um tempo, o fazendeiro decidiu dar uma olhada melhor dentro do poço, usando uma tocha. O burro estava vivo e mais perto da beira do poço. Cada vez que o fazendeiro jogava lama no burro, ele sacudia suas costas e pisava na terra. Não demorou muito para que o burro pudesse sair do poço de forma segura, como se nada tivesse acontecido.

O burro estava *motivado* a sobreviver. Caso ele tivesse pensado: 'oh não, não tenho esperança, eu vou morrer', o burro teria sido, então, enterrado. Com a motivação e comprometimento em ter êxito no mindfulness, você pode encontrar soluções simples e eficazes para os desafios ao longo do caminho.

> **NESTE CAPÍTULO**
>
> **Desenvolvendo as atitudes-chave com atenção plena**
>
> **Compreendendo 'amabilidade'**
>
> **Lidando com atitudes que não ajudam**

Capítulo 4

Cultivando Atitudes Saudáveis

A maior descoberta de nossa geração é que os serem humanos podem alterar suas vidas ao mudar a atitude de suas mentes. Você é o que pensa.

WILLIAM JAMES

Os três aspectos importantes do mindfulness são: intenção, atitude e atenção (explicados na íntegra no Capítulo 3). Este capítulo concentra-se na atitude.

Quando se trata de atitude, você tem uma escolha. Caso esteja ciente de sua visão, pode começar a escolher mudá-la para melhor. Atitude não é o que acontece em sua vida, o quão bem-sucedido você é ou, até mesmo, como se sente. Você pode estar sentindo a emoção da frustração mas pensar 'ei, pelo menos eu estou consciente disso', 'isso é apenas uma sensação' ou 'esta é uma chance para que eu compreenda a sensação de frustração'. Mudar sua atitude é difícil, porém *é* possível. Com a escolha de atitudes de atenção plena em relação a suas experiências internas e externas a cada momento, você começa a lançar mão de crenças autolimitantes e a viver com maior fluidez.

Pense no canto. Qual é sua atitude em relação ao canto? Talvez você ame cantar e mal possa esperar para pular no palco. Caso você não se importe com o que os outros pensam, ou ache que é um grande cantor, então cantar sua canção preferida não será um problema. No entanto, se achar que terá que acertar ou preocupar-se com o que os outros vão pensar, pode ficar mais hesitante em cantar e isso afetará seus sentimentos, humor e como você soa na verdade.

Sabendo como a Atitude Afeta o Resultado

PALAVRAS DE SABEDORIA

Uma escola certa vez possuía seis grupos diferentes de habilidades em matemática. A cada ano, os mesmos professores de matemática ensinavam o mesmo nível de habilidade na matéria. Num ano, a professora principal decidiu experimentar. Ela escolheu uma professora aleatoriamente, que era responsável pelo segundo nível mais baixo. Ela disse à outra professora o quão boa ela era e que daria a principal cadeira de matemática a ela no ano seguinte. A atitude da professora e suas expectativas sobre a classe mudaram completamente quando ela recebeu a nova turma. Ela sabia que a cadeira principal deveria receber as notas altas que sempre receberam. Ela os ensinou de acordo, e, obviamente, os alunos conseguiram tirar as excelentes notas esperadas. O incrível é que a turma não era realmente a melhor, e sim a segunda inferior. Como a professora mudou sua atitude e as expectativas em relação a essa turma, os estudantes aceitaram o desafio e produziram resultados incríveis. Esta experiência mostra o poder da atitude.

Como a atitude afeta a qualidade da meditação mindfulness? Bem, caso sua atitude seja 'o mindfulness é muito difícil', então você tenta com afinco chegar a algum lugar. Caso sua atitude seja 'mindfulness é fácil' e aí você tem dificuldade, pode começar a se frustrar. Caso sua atitude seja 'não sei como será. Tentarei e verei o que acontece', você está preparado para o que vier.

LEMBRE-SE

Atitudes são o solo onde suas práticas de mindfulness crescem com força. Um solo rico e nutritivo alimenta a semente do mindfulness e garante que ela cresça bem. Cada vez que você pratica o mindfulness, você rega a semente, cuidando e dando atenção a ela. No entanto, caso este solo se deteriore por meio de atitudes que não ajudam, a muda jovem começa a murchar. Uma planta precisa ser regada regularmente — uma ausência de cuidado e atenção resulta no seu fim.

Descobrindo suas Atitudes em Relação ao Mindfulness

As atitudes podem tornar-se hábitos — bons e ruins. E atitudes, como hábitos, não são fáceis de mudar. Você precisa trabalhar para melhorar sua atitude. Comece descobrindo quais são suas atitudes atuais referentes ao mindfulness, inércia, silêncio e a não fazer nada. Em seguida, através da compreensão e do esforço, pode desenvolver atitudes que conduzam melhor a uma prática regular de mindfulness.

Pegue uma caneta e um papel e responda às seguintes dez questões para ajudá-lo a descobrir quais são suas atitudes referentes à meditação mindfulness:

1. O que você espera receber da prática do mindfulness?

2. Por que você está praticando o mindfulness?

3. A quais experiências você espera chegar por meio da prática do mindfulness?

4. Quanto tempo você acha que levará antes de perceber os benefícios do mindfulness?

5. Quais sensações físicas você espera sentir durante ou depois de uma meditação mindfulness?

6. Quais são suas experiências anteriores de mindfulness? Você continua preso a elas ou deixou-as de lado?

7. Quanto de esforço você está disposto a investir na sua prática? Você praticará o mindfulness várias vezes ao dia, uma vez por dia, uma vez por semana ou quando tiver vontade?

8. Quando você ouve a palavra 'meditação' ou 'mindfulness', que tipo de pensamentos e sensações surgem?

9. Como você saberá que está fazendo sua prática de mindfulness da forma correta?

10. Qual a melhor coisa sobre o mindfulness?

Agora, observe suas respostas. Você percebe alguns padrões? Você está muito positivo a respeito dos benefícios potenciais da atenção plena? Você está negativo a respeito da atenção plena? Ou você está indiferente e quer apenas experimentar, como se fosse um cientista de sua própria mente?

Tente não julgar pelas suas respostas. Veja-as apenas como são. Caso não consiga evitar prender-se nos pensamentos 'isto é bom' ou 'oh, isto é uma atitude realmente ruim, o que há de errado comigo?', perceba isso também. Sua mente está simplesmente fazendo julgamentos.

Desenvolvendo Atitudes Úteis

Esta parte contém as principais atitudes-base que dão um fundamento a partir do qual você pode construir uma forte prática de mindfulness. Estas atitudes podem ajudá-lo a lidar com sensações ou emoções difíceis, superar sensações de letargia e gerar a energia para a tomada de atitudes. Sem tais atitudes, sua prática pode tornar-se caduca e sua intenção pode enfraquecer, junto à sua força em prestar atenção no momento presente. Algumas maneiras úteis de abordar sua prática são desenvolvidas ao longo da experiência; outras estão disponíveis desde o começo.

Pense nestes atributos-chave como sementes de morango. Caso você esteja esperando saborear os morangos deliciosos, precisa plantar as sementes e regá-las regularmente. Da mesma maneira, precisa regar suas atitudes regularmente, dando a elas sua atenção plena. Você poderá, então, saborear o fruto de seus esforços em forma de um morango doce e delicioso. Eu adoro morangos.

Embora as atitudes identificadas nesta seção pareçam isoladas, elas estão interligadas e se apoiam. Qualquer uma destas atitudes, buscadas e encorajadas a crescer, apoiam inadvertidamente umas às outras.

Compreendendo a aceitação

A aceitação, por fim, é uma das atitudes mais úteis a serem trazidas para o mindfulness. A aceitação significa perceber sua experiência e simplesmente a reconhecer em vez de julgá-la como boa ou ruim. Você larga mão da sua guerra com seu momento presente. Para algumas pessoas, a palavra 'aceitação' é desanimadora; substitua-a pela palavra 'reconhecimento', caso preferira.

CUIDADO

Quando falo em aceitação, não quero dizer resignação. Não quero dizer: 'caso você ache que não consegue fazer uma coisa, aceite isso'— isso seria desistir em vez de aceitar. Eu estou falando na sua experiência de momento a momento.

Por exemplo, quando você sente dor, seja ela física, como um ombro dolorido, ou mental, como uma depressão ou ansiedade, a reação natural é tentar evitar senti-la. Isso parece muito sensato, pois a sensação de dor física ou mental é desagradável. Você a ignora, distrai-se ou talvez até comece a usar drogas recreativas ou álcool para anestesiar o desconforto. Evitar assim pode funcionar num curto prazo imediato, mas logo isso cai num âmbito mental e emocional.

Ao combater a dor, você ainda sentirá a dor, mas além disso, sentirá a dor emocional e a luta com a própria dor. Buda chamava isto de 'a segunda flecha'. Caso um guerreiro seja ferido por uma flecha e comece a ter uma série de pensamentos do tipo 'por que isso aconteceu comigo?' e 'e se eu nunca puder andar novamente?', eles são uma 'segunda flecha'. Você pode infligir isso a si mesmo a cada vez que sentir algum tipo de dor ou até mesmo um pouco de desconforto, em vez de aceitar o que aconteceu e dar o passo seguinte. A fuga — escapar — é um aspecto da 'segunda flecha' e complementa o sofrimento. A aceitação significa parar de lutar contra sua experiência de momento a momento. A aceitação remove esta segunda flecha da culpa, crítica ou negação.

Uma fórmula útil é:

Sofrimento = Dor X Resistência

Quanto mais você resiste à dor que está experimentando, mais sofre. A dor já está lá. Resistir à dor agrava suas dificuldades. A aceitação o ensina a libertar--se da resistência e, logo, aliviar seu sofrimento.

Talvez você medite e sinta-se bombardeado pelos pensamentos que o levam para longe muitas e muitas vezes. Caso não aceite o fato de que sua mente gosta de pensar, torna-se cada vez mais frustrado, triste e irritado consigo mesmo. Você quer concentrar-se em sua prática de mindfulness, mas não consegue.

No exemplo acima:

- » **Primeira flecha:** Muitos pensamentos entram na sua mente durante a meditação.
- » **Segunda flecha:** Não aceitar que os pensamentos surgirão durante a meditação; criticar-se por ter muitos pensamentos.
- » **Solução:** Reconhecer e aceitar que os pensamentos são parte e pedaço da prática do mindfulness. Liberte-se de sua resistência. Você pode fazer isso dizendo a si mesmo, de forma gentil, 'estou pensando' ou 'é natural pensar' ou simplesmente rotulando isso como 'pensar... pensar'.

Ao *reconhecer* o sentimento, pensamento ou sensação e encará-lo, a experiência muda. Mesmo com dor física, tente experimentá-la por meio de sua sensação. Pesquisas descobriram que, assim, a dor reduz.

Mas lembre-se que você não está reconhecendo isso para livrar-se do sentimento. Isto não é aceitação. Você precisa tentar reconhecer a sensação, sentimento ou pensamento *sem tentar mudá-lo* de forma alguma — é a aceitação pura disso, como é.

Talvez até mesmo relaxar em relação ao desconforto. Uma maneira de relaxar rumo ao desconforto é corajosamente voltar-se à sua sensação e simultaneamente ter a sensação de sua própria respiração. Com cada expiração, permita--se aproximar e relaxar a atenção em torno do desconforto.

Caso toda essa aceitação ou reconhecimento de sua dor pareça impossível, só tente ter uma noção disso e dê o menor passo nessa direção. O menor passo rumo à aceitação pode dar início a uma cadeia de eventos que, por fim, levam à transformação. Qualquer mínima quantidade de aceitação é melhor do que nenhuma.

Outro aspecto é aceitar a sua situação atual. Caso você esteja perdido, mesmo que tenha um mapa de onde queira chegar, não tem a esperança de chegar lá *se você não souber onde está para começo de conversa*. Você precisa saber e aceitar onde está. A partir daí, pode começar a descobrir como chegar aonde deseja estar. Paradoxalmente, a aceitação é o primeiro passo rumo a qualquer mudança radical. Caso você não reconheça onde está e o que está acontecendo no momento, não consegue caminhar adequadamente a partir daquele ponto.

Eis algumas maneiras pelas quais você pode tentar cultivar a aceitação:

» Declare gentilmente o nome da experiência que você não está aceitando. Por exemplo, se você não estiver aceitando que está com raiva, declare em sua mente a si mesmo: 'eu estou me sentindo com raiva neste momento... Estou me sentindo com raiva'. Desta maneira, você começa a reconhecer sua sensação.

» Perceba qual parte do seu corpo parece tensa e imagine sua respiração entrando e saindo daquela área de tensão. Conforme você inspira e expira, diga a si mesmo: 'está bem, já está aqui... já está aqui'. Permita que os músculos em volta da sensação relaxem e fiquem soltos, caso consiga.

» Considere o quanto você aceita ou reconhece seus pensamentos/sentimentos/sensações atuais numa escala de 1 a 10. Pergunte a si mesmo o que você precisa fazer para aumentar sua aceitação e depois faça isso da melhor maneira que puder.

» Torne-se realmente curioso a respeito de sua experiência. Considere: 'de onde veio esse sentimento?', 'onde eu o sinto?', 'o que é interessante nele?'. Desta forma, a curiosidade o leva a um pouco mais de aceitação.

No reino das emoções, a maneira mais rápida para ir de um ponto A a um ponto B não é tentar forçar-se para chegar até o B, mas aceitar o A. A aceitação de coração leva automaticamente à mudança.

Descobrindo a paciência

Helen Keller, a ativista política americana surda e cega, é creditada com os seguintes dizeres: 'Nunca poderíamos aprender a sermos bravos e pacientes caso houvesse somente alegria no mundo.' Esta frase é uma afirmação válida. Se sempre que praticasse o mindfulness ficasse cheio de alegria e paz, não precisaria daquela bela atitude de paciência. A realidade é que os pensamentos e emoções desafiadores às vezes chegam no mindfulness, assim como em qualquer atividade. O importante é como você encontra e recebe tais sentimentos.

Embora possa experimentar os benefícios do mindfulness depois de um período curto de tempo, pesquisas mostram que, quanto mais tempo dedicar ao cultivo da atenção plena, resultados mais eficazes virão. A meditação mindfulness é um treinamento da mente e treinamentos levam tempo.

LEMBRE-SE

EXPERIMENTE ISTO

Caso seja uma pessoa naturalmente bem impaciente, a meditação mindfulness é o treinamento perfeito para você. A paciência, assim como todas as atitudes sobre as quais me refiro nesta seção, pode ser desenvolvida por meio do esforço regular. Atitudes são como músculos que você pode treinar numa academia para a mente.

Eis algumas maneiras pelas quais você pode desenvolver sua paciência:

» Sempre que começar a experimentar a impaciência, veja isso como uma oportunidade para praticar o mindfulness dos pensamentos. Isso significa tornar-se fascinado pelo tipo de pensamentos que estão surgindo em sua cabeça. Todos eles são verdadeiros? Quais efeitos os pensamentos estão tendo sob seu estado emocional? Sobre o que são seus pensamentos?

» Da próxima vez em que estiver dirigindo e enxergar uma luz amarela, pare de forma segura, em vez de acelerar por ela. Veja como isso faz com que você se sinta. Repita isso várias vezes e perceba se fica mais fácil ou difícil ser paciente.

» Em vez de escolher freneticamente a fila mais curta no caixa do supermercado, escolha a mais próxima. Conecte-se com qualquer sentimento de impaciência que possa surgir e traga um senso de curiosidade à sua experiência, em vez de reagir imediatamente à sua impaciência.

Ao ter uma conversa com alguém, passe mais tempo ouvindo do que falando. Liberte-se do urgir inicial de falar e escute mais. Ouvir pode demandar um esforço tremendo e é um excelente treinamento para a paciência. Cada vez que você pratica, treina seu cérebro a ficar um pouco mais paciente.

Vendo de novo

Ver de novo normalmente é chamado de *mente de principiante*, um termo que foi primeiramente usado pelo mestre Zen Suzuki Roshi. Ele disse certa vez: 'Na mente de um principiante existem muitas possibilidades, mas na de um especialista existem poucas.' O que isso significa?

Considere uma jovem criança. As crianças, caso sejam sortudas o bastante para serem criadas com amor, são as maiores professoras de mindfulness do mundo! Ficam maravilhadas com as coisas mais simples. Dê um molho de chaves a um bebê e ele fica hipnotizado, percebendo a ampla gama de cores refletidas neles, balançam-no e ouvem o som — e provavelmente riem também. Depois, é claro, eles sentem o gosto das chaves!

As crianças são a definição da mente de principiante. Elas veem as coisas como são pela primeira vez, porque não estão recheados com ideias, conceitos, crenças, nomes ou pensamentos sobre a coisa certa ou errada a se fazer. Os bebês não intelectualizam. Eles se conectam com os dados sensoriais crus que entram em suas mentes e amam isso. As crianças novas naturalmente têm a atenção plena e isso é uma verdadeira alegria para eles.

EXPERIMENTE ISTO

Você pode ver a vida de uma maneira similar. Você pode cultivar esta atitude da mente do principiante, de ver as coisas de novo — só é preciso fazer um pequeno esforço. Experimente este exercício:

1. **Sente ou deite-se numa postura relaxada e confortável e feche seus olhos.**

2. **Agora imagine que você é cego desde que nasceu. Você nunca experimentou as cores anteriormente. Você ouviu as pessoas falarem sobre isso, mas não consegue nem imaginar o que é cor. Passe pelo menos cinco minutos fazendo isso. Quando encontrar sua mente vagando em pensamentos, traga-a gentilmente de volta a este exercício.**

3. **Quando estiver pronto, lentamente abra seus olhos como se estivesse vendo pela primeira vez. Veja com a mente de principiante. Curta a gama de cores e formas em sua frente. Perceba como sua mente automaticamente nomeia diferentes objetos. Traga sua atenção de volta à consciência da variedade de cores, sombras e reflexos. Você pode até mesmo perceber coisas que nunca percebeu antes; este é um sinal de que está engajando a mente de principiante e vendo as coisas de uma forma nova.**

4. **Continue com a atitude da mente de principiante em todas as suas atividades hoje e faça todas as suas atividades como se fosse a primeira vez.**

Quando você experimenta o estado da mente de principiante, vive em um mundo de fascínio, curiosidade, criatividade, atenção e diversão. Você está constantemente descobrindo e olhando com os olhos de uma criança. Está com a mente do 'eu não sei'. Quando pensar: 'eu sei o que vai acontecer' ou 'eu sei como é respirar', pare de olhar. Você não sabe o que vai acontecer; só acha que sabe. Cada momento é novo. Cada momento é diferente e único. Cada momento é o único momento que você tem.

Caso você seja um iniciante no mindfulness, está numa posição invejável. Você realmente está na mente de principiante! No entanto, quando você começar a praticar sua segunda sessão de meditação mindfulness, pode começar a compará-la com a primeira e pensar: 'foi melhor da última vez' ou 'por que não consigo me concentrar agora?' ou 'É isso. Consegui!'. Você começa a comparar, conceitualizar ou condenar. Quando isso acontecer, tente libertar-se — o máximo que puder — e traga sua atenção de volta ao aqui e agora, pois está engajando-se nisso pela primeira vez. Não estou dizendo que a mente de principiante seja uma atitude fácil, mas é fundamental na sustentação de uma disciplina meditativa a longo prazo.

DICA

A vida com atenção plena é uma vida vivida de forma nova. Uma maneira legal de fazer isso é reduzir sua quantidade de planejamento. Deixe certos dias sem planejamento. Desta maneira, você cria espaço para que coisas novas e excitantes surjam. Na maior parte do tempo, a vida não segue de acordo com o plano de qualquer forma — então não tente tanto prender-se a uma agenda. Você pode até tentar ficar sem planejar seu trabalho ocasionalmente. Quando dou uma palestra sem planejamento, não sei o que vou dizer e é mais divertido para mim e para a plateia. Sou forçado a viver no presente e responder ao momento; a atenção plena chega espontaneamente.

Encontrando a confiança

Sem um certo grau de confiança, a meditação mindfulness é desafiadora. Isso porque a confiança lhe ajuda a continuar acreditando no processo do mindfulness quando você sente que alguma coisa 'errada' está acontecendo. Por exemplo, caso você esteja meditando e, de repente, sente-se entediado, precisa confiar que esta é só mais uma sensação e que, ao continuar com a prática, essa sensação pode ou não desaparecer. Ou você pode descobrir que, ao final de uma sessão de prática de mindfulness, sente-se um pouco pior do que quando começou. Sem a confiança, você não será capaz de ver que esta é apenas uma experiência temporária, que, assim como todas as experiências, não vai durar para sempre.

LEMBRE-SE

A confiança leva tempo a ser desenvolvida em relacionamentos. Você não pode esperar encontrar pessoas e confiar nelas de imediato. É preciso ver seu comportamento, o que elas dizem e como elas tratam a você e a outras pessoas. Com tempo e paciência, a confiança cresce. E com esta confiança crescente, os relacionamentos se aprofundam, amadurecem e passam a ter significados maiores. Um relacionamento que não tem confiança tem pouca beleza. Com a confiança vem o calor, a amizade e uma sensação de conexão — você se sente à vontade e confortável numa relação de confiança. Seu relacionamento com o mindfulness é similar. Você pode não confiar no processo de início, mas com paciência, prática dedicada e regular, pode passar a acreditar nele. Quanto mais você acreditar na sua força para curá-lo e resgatá-lo, mais relaxará e permitirá que o mindfulness *aconteça* a você, de certa forma, em vez de tentar *fazê-lo*. É um ato de não ação, ou de ser, que surge a partir da segurança da confiança.

Eis algumas maneiras de construir sua confiança:

EXPERIMENTE ISTO

» Decida por quanto tempo você experimentará a meditação e siga à risca. Então, caso queira experimentar a meditação por quatro semanas ou por 20 minutos por dia, faça isso. Esteja preparado para achar mais difícil praticar em alguns dias do que em outros e comece a confiar no processo.

» Caso tenha uma mente mais científica, cheque todas as pesquisas feitas a respeito de mindfulness e meditação disponível, neste livro ou em qualquer outro lugar. Isso pode ajudá-lo a convencê-lo a seguir a disciplina.

» Caso você conheça alguém que pratique regularmente o mindfulness, pergunte sobre sua opinião a respeito. Considere meditar com essa pessoa para obter ajuda.

» Dê tempo ao mindfulness. Seja o mais paciente com ele quanto puder e sua confiança naturalmente crescerá com o tempo.

» Experimente confiar na sua própria experiência, no aqui e agora. O que sua intuição está tentando lhe dizer?

Cultivando a curiosidade

Einstein era um mestre da curiosidade. Ele achava que a curiosidade era uma parte essencial de uma vida plena. Ele disse o seguinte:

'O importante é não parar de questionar. A curiosidade tem sua própria razão de existir. Não se pode evitar espantar-se ao contemplar os mistérios da eternidade, da vida, da estrutura maravilhosa da realidade. É o suficiente se alguém tenta meramente compreender um pouco deste mistério a cada dia. Nunca perca uma curiosidade sagrada.'

A curiosidade é a base de todo o aprendizado real. Caso você seja curioso, vai querer descobrir algo novo, ganhar novos conhecimentos. Uma pessoa curiosa é toda conectada a seus sentidos. Caso seja curioso, olhe ao redor atenta e sinceramente para ver algo que ainda não viu. Pergunte-se várias questões a seu respeito e sobre os outros. Elas podem ser questões como 'por que o céu é azul' ou 'por que esta sombra ali clareia enquanto esta é muito mais escura?' Ou podem ser perguntas sobre você mesmo, como 'por que sinto-me cansado depois de comer X?', 'de onde vêm estes pensamentos?' ou 'o que acontece com a sensação de frustração se eu tentar sentir no meu corpo e respirar para isto?'.

Trazer curiosidade à sua prática de mindfulness é especialmente útil. Na verdade, com a curiosidade, o mindfulness surge automaticamente: você começa a prestar atenção naturalmente e, com um senso de admiração, começa a perceber por que está acontecendo. Pegue o exemplo do pensamento: caso você esteja realmente curioso sobre os tipos de pensamentos que pode ter ao longo de dez minutos, preste atenção e veja os pensamentos que tem da melhor maneira possível. Isso é mindfulness. Caso sua curiosidade seja genuína, provavelmente, continuará vendo estes pensamentos até satisfazer aquela curiosidade.

EXPERIMENTE ISTO

Como você pode desenvolver a curiosidade no mindfulness? Digo que por meio de perguntas. Eis algumas questões que podem ser perguntadas a si mesmo antes de uma prática de mindfulness, para dar o pontapé inicial:

» O que acontece se eu praticar o mindfulness todos os dias por 20 minutos durante 4 semanas, tendo ou não vontade de fazê-lo?

» O que ocorre caso eu me esforce mais na minha prática de mindfulness? E se eu me esforçar menos?

» O que acontece se eu sentar ou deitar bem quieto, mesmo sentindo uma incrível vontade de me mexer?

» Onde no corpo eu sinto emoções positivas? Onde sinto emoções negativas? Qual forma e cor as emoções têm, caso as tenham?

» Qual efeito tem manter um sorriso gentil ao meditar sob a minha prática?

Eu poderia seguir infinitamente com milhares de questões a fazer. Tente criar as suas próprias; sua própria curiosidade é mais poderosa do que qualquer coisa que eu dê.

Faça uma pergunta a si mesmo e investigue. Alimente sua curiosidade e veja o que você descobre. Permita que sua curiosidade se espalhe da sua atenção plena para sua vida cotidiana. Torne-se curioso a respeito de seus pensamentos, emoções e sensações físicas em vez de apenas ignorá-las ou tentar mudá-las instantaneamente.

Experimentar fazer as coisas de uma forma diferente é uma grande maneira de aguçar sua curiosidade e aumentar sua atenção plena. Por exemplo, hoje eu pensei: 'Como eu posso escovar meus dentes de uma maneira diferente, só pra me divertir?' A resposta veio: fique em pé numa perna só. Então, escovei meus dentes enquanto me equilibrava em uma perna só. Fiquei surpreso em ver o quão mais atento eu fiquei. Em vez de escovar automaticamente e deixar minha mente divagar, eu estava consciente em manter meu equilíbrio. Você provavelmente acha que eu sou louco — e talvez esteja certo! Mas, o que estou tentando mostrar é que se você fizer as coisas de maneira diferente isto torna automaticamente a vida mais divertida e traz um pouco mais de atenção plena também. O que você pode fazer de outra forma hoje?

LEMBRE-SE

O mindfulness é como um laboratório onde você tem ideias, observa, vê e enxerga o que acontece e, talvez, tire conclusões. Continue fazendo perguntas a si mesmo e siga neste caminho. O mindfulness dá a oportunidade de descobrir mais sobre si mesmo e o funcionamento de sua própria mente e coração e, quando entender isso, não entenderá só a si mesmo, mas a todo mundo, pois temos essencialmente os mesmos processos em andamento. Os humanos são muito mais similares do que você pode achar.

Libertando-se

Imagine que eu tenha dito para segurar um copo d'água o mais parado possível. Na verdade, imagine que eu tenha dito que daria a você qualquer coisa que quisesses caso segurasse o copo perfeitamente parado. Você provavelmente tentaria da maneira mais concentrada possível e o copo poderia parecer bastante parado, mas caso você ou qualquer pessoa olhasse realmente de forma cuidadosa para a água, perceberia que ela ainda assim estaria se movendo.

Suspeito que quanto mais força você fizesse para manter o copo parado, mais ele sacudiria, pois ficaria mais preocupado ou nervoso com ele estar 100% parado. A melhor maneira de deixar o tal copo d'água parado seria *largá-lo* e colocá-lo numa superfície sólida. Então a água pararia de se mexer.

A natureza tem muitos exemplos lindos de libertação. As macieiras precisam libertar seus frutos para que as sementes delas germinem. Os animais precisam libertar seus jovens para que eles aprendam a se defender sozinhos. Os jovens pássaros precisam abandonar qualquer medo que sintam quando saltam de um galho para começar a voar. Você está sempre libertando cada respiração para dar espaço para a seguinte. O último exemplo mostra que você sabe, naturalmente, como libertar as coisas o tempo todo, de certa maneira. Lembre-se disto da próxima vez em que estiver lutando para largar algo.

A libertação é a essência do mindfulness. Pensamentos, emoções, ideias, opiniões, crenças, emoções e sensações estão aí para serem observadas, exploradas e depois abandonadas. Caso você esteja tendo dificuldade em compreender ou praticar o mindfulness, experimente libertar-se. Pratique-a gentilmente da melhor maneira possível e veja o que você descobre — estará no caminho certo.

Como você se liberta? Imagine que você esteja segurando uma bola de tênis em sua mão e me perguntando como soltá-la. Soltar não é uma coisa que você faça. Soltar é parar de fazer alguma coisa. Para largar algo, você para de prendê-la.

O primeiro passo é perceber que você está prendendo o objeto, primeiramente. Caso esteja andando por aí segurando uma bola de tênis, não pode soltá-la se não souber que a bola está em suas mãos. Uma vez que souber que a bola está lá e sentir a tensão em suas mãos, solta automaticamente.

TOQUE AGORA!

Eis um curto exercício de mindfulness na prática de libertação. Experimente e veja o que ele traz. Você pode usar o áudio da faixa 5 de Mp3 para acompanhar.

Exercício de libertar-se com mindfulness

1. **Encontre uma postura confortável** e feche seu olhos, se quiser.

2. **Note agora a posição do seu corpo.** Note quais partes parecem quentes e quais parecem frias. Consegue sentir qualquer tensão física em seu corpo? Note se a tensão tem uma forma, cor ou, talvez, textura. Fique consciente de qualquer tensão em seu corpo. Note o que acontece com a tensão à medida que fica ciente dela. A tensão libera ou fica lá? Você consegue deixar a tensão ir embora?

3. **Se não, ofereça o máximo de calor, bondade e carinho que puder para essa sensação.** Você pode até tentar sorrir para ela. Note que efeito isso tem. Explore maneiras de mudar sua percepção da tensão, como uma oportunidade de libertar-se. Agora volte sua atenção a seus pensamentos. Note

como os pensamentos são acesos por sua consciência. Você consegue vê-los surgir e ir embora, como folhas ao vento? Consegue notar os pensamentos? Apenas deixe-os ir embora, não importa o conteúdo, se é bom ou ruim. Use a imagem que funcionar para você. Talvez colocá-los em nuvens e vê-los passar pelo céu. Ou talvez imagine seus pensamentos dentro de bolhas, e as bolhas flutuando para longe na brisa.

4. **Agora, quando estiver pronto, vire sua atenção às emoções visitando-o no momento.** Se estiver tudo bem para você, dê à sua emoção central, qualquer que seja, a sua total atenção. Rotule o nome da emoção em sua mente para ajudá-lo a focar. Não é preciso tentar fazê-la ir embora, apenas fique ciente dela e deixe-a seguir seu próprio caminho natural. A palavra emoção tem a palavra 'moção' nela, emoções estão em movimento, em fluxo. Veja se consegue deixar de lado o julgamento da sua emoção, de ser boa ou ruim. No fim, não há emoções boas ou ruins, isso é o nosso julgamento. Emoções são apenas emoções. Veja se consegue deixá-las existir.

5. **Agora, quando estiver pronto, termine o exercício deixando ir até mesmo o esforço de libertar-se.** Apenas descanse em seu senso de ser, de consciência. Descanse em um lugar pacífico, calmo e livre além de seus pensamentos, emoções ou quaisquer sensações.

Desenvolvendo a bondade

Minha religião é a bondade.

DALAI LAMA

Esta é uma das atitudes mais importantes que você pode trazer para a sua prática da atenção plena. A consciência de sua respiração, seu corpo ou sons; ou qualquer coisa em que esteja prestando atenção, pode ter uma qualidade. A qualidade pode ser fria, dura e incisiva ou pode ser calorosa, bondosa, amistosa, gentil, atenciosa e clemente — em outras palavras, cheia de amor. Ao trazer um sentido amistoso à sua experiência — seja agradável, desagradável ou neutra — ela se transforma.

Como a bondade é uma atitude tão importante, eu detalho isso melhor na próxima seção.

A Figura 4-1 é a árvore do mindfulness. O crescimento e desenvolvimento da árvore do mindfulness representa sua própria capacidade interna com atenção plena. Regar as raízes representa o esforço que você faz para cultivar as atitudes da atenção plena e a praticar. O fruto representa os benefícios que você ganhará naturalmente a partir do esforço que colocará na atenção plena. 'Você planta o que colhe' é a essência do mindfulness; é por isso que o fruto de sua própria árvore do mindfulness é o mesmo que as raízes.

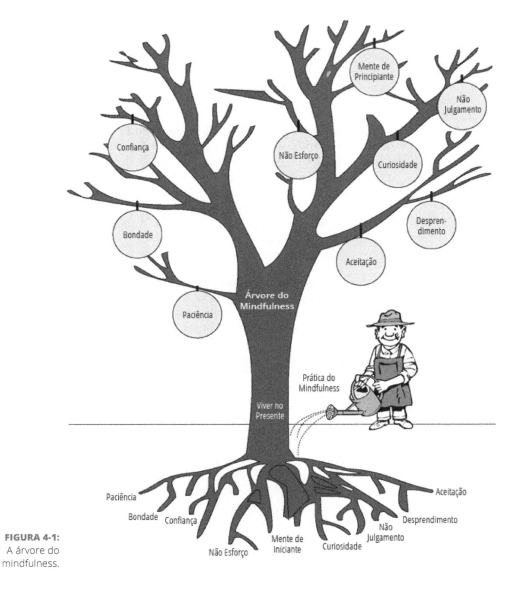

FIGURA 4-1:
A árvore do mindfulness.

Com o tempo, conforme você continua a cuidar da árvore do mindfulness dentro de si, ela se fortalece e amadurece. Suas raízes se aprofundam na terra e sua árvore fica firmemente aterrada no solo, oferecendo bastante sombra naturalmente àqueles ao redor. O mindfulness está estabelecido firmemente dentro do seu ser.

Apreciando a 'Amabilidade'

Com atenção, um atirador pode atirar em uma pessoa inocente, um ladrão pode planejar um roubo a um banco e um barão das drogas pode contar seu dinheiro. Mas isso não é o mindfulness verdadeiro — ele não é somente atenção. Na linguagem oriental, a palavra para mente e coração é frequentemente a mesma, que é *amabilidade*. Em vez de *Mindfulness para Leigos*, este livro poderia muito bem chamar-se *Amabilidade para Leigos*. Amabilidade é dar atenção a qualquer coisa que você possa perceber com um senso de bondade, calor e simpatia, evitando, assim, a autocrítica e a culpa.

Compreendendo o mindfulness como amabilidade

EXPERIMENTE ISTO

Eis algumas maneiras de gerar especificamente calor e simpatia, além da atenção. Você precisa dedicar pelo menos cinco minutos a cada um destes exercícios para um maior efeito. Tente gerar uma intenção em vez de uma sensação.

» Observe algo na sua frente da mesma maneira que você olha os olhos de uma linda criança ou uma flor. Traga um senso de afeto à sua percepção visual, qualquer que seja, por alguns minutos. Observe o que acontece.

» Ouça sua música relaxante preferida. Ela pode ser uma música clássica, New Age ou talvez sejam os sons da natureza, como o canto de pássaros ou o vento passando no meio das árvores.

» Sinta o aroma no espaço ao seu redor ou da comida em seu prato da mesma maneira que faz com o melhor odor de um perfume.

» Quando comer, preste atenção para sentir sua respiração. Você pode achar isto difícil, porque o hábito é mergulhar e mastigar, mas tente segurar-se um pouco. Lembre-se agora do quão sortudo você é de ter comida no prato. Mastigue cada pedaço antes da garfada seguinte. Saboreie o gosto.

» Perceba o sentido do tato quando for de um lugar para outro. Vá o mais devagar possível e perceba as sensações em seus pés. Imagine que seus pés estão beijando a terra em cada passo que você der. Visualize-se andando sobre um solo precioso e permita-se imergir-se por completo no sentido do contato.

» Ao caminhar, perceba as outras pessoas e deseje felicidade a elas. Pense: 'Que você seja feliz'. Veja se consegue desejar de forma genuína com seu coração.

» Ouça quaisquer pensamentos ou emoções negativas em você. Talvez você seja habitualmente crítico de si mesmo por ter estes sentimentos. Tente uma abordagem radicalmente diferente: torne-se amigo de seus pensamentos negativos. Traga um sentido de calor e bondade à sua raiva, ciúme ou frustração. Ouça a si mesmo com a compaixão com que ouviria a um bom amigo — com cuidado e compreensão. O que acontece?

Desenvolvendo uma Atitude de Gratidão

A gratidão é considerada por muitos como sendo a maior de todas as emoções que possam ser cultivadas. Estudos recentes têm mostrado que a gratidão tem uma relação única com o bem-estar e pode explicar aspectos dele que outros traços de personalidade não podem. Uma atitude de gratidão anda de mãos dadas com o mindfulness.

Você é grato quando está consciente do que *tem*, em vez do que não tem. O efeito disso é uma abertura do coração. Quando você está consciente e com um coração aberto, está em um modo de atenção plena mais profundo.

EXPERIMENTE ISTO

A gratidão é uma habilidade que você pode desenvolver. Caso não jogue tênis bem ou toque piano bem, você melhora com a prática. O mesmo ocorre em termos de gratidão. Com esforços repetidos você consegue melhorar, fortalecer e intensificar sua gratidão. Exercite seu músculo da gratidão experimentando este exercício, que quase garante que você se tornará mais grato.

1. **Pense em algo pelo qual não é grato.** Talvez você não seja grato pelo seu emprego, um relacionamento ou sua residência/lar.

2. **Agora pense em todas as coisas que são boas a respeito disso.** Dê dois minutos a si mesmo e desafie-se a pensar o máximo de coisas boas possíveis. Por exemplo, caso você não esteja feliz com seu emprego: você recebe um bom dinheiro? Quanto tempo você tem de folga? Ele dá uma pensão ou plano de saúde? Você gosta de algum de seus colegas? Você tem intervalos? Trabalhar torna sua vida em casa mais agradável? Pense no máximo de aspectos positivos possíveis pelos quais você é grato. Para superalimentar este exercício em vez de só pensar nisso, responda por escrito. Esteja consciente de que você pode ter que superar algumas resistências fazendo isso, especialmente caso seja muito ingrato sobre a situação.

3. **Tente este exercício de novo em outras áreas de sua vida.** Veja qual efeito ele tem sobre elas. Novamente, lembre-se de que este exercício requer algum esforço, mas as recompensas fazem com que ele valha a pena.

4. **Comprometa-se a fazer isso regularmente por uma semana ou um mês.** Você pode ver-se sendo naturalmente mais grato por todos os tipos de outras coisas também, incluindo a meditação.

Aprendendo a deixar para trás por meio do perdão

Uma das muitas dificuldades na vida está na dor causada por aqueles com quem convivemos. É necessário ter a consciência de que manter essa dor conosco é prejudicial e nocivo. Ao carregar a dor emocional conosco, esta se acumulará com outras que surgirem ao longo de nossa vida. O resultado será o acúmulo da tensão no corpo que por sua vez trará consequências negativas para nossa saúde. É preciso pôr em prática o perdão para conseguir uma vida mais feliz.

Estar irritado com alguém machuca a você mesmo mais do que a qualquer outra pessoa. Você pode admirar ouvir sobre como os outros perdoam em situações de ódio, mas quando é sua hora de fazer o mesmo, não consegue. Pode pegar-se sentindo raiva, deprimido ou com ódio. Muitos estudos agora mostram que a sensação de deixar para trás as dores passadas por meio do perdão levam a uma vida mais longa e feliz.

O ato de perdoar permite que deixemos esse sofrimento para trás e caminhemos rumo à felicidade. Significa sim que você quer deixar para lá para poder seguir adiante e viver uma vida mais feliz. O perdão é um ato de bondade em relação a você. E, a partir desta bondade consigo mesmo, você acaba se tornando uma pessoa melhor para estar com os outros também.

EXPERIMENTE ISTO

Tente esta abordagem para começar a permitir-se a perdoar:

» Compreenda que odiar alguém não fere aquela pessoa de forma alguma.

» Liste todas as coisas benéficas que possam ter emergido a partir de uma situação. Tente ver a situação por uma perspectiva totalmente diferente. Peça a um amigo de confiança para ajudá-lo, caso prefira.

» Tenha compaixão consigo mesmo. Caso esteja ruminando a respeito de um problema por algum tempo, talvez seja hora de virar a página. Você não merece toda esta dor que carrega consigo.

» Compreenda que a história que você conta para si mesmo é só isso: uma história. Esta dor e sofrimento podem estar se repetindo em sua mente por intermédio de uma história. Tente livrar-se da história ou vê-la pela perspectiva de alguma outra pessoa. Algo pode mudar e com isso, ajudá-lo a perdoar.

» Deseje o bem à pessoa. Caso alguém tenha feito mal a você, aja na direção contrária, com uma meditação plena de amor e bondade. Deseje a esta pessoa o que desejaria a si mesmo ou algum amigo. Utilize as meditações de amor e bondade do Capítulo 6 para ajudá-lo.

Uma prática alternativa a ser feita é uma meditação de perdão. Você pode escolher a Faixa 4 de áudio que está no site da Alta Books. Acesse www.altabooks.com.br e procure pelo nome do livro ou pelo ISBN. Os passos são:

1. **Exercício do perdão com atenção plena**

2. **A vida tem suas dificuldades.** E você provavelmente será prejudicado pelos outros, frequentemente de maneira injusta. O perigo é carregar essa dor por aí. Se você não deixar a dor emocional ir, da próxima vez que alguém o prejudicar, o sofrimento acumula, e ao longo de alguns anos parece que você carrega um saco pesado por todo o lugar. Seus ombros ficam tensos e o rosto fechado, sente-se tenso e nervoso. Essa mentalidade prejudicial requer perdão para que sinta-se mais feliz.

3. **Perdão não significa que o que a outra pessoa fez era o certo,** significa que você está disposto a deixar isso de lado, para que possa viver sua vida livre. Você merece viver no momento presente com paz e felicidade. E a meditação a seguir pode ajudá-lo a começar a achar espaço no coração para deixar a dor ir embora.

4. **Adote uma postura confortável e relaxada.** Feche seus olhos, se não tiver problema e respire algumas vezes profundamente. E agora, quando estiver pronto, permita que sua respiração encontre um ritmo natural.

5. **Imagine ou sinta sua respiração indo até seu coração.** Sinta as sensações em seu coração juntas à sua respiração. Agora, se não tiver problema, fique ciente de qualquer obstrução que criou em seu coração, talvez devido à falta de perdão, seja para si mesmo ou para outros. Fique ciente de qualquer mágoa pela falta de perdão em seu próprio centro.

6. **Dedique algum tempo para ficar gentilmente consciente disso,** sentindo as sensações, apenas se não tiver problema para você. Agora, tente pedir perdão para os outros. Diga a si mesmo, 'Deixe-me ficar ciente das muitas maneiras que conscientemente ou não, causei dor e sofrimento para outros através do meu próprio medo, dor e raiva. Visualiza cada pessoa que surge na mente. Se alguma pessoa, ou pessoas, em particular aparecer na sua mente, sinta qualquer tristeza ou dor que eles sintam devido às suas palavras e ações. Agora, finalmente, libere a tristeza e a mágoa, pedindo perdão, enquanto imagina ou sente a presença de cada pessoa, diga a eles 'Eu peço seu perdão. Por favor, perdoe-me.' Repita isso lentamente, quantas vezes achar adequado, falando do fundo do coração 'Eu peço seu perdão. Por favor, perdoe-me.'

7. **Agora, quando estiver pronto, passe a perdoar a si mesmo.** Você, como todos os outros seres humanos, provavelmente machucou-se muitas vezes através dos próprios pensamentos, palavras ou ações. Talvez sinta-se culpado sobre algumas ações passadas e carregue essa culpa há algum tempo. Veja como carregar essa dor não serve para mais nada ou ninguém. Ficar livre dessa culpa ajuda-o a sentir-se mais leve. Você é humano, não perfeito, e

cometeu erros, como todos nós. Ao perdoar-se, você tem mais energia e vitalidade para fazer as pazes, ajudar aos outros da sua própria maneira. Então dedique algum tempo para sentir o sofrimento que causou a si mesmo. Sinta as sensações em seu coração. Se estiver pronto, comece a liberar essa dor dizendo, 'Por todas as maneiras que tenho causado dor a mim mesmo, por meio dos meus pensamentos, ações, conscientemente ou não, eu perdoo a mim mesmo. Perdoo a mim mesmo o melhor que posso. Leve o tempo que precisar para praticar esse autoperdão.

8. **Agora pode seguir e perdoar outras pessoas que o machucaram.** Você foi prejudicado por muitas pessoas, por suas palavras e ações, conscientemente ou não. Eles causaram sofrimento a você em diferentes níveis. Imagine as maneiras pelas quais fizeram isso. Fique consciente e sinta a dor que os outros causaram a você. Permita-se libertar-se dessa tristeza no seu coração com as palavras 'Eu fui machucado por outros muitas vezes, de diversas maneiras. Devido à dor, tristeza, raiva ou falta de entendimento de outros, eu carreguei esse sofrimento em mim há tempo demais. Até onde estiver pronto, eu ofereço meu perdão.' Repita e reflita sobre essas frases profundamente em seu ser. 'Até onde estiver pronto, eu ofereço meu perdão genuíno. É hora de começar a deixar ir, para minha própria paz, para minha própria felicidade. Segurar-me a esta raiva machuca mais a mim do que a eles. Deixe-me delicadamente começar a perdoar. A um passo que pareça certo para mim.'

Com o tempo e a prática, você poderá sentir uma mudança em seu coração e ser capaz de perdoar. Se a mudança não acontecer, note como se sente e seja gentil e bondoso consigo mesmo. Lembre-se de deixar que o perdão seja genuíno. Seja honesto consigo mesmo, o perdão leva tempo. Então seja paciente e pratique a meditação regularmente. Com comprometimento regular, será capaz de libertar-se da mágoa que carrega por meio do toque suave do perdão.

Abordando Atitudes Inúteis

Assim como você tem atitudes úteis para cultivar a sua prática do mindfulness, também tem atitudes inúteis que seriam melhor que mantivesse a distância. Por exemplo, se você for um pouco perfeccionista e estiver preocupado em pegar no sono no meio da sua prática de mindfulness, não precisa entrar em pânico ou preocupar-se quando começar a ficar difícil permanecer acordado. Você precisa apenas tornar-se consciente do estado de espírito perfeccionista, e, da melhor maneira possível, deixar para trás a abordagem inútil.

A coisa mais inútil que você pode fazer com o mindfulness é não praticar. Uma vez que você começar a praticar regularmente, independente do quanto, pode começar a descobrir quais atitudes alimentar em sua meditação e quais não a ajudam.

Evitando soluções temporárias

Caso queira uma solução rápida para todos os seus problemas, veio ao lugar errado. *O mindfulness é simples, mas não é fácil.* É um processo poderoso que leva tempo e um certo tipo de esforço, energia e disciplina. Você pode buscar soluções rápidas no reino da publicidade televisiva, outdoors e na internet. Sei que essas tentações são ótimas e as companhias de marketing gastam bilhões para descobrir como convencê-lo a gastar seu suado dinheiro. Infelizmente, no entanto, na minha limitada experiência com a felicidade instantânea, esta forma de felicidade é somente isso: algo que surge e desaparece instantaneamente, efêmero.

O que você pode fazer é integrar as práticas de mindfulness em sua vida em porções pequenas. Você não precisa sentar-se por horas e horas em posição de lótus. Um minuto de atenção plena na sua respiração por dia pode começar a mudar algo dentro de você. Quanto mais você faz, mais recebe. Cinco minutos são melhores do que um minuto. Você precisa decidir o que é certo para si: confie em si mesmo para tomar uma decisão e mantê-la por um período de tempo.

LEMBRE-SE

A meditação mindfulness não se baseia em quanto tempo você consegue sentar quieto. Se este fosse o caso, galinhas empoleiradas seriam mestres Zen. O que realmente importa é a qualidade de sua intenção, atenção e atitude.

Superando o perfeccionismo

'Vou meditar assim que resolver minha vida', 'vou fazer o curso quando as coisas estiverem totalmente resolvidas', 'vou praticar o mindfulness quando não tiver mais problemas em minha vida.' Essas desculpas são comuns e, como um todo, não são construtivas.

Às vezes você precisa permitir que eventos grandes ocorram na sua vida antes de trabalhar numa nova habilidade como atenção plena. No entanto, você não pode esperar que a vida seja perfeita. Você não tem tempo a perder. Se encontrou uma maneira de criar sistemática e integralmente uma maneira significativa de produzir ainda mais saúde e bem-estar em sua vida, por que não dar o primeiro passo? Sim, você pode não fazer da maneira correta e cometer erros, mas a imperfeição, as falhas e os tropeços são uma parte integral do processo de descoberta sobre qualquer coisa. Nenhuma criança aprendeu a andar sem tropeçar antes. Nenhum motorista aprende a dirigir antes de fazer o carro morrer. Dê o primeiro passo hoje.

Descobrindo a partir do fracasso

Os fracassos são postes na estrada da realização.

CS LEWIS

LEMBRE-SE

Não existe nada que seja uma má prática de atenção plena. Não há fracasso na meditação. Se a meditação fosse uma questão de sucesso e fracasso, seria como todas as outras atividades da vida. Mas a atenção plena é diferente — esta é a sua beleza. Listo aqui algumas experiências que as pessoas **acham** que as fizeram fracassar na atenção plena e motivos pelos quais elas não são 'fracassos'.

» **'Eu não conseguia me concentrar. Minha mente estava por toda parte.'** Você não consegue se concentrar continuamente. Mais cedo ou mais tarde, sua mente passeará por pensamentos, sonhos, ideais ou problemas. A natureza da mente é vagar. A falta de concentração faz parte integral da atenção plena. Espere que sua mente vague e fique feliz ao percebê-la, e aí traga-a de volta.

» **'Eu não conseguia parar quieto'.** Seu corpo foi projetado para se mover. Caso sentar-se não seja para você, lembre-se de que pode fazer sua atenção plena em movimento. Tente exercícios de meditação caminhando (Capítulo 6) que integram consciência, como yoga ou tai chi ou qualquer outra ação que você escolha, de uma maneira plenamente atenta e, logo, meditativa. Você está cultivando a consciência, não um corpo sem movimento.

» **'Eu me senti entendiado, cansado, frustrado, com raiva, incomodado, ciumento, excitado ou vazio.'** Você sentirá uma gama de emoções na sua prática de atenção plena, assim como passa na sua vida cotidiana. A diferença é que, em vez de reagir a elas automaticamente, você tem a oportunidade valiosa de olhá-las surgir e sumir. Em longo prazo, estas emoções provavelmente se acalmarão um pouco, mas, neste meio tempo, você precisa simplesmente estar consciente delas — se puder, aproveite o show!

» **'Eu tive a experiência X (substitua X por qualquer experiência negativa), que eu não gostei.'** As pessoas têm experiências agradáveis e desagradáveis na meditação mindfulness. A experiência pode ser tudo, de uma tristeza profunda até a sensação de que você está desaparecendo, ou seus braços podem parecer como se estivessem flutuando. Minha teoria é a de que a mente está desatando nós dentro da sua psiquê em sua mente consciente e libertando você de seu próprio condicionamento. Esta é uma parte e parcela do processo — deixe desenrolar-se sozinho, caso você ache que isso é possível. Caso ache que o sentimento a caminho é difícil, tente dizer a si mesmo: 'Isto também passará.'

Caso esteja lutando bastante na sua prática da atenção plena, você está se prendendo a um desejo por alguma coisa. Talvez você deseje livrar-se de uma tensão, uma sensação de irritação, sua mente vagando ou tédio. Talvez esteja tentando ter paz mental, foco ou relaxamento. Faça as pazes com sua prática de atenção plena. Deixe pra lá seu desejo de obter qualquer coisa a partir da prática. Assim, paradoxalmente, você achará a prática muito mais divertida e pacífica.

CUIDADO

Caso você esteja muito preocupado ou amedrontado em sua prática de atenção plena, e se estes sentimentos forem persistentes, pode ser que precise de um

CAPÍTULO 4 **Cultivando Atitudes Saudáveis** 75

suporte técnico para o que está por vir. Entre em contato com seu médico ou com um terapeuta adequado.

O AMOR É UMA ATITUDE PODEROSA

PALAVRAS DE SABEDORIA

Era uma vez uma garotinha que estava doente. Ela precisava de uma transfusão de sangue, mas tinha um tipo sanguíneo raro. Os médicos procuraram por um sangue compatível, mas sem sucesso. Eles então testaram seu irmão mais novo de seis anos de idade e, felizmente, ele era compatível. Os médicos e sua mãe explicaram ao garoto que eles precisavam do seu sangue para darem à sua irmã a fim de que ela melhorasse. O menino pareceu preocupado e disse que precisava pensar no assunto, o que os surpreendeu. Depois de algum tempo, ele voltou e concordou. Os médicos deitaram o irmão na cama ao lado da irmã e começaram a fazer a transfusão. Não demorou muito para que a irmã começasse a sentir-se melhor. Então, de repente, o garoto chamou o médico e sussurrou em seu ouvido: 'Quanto tempo eu tenho de vida?'. O garoto achava que, ao doar sangue para ela, ele morreria, o que obviamente não aconteceu. É por isso que ele demorou algum tempo para decidir antes de dizer sim para doar sangue para a sua irmã.

> **NESTE CAPÍTULO**
>
> **Descobrindo os modos mentais de ser e fazer**
>
> **Compreendendo os problemas de fazer obsessivamente**
>
> **Descobrindo como alternar modos**

Capítulo 5

Humanos Sendo *Versus* Humanos Fazendo

Os seres humanos amam fazer coisas. Você trabalha, tem hobbies, socializa e se torna um ser multitarefas competente tentando encaixar tudo num dia. Mas como foca em *ser* um ser humano?

Todos os dias, em tudo o que você faz, a sua mente alterna o seu modo entre o *ser* e o *fazer*. Isso não quer dizer que você alterne, digamos, entre escrever um e-mail e observar o espaço. Em vez disso, significa *estar* no momento enquanto você *desempenha* uma tarefa. Um modo mental não é melhor que o outro. Ambos são úteis em maneiras diferentes. No entanto, o uso do modo errado da mente em uma situação particular pode causar dificuldades.

Neste capítulo, eu explico como passar parte do seu tempo somente *sendo* tem vantagens enormes e abrangentes. Eu também digo como 'apenas ser'.

Entrando no Modo Mental de Fazer

Você conhece a sensação. Precisa aprontar seus filhos, deixá-los na escola, pagar a conta de gás, colocar aquela carta no correio, renovar o seguro do carro e não se esquecer de ligar para a sua irmã para saber se ela está se sentindo melhor. Você está exausto só de pensar em tudo isso! Mas sabe que precisa fazer tudo isso. Sua mente está no modo *fazer*.

O modo fazer é uma qualidade altamente desenvolvida nos humanos. Você pode pensar e conceitualizar como quer que as coisas sejam e depois trabalhar metodicamente a fim de conseguir isso. Esta é parte da razão pela qual as pessoas têm sido capazes de projetar computadores e aterrissar na lua — os produtos do modo fazer.

O modo fazer certamente não é algo ruim. Caso você queira fazer as compras, precisa estar no modo fazer! No entanto, às vezes, o modo fazer vai longe demais e você começa a fazer mais e mais coisas sem descansar. Isto certamente pode ser exaustivo.

Os pontos principais do modo fazer são:

>> **Você está ciente de como as coisas são e de como elas *deveriam* ser.** Por exemplo, caso precise renovar o seguro de sua casa, está ciente de que no momento não renovou o seguro e que precisa fazer isso logo.

>> **Você estabelece um objetivo para consertar as coisas.** Caso esteja no modo fazer, está estabelecendo objetivos para a maneira que as coisas devam ser. Esta resolução de problemas acontece todo o tempo sem que você esteja consciente dela. No exemplo do seguro de casa, seu objetivo pode ser ligar para várias companhias de seguros ou visitar vários web sites para encontrar um bom negócio para si.

>> **Você tenta cada vez mais atingir seu objetivo.** No modo fazer, você se sente determinado. Você sabe o que quer e tenta muito conseguir. O modo fazer é focado em chegar ao destino em vez de considerar qualquer outra coisa. Então, se uma companhia de seguros colocá-lo na espera por muito tempo, começa a sentir-se tenso e frustrado. Neste estado mental determinado, você não tem soluções criativas como ligar para uma empresa diferente ou tentar num momento mais calmo.

>> **A maior parte de suas ações acontece automaticamente.** Você não está, de verdade, consciente quando está neste modo. Você está completando tarefas no piloto automático. Os pensamentos aparecem em sua mente e você age de maneira bastante inconsciente. Caso a pessoa com quem esteja falando ao telefone for rude, pode ser que você reaja automaticamente, fazendo com que ambos sintam-se mal, em vez de considerar que o telefonista talvez tenha tido um dia realmente longo e ruim.

>> **Você não está no momento presente.** Quando está engajado no modo fazer, você não está engajado no agora com seus sentidos. Você está

78   PARTE 2 **Preparando o Terreno para uma Vida com Atenção Plena**

pensando em como as coisas deverão ser no futuro ou revendo os eventos do passado. Você está perdido em sua cabeça em vez de estar focado no momento. Enquanto está na espera ao telefone, sua mente vaga por pensamentos ansiosos sobre a reunião de amanhã, em vez de aproveitar e olhar o céu ou admirar a bela árvore através da janela.

FUNCIONANDO NO PILOTO AUTOMÁTICO

Os aviões têm um botão chamado piloto automático. Quando os pilotos apertam aquele botão, eles não precisam controlar a aeronave conscientemente — o avião voa sozinho. As pessoas também conseguem funcionar no piloto automático quando estão no modo fazer, embora eu não tenha encontrado este botão ainda! Você pode ter tido a experiência quando foi buscar algo em outro quarto. Você desce os degraus, entra no quarto e... sua mente ficou vazia! Você vagou a algum lugar internamente e esqueceu o que queria. Ou está dirigindo para algum lugar e acaba inconscientemente dirigindo para o trabalho. Ops! Este é o piloto automático humano em ação.

O piloto automático possui algumas vantagens e é por isso que evoluiu nos humanos. Uma vez que algo tenha se tornado automático, você não precisa pensar nele conscientemente novamente e pode prestar atenção em outra coisa. O piloto automático pode também economizar alguma energia. Imagine se você tivesse que pensar em cada movimento do seu corpo ao dirigir ou caminhar — atividades que envolvem centenas de músculos; pensar em tudo seria exaustivo demais. Na verdade, você diz que alguém aprendeu algo bem quando fala que ele pode fazê-lo automaticamente sem pensar.

Os problemas do piloto automático são os seguintes:

- **Você pode ficar preso ao piloto automático.** Você pode passar sua vida toda no modo fazer. Com tudo acontecendo automaticamente, existe uma falta de conexão com a beleza da vida. O céu azul, as árvores verdes, o voo de um pássaro, os olhos de uma criança; tornam-se comuns para você ou, até mesmo, nem os percebe. Este tipo de vida leva a um sentido de insatisfação.

- **Você não tem uma escolha.** O piloto automático é particularmente perigoso no campo dos pensamentos e emoções. Você pode estar pensando 'eu sou inútil', 'ninguém consegue me amar' ou 'não consigo fazer isso' automaticamente, sem nem perceber. Os pensamentos têm um enorme efeito sob as emoções especialmente caso acredite que eles são reais. Pensamentos automáticos negativos levam a emoções que não ajudam e que são difíceis. Tudo o que você percebe é que, de repente, sente-se muito pra baixo ou com raiva ou cansado. No entanto, caso esteja consciente destes pensamentos negativos, tem a escolha de acreditar neles ou não.

LEMBRE-SE

O modo fazer não é apenas o modo em que você está quando está fazendo coisas. Mesmo quando estiver sentado no sofá, pode ser que sua cabeça esteja rodando. Você está no modo fazer. Tentar escapar das emoções negativas ou rumo a outras agradáveis também faz parte da especialidade do modo fazer.

CUIDADO

O modo fazer é, em sua maior parte, uma 'não ajuda' quando aplicado às dificuldades emocionais. Pode parecer que tentar se livrar ou suprimir emoções funciona num prazo bem curto, mas logo as emoções vêm à tona novamente. O modo ser é um estado mental muito mais útil para a compreensão e o entendimento dos sentimentos, particularmente os negativos. Veja à frente a seção 'Lidando com emoções usando o modo ser'.

Abraçando o Modo Mental de Ser

A sociedade valoriza quando as pessoas realizam objetivos. Você vê pessoas nos jornais que têm quantidades recorde de dinheiro ou que escalaram a montanha mais alta. Quantas vezes alguém foi manchete por viver no momento?

As pessoas são muito familiarizadas e quase confortadas pelo modo fazer da mente. Parar de fazer tanto, seja fisicamente ou mentalmente, não é fácil. O fazer parece atraente e excitante. No entanto, as pessoas estão começando a se dar conta de que fazer demais é um problema. Na verdade, toda uma filosofia surgiu e muitos livros foram escritos sobre como você pode desacelerar.

Na superfície, o campo do *ser* parece sem vida e chato. Na verdade, não poderia ser mais distante da verdade. O modo ser é um estado mental que alimenta, levanta e está sempre ao seu alcance, no meio das atividades atribuladas. Você pode trabalhar no mercado de ações ou ensinar matemática a crianças pequenas — caso esteja consciente de seu estado físico, emocional e psicológico — está no modo ser. De certas maneiras, o modo ser não é fácil de ser cultivado, ainda assim as recompensas de acessar este recurso intenso são muito maiores do que as dificuldades de alcançá-lo.

Eis algumas das qualidades do modo ser da sua mente:

>> **Você se conecta com o momento presente.** Quando está no modo ser, tem a atenção plena da visão, audição, olfato, tato ou paladar. Ou está consciente de suas emoções ou pensamentos, sem estar preso demais a eles. Você não está preso a arrependimentos sobre o passado ou preocupações com o futuro.

>> **Você reconhece e permite que as coisas sejam como são.** Você está menos orientado por metas. Tem um desejo ardente menor de mudanças nas situações. Você aceita como as coisas são antes de se mexer para mudar qualquer coisa. O modo ser não significa resignação e sim a aceitação ativa

do modo que as coisas estão no momento. Caso esteja perdido mas tenha um mapa, o único jeito de chegar a qualquer lugar é saber onde está, para começo de conversa. O modo ser é baseado em reconhecer onde você está.

» **Você está aberto a emoções agradáveis, desagradáveis e neutras.** Você está disposto a abrir-se a sensações ou emoções dolorosas e desagradáveis sem tentar fugir delas. Você entende que evitar uma emoção o prende ao sentimento mais profundamente.

O modo mental de ser é o que o mindfulness busca cultivar. O modo ser é baseado em permitir que as coisas sejam como já são. Quando você parar de tentar mudar as coisas, paradoxalmente elas mudam por si só. Como disse Carl Jung: 'Não conseguimos mudar nada até que a aceitemos.'

EXPERIMENTE ISTO

Aceitar uma situação ou emoção para fazer com que ela desapareça realmente não funciona e ignora um ponto importante. Por exemplo, digamos que você esteja se sentindo um pouco triste. Caso reconheça isso com um desejo secreto de que a tristeza vá embora, não aceitou por completo ainda. Ao invés disso, aceite uma emoção integralmente caso consiga — as emoções estão aqui para nos ensinar alguma coisa. Ouça suas emoções e veja o que elas têm a lhe dizer.

PALAVRAS DE SABEDORIA

OS TIGRES FAMINTOS

A história clássica dos tigres famintos aponta para uma maneira diferente de viver.

Um dia, um homem estava caminhando por uma floresta quando um tigre o achou e foi atrás dele. O homem fugiu da floresta o mais rápido que pôde para escapar da besta faminta. Eventualmente, ele tropeçou e caiu da beira de um penhasco. Quando caiu, conseguiu pegar um cipó, mas continuou a balançar perigosamente acima daquele lugar alto. O tigre continuou a olhá-lo de cima. Outra alcateia de tigres famintos andava abaixo do homem. Surgiu, então, um rato numa fenda no penhasco. O rato começou a roer o cipó no qual o homem estava pendurado. De repente, o homem viu um lindo e apetitoso morango brilhando na luz. Ele o pegou e colocou na boca. Que gosto maravilhoso!

Você pode interpretar essa história de diversas maneiras. Eu gosto de pensar que o tigre acima equivaleria às preocupações do passado e a queda abaixo em direção à alcateia como as preocupações com o futuro. A sugestão é cair em si — saborear o morango do presente momento e entrar no modo ser! Essa história também oferece esperança: independente de quão ruim seu passado ou futuro pareçam ser, você pode ser capaz de encontrar algum prazer ao conectar-se com seus sentidos no aqui e agora.

Combinando o Ser e o Fazer

Pense na sua mente como o oceano. As ondas vêm e vão, mas as águas paradas e profundas estão sempre lá, por baixo.

Você é virado de um lado para o outro pelas ondas quando está na superfície no modo fazer. As ondas não são ruins — elas são somente parte do oceano. Indo ainda mais profundamente, as ondas do fazer descansam nas águas paradas do ser, conforme mostrado na Figura 5-1. Ser é a sensação de quem você é. Ser é caracterizado como um estado de aceitação, um desejo de ser o que for. Ser é algo tranquilo, calmo e pé no chão.

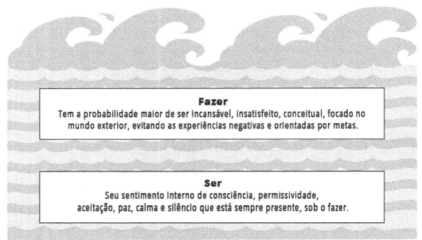

FIGURA 5-1: O oceano do ser e do fazer.

Fazer
Tem a probabilidade maior de ser incansável, insatisfeito, conceitual, focado no mundo exterior, evitando as experiências negativas e orientadas por metas.

Ser
Seu sentimento interno de consciência, permissividade, aceitação, paz, calma e silêncio que está sempre presente, sob o fazer.

LEMBRE-SE

A própria experiência em si não é o modo fazer ou ser. Você determina o modo pela sua reação ou resposta à experiência. Fazer é envolver-se de maneira ativa na experiência a fim de mudá-la de alguma maneira. Ser é simplesmente ver as coisas como são. Esta falta de conserto pode resultar num senso de calma até quando as coisas estiverem complicadas.

LEMBRE-SE

Alternar entre o fazer e o ser não requer anos de treinamento de mindfulness. Pode acontecer em um momento. Imagine caminhar para o trabalho e preocupar-se com todas as coisas que precisa fazer e planejar como você abordará o próximo projeto com o administrador saindo de férias. De repente, você percebe as belas folhas vermelhas em uma árvore. A beleza delas chama a sua atenção. Esta simples conexão com o sentido da visão é um exemplo do modo ser. O modo da mente muda com a mudança da atenção para o momento presente. Você não está mais no piloto automático com todo o seu planejamento, julgamento, crítica e elogio. Você está no momento presente.

Mesmo algo aparentemente tão mundano quanto sentir seus pés em contato com o chão quando você caminha é uma manobra rumo ao modo ser também. Você também pode perceber a beleza de uma árvore, os sons dos pássaros cantando no sol gostoso atrás do seu pescoço. Os modos alternantes podem não parecer fáceis num primeiro instante, especialmente quando você está preocupado com seus pensamentos, mas fica mais fácil com a prática. Você não tem que se apressar pela vida.

EXPERIMENTE ISTO

A chave para uma vida de atenção plena é integrar os modos mentais do fazer e do ser na sua vida. Fique consciente de qual modo você está operando e faça uma escolha apropriada sobre qual será mais útil na situação. Você precisa saber onde está no mapa antes de poder seguir adiante. O modo fazer é importante. Você precisa planejar o que fará hoje, qual comida comprar, como dar feedback a um colega e qual a melhor reação quando seus filhos começarem a discutir. Estas atividades o tornam humano. No entanto, como um ser humano, você precisa integrar um modo mental de ser ao seu fazer a fim de estar completamente desperto para sua vida.

Superando o Fazer Obsessivo: Distinguindo as Vontades das Necessidades

Um dos vícios mais comuns que as pessoas têm é trabalhar. O que começou como uma jornada de trabalho de 9 da manhã às 5 da tarde, pode facilmente tornar-se um trabalho de 5 da manhã às 9 da noite. Naturalmente, você precisa trabalhar e ganhar dinheiro o bastante para pagar as contas. No entanto, antes de perceber, você está tentando ganhar um pouco mais do que realmente precisa. E aí, seu vizinho compra aquele carro novo e você fica tentado a fazer o mesmo. Então você o faz, mas é um pouco fora do seu orçamento. Você busca aquela promoção, mas precisa trabalhar mais horas — é uma ladeira escorregadia para fazer mais e mais.

Se trabalhar por muitas horas é o que você quer, tudo bem, mas caso isso seja demais para você ou se as longas horas têm um impacto negativo nos seus relacionamentos, considere buscar uma outra maneira de viver.

Você está fazendo demais quando seu equilíbrio está mais inclinado em relação ao que quer do que o que realmente precisa. Você precisa manter um equilíbrio entre o que quer da vida e o que realmente precisa. Eu chamo de *querer* os desejos que não são realmente essenciais na sua vida, mas que você parece buscar, como uma casa maior ainda ou querer que absolutamente todas as pessoas gostem de você. As *necessidades* são o básico, como comida, abrigo, roupas e uma sensação de segurança.

Eis algumas sugestões para reduzir o que você quer e ajudá-lo a ter mais tempo para acessar o modo ser:

» Faça uma lista de todas as coisas que precisa fazer hoje. Em seguida, priorize. Garanta que você coloque o mindfulness na lista também. Ela fica no alto da lista!

» Coloque algumas coisas na sua lista de afazeres que não sejam urgentes, mas sim divertidas, como ler seu livro preferido ou levar as crianças ao cinema. Vamos colocar um sorvete aqui também! Atividades não urgentes dão a chance de respirar um pouco do modo fazer que exaure as energias.

» Pense nas pessoas que você conhece que raramente correm de um lugar para o outro. Pergunte a elas como conseguem fazer tudo ou só passe mais tempo com elas. Fique com estas pessoas com a disposição de mindfulness e, quem sabe, um pouco disso passe para você.

» Simplifique sua vida. Lembre-se de quem e do que é mais importante na sua vida e deixe o resto para lá. O escritor e naturalista americano Henry David Thoreau disse: 'A vida é desperdiçada pelos detalhes. Simplifiquem, simplifiquem.'

» Mude de canal de televisão quando os comerciais começarem. Eles são feitos para inflamar a insatisfação em você, fazendo com que queira mais, mais, mais. Ou, se estiver sentindo-se com atenção plena, apenas imite-me e livre-se da televisão por completo. Para que assistir televisão quando você pode meditar ou ter a atenção plena de estar com amigos!

» Invoque o modo mental do ser toda vez em que estiver fazendo coisas. Conectar-se com sua respiração ou seus sentidos é uma maneira útil de realizar isso.

Estar na Zona: A Psicologia do Fluxo

Você já percebeu que quando está comendo seu prato preferido esquece de todos os seus problemas e preocupações? A experiência é tão boa que o sentido de quem é, o que faz, de onde vem e qualquer que seja o plano para amanhã, tudo desaparece por um momento. Na verdade, a maior parte dos prazeres que você vive resultam em deixar para lá a questão da sensação do 'você' com todos os seus problemas e questões.

Imagine andar de esqui numa descida em alta velocidade. Você sente o vento esvoaçante passar, sente a brisa da montanha e aproveita a cor azul forte do céu. Você está *na zona*, no momento, você está em comunhão com o todo ao seu redor. Quando você está na zona, abre mão do modo fazer e entra no modo ser — o momento presente.

84   PARTE 2 **Preparando o Terreno para uma Vida com Atenção Plena**

Este estado mental 'na zona' é chamado *fluxo*, pelo psicólogo Mihaly Csíkszentmihályi. Mas o que o fluxo tem a ver com o modo mental do ser? Certamente estar na zona sempre se trata de fazer? Não exatamente. A prática do mindfulness ajuda diretamente na geração de experiências de fluxo. Tudo o que você faz, você pode fazer no momento, dando a você uma sensação maior de estar vivo.

Isto é o que você experimenta quando está num estado de fluxo:

» Você se sente um só com o mundo.

» Você deixa para lá seu sentido de ser um indivíduo e quaisquer preocupações e problemas.

» Você está focado.

» Você se sente muito satisfeito com o que está fazendo.

» Você está feliz, embora não perceba no momento, pois está tomado demais pelo que está fazendo.

Compreendendo os fatores do fluxo de atenção plena

Csíkszentmihályi encontrou alguns fatores-chave que acompanham uma experiência de fluxo. Eu as adaptei aqui para que você possa gerar o que eu chamo de uma experiência de fluxo de atenção plena. Enquanto você realizar uma tarefa usando a atenção plena, potencialmente será uma experiência de fluxo.

Eis alguns dos principais fatores do fluxo de atenção plena e como você pode gerá-los usando o mindfulness:

» **Atenção:** As experiências de fluxo precisam de atenção. Mindfulness baseia-se em atenção e aumenta seu nível de atenção com a prática. Por meio da prática regular do mindfulness, seu cérebro fica melhor em prestar atenção em qualquer coisa que você escolha se concentrar, fazendo com que seja muito mais provável que você tenha uma experiência de fluxo. Ao dirigir, você simplesmente presta atenção ao que o cerca em vez de deixar sua mente vagar.

» **Feedback direto e imediato:** O fluxo precisa de feedback direto sobre como você tem ido. Ao praticar o mindfulness, você recebe feedback imediato pois sabe a qualquer momento se está prestando atenção ou se sua mente vagou pelos últimos minutos. Então, caso esteja dirigindo, percebe quando sua mente começou a sonhar sobre o que será o jantar dessa noite e você traz gentilmente sua atenção de volta ao aqui e agora.

CAPÍTULO 5 **Humanos Sendo Versus Humanos Fazendo** 85

- **Tarefa suficientemente desafiadora.** O mindfulness é um processo ativo de reequilíbrio repetido de retorno ao presente momento enquanto a mente — fazendo o que as mentes fazem — quer levá-lo para outros pensamentos. Dirigir com atenção plena de casa para o trabalho seria um desafio adequado para qualquer um, potencialmente criando uma experiência de fluxo.

- **Senso de controle pessoal.** Quando você está com a atenção plena de seus pensamentos e sentimentos surgem, você cria uma escolha. Você não precisa reagir a seus pensamentos ou fazer o que eles dizem para fazer. Isto gera uma sensação de controle, pois você fica consciente das escolhas que tem. Se, enquanto estiver dirigindo, alguém cortar na sua frente, você tem a escolha de ou reagir e irritar-se ou praticar o desprendimento. Mesmo que você reaja, pode perceber como reage e quais efeitos a reação tem sobre seus pensamentos e sensações. Eventualmente, o mindfulness vai além de tentar controlar — você descobre a experiência do fluxo sendo acessada por meio do desprendimento ao invés do controle de sua atenção.

- **Recompensando intrinsecamente.** Conforme você executa uma tarefa, está fazendo isso por ela mesma. Caso esteja dirigindo seu carro para chegar em casa o mais rápido possível para tomar sua xícara de chá, não será numa experiência de fluxo. Caso dirija simplesmente para aproveitar cada momento da jornada, já é diferente. Você consegue sentir o calor do sol em seus braços, apreciar a cor do céu ao sentar no trânsito e contemplar o milagre da capacidade do corpo humano de fazer uma tarefa tão complexa sem fazer esforço. Você está numa experiência de fluxo.

CUIDADO

Normalmente, o mindfulness o tornaria um motorista mais seguro do que perigoso. No entanto, comece a usar a atenção plena em tarefas mais seguras, como lavar louças ou caminhar antes de tentar logo ao dirigir, para que você se acostume com a atenção plena. Não utilize isso ao volante se achar a experiência distrativa.

Descobrindo suas experiências de fluxo

Todo mundo já teve experiências de fluxo. Saber quando você esteve no fluxo pode encorajar mais oportunidades de experimentar isso no futuro. A seguir, há algumas atividades típicas nas quais as pessoas frequentemente estão fluindo. Você pode até achar alguma coisa para experimentar aqui:

- **Ler ou escrever.** Quando você está engajado em um bom livro cheio de ideias fascinantes ou um enredo desafiador, está no fluxo. Você esquece do resto e o tempo voa. Quando escreve no fluxo, as palavras simplesmente aparecem na sua cabeça e diretamente na sua página com uma facilidade sem esforço. Você para de criticar o que está criando e gosta de ver o relatório ou livro saindo de você. Descobri como fazer isso eu mesmo escrevendo quaisquer palavras que surgissem na minha consciência primeiro e evitando todo o autojulgamento. Depois, eu volto e edito o que escrevi. Desta maneira, a escrita parece fluir naturalmente. Este é um exemplo de atenção plena na escrita.

» **Arte ou *hobbies* (tais como desenhar, pintar, dançar, cantar ou tocar música).** A maior parte das empreitadas artísticas envolvem o fluxo. Você está conectado diretamente com seus sentidos e as pessoas frequentemente descrevem elas mesmas como estando 'em comunhão com a música'. Caso seja forçado a ter um hobby específico, pode ou não ser uma experiência de fluxo, pois a motivação intrínseca não está lá.

» **Exercício (caminhar, correr, pedalar, nadar e assim por diante).** Algumas pessoas amam tanto se exercitar que viciam nisso. A descarga de adrenalina, o foco total no momento presente e o sentimento de alegria compõem uma experiência de fluxo.

» **Trabalho.** Talvez surpreendentemente, você pode estar no fluxo no trabalho. Pesquisas descobriram que as pessoas são mais felizes no trabalho do que em seus momentos de lazer. O trabalho lhe encoraja a fazer algo com uma atenção focada e frequentemente envolve interação com os outros. Você precisa dar algo de si. Isso pode arrumar o cenário para o fluxo. Em contrapartida, assistir televisão em casa pode sugar sua energia, especialmente se estiver vendo programas bobos.

» **Qualquer coisa feita com atenção plena.** Lembre-se, tudo o que você faz com uma consciência de atenção plena gerará um estado mental de fluxo, desde fazer amor até fazer uma xícara de chá. Só abandone seu julgamento, esteja completamente presente da melhor maneira possível e veja se consegue aproveitar a experiência.

Encorajando um Modo Mental de Ser

Falando de um modo geral, a maioria das pessoas passa muito tempo no modo fazer e não o suficiente no modo ser. O modo fazer resulta em correr atrás de objetivos que podem nem ser no que você está interessado de verdade. O modo ser oferece um descanso — uma chance de abandonar os padrões usuais e habituais da mente e entrar na consciência que está sempre ali.

LEMBRE-SE

Você pode estar no modo ser embora esteja fazendo alguma coisa. O modo ser não significa necessariamente não fazer nada. Você pode estar ocupado trabalhando duro em seu jardim e ainda assim, se sua atenção está ali no momento e você está conectando-se diretamente com os sentidos, pode estar no modo ser.

Eis aqui dez maneiras de passar do modo fazer para o ser:

» Ao caminhar de um lugar para o outro, aproveite a chance de sentir seus pés no chão, ver a gama de cores diferentes à sua frente e ouvir a variedade de sons diferentes (vá ao Capítulo 6 para descobrir a arte de caminhar com atenção plena).

» Ao mudar de uma atividade para outra, tire um momento para descansar. Inspire e expire três vezes.

» Estabeleça uma rotina regular de meditação usando as práticas formais de meditação mindfulness (para mais detalhes, veja o Capítulo 6).

» Use a minimeditação de três minutos várias vezes ao dia (ver Capítulo 7). Quando você se pegar excessivamente tenso ou emotivo, use a minimeditação para começar a mover-se rumo ao modo ser e abrir-se a experiências desafiadoras, em vez de reagir tentando evitar ou livrar-se da experiência.

» Evite desempenhar tarefas múltiplas sempre que puder. Fazer uma coisa por vez com sua atenção plena e sem dividi-la pode começar o modo ser. Fazer muitas coisas ao mesmo tempo encoraja sua cabeça a girar.

» Encontre tempo para um hobby ou esporte. Estas atividades tendem a envolver conexão com os sentidos, que imediatamente o trazem para o modo ser. Pintar, ouvir música, tocar um instrumento, dançar, cantar, caminhar no parque e muitas outras atividades oferecem uma chance de estar com os sentidos.

» Ao tomar um banho de banheira ou chuveiro, use o tempo para sentir o calor da água e o contato dela com a pele. Permita que todos os seus sentidos estejam envolvidos na experiência; curta o som da água e inale o perfume do seu sabonete ou produto de higiene preferido.

» Quando estiver comendo, pare antes da sua refeição para fazer algumas respirações conscientes. Depois faça a refeição com toda a sua atenção. Cheque o Capítulo 6 para ver modos de mastigar com atenção plena.

» Dê a si um dia de atenção plena de tempos em tempos. Acorde lentamente, sinta sua respiração frequentemente e conecte-se com seus sentidos e outras pessoas significativas ao seu redor o máximo que puder. O Capítulo 8 dá algumas sugestões sobre ter um dia de atenção plena.

Lidando com as emoções usando o modo ser

Usar o modo ser na área dos pensamentos e emoções é como usar o controle remoto errado para mudar o canal de sua televisão. Independente da força que você faça ao apertar os botões, o canal não mudará — e apertar os botões com mais força só o deixará mais cansado e o fará quebrar o controle remoto. Você está usando a ferramenta errada para o trabalho.

Digamos que você esteja sentindo-se triste hoje. O modo fazer pode sentir a emoção e usar a mente orientada por objetivos de resolver problemas para tentar combatê-la, perguntando: 'Por que eu estou triste? Como posso escapar disso? O que devo fazer agora? Por que isso sempre acontece comigo? Deixe-me assistir televisão. Oh, sinto-me pior. E se essa sensação nunca for embora? E se eu me sentir deprimido novamente?'

O modo fazer deixa os pensamentos girando na sua cabeça, o que lhe deixa pior ainda. Seu foco está em livrar-se do sentimento em vez de sentir a emoção. Quanto mais você combate a emoção, mais forte parece ficar. Então, qual a solução?

EXPERIMENTE ISTO

Da próxima vez que tiver uma sensação desconfortável, como tristeza, raiva, frustração ou ciúme, experimente este exercício para entrar no modo ser:

1. **Estabeleça sua intenção.** Deixe que sua intenção seja sentir a emoção e seus efeitos da melhor maneira possível, com uma curiosidade gentil. Você não está fazendo isso de uma maneira esperta para livrar-se dela. Você só está se dando o espaço para aprender com a emoção em vez de livrar-se dela.

LEMBRE-SE

Todas as emoções, independente do quão fortes sejam, têm um começo e um fim.

2. **Sinta a emoção.** Sinta a emoção com cuidado, bondade e aceitação, da melhor maneira que puder. Abra-se para ela. Perceba onde a emoção se manifesta em seu corpo. Respire nesta parte do seu corpo e permaneça ali. Permita que a emoção seja como é. Você não precisa lutar ou fugir. Fique com a experiência.

3. **Saia do centro da emoção.** Perceba que pode estar consciente da emoção sem ser a própria emoção — crie um espaço entre você e esta sensação. Este é um aspecto importante do mindfulness. Conforme observa a sensação, você está separado dela, livre dela. Você a está olhando. É como sentar-se à beira de um rio conforme a água passa em vez de ser o rio em si. Conforme observa o rio (emoção) passar, você não é o rio em si. Às vezes, você pode se sentir como se tivesse sido sugado pelo rio e arrastado pela correnteza rio abaixo. Assim que você sentir isso, simplesmente saia do rio novamente. A Figura 5-2 ilustra essa ideia.

4. **Respire.** Agora simplesmente sinta sua respiração. Esteja em cada inspirada e expirada. Perceba como cada respirada é única, diferente e vital para sua saúde e bem-estar. Continue então a fazer o que precisar em um modo de atenção plena.

Encontrando tempo para apenas ser

Você é uma formiguinha trabalhadora? Você tem tanta coisa pra fazer que não tem tempo para ser? Uma das coisas atraentes a respeito do mindfulness é que você não tem uma quantidade fixa de tempo que 'precisa' praticar. Sua prática diária pode ser meditar por um minuto ou uma hora — depende de você. A outra coisa legal sobre o mindfulness é que você pode tê-lo na sua rotina diária e, desta forma, construir sua consciência e seu modo *ser*. Isso não leva tempo algum; na verdade, pode economizar tempo, porque você está mais concentrado em suas atividades.

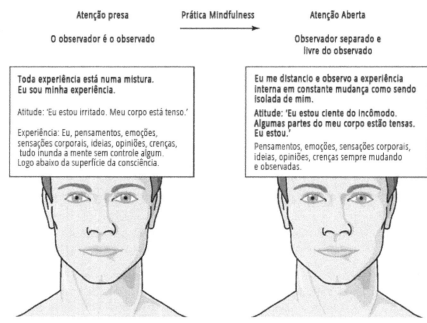

FIGURA 5-2: Distanciando-se dos pensamentos e emoções utilizando mindfulness.

EXPERIMENTE ISTO

Estas práticas de atenção plena quase não exigem tempo:

» Ao esperar numa fila, em vez de matar tempo, use sua atenção plena. Tempo é precioso demais para ser desperdiçado. Perceba as cores e os sons ao seu redor. Ou desafie-se a ver se consegue manter a consciência de seus pés no chão por dez inspiradas consecutivas.

>> Quando você parar num sinal vermelho, tem uma escolha. Você pode ficar frustrado e impaciente ou pode fazer uma meditação no sinal vermelho! Feche seus olhos e alimente-se de três inspirações completas — muito refrescante!

>> Da próxima vez em que o telefone tocar, deixe-o tocar três vezes. Use este tempo para respirar e sorrir. Empresas de televendas sabem que você consegue 'ouvir o sorriso' no telefone e pedem aos empregados que sorriam quando estiverem num telefonema. Você estará em um estado mental mais paciente e contente ao falar.

>> Mude sua rotina. Se você normalmente dirige para o trabalho, tente caminhar ou pedalar por parte do caminho. Fale com diferentes amigos ou colegas. Tenha um novo hobby. Quando você muda seus hábitos, você usa caminhos diferentes no cérebro. Você instintivamente acorda para o momento e apenas é.

Vivendo no momento

Você está sempre no momento presente. Nunca esteve em nenhum outro momento. Não acredita em mim? Cada vez que sua mente se preocupa com o passado, quando ela faz isso? Só no momento presente. Todos os planos que você já fez são feitos somente no presente. Agora, enquanto você pensa no que está lendo e comparando com suas experiências anteriores, está fazendo isso neste momento, agora. Seus planos para amanhã podem ser pensados apenas agora. Agora é o único lugar em que você estará. Então por que toda essa confusão? A questão é como você consegue conectar-se com o aqui e agora.

Eis algumas dicas para viver no momento presente:

>> **Valorize o momento presente.** Use seu tempo considerando que o momento presente é o *único* momento que você tem. Você descobre então o valor do foco no aqui e agora. E, uma vez que descobre o quão prazeroso viver no momento presente pode ser, criou uma mudança para um estilo de vida mais feliz e com atenção plena.

>> **Concentre-se no que estiver fazendo.** Quando digitar, sinta o contato entre seus dedos e o teclado. Ao vestir-se, tente dedicar sua atenção plena em vez de permitir que sua mente vague. Ao colocar a mesa para o jantar, sinta o peso dos pratos e utensílios ao carregá-los. Aprecie a aparência da mesa uma vez que você a tiver posto. Aprecie desempenhar as tarefas de acordo com o melhor de sua capacidade. Viver no presente é mais complicado do que parece, mas fica mais fácil a cada vez que você experimenta. Lentamente mas, com certeza, você começa a viver de verdade no momento.

>> **Reduza as atividades que o removam do momento.** Eu descobri que assistir muita televisão fazia minha cabeça rodar, então me livrei dela. Para

você, pode ser reduzir o tempo que passa nas mídias sociais ou em sites. Ou pode ser algo como não passar tanto tempo na cama de manhã, sem permitir ficar se preocupando de forma desnecessária sobre o dia. Não há nada de errado com estas atividades, mas elas não estimulam a viver cada momento. Elas capturam sua atenção e levam a um estado mental passivo. Mudar de canal em canal afundado no sofá suga sua energia muito mais rápido do que uma tarefa desempenhada com uma leve consciência.

» **Estabeleça uma rotina diária de mindfulness.** Fazer isso fortalece a sua capacidade de permanecer no presente em vez de ser sugado pelo passado ou jogado ao futuro. A força de seu hábito diário estende-se à sua vida cotidiana, mesmo sem você tentar. Você ouve o som daquele pássaro na árvore ou se pega ouvindo seu colega com vontade e sem esforço. Aqui é onde o mindfulness fica divertido.

» **Observe profundamente.** Considere e reflita sobre todas as pessoas e coisas que se juntam em cada momento. Por exemplo, você está lendo este livro. O papel deste livro vem de árvores, que precisam da luz do sol e de chuva, solo e nutrientes. Este livro foi editado, vendido, impresso, transportado, distribuído e vendido por pessoas. Ele também exigiu a invenção da impressão, da linguagem e mais. Você aprendeu português por alguém que o capacitou a compreender as palavras. Esta consciência de tudo que se juntou e foi dado para que naturalmente fosse aproveitado gera a gratidão e a consciência do momento presente. Isso se chama *olhar profundamente.* Você está se conectando com o momento e também vendo como um todo como as coisas se juntaram de forma interconectada. Observar profundamente não é pensar sobre a sua experiência, mas vê-la de forma diferente. Você pode experimentá-la em qualquer situação — isso transforma sua perspectiva e a perspectiva transforma a experiência.

TOQUE AGORA!

Se você quiser se livrar da sua bagagem do passado e do futuro, experimente esta meditação. Eu a descobri com um professor de mindfulness e monge chamado Ajahn Brahm. Este exercício está disponível no site da Alta Books (Faixa 6). Então, coloque o seu fone e aproveite para deixar para trás o peso de seu passado e futuro:

1. **Deixando o passado e o futuro de lado com a meditação mindfulness.**

2. **Visualização. Ache uma posição bem confortável para se sentar ou deitar.** Seja bom consigo mesmo e certifique-se de estar numa postura relaxada, soltando qualquer roupa apertada, tirando quaisquer óculos que esteja usando e tirando os sapatos caso assim desejar.

3. **Leve o tempo que precisar para respirar profunda e tranquilamente.** Deixe que cada inspiração represente alimentação e energia. Deixe que cada expiração signifique libertar-se. Ficar com as coisas como elas são.

4. **Agora, quando estiver pronto, feche seus olhos gentilmente. Imagine que está segurando duas sacolas de compras pesadas, uma em cada mão.** Imagine o peso delas. Sinta o incômodo em seus dedos e quanta força é necessária para segurar ambas as sacolas. Seu peso está lhe puxando para baixo. A dor faz com que você se sinta cansado e tenso.

5. **Deixe a sacola em uma mão representar seu passado.** Imagine que a sacola é chamada de "passado". A sacola contém todos os seus arrependimentos e erros. Todos os seus sucessos e fracassos. Relacionamentos passados. As escolhas que você fez e as tristezas que sentiu. Você pode conseguir até visualizar todas as suas experiências passadas contidas dentro desta sacola pesada. Segurá-la o dia todo é exaustivo.

6. **Então, agora, você decide que é hora de livrar-se dela.** Você quer colocar a sacola no chão e descansar. Então imagine-se colocando a sacola vagarosamente no chão. Eventualmente, a sacola entra em contato com o chão e, ao fazer isso, você começa a sentir alívio imediatamente. Em dado momento, toda a sua sacola, representando todo o seu passado, está no chão. Você sorri ao relaxar completamente. Imagine sua mão se abrindo e você se sentindo muito melhor. Você está liberado de carregar seu passado por aí consigo.

7. **Mas espere um momento, na outra mão, você está carregando uma sacola pesada significando seu futuro.** Imagine a palavra "futuro" escrita na sacola, se quiser. Ela contém todas as suas esperanças, sonhos e planos. Contém também todas as suas ansiedades e preocupações. Todas as suas preocupações e medos sobre o que pode ou não acontecer no futuro. Carregar esse fardo pesado não é brincadeira. A sacola o desacelera. Mas agora você sabe como colocar esta sacola, que está cheia de seu futuro, no chão. Então, você lentamente abaixa a sacola para o chão, até que, eventualmente, o fundo dela entra em contato com chão. Você começa a sentir-se aliviado. Ao continuar a abaixar a sacola, todo o peso é transferido para o chão. Você sente um fardo imenso ser sustentado. Sua mão está livre agora e você está liberado de suas preocupações com o futuro.

8. **Imagine-se em pé com uma sacola representando seu passado no chão de um lado e outra representando seu futuro no outro lado.** Como você está entre o passado e o futuro, onde você está? Você está no melhor lugar para se estar: o momento presente. Dê o sinal verde para que se sinta livre. As sacolas estão perfeitamente seguras no chão. Permaneça na alegria de estar no momento presente. Aproveite a inocência infantil do aqui e agora — a intemporalidade.

9. **Passe quanto tempo quiser nesta experiência do momento presente. Qualquer momento em que estiver carregando demasiado peso do passado ou futuro, pratique esta meditação e coloque os pesos no chão novamente.**

CAPÍTULO 5 **Humanos Sendo Versus Humanos Fazendo**   93

94   PARTE 2 **Preparando o Terreno para uma Vida com Atenção Plena**

3
Praticando Mindfulness

NESTA PARTE . . .

Explore os deleites da prática do mindfulness a qualquer momento do dia.

Descubra como projetar uma rotina de mindfulness que seja certa para você.

Saiba como evitar as armadilhas comuns no jogo do mindfulness.

NESTE CAPÍTULO

Experimentando práticas de meditação mindfulness, reconhecendo o corpo, comendo e caminhando

Respirando e caminhando em modo de atenção plena

Entendendo e evitando armadilhas

Capítulo 6

Entrando na Prática Formal da Meditação Mindfulness

Meditação é como mergulhar no fundo do oceano, onde a água é parada. As ondas (pensamentos) estão na superfície, mas você as está olhando de um lugar mais profundo e pacífico. Para submergir até esta profundidade pacífica leva tempo. As meditações longas nas práticas formais de mindfulness neste capítulo fornecem o equipamento de mergulho para chegar de forma segura a tais lugares tranquilos.

A prática formal é a meditação mindfulness para a qual você especificamente acha tempo no seu dia — mas isso não significa que você precisa usar um paletó ou vestido chique! Você decide quando e por quanto tempo meditará e o faz. Uma rotina formal de mindfulness é focada no coração de um modo de vida com atenção plena. Sem tal rotina, pode ser uma luta ter atenção plena em sua vida cotidiana. Este capítulo explora algumas práticas formais de mindfulness para que você faça ao estar deitado, sentado ou caminhando.

Preparando seu Corpo e Mente para a Meditação Mindfulness

Eis algumas dicas para preparar-se para a prática da meditação de minfulness:

» Você pode praticar a meditação a qualquer momento e em qualquer lugar que for adequado. Para mais ajuda ao decidir onde e quando praticar, veja o Capítulo 9.

» Evite meditar imediatamente depois de uma grande refeição ou quando estiver sentindo-se com muita fome; seu estômago pode tornar-se então o objeto de sua atenção em vez de qualquer outra coisa.

» Tente encontrar condições que conduzam a meditação: de forma ideal, algum lugar que não seja barulhento demais, com a temperatura adequada para você e de iluminação suave ou natural. Vista roupas que sejam largas e confortáveis. Nenhuma destas condições é essencial — é possível meditar em qualquer lugar e hora — mas, caso você seja um iniciante, esses fatores ambientais ajudam.

» Você pode estar em qualquer postura que pareça confortável para a meditação. Caso esteja interessado em aconselhamento sobre posturas específicas ao sentar, veja adiante neste capítulo.

» Experimente sorrir suavemente ao meditar. Este é um segredo simples e poderoso para ajudá-lo a aproveitar a meditação. Pense no sorriso como a posição mais importante na meditação. Um sorrisinho bonito em seu rosto sinaliza à sua mente que ela seja amistosa consigo. Você deixa de ser sério demais ou de tentar com muito afinco; a meditação pode se tornar uma atividade prazerosa.

Saboreando a Meditação Mindfulness ao Comer

Começar a meditação mindfulness ao comer demonstra a simplicidade da meditação. Ela não se baseia em sentar-se de pernas cruzadas por horas; ela é baseada na consciência que você traz a cada momento presente. O mindfulness baseia-se em viver com uma consciência aberta e curiosa. Tudo feito com a consciência de atenção plena é meditação, incluindo comer, dirigir, caminhar, falar e muito mais.

TOQUE AGORA!

Experimente o seguinte exercício, que está disponível como uma faixa de áudio (Faixa 7):

1. **Exercício de comer com mindfulness.**

2. **Coloque um pequeno pedaço de fruta em sua mão.** Você pode usar qualquer outra comida se não tiver uma fruta disponível. Agora, imagine que você acabou de vir do espaço e nunca viu ou provou esta fruta antes. Passe alguns momentos olhando sua cor e textura. Explore a textura de sua pele, como ela reluz quando você a gira e quantos detalhes variáveis ela contém. Observe a habilidade em seus dedos para ser capaz de segurar e girar a fruta com precisão e à vontade. Observe esse pedaço de fruta como se fosse a primeira vez.

3. **Agora leve a fruta lentamente para perto de seu nariz.** Comece sentindo as sensações no seu braço enquanto leva a fruta para perto de seu nariz. Quando respira, perceba se a fruta tem um cheiro e qual a sua qualidade. Perceba como você se sente se a fruta não tem um cheiro. Passe alguns momentos fazendo isso.

4. **Agora, lentamente leve a fruta para perto de seu ouvido.** Esprema a fruta levemente entre seus dedos e ouça o som que ela produz, caso faça algum barulho. Talvez seja um som sutil ou nenhum. Quando tiver feito isso, relaxe seu braço, sentindo os músculos enquanto o abaixa.

5. **Agora, quando estiver pronto, sinta a textura da fruta.** Feche seus olhos para ajustar-se ao tato de forma mais profunda. Sinta o formato do objeto e seu peso. Talvez gire-a entre seus dedos. Aperte suavemente a fruta e observe se você consegue sentir seu suco.

6. **Agora, quando estiver pronto, leve cerca de dez segundos para levar a fruta para perto de sua boca.** Você está salivando? Caso esteja, o seu corpo já começou o primeiro estágio da digestão. Toque a fruta gentilmente com seus lábios superior e inferior para ver quais sensações consegue detectar. Então, lentamente, coloque a fruta dentro de sua boca, na língua. Você tem uma sensação de alívio, ou frustração, ou nojo, ou talvez, excitação? Note como realmente se sente agora. Sinta o peso da fruta em sua língua. Mexa a fruta pela sua boca e sinta a habilidade da sua língua ao fazê-lo. Coloque a fruta entre dois dentes e lentamente os una. Observe o fenômeno de saborear e comer. Perceba a quantidade de experiências que se desenrola, incluindo aí uma mudança de gosto e a consistência no fluxo da fruta, conforme ela se parte e dissolve. Esteja consciente de sua mastigação e de como você começa automaticamente a engolir. Fique na experiência até acabar de comer.

7. **E quando terminar de comer, perceba o gosto que fica na sua boca.** Como você se sente ao realizar este exercício? Você obviamente não comerá tão lentamente normalmente. Considere como esta experiência pode impactar e melhorar seus hábitos alimentares normais. Trazendo mais consciência e maior percepção ao processo de alimentar-se.

Agora reflita sobre as seguintes questões:

» Como você se sente ao realizar este exercício?
» Qual efeito este processo terá sob sua experiência de comer?
» O que você percebeu e descobriu?

LEMBRE-SE

Não existe uma experiência correta nesta meditação mindfulness ao comer. Pessoas diferentes têm experiências diferentes. Você provavelmente descobriu que não foi sua experiência normal de comer. A primeira coisa a ser descoberta sobre todas as meditações mindfulness é que *não importa o que você experimente, é a sua experiência e ela é correta e válida.*

Ao conectar-se com os sentidos, você vai do modo piloto automático para um modo de atenção plena (vá ao Capítulo 5 para saber mais sobre modos mentais). Em outras palavras, em vez de comer enquanto faz outra coisa e nem perceber o gosto, deliberadamente volte sua atenção ao processo integral de comer.

Você pode ter achado o gosto da fruta mais vívido e intenso do que o normal. Talvez você tenha percebido coisas nesta fruta que não percebera antes. O mindfulness revela novas coisas e transforma a experiência em si, tornando a experiência mais profunda. Se isso acontece ao comer algo como um pedaço de fruta, imagine o efeito que o mindfulness pode ter no resto de suas experiências na vida!

Você pode ter percebido que estava pensando durante o exercício e talvez sentiu que não poderia comer com o mindfulness adequadamente por causa dos pensamentos.

Não se preocupe: você está basicamente pensando o tempo todo e não vai parar em momento algum por enquanto. O que você pode fazer é começar a tornar-se consciente do que está acontecendo e ver qual efeito tem.

Relaxando com a Meditação Mindfulness ao Respirar

Caso você esteja disposto a experimentar uma meditação mindfulness curta e simples de dez minutos sentados, isto é para você. Esta meditação concentra sua atenção na respiração e o capacita gentilmente a guiar-se de volta à sua respiração quando sua atenção vagar.

Esta meditação (disponível na Faixa 8 no site da Alta Books) mostra como praticar dez minutos de respiração com atenção plena:

1. **Exercício de meditação mindfulness de respiração.**

2. **Encontre uma postura confortável.** Você pode estar sentado numa cadeira, de pernas cruzadas no chão ou até deitado, feche seus olhos, se quiser. Relaxe qualquer tensão física óbvia, se puder. E, se possível, mantenha um pequeno sorriso charmoso. Só para ver o efeito que isso tem nesta prática de meditação mindfulness.

   Esta é uma oportunidade de estar com qualquer que seja a sua experiência a cada momento. Este é um momento para você. Você não precisa alcançar nada. Não precisa tentar muito. Precisa simplesmente ficar com as coisas como elas são, da melhor maneira possível, de momento a momento. Não há certo ou errado aqui. Não há objetivo final a ser alcançado. Esta é uma oportunidade de deixar de lado o incansável fazer e conseguir o que batalhamos na vida; e simplesmente ser.

3. **Deixe que sua atenção se aproxime levemente da sensação da sua própria respiração.** Sinta sua respiração entrando e saindo de suas narinas ou passando pela parte de trás de sua garganta; ou sinta seu peito ou barriga subindo e descendo. Assim que tiver encontrado um lugar onde possa sentir sua respiração confortavelmente, esforce-se em manter sua atenção por lá.

   Logo, sua mente o levará por pensamentos, ideias, sonhos, fantasias e planos. Tudo bem, isso é perfeitamente normal. Assim que você perceber que isso aconteceu, sorria gentilmente novamente e leve sua atenção de volta à sua respiração. Tente não se criticar a cada momento em que sua mente vagar. Em vez disso, comemore o fato de estar de volta no aqui e agora. Compreenda que é tudo parte do processo da atenção plena. Caso você esteja se criticando ou se frustrando, diga a si mesmo: "Está tudo bem... tudo bem...", volte à respiração de forma suave.

UMA CURA PARA O TÉDIO NA RESPIRAÇÃO

Uma estudante de meditação foi ao seu professor e disse que estava cansada de sentir sua respiração. Será que uma técnica diferente tornaria a respiração mais interessante? O professor disse: 'Sim. Feche sua boca e respire pelo seu nariz. Levante então seu braço esquerdo e com o dedão bloqueie sua narina esquerda. Com seu dedo indicador, bloqueie a outra narina. Você não consegue mais respirar. Em menos de um minuto, você vai gostar de respirar mais do que de qualquer outra coisa no mundo todo. Experimente isto por apenas 30 segundos e você vai achar difícil pensar em qualquer outra coisa que não seja respirar.'

Lembre-se do quão importante é sua respiração e tente não ignorá-la. A respiração é especial.

4. **Continue na meditação, sem tentar controlar a profundidade ou velocidade da respiração.** Caso sua respiração mude, tudo bem. Caso sua respiração permaneça igual, tudo bem também. Tudo está bom! Se estiver ficando frustrado por sua mente vagar demais, tente dar nome à sua inspiração e expiração: quando inspirar diga "para dentro" em sua mente, quando expirar diga "para fora" em sua mente. Lembre-se de focar a maioria da sua atenção em sua respiração, não só nas palavras. Use as palavras em sua mente para apoiar sua atenção na respiração. Você pode usar palavras diferentes também, como "respirando, sorrindo", enquanto inspira e expira. "Respirando, sorrindo." Use as palavras que quiser ou nenhuma. O que for melhor para você. Você pode continuar esta prática o quanto quiser ou terminar o exercício gradualmente ao ouvir o sino.

EXPERIMENTE ISTO

Todas as quantidades de tempo que eu sugiro neste livro são apenas para orientação. Você pode ser flexível e reduzir ou aumentar seu tempo de meditação, dependendo de suas circunstâncias. Eu sugiro que você decida, antes de sentar-se, por quanto tempo você praticará a meditação e, na sequência, mantenha a sua decisão. Você pode usar um alarme com um som suave ou talvez um cronômetro no seu telefone para indicar quando acabou. Isso evita ter que ficar abrindo os olhos para checar se você chegou ao fim da meditação mindfulness.

LEMBRE-SE

Caso esta tenha sido uma das primeiras vezes em que você praticou a meditação, é o começo de uma jornada. A meditação pode parecer boa ou horrível. Isso não importa. O que importa é sua vontade de aceitar o que surgir e continuar praticando. Começar a meditar é parecido com ir à academia pela primeira vez em meses: pode ser meio desagradável no começo! Continue praticando e não julgando a meditação como boa ou ruim — não existe tal coisa. E lembre-se, não há nada a temer na meditação também: se você se sentir desconfortável demais, pode simplesmente abrir seus olhos e parar a meditação.

Aderindo ao Movimento com Atenção Plena

Mover-se e alongar-se de forma lenta e com atenção plena é um preparo maravilhoso para exercícios de meditação mais extensos. O movimento pode ser uma meditação formal profunda em si, caso você a aborde com atenção plena.

Ao praticar o movimento com atenção plena, fique ligado às sensações de sua respiração enquanto você se move e mantém posturas diferentes. Torne-se consciente dos pensamentos e das emoções que surgirem, perceba-as e traga sua atenção de volta ao corpo. Use a atenção plena quando um alongamento estiver levemente fora de sua zona de conforto e começar a ser desconfortável. Explore como é estar no limite da sua zona de conforto. Perceba se você geralmente se permite sentir a dor ou se sempre evita o desconforto completamente.

Tenha curiosidade sobre sua relação com o movimento e alongamento e traga uma atitude descontraída à sua experiência.

A prática da atenção plena tem muitos benefícios. Você pode:

EXPERIMENTE ISTO

» **Explorar limites e desconforto.** Quando você se alonga, eventualmente alcança um limite além do qual o desconforto se torna intenso demais (o *limite*). O mindfulness oferece a oportunidade de explorar as reações de sua mente ao aproximar-se do seu limite. Você tenta ir além do limite, frequentemente machucando-se ou fica longe demais, evitando o menor desconforto? Ao chegar perto do limite com uma consciência de atenção plena, você se abre a sensações físicas desconfortáveis em vez de evitá-las.

Você pode transferir esta habilidade da consciência da atenção plena às suas experiências de emoções e pensamentos difíceis, encorajando-o a ficar com eles e reconhecê-los; e ver qual efeito o mindfulness tem sobre eles.

» **Sintonize-se às sensações do seu corpo e desligue-se do vagar comum da mente.** Ao concentrar-se na amplitude de sensações e sentimentos em seu corpo, você volta ao momento presente. O movimento de atenção plena mostra uma maneira de ir para o aqui e agora. A maioria dos outros processos de meditação formais envolvem ficar parado; você pode achar o movimento uma porta mais fácil para a prática da atenção plena.

» **Descubra como estar com a atenção plena enquanto seu corpo está em movimento.** Você consegue transferir esta descoberta para sua vida diária e ter maior atenção plena sobre todos os movimentos que faz, como caminhar, cozinhar, limpar e se vestir. Você está treinando sua mente para a atenção plena em suas atividades do dia a dia.

» **Pratique ser gentil com seu corpo.** O movimento de atenção plena e alongamento é uma oportunidade de ligar suas sensações físicas com um espírito de amizade. Permita que as sensações físicas se suavizem ao senti-las com cordialidade e afeto em vez de resistência e negação.

» **Ganhe uma compreensão sobre a vida por meio da prática do movimento.** Ao experimentar o equilíbrio numa postura de yoga, perceba como seu corpo não está duro ou parado, mas em movimento constante e se corrigindo para manter seu equilíbrio. Às vezes você perde seu equilíbrio e tem que começar novamente. Da mesma forma, viver uma vida equilibrada requer uma correção constante e, às vezes, você comete erros. Você só precisa recomeçar.

EXPERIMENTE ISTO

Considere outras lições sobre a vida que você possa levar ao fazer uma sequência de yoga com atenção plena ou qualquer outro movimento de atenção plena. Pense em como você lida com as poses mais desafiadoras, como pode comparar-se com outros ou como compete consigo mesmo.

CAPÍTULO 6 **Entrando na Prática Formal da Meditação Mindfulness** 103

RESPIRANDO EM DIFERENTES PARTES DE SEU CORPO

Na prática do mindfulness, eu frequentemente menciono 'respirar' em seus dedos dos pés ou das mãos ou em seu desconforto. O que isto significa? Seus pulmões não chegam até os dedos do pé! É assim que você respira em uma parte em especial do seu corpo:

- Sinta as sensações da parte específica do corpo com a qual você está trabalhando.

- Conforme você inspira, imagine sua respiração indo do seu nariz para a tal parte de seu corpo ou experiência.

- Quando expirar, sinta sua respiração saindo daquela parte do seu corpo e de seu nariz. Permita que as sensações daquela parte de seu corpo fiquem mais suaves conforme fizer isso.

Caso esta técnica não funcione para você, tente sentir a parte do corpo com a qual você está trabalhando ao mesmo tempo em que sente sua respiração. Ou experimente sorrir gentilmente ao sentir tal sensação difícil. Com o passar do tempo, esta ideia de respirar em sua experiência pode naturalmente fazer algum sentido. Caso não faça, não se preocupe, experimentar ferramentas diferentes de mindfulness permite que você descubra quais funcionam para você.

Experimentando a Meditação de Escaneamento Corporal (Body Scan)

O escaneamento corporal é uma prática maravilhosa de mindfulness para começar sua jornada para práticas contemplativas. Você normalmente faz o reconhecimento do corpo deitado, para ter uma sensação de alívio de imediato.

Praticando o escaneamento corporal

Separe ao menos meia hora para o escaneamento corporal. Encontre um momento e um lugar onde você não será interrompido e onde sinta-se confortável e seguro. Desligue quaisquer telefones que tenha.

Este é um momento destinado a você e para que você esteja consigo mesmo. Um momento de renovação, descanso e cura. Um momento de nutrir sua saúde e bem-estar. Lembre-se de que o mindfulness representa estar com as coisas como elas são, de momento a momento, conforme elas se desenrolam para o presente. Então, liberte-se de ideias sobre automelhora e desenvolvimento pessoal. Liberte-se da sua tendência de querer que as coisas sejam diferentes do que são, permitindo que elas sejam exatamente como são. Dê a si mesmo o espaço para ser como é. Você nem precisa tentar relaxar. O relaxamento pode ou não acontecer. Ele não é o objetivo do reconhecimento do corpo. Caso haja alguma meta, esteja consciente de sua experiência, seja ela qual for. Faça o que parecer certo para você.

LEMBRE-SE

A experiência do escaneamento corporal é muito segura. No entanto, caso ele traga sensações com as quais você não consiga lidar, pare e oriente-se com um professor de mindfulness ou terapeuta profissional. No entanto, caso possa, abra-se aos sentimentos e sensações e chegue mais perto; dando a estes sentimentos a chance de falar com você, poderá descobrir que eles se dissipam em seu próprio tempo.

TOQUE AGORA!

Siga estes passos (disponíveis na Faixa 9 no site):

1. **A meditação de escaneamento corporal.**

2. **O mindfulness trata de permitir que as coisas sejam exatamente como são.** Então deixe de lado as ideias de desenvolvimento pessoal ou alcançar um estado de espírito especial, só focando gentilmente sua atenção no que quer que surja para você de momento a momento, e reconhecendo o que quer que surja.

3. **Comece notando o peso do seu corpo.** A cada vez que expirar, permita-se afundar-se um pouco mais em direção à terra, permitindo que a terra apoie completamente o peso do seu corpo.

4. **Agora fique consciente da sensação de sua respiração natural.** Você pode sentir a respiração em torno do seu nariz, seu peito ou barriga, no abdômen inferior. Sinta cada inspiração completa e cada expiração completa, o melhor que puder. Você não precisa mudar ou julgar sua respiração, simplesmente permita que o ritmo e profundidade de sua respiração seja exatamente como é. Se vir que sua respiração muda enquanto você presta atenção nela, tudo bem também. Transpondo as ondas de respiração. À medida que continua focando sua atenção plena em sua própria respiração, em pouco tempo sua mente vagará para diferentes pensamentos. Isso é totalmente normal. O mindfulness não serve para forçar seus pensamentos a pararem. Tudo o que você precisa fazer, assim que notar que sua mente vagou é guiar sua atenção gentilmente de volta ao que você estava focando no momento, como a respiração.

5. **Agora, quando estiver pronto, mude o foco da sua atenção plena da respiração corpo abaixo, pela perna esquerda, até o dedão do pé esquerdo.** Perceba se pode sentir qualquer sensação física no seu dedão. Talvez consiga sentir a temperatura ou o contato entre seu dedão e sua meia ou talvez não sinta nada. Se este for o caso, não tem problema. Só fique consciente da falta de sensação nesta parte do corpo. Agora fique consciente do dedo mindinho

do seu pé esquerdo. Veja se consegue sentir qualquer coisa em seu dedo mindinho. E agora inclua os outros dedos entre eles. Continue a expandir sua atenção plena para a ponta do pé esquerdo, e então a sola toda, leve uma sensação de curiosidade para sua experiência, o melhor que puder.

6. **Continue a expandir sua atenção para o lado de cima do seu pé esquerdo.** Fique consciente da rede de ossos, ligamentos e tendões dentro do próprio pé, se puder. Agora sinta todo o pé esquerdo, dentro e fora dele. Agora, se parecer certo para você, enquanto inspira, imagine a inspiração descendo pelo corpo, pela perna esquerda até o pé esquerdo. E enquanto expira, imagine a expiração saindo de seu pé, subindo pelo corpo e saindo pelo nariz. Permita que sua consciência percorra a respiração. Pode demorar um tempo para que você se acostume a imaginar isso. Se isso só o confunde, deixe de lado agora e tente novamente mais tarde. Quando estiver pronto, permita que todo o pé desapareça no fundo de sua consciência. Sempre que notar que sua atenção vagar para outros pensamentos, leve-a gentilmente de volta ao que estava focando antes, sua mente naturalmente começará a pensar em outras coisas. Essa é a natureza da mente. Não que isso seja uma falha ou um problema. Só retorne sem críticas ou julgamentos. Se a mente vagar mil vezes, ou vagar por um longo período de tempo, tudo bem. Só traga a atenção de volta à varredura corporal assim que notar.

7. **Agora mude sua atenção para a parte de baixo da perna esquerda.** Comece explorando as sensações mais brutas e óbvias se puder. Talvez o contato de suas roupas com a pele. Ou o quão fria ou quente a parte de baixo de sua perna esteja. Talvez possa sentir o osso da canela ou o músculo da panturrilha por baixo. Permita gradualmente que sua atenção fique mais sutil, notando, talvez, o movimento do sangue em sua perna. Quando estiver pronto, inspire até esta parte da sua perna esquerda. Isso significa imaginar ou sentir a inspiração indo do seu nariz ou boca até a perna e voltando enquanto expira. Inspirando uma atenção plena, inspirando uma sensação de calor e gentileza, uma sensação de bondade e curiosidade. Então, quando estiver pronto, deixe que essa parte da perna desapareça no fundo de sua consciência. Agora fique consciente do seu joelho esquerdo. Conecte-se com sua patela, com os lados do joelho e a parte mole debaixo do joelho. Sinta as sensações dentro do joelho e continue a levar uma sensação de bondade e curiosidade para sua experiência o melhor que puder. Agora, como antes, inspire até o seu joelho esquerdo naturalmente, e expire para fora do seu joelho naturalmente. Então, quando estiver pronto, permita que o joelho suma para o fundo da sua consciência enquanto muda sua atenção para a parte de cima de sua perna esquerda. Note a parte de cima inteira de sua perna esquerda para começar. Obtenha uma noção geral das sensações físicas lá. Sinta as sensações no músculo da coxa na parte de cima e no tendão na parte de baixo. Leve uma sensação de aceitação à sua experiência se puder. Particularmente se estiver sentindo uma sensação desagradável. Sinta a parte de dentro dessa parte da sua perna, sentindo os músculos e ossos, se possível.

106   PARTE 3 **Praticando Mindfulness**

Agora inspire e expire na parte de cima de sua perna, levando uma sensação de bondade e curiosidade para sua experiência.

8. **Fique consciente da perna esquerda como um todo.** Como ela parece diferente da perna direita? Agora fique consciente do dedo mindinho do seu pé direito. Há alguma sensação no dedo mindinho? Agora inclua todos os dedos. Talvez consiga sentir frio ou calor lá, ou talvez o contato dos dedos uns com os outros. Agora mude sua atenção plena para a ponta do pé direito. E então a sola inteira do pé direito. Sinta o tornozelo direito, que junta o seu pé direito ao resto da perna. Agora sinta a parte de cima do pé direito, sentindo toda a massa de ossos, músculos e tendões. Lembre-se, se não puder sentir nada, não precisa se preocupar. Isso é muito comum. Só fique ciente da ausência de sensações. Tudo bem. Agora sinta o pé direito inteiro. Vá direto para o centro do pé direito e inspire e expire dali. Inspire a atenção plena para o pé direito. Inspire um senso de curiosidade e bondade. Então, quando estiver pronto, permita que essa parte do seu corpo desapareça no fundo.

9. **Agora fique consciente da parte de baixo da perna direita, incluindo o joelho direito dessa vez.** Fique ciente do espaço que ocupa e a variedade de diferentes sensações nessa parte do seu corpo. Note como é a sensação no joelho comparado ao resto da parte de baixo da perna. Obtenha a sensação da temperatura da parte de baixo da sua perna e o contato da sua roupa com a pele. Note se as sensações continuam as mesmas ou mudam sutilmente de momento a momento. Agora inspire e expire da parte de baixo da perna e do joelho. Leve uma sensação de aceitação e curiosidade para essa parte do seu corpo o melhor que puder. Então, quando estiver pronto, permita que sua perna direita, incluindo o joelho, suma no fundo de sua consciência.

10. **Lentamente mude sua atenção para a parte de cima de sua perna direita, entre o joelho e o quadril.** Obtenha uma sensação de como essa parte do seu corpo é sentida como um todo. Então, comece a notar qualquer sensação particular que seja mais óbvia. Deixe sua atenção mudar gradualmente para as sensações mais sutis. Sustente sua atenção o melhor que puder na parte de cima da perna direita de momento a momento. Inspire e expire em sua perna direita. Sinta sua respiração nutrindo essa parte do seu corpo se isso funcionar para você. Então, quando estiver pronto, pode permitir que sua perna direita suma no fundo de sua consciência. Agora note como suas pernas são sentidas em comparação com o resto do seu corpo.

11. **Quando estiver pronto, mova sua atenção para a região do quadril, pélvis, nádegas e áreas delicadas dessa parte do seu corpo.** Tenha atenção plena das diferentes sensações aqui. Há alguma tensão ou contenção nessa parte do corpo? Agora imagine, se quiser, que a pélvis é uma tigela que pode ser preenchida com ar. A cada vez que inspirar, imagine a tigela de sua pélvis enchendo com oxigênio nutritivo. Leve uma sensação de bondade e calor a essa parte do seu corpo. Então, quando estiver pronto, permita que a região de seu quadril e pélvis desapareçam no fundo de sua consciência.

12. **Agora mude sua atenção plena para a parte inferior das costas.** Para muitos, essa é uma região de tensão. Fique ciente da região da parte inferior das suas costas, incluindo a espinha, se conseguir. Note qualquer mudança sutil enquanto inspira e expira naturalmente. Agora expanda sua atenção para sua barriga, seu abdômen inferior. Você consegue sentir sua barriga subindo enquanto inspira e descendo enquanto expira? Sinta a pele esticando naturalmente enquanto sua barriga se expande e contrai novamente.

13. **Agora mude sua atenção para seu estômago.** Ele parece vazio ou cheio? Como é notar seu estômago assim como ele é, com aceitação e gentileza? Essa região do seu corpo é, muitas vezes, onde você pode sentir emoções. Quais emoções estão presentes aqui para você, se houver alguma? Reconheça sua experiência como ela é, o melhor que puder, mesmo que o sentimento seja desconfortável e desagradável. O mindfulness trata da aceitação de que essa é a sua experiência, assim como ela é, bem nesse momento. Agora, quando estiver pronto, inspire um pouco mais profundamente até a barriga, segurando a respiração por alguns momentos e, então, expirando. E permita que essa região lentamente desapareça no fundo de sua atenção.

14. **Agora mude sua atenção plena para a parte central e superior das costas.** Fique ciente da vértebra que forma sua espinha o melhor que puder. Note a variedade de sensações diferentes em suas costas. Se há uma parte particularmente desconfortável, veja se consegue levar curiosidade para sua experiência e note como é realmente a dor de momento a momento em vez de criticar ou negar a sensação. Como dito antes, se você se sentir muito desconfortável e quiser se mover, é claro que pode, e isso é um ato de bondade consigo mesmo, e é disso que se trata o mindfulness. Lembre-se de mover-se com atenção plena, para que qualquer movimento faça parte da prática do mindfulness.

15. **Agora mude sua atenção para a área das laterais de sua caixa torácica e o topo dela, no seu peito.** Sinta como sua caixa torácica sobe e desce enquanto você inspira e expira. Talvez consiga sentir seu coração batendo. Leve uma sensação de gratidão para os muitos órgãos vitais hospedados em sua caixa torácica que estão funcionando, neste momento, por sua saúde e bem-estar. Note se consegue sentir alguma emoção na região do seu peito. E veja se consegue dar espaço e ouvir a emoção. O melhor que puder, sem julgar ou lutar com a emoção, não importa o quanto pareça desconfortável. Você consegue começar a notar como a consciência é o alicerce de onde as emoções surgem? Quando estiver pronto, inspire mais profundamente, para a região do peito, segurando a respiração por alguns segundos, e então lentamente expirando.

16. **Agora mude sua atenção para cima, pelos ombros, passando pelos braços até a ponta de seus dedos das duas mãos ao mesmo tempo.** Agora inclua os próprios dedos com as inúmeras juntas. Continue a expandir sua atenção para as palmas das mãos e o dorso de ambas as mãos. Suas mãos parecem frias ou quentes? Uma delas está diferente comparada à outra? Agora mude sua atenção aos punhos e antebraços. Sinta a sensação da pele e profundamente nos músculos e tendões, se puder. Agora suba até seus cotovelos. Há alguma sensação dentro ou fora dos cotovelos? Agora suba pelos braços, sentindo os músculos dos bíceps e tríceps. Sentindo até a queimação dentro de seus braços, se puder. Agora suba, para incluir seus ombros. Eis outro lugar onde a tensão pode ficar presa. Em vez de tentar livrar-se imediatamente de qualquer tensão, veja se consegue notar a sensação lá, mesmo que seja desagradável. Fique com a sensação com uma atenção leve, bondosa e gentil. Sustente sua atenção de momento a momento o melhor que puder. Agora, enquanto inspira naturalmente, imagine sua respiração indo do nariz ou boca através de seus ombros e braços até a ponta dos dedos. E enquanto expira, imagine sua respiração voltando de suas mãos pelos ombros e para fora do nariz ou boca. Deixe que sua respiração leve a atenção plena com ela, o melhor que puder, o que inclui uma bondade consigo mesmo, bem como uma sensação de curiosidade e aceitação da sua experiência. Então, quando estiver pronto, permita que seus braços e ombros e mãos sumam no fundo de sua consciência.

17. **Agora mude sua atenção para o pescoço.** Fique ciente da parte de trás do seu pescoço, vendo se há alguma tensão lá. Então mova para os lados e a parte da frente do pescoço, incluindo a laringe. Talvez consiga sentir o movimento do ar passando pelo seu pescoço. Agora, fique ciente da sua mandíbula. Ela está tensa? Fique ciente dos lábios superior e inferior. Vá para dentro da boca, sentindo o interior das bochechas, gengiva, dentes e língua. Agora fique ciente da parte de fora das bochechas, seu nariz com o ar entrando e saindo. Subindo até as pálpebras, os próprios olhos e as cavidades oculares. Suas têmporas e testa. Sua testa está franzida? Fique ciente do seu rosto como um todo e veja se consegue aceitar suas sensações assim como elas são. Sinta a superfície da pele e os músculos por baixo dela. Agora mude sua atenção para as laterais da cabeça, incluindo suas orelhas. Agora a parte de trás a cabeça, sentindo o peso dela. Finalmente, mova para o topo da cabeça. Como você se sente agora que chegou ao topo da cabeça? Há uma sensação de alívio? Tenha curiosidade sobre suas sensações. Você pode praticar essa visualização, se não tiver problemas para você. Imagine um espaço no topo de sua cabeça e um espaço nas solas dos pés.

18. **Agora imagine ou sinta sua respiração varrendo para cima e para baixo do seu corpo enquanto inspira e expira naturalmente.** Obtenha a sensação da sua respiração se movendo da ponta dos dedos dos pés até o topo da cabeça e de volta para baixo, o melhor que puder. Imagine todas as células do corpo sendo nutridas com oxigênio enquanto você respira, o que realmente acontece. Permita que cada uma das suas células seja curada enquanto sua respiração as nutre com mindfulness. Pratique isso sozinho por alguns momentos.

19. **Agora deixe de lado qualquer esforço que esteja fazendo para praticar o mindfulness.** Simplesmente descanse em seu próprio sentido de ser. Apenas seja como você é. Descanse com sua própria sensação interior de presença.

CAPÍTULO 6 **Entrando na Prática Formal da Meditação Mindfulness** 109

Seu ser é todo, perfeito e completo assim como é. O que quer que esteja pensando ou sentindo, seu senso de ser, sua atenção, está sempre com você. Descanse com essa presença sólida, fundamentada e silenciosa. Apenas exista. Agora parabenize-se por ter tido tempo e energia de praticar o mindfulness por sua própria saúde e bem-estar. Um ato de bondade consigo mesmo. E cuidando de si mesmo dessa maneira, você também será mais capaz de ajudar aqueles próximos de você. À medida que se aproxima do fim dessa prática de mindfulness, fique ciente de sua transição para o que quer que precise fazer em seguida e leve uma sensação de atenção plena para essa atividade também.

Apreciando os benefícios da meditação de escaneamento corporal

A meditação de escaneamento corporal tem vários benefícios:

» **Entrar em contato com seu corpo.** Você passa a maior parte de seu tempo em sua cabeça, constantemente pensando, pensando, pensando. Ao praticar o escaneamento corporal, está conectando-se com seu próprio corpo e desconectando-se de sua mente, com todas as suas ideias, opiniões, crenças, julgamentos, sonhos e desejos. Pensar é um aspecto belíssimo e precioso do ser humano, mas, ao conectar-se com as sensações do corpo, você se sintoniza com a inteligência e sabedoria do corpo. Escutar o que o corpo tem a dizer é fascinante caso o ouça cuidadosamente e dê a ele o espaço de se expressar cuidadosamente. O escaneamento corporal ajuda você a compreender que entendimento e ideias vêm não somente do cérebro, mas do corpo inteiro, um sistema supremamente inteligente a partir do qual você pode descobrir muito.

» **Deixando o modo fazer e entrando no modo ser.** Conforme você se deita para fazer um escaneamento corporal, pode relaxar completamente fisicamente. Sua mente pode seguir a partir disto e também começar a deixar de funcionar no piloto automático. Com o escaneamento corporal, você começa a sair do modo piloto automático de fazer as coisas na mente para o modo mental de ser, que é aquele que permite que as coisas sejam como são (veja o Capítulo 5 para mais).

» **Treinando sua atenção.** O escaneamento corporal alterna entre um foco de atenção estreito e amplo — de concentração no dedinho do pé até o corpo inteiro. O escaneamento corporal treina sua mente para ser capaz de mover-se da atenção detalhada para uma consciência mais ampla e espaçosa de um momento para o seguinte. Em outras palavras, você é mais capaz de focar e desfocar em uma experiência — uma habilidade que poderá usar fora da meditação.

» **Aliviando emoções armazenadas no corpo.** Eventos estressantes experimentados na infância, como o divórcio ou disciplina extrema causam grande medo e podem trancar-se e armazenar-se no corpo como tensão física, uma ausência de sensação ou como uma parte disfuncional do corpo

110   PARTE 3 **Praticando Mindfulness**

que causa, por exemplo, problemas com a digestão. O reconhecimento do corpo ajuda a liberar essa emoção e tensão armazenadas. Alguns clientes tiveram anos de doenças físicas aliviados com a prática regular da meditação de escaneamento corporal.

» **Usando o corpo como uma medida emocional.** A prática do escaneamento corporal e o tornar-se cada vez mais consciente do seu corpo o capacita a ficar mais sensível em relação à maneira como seu corpo reage em diferentes situações ao longo do dia. Caso você fique estressado ou nervoso com alguma coisa, pode ser capaz de perceber isto mais cedo em seu corpo e, assim, ser capaz de fazer uma escolha informada sobre o que fazer na sequência. Sem esta consciência, você não tem uma escolha e encara a possibilidade de entrar de forma desnecessária numa espiral descendente rumo a emoções inúteis e um corpo tenso. Por exemplo, caso você perceba sua testa enrijecendo ou seus ombros endurecendo numa reunião, pode fazer algo a respeito disso em vez de deixar esta tensão crescer cada vez mais.

FIGURA 6-1: Um exemplo de como incentivar a respiração diafragmática.

Superando obstáculos no escaneamento corporal

O escaneamento corporal parece fácil na superfície. Tudo o que você precisa fazer é deitar-se, ligar o áudio em MP3 e guiar sua consciência pelo corpo. Na realidade, você está fazendo muito mais do que isso. Caso tenha passado uma vida ignorando seu corpo, tentar uma abordagem diferente requer coragem e determinação. Problemas podem surgir. Talvez você:

» Tenha sentido mais dor em seu corpo do que sente normalmente.

» Queira parar o escaneamento corporal.

CAPÍTULO 6 **Entrando na Prática Formal da Meditação Mindfulness** 111

» Não consiga se concentrar.

» Tenha caído no sono.

» Tenha ficado mais ansioso, deprimido ou frustrado do que quando começou.

» Não consiga fazer.

» Não tenha gostado.

» Não consiga parar de chorar.

» Não veja o porquê.

Todas estas são experiências comuns. É claro que experiências de prazer e paz ocorrem também! Lembre-se da seguinte frase quando começar a lutar com o escaneamento corporal e outras meditações longas:

Você pode nem sempre gostar — mas precisa continuar.

RESPIRAÇÃO DIAFRAGMÁTICA

A respiração *diafragmática* ou com *a barriga*, em vez de somente usar o peito, é o tipo de respiração que ocorre quando você está relaxado e calmo. Você vê em bebês e crianças quando respiram. Suas barrigas sobem conforme inspiram e descem quando expiram. Esta respiração é causada por uma respiração profunda e relaxada na qual o diafragma sobe e desce, empurrando o estômago para dentro e para fora. Quando você pratica a respiração diafragmática, alimenta seu corpo com níveis maiores de oxigênio e a respiração é mais fácil para o corpo. Muita gente acha isso terapêutico e o yoga enfatiza isto também. Tente dar algumas respiradas com a barriga antes de começar sua meditação para ajudar a ir para um estado mental mais focado.

Eis como é feita a respiração diafragmática (veja a Figura 6-1):

- **Afrouxe qualquer roupa apertada, especialmente em torno de sua cintura.**

- **Entre numa posição confortável, sentado ou deitado.**

- **Coloque uma mão em seu peito e outra na sua barriga.**

- **Conforme você inspira e expira, permita que a mão em sua barriga levemente suba e desça ao manter a mão no seu peito relativamente parada.**

A respiração diafragmática pode exigir alguma prática no começo, mas com o tempo ela se torna fácil e natural. Pratique tanto quanto quiser e logo se tornará um hábito saudável.

Você pode estar lutando com sua meditação mindfulness porque busca um resultado específico. Talvez queira que sua mente se cale, que a dor vá embora ou apenas livrar-se de sua inquietação. Tente livrar-se desses desejos. Quanto menos desejos você tiver, maior a probabilidade de que você goste de suas práticas de mindfulness. Fique em paz com o que quer que esteja experimentando no momento, tornando-se consciente disso com empatia. Observe a experiência do mesmo modo como olha para um gatinho, um bebê ou um bom amigo: com afeto, da melhor maneira possível.

Aproveitando a Meditação Sentada

A meditação sentada é simplesmente estar em um estado de atenção plena sentado. Nesta seção eu divido algumas posições sentadas comuns e o guia da prática sentada. Depois que você se estabelecer nessa prática, pode adaptá-la da melhor forma para você.

Experimente a meditação sentada depois de algumas semanas praticando o reconhecimento do corpo todo dia (conforme explicado na seção anterior). O escaneamento corporal ajuda você a começar a se acostumar em prestar atenção à sua respiração e seu corpo de uma maneira boa e com aceitação. Você também começa a compreender a facilidade da mente em vagar e como trazê-la suavemente de volta. A meditação sentada continua a desenvolver sua atenção, trazendo uma gama mais ampla de experiências de momento presente para ter atenção plena. Embora sua mente ainda vague por pensamentos, você começa a trazer seu relacionamento para pensamentos, que é uma pequena mas fundamental mudança.

Encontrando uma postura que seja boa para você

Quando se trata de posturas numa prática de mindfulness, eu ofereço várias sugestões nesta seção. Mas o princípio-chave é o seguinte:

Encontre uma postura na qual você se sinta confortável.

Caso gaste energia demais e experimente um desconforto desnecessário em uma postura em particular, você criará antipatia pelas práticas de mindfulness ou irá associá-las a experiências dolorosas. Não há necessidade disso. O mindfulness baseia-se na bondade consigo mesmo, então esteja bem e confortável enquanto estiver achando a postura correta para sentar.

Ao sentar para meditar, você pode gostar de imaginar-se como uma montanha: estável, fixa, equilibrada, digna e linda. Sua postura externa provavelmente será melhor traduzida em seu mundo interno, trazendo clareza e alerta.

Sente-se numa cadeira ou no chão em qualquer posição, contanto que possa sentar com suas costas relativamente retas para que não cause muito desconforto com o tempo.

Tente levantar seus quadris alguns centímetros acima dos seus joelhos sentando-se numa almofada ou travesseiro. Isso pode ajudar a fortalecer e aliviar a tensão em suas costas.

Sentado numa cadeira

Você pode ter se acostumado a ficar largado em cadeiras. Com o tempo, isso pode danificar suas costas. Você pode ter o hábito de debruçar-se com as costas arqueadas e o pescoço torto, o que não conduz bem a meditação sentada.

Eis uma sugestão para sentar-se em uma cadeira para meditação. Veja se funciona para você (veja a Figura 6-2):

1. **Experimente colocar algumas revistas, blocos de madeira ou talvez até catálogos telefônicos debaixo das duas pernas traseiras de uma cadeira.** Inclinando sua cadeira um pouco para a frente, você ajuda a deixar suas costas retas naturalmente, sem muito esforço.

2. **Coloque seus pés de maneira reta no chão ou numa almofada no chão caso a cadeira esteja alta demais.** Seus joelhos precisam estar em mais do que cerca de 90 graus para que seus quadris estejam acima de seus joelhos.

3. **Posicione sua mãos nos joelhos para baixo, para cima ou junte-as.** Caso suas mãos estejam viradas para cima, você pode achar confortável permitir que seus dedões encostem um no outro levemente. Algumas pessoas também gostam de permitir que suas mãos descansem numa pequena almofada em suas pernas para evitar que os ombros fiquem para baixo.

4. **Imagine que sua cabeça é um balão cheio de gás hélio. Permita que sua cabeça se levante naturalmente e suavemente e ajeite sua espinha sem forçar.** Não é necessário criar tensão excessiva ou desconforto. Coloque seu queixo para dentro gentilmente.

5. **Incline-se para a frente e para trás algumas vezes até achar o ponto de equilíbrio central; nesta posição sua cabeça nem vai para trás nem para a frente, mas naturalmente se equilibra no pescoço e ombros. Depois, debruce para a esquerda e direita para achar o ponto de equilíbrio novamente. Agora relaxe qualquer tensão extra no corpo.** Caso seja bom para você, estará pronto para meditar! Caso não esteja, leve seu tempo para ajustar o corpo e encontrar a postura correta para si.

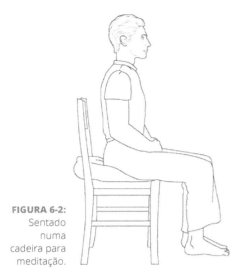

FIGURA 6-2: Sentado numa cadeira para meditação.

Sentado no chão

Você também pode meditar sentado na posição mais tradicional, no chão. Algumas pessoas acham que sentar no chão é mais estável e adequado. No entanto, sentar na posição mais confortável para você é mais importante do que qualquer outra coisa.

No chão, você pode fazer a *postura ajoelhada*, mostrada na Figura 6-3, na qual você apoia suas nádegas usando um banquinho de meditação ou uma almofada. Caso use um banco de meditação, certifique-se de que você tenha uma almofada para ele também ou pode ser que ache desconfortável.

EXPERIMENTE ISTO

É importante achar um banquinho na altura correta para você. Caso seja muito alto, suas costas ficarão doloridas e desconfortáveis. Baixo demais e você pode cair e sentir-se com sono.

As instruções para a posição de joelhos são:

1. **Comece balançando suas pernas e rodando seus tornozelos para preparar-se para a postura.**

2. **Ajoelhe-se num tapete ou esteira no chão.**

3. **Levante suas nádegas e coloque o banquinho de ajoelhar entre a parte inferior de suas pernas e suas nádegas.**

4. **Coloque levemente suas costas no banquinho de ajoelhar.** Coloque uma almofada no alto do banquinho de ajoelhar caso ainda não tenha feito isso, para tornar a postura mais confortável.

5. **Vire um pouco seu corpo para garantir que você esteja numa postura na qual se sinta equilibrado e estável.** Você não precisa estar super-rígido na sua postura.

A outra posição é a *postura de Burma*. Ela simplesmente envolve sentar-se numa almofada e colocar as partes inferiores de suas pernas no chão, cruzadas uma na frente da outra (mostrado na Figura 6-4).

As instruções da postura Birmanesa são:

1. **Balance suas pernas, rode seus tornozelos e alongue-se, da maneira que parecer certa para você. Isto o ajuda a preparar seu corpo para sentar.**

2. **Coloque um colchonete ou cobertor macio no chão. Em cima dele coloque uma almofada firme ou algumas almofadas macias, uma em cima da outra.**

3. **Sente-se colocando suas nádegas na almofada. Permita que seus joelhos toquem o chão.** No caso de seus joelhos não tocarem o chão, use mais almofadas ou experimente uma das outras posturas sugeridas nesta seção.

4. **Deixe o calcanhar do seu pé esquerdo ficar perto ou encostar de leve a parte de dentro da sua coxa direita. Permita que a perna direita esteja na frente da perna esquerda, com o calcanhar apontando na direção da parte inferior de sua perna esquerda.** Caso suas pernas não sejam tão flexíveis, ajuste da maneira necessária, sempre garantindo que você fique confortável.

5. **Faça com que suas costas fiquem bem retas, mas relaxadas também. Balance levemente sua cabeça para frente e para trás para achar o ponto onde ela fique equilibrada no seu pescoço e ombros. Coloque seu queixo levemente para dentro, para que não sinta esforço na parte de trás do seu pescoço.**

6. **Coloque suas mãos nos joelhos, com as palmas para cima ou para baixo, com o dedão encostando de leve no primeiro dedo. Alternativamente, coloque uma pequena almofada no seu colo e coloque suas mãos na almofada como lhe parecer certo.** Eu acho que a almofada ajuda a evitar que meus ombros vão para frente e para baixo.

7. **Medite de acordo com o que estiver no seu coração.**

EXPERIMENTE ISTO

Você achará mais confortável sentar-se numa almofada de meditação chamada frequentemente de *zafu*. Almofadas comuns são normalmente macias demais. O zafu ajuda a levantar seus quadris acima de seus joelhos estabilizando a posição de sentar. Uma alternativa é usar várias almofadas pequenas ou dobrar uma almofada grande para lhe dar um equilíbrio maior. Encontre uma posição com a qual fique feliz.

FIGURA 6-3: Posição ajoelhada com um banquinho de meditação.

FIGURA 6-4: A posição Birmanesa.

Praticando a meditação sentada

A posição de mindfulness sentada que eu descrevo aqui compreende vários estágios. Para começar, eu recomendo que você faça apenas o primeiro estágio — o mindfulness da respiração — diariamente. Depois, a partir de uma semana, mais ou menos, você pode expandir a meditação incluindo mindfulness da respiração, corpo e assim por diante.

Este livro inclui faixas de áudio em MP3 que você pode baixar – disponíveis no site: <www.altabooks.com.br> procure pelo nome do livro ou ISBN – para cada estágio desta meditação sentada. Você pode ouvi-las separadamente ou na íntegra, para a meditação sentada guiada.

DICA

Caso ache a postura sentada desconfortável demais, pode fazer este exercício de mindfulness deitado ou em qualquer outra postura que o faça sentir-se bem. Siga aquela que você preferir em vez de forçar-se a fazer o que eu sugiro.

Praticando o Mindfulness da Respiração. (Faixa 10)

TOQUE AGORA!

1. **Mindfulness da respiração.**

2. **Enquanto senta, fique ciente do fato de que está respirando.** Você pode sentir sua respiração no nariz enquanto o ar relativamente frio entra e o ar levemente mais quente sai de suas narinas. Ou você pode sentir a respiração no seu peito, se sua caixa torácica levantar enquanto inspira e desce enquanto expira. Ou pode sentir sua respiração até a barriga, no abdômen inferior. Sinta a pele de sua barriga esticando sempre que inspirar e contraindo quando expirar. Você não precisa mudar o ritmo da sua respiração, mas se mudar não tem problema. Sinta toda a inspiração e toda a expiração. Note as pausas pequenas entre cada inspiração e cada expiração. Leve uma sensação de curiosidade e gentileza para sua atenção. Navegue as ondas da respiração, como um barco pode subir e descer em ondas no oceano. Você descobrirá que, em um tempo relativamente curto, sua mente vaga para pensamentos, preocupações e sonhos diferentes.

3. **Sua atenção foi tirada da respiração.** Isso faz parte do mindfulness. A mente vagando é completamente natural. Essa é a maneira que a mente trabalha. Assim que você nota que a mente vagou, está realmente de volta ao momento presente. Simplesmente fique ciente do que estava pensando, rotulando gentilmente como "pensando, pensando" e, sem criticar-se ou julgar-se, guie sua atenção de volta para a respiração. Mesmo que sua mente fique perdida em pensamentos por muito tempo ou vague muitas vezes, não tem problema, cada vez que notar, tudo o que precisa fazer é levá-la de volta, assim como você precisa guiar um filhote de volta ao caminho quando ele se perde. Respirando. Explorando o melhor que puder as sensações da respiração.

4. **A esta altura, você pode parar ou continuar para o estágio seguinte, que é o mindfulness de respiração e corpo.**

TOQUE AGORA!

Mindfulness da respiração e do corpo. (Faixa 11)

5. **Comece imaginando uma montanha linda e majestosa.** Sólida e estável, com seu topo bem alto nas nuvens no céu claro e azul. A montanha não muda com a mudança de estações e padrões de clima ao redor. Sempre presente, digna e acolhedora de tudo o que vem em sua direção. Obtenha uma sensação da estabilidade e solidez da montanha.

6. **Agora permita essa imagem e seu corpo a unirem-se, para que você esteja sentado com essa mesma sensação de dignidade e estabilidade da montanha.** Enquanto senta, torne-se ciente de todo o seu corpo. Deixando que sua atenção fique ampla e espaçosa para que abrace o corpo como um todo. Notando que respirar é uma experiência do seu corpo e incluindo a sensação da respiração como parte de sua consciência.

7. **Obtenha uma sensação de todo o corpo respirando**, que é o que realmente está fazendo através da sua pele. Se uma parte específica do seu corpo está desconfortável e fica chamando sua atenção, você tem uma escolha: ou você muda sua atenção o mais próximo que puder da área do seu desconforto e imagina ou sente sua respiração entrando e saindo dessa área com uma sensação de curiosidade e bondade, aceitando o desconforto assim como ele é, o melhor que puder, ou, alternativamente, você pode mudar sua postura como um ato de bondade consigo mesmo. Ao mover-se, permita que seja com atenção plena, para que o movimento faça parte de sua prática de mindfulness.

8. **Se o desconforto se dissipar**, volte à sensação geral do corpo como um todo, sentado aqui e respirando. O mindfulness da respiração e do corpo, juntos. Notando como cada momento é único e diferente. Notando como as sensações continuam a fluir e mudar. Como você sente seu corpo nesse momento, agora? Respiração e corpo.

Neste momento, você pode parar ou continuar no mindfulness dos sons.

Mindfulness dos sons. (Faixa 12)

9. **Fique ciente dos sons mais próximos de você. O som da minha voz. O som da sua respiração, talvez. Continue a expandir sua atenção aos sons ao seu redor. Até os sons mais distantes e sutis. Tente ouvir os sons e, talvez, os silêncios além dos sons. Todos os sons vêm do silêncio e voltam para ele. Ouça o tom e volume do som em vez de tentar rotular e identificar o som. Permita que os sons cheguem até você em vez de tentar ir atrás deles para ouvi-los. O ouvir acontece sem esforço. Você não pode desligar sua audição. Permitindo que você esteja com os sons, assim como são, neste momento. Permitindo que sua atenção seja ampla e espaçosa. Aberta e livre. Apenas ouvindo.**

Neste momento, você pode parar ou partir para o mindfulness de pensamentos e sentimentos.

Mindfulness de pensamentos e sentimentos. (Faixa 13)

10. **Agora fique ciente de seus próprios pensamentos assim como esteve ciente dos sons. Ouça seus pensamentos como se não fossem seus. Os pensamentos apenas surgem e passam pela sua consciência. Se descobrir que não há pensamentos lá, apenas fique ciente disso. Não precisa forçar que pensamentos surjam. Simplesmente continue a ouvir. Você pode achar útil imaginar que sua mente é como o céu azul e seus pensamentos são como nuvens que surgem e passam. O céu não é afetado pelas nuvens. Observe os pensamentos dessa maneira o melhor que puder.**

11. **Agora fique ciente de suas emoções.** Rotulando gentilmente suas emoções em sua mente, se souber quais elas são. Se não souber, apenas sinta-as. Notando em qual parte do seu corpo você sente essa emoção. Ela tem uma forma, cor ou textura? Respirando nessa parte do corpo em que sente essa emoção, imaginando ou sentindo a respiração entrando e saindo dessa parte do seu corpo. Seja curioso sobre o que quer que notar, o melhor que puder. Observando o máximo de detalhes que puder. Nem forçando a entrar na emoção nem fugindo dela, mas ficando com a emoção o máximo que conseguir ficar confortável com ela. Permitindo e reconhecendo sua experiência. Dizendo a si mesmo, "já está aqui, deixe-me senti-la".

A essa altura, você pode parar ou continuar rumo à *consciência sem escolha*, que é simplesmente uma consciência aberta de qualquer coisa que surja na sua mente: sons, pensamentos, sensações de seu corpo, sentimentos ou respiração. Eis como:

TOQUE AGORA!

Consciência sem escolha. (Faixa 14)

12. **Deixando de lado sua capacidade de escolher no que focar sua atenção plena,** e simplesmente ficando ciente do que quer que for mais predominante no seu entorno. Você pode notar sua respiração, seu corpo, seus pensamentos e sentimentos, talvez um som.

13. **Apenas fique ciente do que quer que surgir para você**, com um senso de curiosidade, o melhor que puder. Essa pode ser uma prática desafiadora e é fácil ficar preso em pensamentos, mas tudo bem. Isso também faz parte da experiência da meditação. Simplesmente note no que estava pensando por último e afaste-se novamente para ver o que surge para você. Não rejeite nada.

14. **O que quer que experiencie é sua experiência e não tem problema.** Se começar a ficar sobrecarregado com o que surge para você, lembre-se que você sempre pode voltar à respiração. Um lugar onde pode ancorar-se. Algo que está sempre disponível para você, não importa o que aconteça. Atenção sem escolha.

15. **À medida que se aproxima do fim dessa meditação**, fique ciente da sua própria sensação de presença, de atenção, de vivacidade. Descansando em sua própria essência interna de integridade, além, atrás e livre de seus pensamentos e emoções. Apenas sendo como você é. Apenas existindo.

Superando os obstáculos da meditação sentada

Um dos problemas mais comuns da meditação sentada é a postura. Depois de sentar por algum tempo, as costas, joelhos ou outras partes do corpo começam a doer. Quando isso acontece, você tem duas escolhas:

LEMBRE-SE

» **Observe o desconforto assim como a reação de sua mente a ele, enquanto continua sentado quieto.** Eu recomendo isso caso o desconforto não seja muito doloroso. O mindfulness baseia-se em dar boas vindas a experiências, mesmo que elas sejam inicialmente desagradáveis. Qual a sensação que este desconforto causa exatamente? Qual o seu lugar exato? O que você pensa a respeito dele? Como toda experiência está num estado de fluxo e mudança constantes, você pode achar que mesmo seu sentimento de desconforto físico muda.

Com a sua descoberta de como ficar com essas sensações, suas habilidades na meditação começam a fluir em sua vida cotidiana. Você pode administrar outras emoções difíceis e problemas desafiadores da mesma forma acolhedora, curiosa e de aceitação, em vez de combatê-las. Seu corpo e mente são um só e, ao ficar parada, sua mente tem a chance de estabilizar-se e focar também.

» **Mude a posição de seu corpo com atenção plena.** Caso seu desconforto corporal seja insuportável, você pode, obviamente, mover seu corpo. Este é um adorável ato de bondade consigo mesmo. Tente não reagir rapidamente demais ao desconforto. Ao invés disto, mude sua posição de forma lenta e com atenção plena. Desta maneira, você envolve sua mudança de posição na prática. Você está respondendo em vez de reagir, que é a ideia do mindfulness. Responder envolve uma escolha deliberada: você tem a sensação e toma uma decisão consciente do que fazer na sequência. A reação é automática, não tem controle e atravessa uma decisão intencional. Ao tornar-se mais habilidoso em responder à sua própria experiência na meditação, sua capacidade se derrama sob sua vida cotidiana; quando alguém lhe frustra, você pode responder permanecendo em autocontrole em vez de reagir de maneira descontrolada.

Além de surgir da postura, a frustração pode vir da própria prática. Você está tão acostumado a julgar todas as suas experiências que a meditação também é julgada. Mas o mindfulness significa consciência sem julgamentos. *Meditação ruim não existe — não há tal coisa.* Às vezes, você pode concentrar-se e focar sua mente e, outras vezes, é completamente selvagem. A meditação é assim.

Confie no processo, mesmo quando parecer não evoluir. O mindfulness funciona num nível acima e abaixo da mente consciente, então na superfície pode parecer que você não está chegando a lugar algum. Não se preocupe: cada meditação é um passo adiante, porque você realmente praticou.

Andando Por Aí e Meditando

A caminhada meditativa é aquela na qual o processo de andar é usado como foco. A capacidade de andar é um privilégio e um processo milagroso pelo qual você pode sentir-se grato.

Imagine ser capaz de andar para o trabalho de forma calma, relaxada e com atenção plena, chegando ao seu destino renovado e energizado. Você pode andar de uma forma livre de estresse com a caminhada meditativa. Meus alunos muitas vezes dizem que esta é uma de suas práticas favoritas. Caminhar dá a eles um tempo de descanso de uma mente sempre ocupada. A caminhada meditativa também é uma boa maneira de preparar-se para as outras meditações mais fisicamente estáticas.

Examinando seus hábitos de caminhada

Você provavelmente quase nunca só caminha. Você pode andar e falar, andar e pensar, andar e planejar ou andar e se preocupar. Andar é tão fácil que você faz outras coisas ao mesmo tempo. Você provavelmente anda no piloto automático na maior parte do tempo. No entanto, pode entrar em padrões de hábitos negativos e gastar todo o seu tempo planejando quando caminha e raramente curte a caminhada em si.

Quando anda, está normalmente tentando chegar a algum lugar. Isso faz sentido, eu sei. Na caminhada meditativa, você não está tentando chegar a algum lugar. Você pode libertar-se do destino e aproveitar a jornada, que é o objetivo de todas as meditações.

Praticando a caminhada meditativa

Nesta seção, eu descrevo uma meditação de caminhada meditativa, o que significa que você dedica um espaço e tempo especiais para praticar o exercício. Você pode igualmente introduzir uma consciência de sua caminhada de uma maneira informal ao tratar de suas atividades diárias. Você não precisa diminuir o ritmo no qual caminha para tal.

Para praticar a caminhada meditativa, às vezes chamada de caminhada com mindfulness, experimente os seguintes passos (disponível na Faixa 15 no site da Alta Books):

TOQUE AGORA!

1. **Meditação de caminhada com mindfulness.**

2. **Comece essa meditação de caminhada confortavelmente em pé.** Permita que seus joelhos estejam levemente destravados e relaxe qualquer tensão desnecessária em suas pernas, braços, ombros, mandíbula e rosto, o melhor que puder. Feche suas mãos gentilmente à sua frente ou atrás, se for bom para você. Fique ciente de sua própria inspiração e expiração natural.

3. **Note o peso de seus pés no chão.** Tente inclinar gentilmente para a esquerda e para a direita e observe como as sensações em seus pés mudam enquanto faz isso. Agora mude gentilmente seu peso para a esquerda até que quase todo o seu peso esteja no seu pé esquerdo. Note como você sente isso. Levante seu pé esquerdo e coloque-o à sua frente, ficando atento às

sensações nos seus pés. Comece a transferir o peso do seu pé esquerdo para o pé direito. Assim que quase todo o seu peso estiver no seu pé direito, levante lentamente seu pé esquerdo e coloque-o à frente do pé direito.

4. **Continue andando lentamente com mindfulness,** sustentando a atenção nos seus pés, para começar. Levantando seu pé, movendo seu pé e posicionando seu pé. À medida que anda, comece a andar em um ritmo regular e confortável que pareça certo para você agora. Expanda sua atenção dos seus pés para seu corpo como um todo enquanto anda.

5. **Obtenha uma sensação do corpo inteiro respirando e andando com mindfulness.** Enquanto continua andando, você pode expandir sua atenção para as visões, sons e cheiros à sua volta. Fique curioso e aberto ao que quer que note, seja agradável ou desagradável. Fique grato pelo fato de poder andar. Muitas pessoas não podem. Continue essa caminhada com mindfulness por quanto tempo quiser e da maneira que parecer certa para você.

Experimentando caminhadas meditativas alternativas

Eis algumas outras maneiras de praticar a meditação de caminhada que você pode usar ao movimentar-se em seu próprio ritmo:

EXPERIMENTE ISTO

» **Reconhecimento do corpo andando.** Nesta meditação de caminhada, você gradativamente move sua consciência por seu corpo ao caminhar, dos seus pés até o alto da sua cabeça.

1. **Comece andando, como você faz normalmente.**

2. **Agora, concentre-se nas sensações dos seus pés.** Perceba como o peso vai de um pé para o outro.

3. **Continue a mover o foco de sua atenção plena corpo acima.** Sinta as partes inferiores de suas pernas ao caminhar, depois as partes superiores, percebendo seu movimento.

4. **Observe agora o movimento e as sensações na área de seus quadris e pélvis.**

5. **Continue a reconhecer a sua consciência da parte mais baixa e depois a mais alta do torso, depois seus braços, conforme eles balançam para ajudá-lo a manter-se equilibrado.**

6. **Observe a sensação nos seus ombros, pescoço, rosto e sua cabeça inteira.**

7. **Agora, tenha a sensação de seu corpo como um todo conforme continua a caminhar, junto à sensação física de sua respiração. Continue isso pelo máximo de tempo que você conseguir.**

» **Caminhando com felicidade.** Esta prática é recomendada pelo professor mundialmente famoso Thich Nhat Hanh, Este exercício de mindfulness baseia-se em gerar sentimentos positivos conforme você caminha. Faça a seguinte experiência. Divirta-se:

1. **Encontre um lugar para caminhar sozinho ou com um amigo.** Tente achar um lugar lindo para andar, se possível.

2. **Lembre-se de que o objetivo da meditação de caminhada é estar no momento presente, deixando para trás suas ansiedades e preocupações.** Apenas saboreie o momento presente

3. **Caminhe como se você fosse a pessoa mais feliz da Terra.** Sorria — você está vivo! Reconheça que você é muito feliz por ser capaz de caminhar.

4. **Conforme anda dessa maneira, imagine que está imprimindo paz e alegria em cada pegada que você deixa.** Caminhe como se estivesse beijando a terra em cada passo dado. Saiba que está tomando conta da terra andando desta maneira.

5. **Perceba quantos passos você dá ao inspirar e quantos dá ao expirar.** Caso dê três passos a cada inspiração, diga em sua mente 'dentro-dentro-dentro' ao inspirar. Caso dê quatro passos ao expirar, diga 'fora-fora-fora-fora'. Isso faz com que você fique consciente de sua respiração. Você não precisa controlar sua respiração ou caminhar; deixe que seja lento e natural.

6. **De tempos em tempos, quando vir uma árvore linda, uma flor, um lago, uma criança brincando ou qualquer outra coisa que goste, pare e contemple.** Continue a seguir sua respiração enquanto faz isso.

7. **Imagine uma flor desabrochando a cada passo que você der.** Permita que cada passo renove seu corpo e mente. Perceba que a vida só pode ser vivida no momento presente. Aproveite sua caminhada.

Superando os obstáculos da caminhada meditativa

A caminhada meditativa não cria tantas questões quanto as outras meditações. No entanto, existem duas que frequentemente surgem, seguem ideias de como superá-las:

» **Você não consegue equilibrar-se ao caminhar muito lentamente.** Caminhar em linha reta numa velocidade muito lenta é surpreendentemente difícil. Caso ache que possa tropeçar, use uma parede para equilibrar-se. Além disso, observe um ponto na sua frente e mantenha seus olhos fixados lá, ao andar nessa direção. Ao praticar, seu equilíbrio melhora.

» **Sua mente continua vagando.** A meditação de caminhada é como todas as outras práticas do mindfulness. A mente se distrai. Guie sua atenção suavemente de volta à sensação dos pés no chão ou na respiração. Nenhuma culpa ou autocrítica é necessária.

Gerando Compaixão: Meditações Metta

Metta é um termo Budista que significa uma bondade amorosa ou simpatia. A meditação Metta é projetada para gerar um sentimento de compaixão por si e pelos outros. Todas as meditações lançam mão de uma atenção plena afetuosa, mas as meditações Metta são projetadas especificamente para aprofundar esta habilidade e dirigi-la de maneiras específicas.

Muitas tradições religiosas e culturas da antiguidade enfatizam a necessidade de amar-se e de cuidar de si mesmo e dos outros ao seu redor. Quando você estiver se sentindo particularmente áspero e autocrítico, a meditação Metta pode agir como um antídoto e gerar sentimentos de simpatia e afeto. A razão pela qual ela funciona é devido a um importante aspecto dos seres humanos: você não consegue sentir raiva e simpatia ao mesmo tempo: alimentando uma, você tira a outra de seu lugar. A meditação Metta é uma maneira sutil de curar sua mente interna e seu coração de toda a sua dor e sofrimento.

ENCONTRANDO OS MEDITADORES OLÍMPICOS

A meditação Metta é uma habilidade que você pode desenvolver da mesma maneira em que se torna bom no tênis ou dirigindo: varreduras cerebrais de meditadores experientes provaram isso. O renomado neuropsicólogo Richard Davidson e sua equipe de neurocientistas da University of Wisconsin, em Madison nos Estados Unidos, mostraram que os meditadores de curto prazo podem tornar-se pessoas de maior compaixão com o uso das meditações de tipo Metta. Meditadores de longo prazo — os chamados 'Meditadores Olímpicos', que passaram mais de 10 mil horas meditando (não todos ao mesmo tempo!), estão entre os maiores níveis de bem-estar e compaixão já registrados na história das varreduras cerebrais! Nas experiências de varredura cerebral, estes meditadores experientes saíram de experiências desconfortáveis e barulhentas depois de horas de testes com sorrisos nos rostos — uma reação nunca vista antes pelos cientistas. Os cientistas provaram que um senso de compaixão é a emoção positiva mais positiva de todas e é extremamente poderosa para curar o corpo e a mente.

CAPÍTULO 6 **Entrando na Prática Formal da Meditação Mindfulness** 125

EXPERIMENTE ISTO

Caso seja novo na meditação, experimente algumas das outras meditações neste livro primeiro. Quando você tiver experimentado as experiências destas meditações, estará pronto para praticar a Metta. Use o tempo que precisar com ela: pratique lenta e regularmente e certamente colherá os benefícios.

Praticando a meditação do amor e bondade

Eis uma meditação Metta guiada. Trabalhe nela lentamente, levando passo a passo. Caso não tenha a paciência para fazer todos os estágios, faça quantos forem confortáveis para você. Seja gentil consigo mesmo desde o começo.

1. **Você pode praticar o amor e a bondade sentado ou deitado. Pode até mesmo praticá-los andando.** O que é mais importante não é a posição que você adotar e sim a intenção de bondade e simpatia que trará para o processo. Fique à vontade e confortável desde o começo. Feche seus olhos suavemente ou os mantenha-os entreabertos, olhando para baixo de forma confortável.

2. **Comece sentindo sua respiração.** Perceba a sensação de sua respiração onde quer que ela seja mais predominante para você. Esta consciência ajuda a criar uma conexão entre seu corpo e mente. Continue a sentir sua respiração por alguns minutos.

3. **Quando estiver pronto, veja se certas frases surgem do seu coração para as coisas que você deseja mais profundamente para si e para todos os seres de uma maneira duradoura.** Frases como:

    Que eu fique bem. Que eu seja feliz. Que eu tenha saúde. Que eu fique livre do sofrimento.

4. **Repita as frases várias vezes em volume baixo.** Permita que elas entrem no seu coração. Permita que as palavras gerem uma sensação de bondade em relação a si mesmo. Caso isso não aconteça, não se preocupe: sua intenção é mais importante do que a sensação. Apenas continue a repetir as frases baixo. Deixe que as frases ressoem.

5. **Agora traga à sua mente alguém com quem você se importe: um bom amigo ou uma pessoa que lhe inspire.** Imagine a pessoa no olho de sua mente e diga internamente as mesmas coisas para ela. Não se preocupe se não conseguir criar a imagem com clareza. A intenção funciona por si só. Use frases como:

    Que você fique bem. Que você seja feliz. Que tenha saúde. Que você fique livre do sofrimento.

    Envie uma bondade amorosa para a pessoa utilizando essas palavras.

6. **Quando você estiver pronto, escolha alguém neutro; alguém que você vê diariamente mas por quem você não tem sentimento, positivo ou negativo.** Talvez alguém por quem você passe toda manhã ou lhe venda café. Mais uma vez, use seu senso de bondade amorosa usando as frases:

   Que você fique bem. Que você seja feliz. Que tenha saúde. Que você fique livre do sofrimento.

7. **Agora, escolha uma pessoa com a qual você não se dê tão bem.** Talvez alguém com quem você venha tendo dificuldades recentemente. Diga as mesmas frases, com sua mente e seu coração. Isso pode ser um desafio maior.

8. **Agora, traga as quatro pessoas ao seu pensamento: você, seu amigo, a pessoa neutra e a pessoa difícil.** Visualize todo mundo e sinta suas presenças. Tente mandar uma mesma quantidade de bondade amorosa a todos dizendo:

   Que nós fiquemos bem. Que nós sejamos felizes. Que nós tenhamos saúde. Que nós fiquemos livres do sofrimento.

9. **Por fim, expanda seu senso de bondade amorosa a todos os seres vivos.** Plantas, animais da terra, ar e mar. O universo completo. Mande essa sensação este senso de amizade, cuidado, bondade amorosa e compaixão em todas as direções a partir do seu coração:

   Que fiquemos todos bem. Que sejamos felizes. Que estejamos todos com saúde. Que fiquemos todos livres do sofrimento.

Caso as frases Metta que eu sugeri não funcionem para você, eis aqui outras sugestões. Escolha duas ou três e use-as como suas frases Metta. Você também pode ser criativo e usar suas próprias frases:

Algumas frases podem ser usadas nesta meditação:

» *Que eu esteja em paz comigo mesmo e com os outros seres.*

» *Que eu me aceite do jeito que sou.*

» *Que eu encontre o perdão na dor inevitável que as pessoas causam umas às outras.*

» *Que eu viva em paz e harmonia com todos os seres.*

» *Que eu me ame completamente como sou agora, independentemente do que aconteça.*

» *Que eu esteja livre de sofrer com o medo e com a raiva.*

» *Que eu me ame incondicionalmente.*

A meditação Metta pode ser uma prática de cura profunda. Seja paciente consigo e pratique-a lenta e amorosamente. Deixe que as frases venham de seu coração e veja o que acontece.

CAPÍTULO 6 **Entrando na Prática Formal da Meditação Mindfulness**

EXPERIMENTE ISTO

Uma vez que você ficar experiente nesta meditação, pode até mesmo praticá-la andando. No entanto, lembre-se de manter seus olhos abertos, ou poderá esbarrar em alguma coisa!

Superando os obstáculos da meditação Metta

Você pode passar por alguns problemas específicos com a meditação Metta. Alguns problemas comuns com sugestões para superá-los são os seguintes:

- » **Você não consegue pensar numa pessoa especificamente.** Caso não consiga pensar em alguém adequado, ou uma pessoa neutra, ou alguém com quem está tendo dificuldades, não se preocupe. Você pode pular esta etapa por enquanto ou escolher qualquer pessoa. A intenção da bondade amorosa é mais importante do que a pessoa específica que você escolher.

- » **Você diz as frases mas não sente nada.** Isso é perfeitamente normal, especialmente quando começa. Imagine as frases saindo de seu peito ou coração, em vez de sua cabeça, se puder. Mais uma vez, o sentimento não é tão importante quanto sua atitude ou empatia no processo. Os sentimentos podem vir no futuro ou não — você não precisa se preocupar com isso.

- » **Sua mente continua vagando.** Esta é simplesmente a natureza da mente e acontece em todas as meditações. Como sempre, assim que perceber isso, traga, suavemente e de forma bondosa, sua atenção de volta à prática. Cada vez que trouxé-la de volta, você está fortalecendo a sua mente a prestar atenção.

- » **Você tem um problema grande com a pessoa difícil.** Caso tenha uma aversão forte a trazer um senso de bondade à pessoa difícil, tente lembrar-se de que se trata de um ser humano, assim como você. Um ser humano com seus desafios na vida, que podem ser o motivo pelo qual se comporta da maneira que o faz. E essa pessoa também quer ser feliz e estar em paz, embora possa parecer que não seja este o caso vendo de fora. Caso estes pensamentos também não o ajudem, tente concentrar-se em alguém menos difícil para começar. Seja paciente consigo mesmo; este não é um processo fácil, mas certamente vale a pena.

- » **Você se sente muito emotivo.** Sentir-se emotivo é uma reação bastante comum. Você pode não estar acostumado a gerar sentimentos desta maneira e pode desencadear emoções guardadas no fundo. Se conseguir, tente continuar com a prática. Caso suas emoções se tornem abundantes demais, tente apenas a primeira fase, mandando Metta somente para você ao longo de toda a meditação. Fazer somente uma fase durante toda uma meditação é perfeitamente possível. Alternadamente, pare a prática e volte a ela mais tarde, quando a sensação for mais adequada.

> **NESTE CAPÍTULO**
>
> **Descobrindo um exercício curto de atenção plena que você pode usar em qualquer lugar**
>
> **Encontrando maneiras de cuidar de si mesmo usando a atenção plena**
>
> **Aplicando o mindfulness aos relacionamentos**

Capítulo 7

Usando Mindfulness para Você e para os Outros

Você demanda muita atenção. Você precisa comer uma dieta balanceada e exercitar-se regularmente para manter uma ótima saúde e bem-estar. Você precisa ter a quantidade exata de trabalho e repouso em sua vida. E precisa também desafiar-se intelectualmente, para manter sua mente saudável. Você precisa socializar e também guardar um pouco de tempo para si. Obter tudo isso perfeitamente é impossível, mas como você pode buscar tomar conta de si mesmo de uma maneira leve sem tornar-se muito rígido nem estressado?

O mindfulness pode ajudá-lo a cuidar de si e dos outros. Estar ciente de seus pensamentos, emoções e corpo, assim como das coisas e das pessoas ao seu redor, são o ponto de partida. Esta consciência permite que torne-se sensível a suas próprias necessidades e daquelas dos outros ao seu redor, encorajando assim que você atenda às necessidades de todos da melhor maneira possível.

Uma consciência cuidadosa e de aceitação é a chave para uma vida saudável. O mindfulness é uma maneira maravilhosa para desenvolver uma consciência maior. Este capítulo detalha sugestões para cuidar de si e dos outros por meio do mindfulness.

Usando um Miniexercício de Mindfulness

Você não precisa praticar a meditação mindfulness por horas e horas para colher seus benefícios. Meditações curtas e frequentes são uma maneira eficaz de desenvolver o mindfulness em sua vida cotidiana.

PALAVRAS DE SABEDORIA

ÁRVORE, CIPÓ OU PAREDE? DESCREVENDO UM ELEFANTE

Pediram a seis pessoas cegas para que determinassem a aparência de um elefante. Cada uma delas foi guiada até o elefante e sentiu uma parte diferente dele. Uma sentiu a perna e disse que o elefante era como um pilar. Um sentiu a tromba e disse que o elefante era como os galhos de uma árvore. Um sentiu o rabo do elefante e disse que ele era como um cipó. Outro sentiu a orelha e disse que parecia um leque. O que sentiu sua barriga achou que era como uma parede. E aquele que sentiu a presa disse que o elefante era como se fosse um cano sólido. Todos começaram então a discutir, insistindo que estavam certos a respeito da natureza do elefante. Por acaso, um sábio estava passando (eles sempre estão passando nestas histórias) e disse que todos eles estavam certos até certo ponto. Caso eles sentissem as outras partes do elefante, teriam uma perspectiva diferente.

A moral da história? O mindfulness lhe permite ver sua experiência externa e interna de modo completo, alterando sua perspectiva e ajudando-o a resolver conflitos internos e externos. Você começa a entender como as outras pessoas podem ser restringidas por seus pontos de vista porque é tudo o que elas conhecem — elas só estão sentindo uma parte do elefante. Este ponto de vista pode resultar numa compaixão e compreensão maior.

Introduzindo a pausa para respirar

Quando você tem um dia atribulado, provavelmente gosta de parar e tomar uma bela xícara de café ou chá quente ou alguma bebida preferida. A bebida oferece mais do que somente líquido para o corpo. O descanso dá uma chance de relaxar e desacelerar um pouco. A minimeditação de três minutos, chamada de *pausa para respirar* (ilustrada nas Figuras 7-1 e 7-2) é como a pausa do chá, mas, além do relaxamento, a pausa pra respirar possibilita que você verifique o que está acontecendo com seu corpo, mente e coração — não se livrando de sentimentos ou pensamentos, mas olhando para eles de uma perspectiva mais clara.

Praticando a pausa para respirar

Você pode praticar a pausa para respirar em quase toda hora e lugar. A meditação é composta de três estágios distintos, que eu chamo de A, B e C para ajudá-lo a lembrar-se do que praticar em cada estágio. Um exercício não tem que ter exatamente três minutos: você pode deixá-lo mais longo ou curto, de acordo com onde você estiver ou de quanto tempo tem. Caso você só tenha tempo de inspirar três vezes, tudo bem; mesmo assim ainda pode ter um efeito profundo. Siga estes passos que estão disponíveis na faixa 16.

TOQUE AGORA!

Minimeditação de três estágios.

1. **A pausa para respirar.**

   Comece essa curta meditação de pausa para respirar adotando uma postura que tenha dignidade. Sentando ou em pé com suas costas de maneira reta e parada. Deixe que seus olhos fechem gentilmente, se não houver problema para você.

2. **Passo 1:** permita que sua atenção seja ampla e aberta. Fique ciente de suas sensações corporais. Quais áreas em seu corpo estão tensas e quais estão relaxadas? Como você sente seu corpo como um todo? Fique ciente dos seus pensamentos. Quais pensamentos estão passando pela sua cabeça no momento? Agora fique ciente de suas emoções. Que sentimentos estão presentes neste momento para você?

3. **Passo 2:** é a consciência da respiração. Reúna sua consciência para que foque em sua respiração na área da barriga, no abdômen inferior. Sinta toda a sua inspiração e toda a sua expiração. Sustente sua atenção na área da barriga, o melhor que puder. Note o ritmo e profundidade da sua respiração natural e aceite-a assim como ela é.

4. **Passo 3:** é a consciência ampla e espaçosa novamente. Expanda sua consciência para que tenha atenção plena no corpo como um todo. Fique ciente das sensações de sua própria respiração como parte do seu corpo. Tenha um sentido do seu corpo todo respirando, o que ele faz através de sua pele. Fique

aberto a qualquer sensação que surgir para você de momento a momento, o máximo que puder, seja agradável ou desagradável. Reconhecendo sua experiência o melhor que puder.

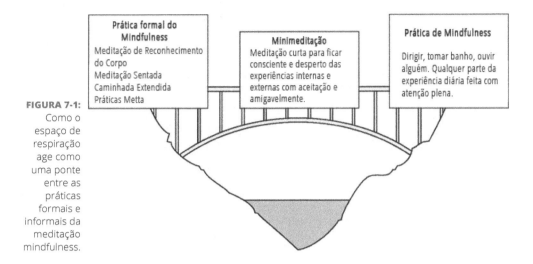

FIGURA 7-1: Como o espaço de respiração age como uma ponte entre as práticas formais e informais da meditação mindfulness.

5. **Pratique o passo A abaixo por cerca de um minuto, em seguida vá para o B por um minuto, terminando como C também por um minuto — ou por quanto tempo você aguentar:**

   Passo A: Consciência:

   Pense sobre as questões seguintes, pausando por alguns segundos entre cada uma:

   - **De quais sensações corporais eu estou consciente neste momento?** Sinta sua postura, esteja consciente de quaisquer dores ou lesões ou quaisquer sensações agradáveis. Aceite-as como são, da maneira que puder.

   - **De quais emoções eu estou consciente neste momento?** Perceba os sentimentos em seu coração ou barriga ou onde quer que você sinta emoção.

   - **Quais são os pensamentos dos quais estou consciente neste momento e que passam em minha cabeça?** Fique consciente de seus pensamentos e do espaço entre você e seus pensamentos. Caso consiga, simplesmente observe seus pensamentos em vez de prender-se a eles.

   Passo B: Respiração:

   Concentre sua atenção na área da barriga — o abdômen inferior. Da melhor maneira possível, sinta sua inspiração por completo e cada

expiração. Não precisa mudar a velocidade de sua respiração — só tenha a atenção plena dela, de maneira calorosa, curiosa e amistosa. Perceba como cada respiração é levemente diferente. Caso sua mente vague, traga sua atenção de volta de forma bondosa e suave à sua respiração. Aprecie o quão preciosa cada respiração é.

Passo C: Expandindo Conscientemente

Expanda com atenção sua consciência de sua barriga para seu corpo todo. Tenha a sensação de seu corpo inteiro respirando (e ele faz isso, através de sua pele). Conforme sua consciência se eleva dentro do seu corpo, perceba seu efeito. Aceite-se como perfeito e completo do jeito que é, neste momento, da melhor maneira possível.

DICA

Experimente ter um sorriso bem leve no rosto ao fazer a pausa para respirar, independente de como se sinta. Perceba se fazer isso tem um efeito positivo sob seu estado de espírito. Caso o tenha, sempre use esta abordagem. Você nem precisa dizer 'xis'!

EXPERIMENTE ISTO

Imagine a pausa para respirar como uma ampulheta. A atenção é larga e aberta no começo e depois vai estreitando e focando na respiração da segunda metade, antes de expandir novamente com mais consciência e espaço.

A meditação de pausa para respiração encapsula o centro da atenção plena de uma maneira sucinta e portátil. Os efeitos completos da pausa respirar são:

» **Você muda para um modo mental de 'ser' cheio de descanso.** Sua mente pode estar em um de dois estados mentais muito diferentes: o modo *fazer* ou *ser*. O modo fazer é energético e baseado em exercitar ações e mudar coisas. O modo ser é um estado mental de tranquilidade no qual você reconhece as coisas como são (para muito mais sobre os modos ser e fazer, dirija-se ao Capítulo 5).

» **Sua autoconsciência aumenta.** Você se torna mais consciente de como seu corpo sente, os pensamentos que passam pela sua cabeça e a emoção ou necessidade do momento. Você pode perceber que seus ombros estão curvados para frente ou sua mandíbula está cerrada. Você pode ter pensamentos zumbindo na sua cabeça que nem tinha percebido que estavam por lá. Ou talvez esteja sentindo-se triste ou com sede e cansado. Caso você escute essas mensagens, agirá da forma apropriada. Sem consciência de si mesmo, não tem como fazer isso.

» **Sua autocompaixão aumenta.** Você se permite o espaço para ser mais gentil consigo mesmo em vez de muito autocrítico ou exigente demais. Caso tenha tido um dia difícil, perdoe seus erros e volte ao momento presente. E, com uma maior autocompaixão, você será mais capaz de sentir compaixão e compreensão dos outros.

» **Você cria mais oportunidades de fazer escolhas.** Você faz escolhas o tempo todo. No momento, escolheu ler este livro e esta página. Mais tarde, pode escolher dar uma caminhada, ligar para um amigo ou fazer o jantar. Caso seu parceiro estoure com você, sua reação é uma escolha até certo ponto também. Praticando a pausa para respirar, você se afasta de suas experiências e vê o geral da situação em que está. Quando surge uma dificuldade, você pode tomar uma decisão baseada em toda a sua gama de experiências e conhecimentos, em vez de reagir de qualquer maneira. A pausa para respirar pode ajudá-lo a tomar decisões melhores.

» **Você desliga o piloto automático.** Você já comeu uma refeição inteira e deu-se conta de que não a saboreou de verdade? Você estava provavelmente funcionando no piloto automático. Está tão acostumado a comer que consegue fazer isso sem pensar em outras coisas. A pausa para respirar o ajuda a conectar-se com os outros sentidos para que esteja vivo no momento.

Tente fazer este experimento mental. Sem olhar, lembre-se se seu relógio de pulso tem algarismos romanos ou normais. Caso você não tenha certeza, é uma pequena indicação de como está operando no piloto automático. Você já olhou centenas de vezes no seu relógio, mas não olhou direito (explico mais sobre o piloto automático no Capítulo 5).

» **Você se torna um observador de sua experiência em vez de se sentir preso a ela.** Na sua experiência cotidiana normal, não existe nenhuma distância entre você e seus pensamentos ou emoções. Eles somente surgem e você reage a todos quase sem perceber. Um dos resultados-chave da pausa para respirar é a criação de um espaço entre você e seu mundo interno. Seus pensamentos e emoções podem estar de cabeça para baixo por completo, mas você simplesmente observa e liberta-se deles, como se estivesse assistindo a um filme no cinema. Essa mudança aparentemente pequena tem implicações enormes, que eu exploro no Capítulo 5.

» **Você vê as coisas a partir de uma perspectiva diferente.** Você já levou um comentário bastante para o lado pessoal? Eu certamente já. Alguém critica um trabalho que eu tenha feito e eu reajo imediatamente ou, pelo menos, sinto uma onda de emoções na boca do meu estômago. Mas há outras maneiras de reagir. A outra pessoa estava estressada? Você está exagerando por nada? A pausa oferecida pelo espaço de respiração pode ajudá-lo a ver as coisas de oura maneira.

» **Você cruza a ponte entre a prática formal e informal.** A prática formal é onde você arruma uma fatia de tempo do seu dia para praticar a meditação. A prática informal é ter mindfulness de suas atividades diárias normais. O espaço de respiração é uma maneira muito útil de concentrar estes dois aspectos tão importantes da atenção plena. O espaço de respiração é uma prática formal (por você separar um tempo para executá-la) e informal (porque você a integra em suas atividades diárias).

» **Você cria um espaço para o surgimento de novas ideias.** Ao parar suas atividades cotidianas normais para praticar a pausa para respirar, você cria o espaço para que ouras coisas surjam. Caso sua mente esteja bagunçada, você não consegue pensar claramente. A pausa para respirar pode ser a opção mais indicada para permitir que uma abordagem inteligente ou ideia brilhante surja em sua cabeça.

1. Atenção ampla e aberta

2. Atenção estreita e focada

3. Atenção ampla e aberta

Passo A — Consciência aberta da experiência exatamente como ela é; O que está acontecendo em seu corpo, pensamentos, emoções?

Passo B — Respirando — focando sua atenção em sentir a respiração

Passo C — Conscientemente expandindo a consciência ao corpo todo e à respiração em uma consciência espaçosa. Tendo uma ideia do corpo todo respirando.

FIGURA 7-2: A meditação de três minutos de pausa para respirar acontece como uma ampulheta.

Usando a pausa para respirar entre as atividades

Vise praticar a pausa para respirar três vezes ao dia. Eis algumas sugestões de momentos para praticá-la:

» **Antes ou depois dos horários das refeições.** Algumas pessoas oram com suas famílias antes de comer uma refeição para estarem juntos com gratidão e agradecerem pela comida. Fazer uma pausa para respirar antes de uma refeição estabelece um horário para a prática e o lembra de apreciar sua refeição também. Caso você não consiga fazer isso por três minutos, dê três inspiradas antes de começar.

» **Entre as atividades.** Descansar entre suas atividades diárias, mesmo que apenas por alguns momentos, alimenta bastante. Sentir sua respiração e renovar-se é muito agradável. Pesquisas descobriram que apenas três inspirações com atenção plena podem mudar a fisiologia do seu corpo, baixando a pressão sanguínea e reduzindo a tensão muscular.

» **Ao acordar ou antes de ir para a cama.** Uma meditação curta antes de pular da cama pode ser uma experiência integral. Você pode ficar deitado e aproveitar sua respiração. Pode também sentar-se e fazer a pausa para respirar. Meditar desta forma ajuda a colocá-lo num bom estado de espírito e o renova para começar a vida do dia. Praticar a pausa para respirar antes de ir para a cama pode acalmar sua mente e encorajar um sono mais profundo e descansado.

» **Quando um pensamento difícil ou emoção surge.** A meditação de pausa para respirar ajuda especialmente quando você está experimentando pensamentos ou emoções desafiadoras. Ao ficar consciente da natureza de seus pensamentos de bondade e curiosidade, você muda seu relacionamento com eles. Um relacionamento de atenção plena com pensamentos e emoções resultam numa experiência totalmente diferente.

Usando Mindfulness para Cuidar de Si

Você já ouviu os anúncios de segurança dentro de um avião? Em caso de emergência, a tripulação aconselha você a colocar a sua própria máscara de oxigênio em primeiro lugar, antes de ajudar a colocá-la em qualquer pessoa, mesmo em seu próprio filho. A razão é óbvia. Caso você não consiga respirar, como poderá ajudar qualquer outra pessoa? Cuidar de si mesmo não é necessário apenas nas emergências. Na vida cotidiana normal, você precisa cuidar de suas próprias necessidades. Caso não faça isso, não só você sofrerá como também sofrerão todas as pessoas que interagem ou dependem de você. Cuidar de si mesmo não é egoísmo; é a melhor maneira para poder prestar serviços ótimos a todos. Comer, dormir, fazer exercícios e meditar regularmente são todos modos de cuidar de si e, assim, cuidar dos outros.

Exercitando-se com atenção plena

Você pode praticar o mindfulness e fazer exercícios ao mesmo tempo. Na verdade, Jon Kabat-Zinn, um dos principais fundadores do mindfulness no Ocidente, treinou o time olímpico de remo masculino dos Estados Unidos em 1984. Alguns deles ganharam medalhas de ouro — nada mal para um bando de meditadores! E na Olimpíada de Londres, em 2012, vários atletas alegaram que a meditação ajudou-os a atingir níveis de pico em seus desempenhos e conseguir suas medalhas de ouro

EXPERIMENTE ISTO

Exercício regular é benéfico para o corpo e para a mente, conforme confirmam milhares de estudos de pesquisa. Caso você já se exercite regularmente, já conhece as vantagens. Caso não, e seu médico fica feliz que você se exercite, pode começar simplesmente caminhando. Andar é um exercício aeróbico e uma maneira simples de praticar o mindfulness (ver o Capítulo 6 para saber mais sobre a meditação de caminhada). A partir daí, caso queira, pode partir para qualquer outro tipo de exercício mais árduo que desejar. Aborde cada novo exercício com uma atitude de atenção plena: esteja curioso ao que acontecerá, fique com sensações de desconforto por um tempo, explore o limite entre conforto e desconforto e olhe ao seu redor.

Para qualquer exercício físico que você escolher, permita-se aproveitar a experiência. Descubra atividades físicas que simplesmente o façam sorrir em vez de franzir a testa e a chance de aderir à disciplina é muito maior.

Para começar, eis alguns exercícios físicos típicos e ideias sobre como imbui-los de mindfulness.

Correr com atenção plena

Deixe o tocador de música portátil e os fones em casa. Tente correr ao ar livre em vez de na academia — seus sentidos se conectarão com mais coisas do lado de fora. Comece inspirando dez vezes com atenção plena conforme caminha. Fique consciente de seu corpo como um todo. Comece caminhando normalmente, em seguida vá mais rápido e termine correndo. Perceba o tempo no qual a velocidade de sua respiração muda e preste atenção em como sua respiração fica quando sua mente se distancia do momento presente. Sinta seu coração bater e o ritmo de seus pés tocando o chão. Perceba se você está deixando alguma parte do seu corpo desnecessariamente tensa. Aproveite o vento contra seu rosto e o calor de seu corpo. Observe que tipo de pensamentos surge quando você está correndo, sem julgá-los. Caso correr comece a ser doloroso, descubra se você precisa continuar ou desacelerar. Caso seja um corredor regular, pode querer permanecer no limite um pouco mais de tempo; caso você seja novo nisso, desacelere e acelere mais gradativamente. No final de sua corrida, perceba como se sente. Tente fazer uma minimeditação (descrita na primeira seção deste capítulo) e perceba seu efeito. Continue observando os efeitos da sua corrida pelas próximas horas.

Nadando com atenção plena

Comece respirando com atenção plena ao chegar perto da piscina. Perceba o efeito da água em seu corpo ao entrar. Que tipos de pensamentos surgem? Ao começar a nadar, sinta o contato entre suas pernas e braços com a água. Qual a sensação que a água dá? Seja grato por poder nadar e ter acesso à água. Permita-se entrar no ritmo da natação. Esteja consciente das batidas de seu coração, velocidade de sua respiração e os músculos de seu corpo. Quando tiver acabado, observe como se sentem seu corpo e mente.

Pedalando com atenção plena

Comece respirando um pouco com atenção plena ao sentar na sua bicicleta. Sinta o peso de seu corpo, o contato entre suas mãos e o guidão e seus pés nos pedais. Ao começar a pedalar, ouça o som do vento. Perceba como os músculos de sua perna trabalham rapidamente juntos enquanto você se move. Alterne entre concentrar-se em uma parte específica de seu corpo como as mãos ou o rosto para uma consciência ampla e espaçosa de seu corpo como um todo. Liberte-se de aonde estava indo e volte ao aqui e agora. Ao descer de sua bicicleta, perceba as sensações em seu corpo. Reconheça todo o seu corpo e detecte como se sente depois do exercício.

Preparando-se para dormir com mindfulness

O sono, essencial para o seu bem-estar, é uma das primeiras coisas a melhorar quando as pessoas fazem um curso de mindfulness. As pessoas dormem melhor e mais profundamente. Os estudos chegaram a resultados similares com pessoas que sofrem de insônia e fizeram um curso de oito semanas de MBSR (*mindfulness-based stress reduction* ou redução do estresse baseada em mindfulness).

A essência do sono é libertar-se do mundo por completo. Pegar no sono não é algo que você *faça* — é o *não fazer*. Neste sentido, dormir é similar ao mindfulness. Caso você esteja *tentando* dormir, está se esforçando de certa maneira, o que é o oposto de se libertar.

Eis algumas dicas para preparar-se para dormir usando o mindfulness:

» **Mantenha uma hora normal para ir para cama e levantar-se.** Acordar muito cedo num dia e muito tarde no seguinte confunde o relógio do seu corpo e pode causar dificuldades para dormir.

» **Evite superestimular-se vendo televisão ou ficando no computador antes de deitar.** A luz da tela engana seu cérebro fazendo ele crer que ainda é dia e aí você leva mais tempo para cair no sono.

» **Tente fazer uma prática formal de mindfulness como uma meditação sentada ou um escaneamento corporal (vá ao Capítulo 6) antes de ir para a cama.**

» **Tente fazer um pouco de yoga ou alongar-se de forma suave antes de ir para a cama.** Eu percebi que os gatos alongam-se naturalmente antes de se enrolarem no sofá para cochilar. Isto pode ajudar você e seus músculos a relaxarem. Tente ronronar ao alongar-se também — talvez seja o segredo para seu modo de vida relaxado!

» **Caminhe um pouco, dentro de casa, com atenção plena antes de dormir.** Use de cinco a dez minutos para caminhar alguns passos e sentir todas as sensações do seu corpo durante o processo. Quanto mais lento, melhor.

» **Ao deitar na cama, sinta sua inspiração e expiração.** Em vez de tentar dormir, apenas fique com sua respiração. Conte suas expirações de um a dez. Cada vez em que você expirar, diga o número para si mesmo. Cada vez em que sua mente vagar, comece novamente a contar do um.

» **Caso esteja na cama preocupado, talvez até mesmo em pegar no sono, aceite suas preocupações.** Pensamentos desafiadores ou lutadores apenas as tornam mais poderosas. Anote-as e volte suavemente à sensação da respiração.

LEMBRE-SE

Caso você pareça dormir menos do que de costume, tente não se preocupar muito com isso. Na verdade, preocupar-se com o quão pouco você tem dormido torna-se um círculo vicioso. Muitas pessoas dormem muito menos do que oito horas por dia e a maioria delas tem noites ruins, de tempos em tempos. Não ser capaz de dormir não significa que algo esteja errado com você e a falta de sono não é a pior coisa para a sua saúde. Uma prática regular de mindfulness provavelmente irá ajudá-lo em longo prazo.

Visando um equilíbrio consciente entre trabalho e vida

O equilíbrio entre trabalho e vida significa balancear as ambições do trabalho e carreira de um lado e as ambições de casa, familiares, de lazer e espirituais de outro. Trabalhar demais pode ter um impacto negativo em outras áreas importantes. Ao manter as coisas equilibradas, você é capaz de realizar seu trabalho mais rápido e a qualidade de seu relacionamento tende a melhorar.

Com o advento da tecnologia móvel ou uma carreira que demanda muito, o trabalho pode estar consumindo seu tempo livre. E, às vezes, você pode estar lutando para ver como pode reendereçar este desequilíbrio. A reflexão de atenção plena abaixo pode ser útil.

EXPERIMENTE ISTO

Experimente esta pequena reflexão para ajudar a pensar e melhorar seu equilíbrio entre trabalho e vida:

1. **Sente-se em uma postura confortável e ereta, com senso de estabilidade e dignidade.**

2. **Torne-se consciente de seu corpo como um todo, com todas as suas sensações variantes.**

3. **Guie sua atenção para o fluxo e o refluxo de sua respiração. Permita que sua mente se acomode na sensação de sua respiração.**

4. **Observe o equilíbrio de sua respiração. Perceba como sua inspiração naturalmente para quando precisa, assim como a expiração. Você não precisa fazer nada — apenas acontece. Aprecie o fluxo da respiração.**

5. **Quando estiver pronto, reflita sobre esta questão por alguns minutos:**

    O que eu posso fazer para achar um equilíbrio mais sábio e saudável em minha vida?

6. **Volte às sensações da respiração. Veja quais ideias surgem. Não há necessidade de forçar quaisquer ideias. Apenas reflita sobre a questão gentilmente e veja o que acontece. Você pode ter um novo pensamento, imagem ou talvez um sentimento.**

7. **Quando estiver pronto, traga a meditação a um final e anote quaisquer ideias que possam ter surgido.**

Vá ao livro, *Work/Life Balance For Dummies* de Katharine Lockett e Jeni Mumford (Wiley) para mais informações sobre este assunto.

Usando Mindfulness em Relacionamentos

Os humanos são animais sociais. Os cérebros das pessoas são ligados desta maneira. Pesquisas na psicologia positiva, a nova ciência do bem-estar, mostra que os relacionamentos saudáveis afetam a felicidade mais do que qualquer outra coisa. Os psicólogos descobriram que o bem-estar não tem tanto a ver com a quantidade de relacionamentos, mas sim com a qualidade deles. Você pode desenvolver e aumentar a qualidade de seus relacionamentos diretamente com a utilização do mindfulness.

Começando pelo seu relacionamento consigo mesmo

As árvores precisam resistir a tempestades poderosas e a única maneira pela qual conseguem fazer isso é tendo raízes profundas para estabilidade. Com raízes ocas, a árvore não consegue ficar em pé. Quanto mais profundas e fortes forem as raízes, maiores e mais exuberantes são os galhos que a árvore pode produzir. Da mesma maneira, você precisa nutrir seu relacionamento consigo mesmo para conseguir chegar aos outros de um modo significativo e satisfatório.

Eis algumas dicas para ajudá-lo a começar a construir uma relação melhor consigo mesmo usando uma atitude de mindfulness:

» **Estabeleça a intenção.** Comece com uma intenção clara de trazer amor e cuidado para si mesmo. Você não está sendo egoísta ao cuidar de si; você está regando suas próprias raízes para que possa ajudar os outros quando for a hora certa. Você está abrindo a porta para um futuro mais brilhante que verdadeiramente merece como ser humano.

» **Compreenda que ninguém é perfeito.** Você pode ter altas expectativas em relação a si mesmo. Tente libertar-se delas, somente um pouco. Tente aceitar pelo menos um aspecto de si mesmo que não gosta, se puder. O menor passo, às vezes, faz uma diferença enorme. Assim como uma bola de neve começa pequena e cresce gradativamente conforme rola na neve, um pouco de bondade e de aceitação sobre o jeito que as coisas estão pode dar início a uma reação em cadeia positiva para melhorar as coisas para você.

» **Afaste-se da autocrítica.** Ao praticar o mindfulness, você se torna mais consciente de seus pensamentos. Você pode surpreender-se ao ouvir uma voz interna áspera e autocrítica lhe reprendendo. Dê um passo para distanciar-se dessa voz, se puder, e saiba que *você não é seus pensamentos*. Quando começar a perceber isso, os pensamentos perdem sua força e dor (a meditação no Capítulo 6 explora isso).

» **Seja bom consigo mesmo.** Anote suas qualidades positivas, independente do quão pequenas e insignificantes elas pareçam e as reconheça. Talvez você seja educado ou uma parte do seu corpo seja particularmente atraente. Talvez você seja generoso ou um bom ouvinte. Quaisquer que sejam suas qualidades positivas, perceba-as, em vez de buscar seus aspectos negativos, sem focar no que consegue ou não fazer. Ser gentil consigo mesmo não é fácil, mas por meio do mindfulness e abordando a coisa passo a passo, é definitivamente possível.

» **Perdoe-se.** Lembre-se de que você não é perfeito. Você comete erros e eu também. Cometer erros nos torna humanos. Ao compreender que você não pode ser perfeito no que faz e que não é possível fazer tudo certo, torna-se mais capaz de perdoar-se e seguir adiante. Por fim, você só pode aprender com seus erros; se tivesse feito tudo corretamente teria pouco a descobrir sobre si próprio. Permita-se perdoar a si mesmo.

» **Seja grato.** Desenvolva uma atitude de gratidão. Experimente ser grato por tudo o que você possui e por tudo o que possa fazer. Você consegue ver, ouvir, cheirar, saborear e tocar? Você consegue pensar, sentir, caminhar e correr? Você tem acesso a comida, abrigo e roupas? Utilize o mindfulness para tornar-se mais consciente do que possui. Cada noite antes de ir para a cama, escreva três coisas pelas quais você seja grato, mesmo que elas sejam pequenas e insignificantes. Fazer um balanço da sua gratidão a cada noite já se provou benéfico a muitas pessoas. Experimente isso por um mês e continue, caso ache que o exercício o ajuda de alguma forma.

» **Pratique a meditação Metta/de bondade amorosa.** Esta é provavelmente a maneira mais eficaz e poderosa de desenvolver um relacionamento mais profundo, bondoso e satisfatório consigo mesmo. Vá ao Capítulo 6 para ver os estágios da prática Metta.

Lidando com as discussões em relacionamentos românticos: um caminho de atenção plena para uma paz maior

As discussões são frequentemente a causa de muitas interações difíceis com as outras pessoas, especialmente em relacionamentos românticos. Essas relações podem ser profundamente satisfatórias ou dolorosas. E elas são mais difíceis quando surgem as desavenças. Às vezes (ou frequentemente), essas desavenças viram discussões. Eis um cenário típico:

A: Por que você deixa suas roupas no chão do quarto? Fica uma bagunça!

B: Por que você está tão chato? Relaxa, por favor. Não é nada demais. Você está sempre reclamando de alguma coisa.

A: Eu, reclamando? Quem cozinhou hoje? Só estou lhe pedindo para pegar algumas roupas e isso é trabalho demais. Você é tão infantil.

B: Infantil! Ouça você mesmo gritando por umas roupas...

E assim por diante. Sua função superior do cérebro fica indisponível quando você entra um estado mental de discussão. A frustração e a reatividade emocional crescem a cada frase que cada pessoa diz.

Então, como é possível que o mindfulness possa ajudar quando estas coisas pequenas começam a se tornar discussões explosivas e uma atmosfera negativa? O mindfulness cria um espaço interior mental e emocional — algum espaço entre o momento quando você sente sua irritação crescer e sua decisão de falar. Naquele espaço você tem tempo de escolher o que dizer.

Caso seu parceiro lhe acuse de deixar roupas no chão, você se percebe ficando defensivo. Mas, naquele espaço extra que possui, você também pode pensar nele: ele teve um dia longo, está cansado e tem o pavio meio curto. A partir deste entendimento, você é capaz de dizer algumas palavras bondosas ou oferecer um pequeno abraço ou massagem. A situação começa a ficar menos tensa.

Aqueles segundos de suma importância entre sua experiência emocional e sua escolha de palavras são criados a partir da prática do mindfulness. Conforme você evolui no mindfulness, torna-se automaticamente menos reativo. Você está consciente do que está acontecendo dentro de si e pode tomar estas decisões melhor.

Eis como lidar com discussões em potencial:

EXPERIMENTE ISTO

1. Perceba a emoção surgindo em seu corpo quando seu parceiro diz algo que lhe machuque.

2. Torne-se consciente de onde você sente a emoção em seu corpo e inspire algumas vezes. Seja o melhor e o mais amigável consigo

mesmo possível. Diga a si mesmo: 'esta emoção é difícil de ser sentida neste momento... Deixe-me respirar suavemente com ela.'

3. **Escolha sabiamente as palavras com as quais responde a partir de seu estado mental de mais atenção plena.** Talvez comece concordando com parte do que seu parceiro afirmou. Tranquilize seu tom de voz. Deixe seu parceiro saber como você se sente, se puder. E evite fazer acusações — fazer isso alimentará a discussão.

4. **Ao começar a se acalmar, tente ter cada vez mais a atenção plena.** Continue sentindo sua respiração. Ou esteja consciente das sensações de seu corpo ou outras emoções. Sorria suavemente se puder. Esta abordagem vai torná-lo menos reativo e mais propenso a levar a conversa para um território mais positivo.

Engajando-se em uma escuta profunda

A escuta profunda ou com atenção plena ocorre quando você escuta com mais do que seus ouvidos. Ela envolve ouvir com sua mente e seu coração — todo o seu ser. Você está se dando por completo quando envolve-se em uma audição profunda. Você se liberta de todos os seus pensamentos, ideias, opiniões e crenças e só escuta.

MINDFULNESS E EU

Antes de descobrir a arte do mindfulness e da meditação, eu era meio perfeccionista. Eu trabalhava muito duro para ter as notas mais altas na escola e, quando fui para a universidade, era muito duro comigo mesmo. Eu buscava maneiras de reduzir o estresse e, eventualmente, encontrei a meditação. Eu relutei muito e era muito cético inicialmente: passei um ano decidindo se aprenderia com um curso. A meditação e o mindfulness pareciam ser muito místicos e espirituais para minha mente científica. Por fim, eu experimentei e nunca mais olhei para trás! Quando eu a pratico, todo meu relacionamento comigo mesmo muda. Não sinto a necessidade enorme de ser absolutamente brilhante no meu trabalho, o que para alguns pode soar como algo ruim. Para mim, significa que eu tenho mais tempo para mim. Eu sou mais bondoso comigo agora. Estou numa jornada e certamente ainda 'não cheguei lá' (não acho que eu ou qualquer outra pessoa possa ser perfeita dessa maneira). Mais recentemente, descobri não levar o mindfulness tão seriamente. Ele não é uma religião ou filosofia, mas uma maneira criativa de viver que cada pessoa usa de sua maneira. Com uma abordagem de coração leve, sou mais relaxado em relação a meus pensamentos, palavras e ações e permito que a vida se desenrole de uma maneira mais natural. Caso eu me lembre de ter atenção plena, é ótimo, mas caso eu esqueça ou tenha um lapso, é humano e não um problema.

LEMBRE-SE

A audição profunda cura. O que quero dizer com isso é que a pessoa a quem você escuta pode ter uma sensação de grande alívio e desprendimento de frustrações, ansiedades ou tristeza. Com a audição profunda, a comunicação verdadeira ocorre: as pessoas querem ser ouvidas mais do que qualquer outra coisa.

A audição profunda vem de uma calma interna. Caso sua mente seja selvagem, é muito difícil de ouvir adequadamente. Se estiver confusa, saia dela para ouvir sua respiração ou, até mesmo, os seus próprios pensamentos. Fazendo isso, você dá espaço para que surjam a partir do inconsciente e, desta maneira, os liberta.

Eis como ouvir alguém profundamente e com atenção plena:

» Pare de fazer qualquer outra coisa. Coloque sua intenção em ouvir profundamente.

» Olhe a pessoa nos olhos quando ela falar e sorria suavemente, se for apropriado.

» Coloque de lado todas as suas preocupações e problemas.

» Ouça o que a pessoa está dizendo e como está dizendo.

» Ouça com todo o seu ser — sua mente e coração, não somente sua cabeça.

» Observe a postura e o tom de voz como parte do processo de audição.

» Perceba os pensamentos automáticos pipocando na sua cabeça ao ouvir. Faça seu melhor para deixá-lo ir e volte a ouvir.

» Faça perguntas caso seja necessário, mas as mantenha genuínas e abertas em vez de tentar mudar o assunto. Deixe suas questões suavemente aprofundarem a conversa.

» Liberte-se do julgamento o máximo que puder. Julgar é pensar em vez de ouvir profundamente.

» Pare de tentar resolver o problema ou de dar a resposta à pessoa.

Quando você dá à outra pessoa o espaço e o tempo de falar, sem julgar, ela começa a se ouvir. O que ela está dizendo fica muito claro para si mesma. Então, muitas vezes, a solução surge naturalmente. Ela se conhece muito melhor do que você. Ao ir direto para as soluções, você só reduz a oportunidade que a pessoa tem de comunicar-se com você. Então, quando estiver ouvindo, simplesmente ouça.

DISCUTINDO COM MONGES

Pesquisadores queriam ver o efeito de uma discussão e um confronto em um meditador experiente. Eles escolheram um monge que tinha uma prática extensa de meditação. Os pesquisadores acharam o professor universitário mais debatedor para discutir com o monge. Mediram a pressão sanguínea do homem e a velocidade dos batimentos cardíacos durante a conversa. As batidas do coração do professor começaram muito altas, mas o monge permaneceu calmo. Conforme a conversa prosseguiu, o professor ficava cada vez mais calmo (mas ainda assim não queria parar de falar!). Dessa maneira, caso permaneça pacífico e calmo, tendo estabelecido uma rotina de mindfulness, você pode espalhar uma sensação de bem-estar bastante natural ao falar com os outros. Seus relacionamentos florescem dessa maneira.

Estando consciente das expectativas

Pense na última vez em que alguém o irritou. Quais eram suas expectativas acerca desta pessoa? O que você queria que ela fizesse ou dissesse? Caso você tenha expectativas excessivamente altas em seus relacionamentos, vai frustrar-se.

Expectativas são ideais criados em sua mente. As expectativas são como regras. Eu espero que você se comporte; ou que fique quieto; ou que faça jantar toda noite; ou que seja engraçado e não raivoso e agressivo. A lista é infinita.

Eu busco ter expectativas bastante baixas, em vez de altas, com amigos e família. Não espero presente algum nos aniversários ou que retribuam aos meus favores. Não espero que as pessoas cheguem nas reuniões pontualmente ou que retornem telefonemas. Desta maneira, não me desaponto frequentemente. Na verdade, tenho surpresas agradáveis quando um amigo me liga, me faz um favor ou é bondoso comigo! Sinto-me muito feliz em ter amigos e uma família amáveis e que me apoiam e me divertem. Mas, seu eu tivesse expectativas muito altas, estaria me preparando para a decepção. Com expectativas reduzidas, você prepara o cenário para uma maior gratidão e positividade em seus relacionamentos quando os outros se aproximam.

LEMBRE-SE

Caso uma pessoa não atenda às suas expectativas, você pode reagir com raiva, tristeza, frustração ou ciúme. Estas emoções são naturais até certo ponto, mas caso você as experimente com frequência, ou muito intensamente, a emoção negativa fará mal à sua saúde e bem-estar. E só porque tem altas expetativas ou reage emocionalmente quando suas expectativas não são alcançadas não significa que a outra pessoa mudará, especialmente se você tratá-la com patadas emocionais.

EXPERIMENTE ISTO

Da próxima vez em que sentir-se irritado, com raiva ou triste sobre uma expectativa sua não ser cumprida, experimente o seguinte exercício de mindfulness.

CAPÍTULO 7 Usando Mindfulness para Você e para os Outros   145

A prática o ajuda a ir de uma reação emocional ou verbal para uma resposta de atenção plena ou equilibrada. É assim:

1. **Não fale ainda.** Uma reação negativa só joga gasolina no fogo.

2. **Fique consciente de sua respiração sem mudá-la.** Ela é profunda ou curta? Rápida ou lenta? Caso você não consiga senti-la, apenas conte as expirações de um a dez. Ou somente até o três, caso seja todo o tempo que você tenha.

3. **Perceba as sensações de seu corpo.** Você sente a dor da expectativa frustrada no seu estômago, ombros ou em outro lugar? Ela tem uma forma ou cor?

4. **Imagine ou sinta a respiração entrando naquela parte do corpo.** Sinta-a com um sentido de bondade e curiosidade. Respire e veja o que acontece.

5. **Dê um passo para trás.** Fique consciente do espaço entre você, o observador e seus pensamentos e sentimentos, que são os observados. Veja como você é separado e logo fica livre deles. Você está entrando no modo observador, dando um passo para trás e tendo uma vista panorâmica da situação toda de uma perspectiva maior.

6. **Caso seja necessário, volte àquela pessoa e fale a partir deste estado mental mais sábio e equilibrado.** Não fale a não ser que você esteja estável e calmo. Na maior parte do tempo, falar com raiva pode lhe trazer o que você deseja num curto prazo, mas em longo prazo, faz com que as pessoas sintam-se tristes. Faça isso desta forma.

Observando o espelho dos relacionamentos

O relacionamento é um espelho no qual você pode ver a si mesmo.

J. KRISHNAMURTI

Todos os relacionamentos, sejam eles com um parceiro ou colega de trabalho, são um espelho que o ajuda a ver seus próprios desejos, julgamentos, expectativas e laços. Os relacionamentos dão uma ideia do seu próprio mundo interno. Que oportunidade de aprender! Você pode pensar em relacionamentos como uma extensão de sua prática de mindfulness. É possível observar o que está acontecendo, em você e na outra pessoa, com uma sensação de abertura amistosa com bondade e curiosidade. Tente largar o que você espera de um relacionamento, assim como faz numa meditação. Deixe simplesmente o relacionamento ser o que ele é e permita que ele se desenrole a cada momento.

Eis algumas perguntas que você pode fazer a si mesmo ao observar o espelho dos relacionamentos:

» **Comportamento:** Como você se comporta em relacionamentos diferentes? Que tipo de linguagem utiliza? Como é seu tom de voz? Você sempre usa

- as mesmas palavras ou frases? O que acontece quando você fala menos ou mais? Perceba sua linguagem corporal.

» **Emoções.** Como você se sente em relacionamentos diferentes? Certas pessoas ou tópicos criam medo ou raiva ou tristeza? Entre em contato com suas emoções quando estiver com outras pessoas e veja qual é o efeito. Tente não julgar as emoções como boas ou ruins, certas ou erradas; apenas veja o que elas fazem.

» **Pensamentos.** Que tipo de pensamentos surgem em relacionamentos diferentes? O que acontece se você observa os pensamentos somente como pensamentos e não fatos? Como seus pensamentos são afetados por como você se sente? Como seus pensamentos afetam o relacionamento?

Ter o mindfulness em um relacionamento é mais difícil do que parece. Você pode facilmente prender-se no momento e sua atenção fica encurralada. Com a prática regular do mindfulness, sua consciência aumenta muito e fica mais fácil. Embora a atenção plena nos relacionamentos seja desafiadora, pode ser muito recompensadora também.

Trabalhando com suas emoções

'Você me deixa com raiva', 'Você está me irritando', 'Você está me estressando!'

Caso você se pegue pensando ou dizendo coisas assim, não está, na verdade, assumindo responsabilidade pelas suas próprias emoções. Você está culpando outra pessoa por como se sente. Isso pode parecer perfeitamente natural. No entanto, na verdade, ninguém pode afetar como você se sente. *A maneira com você se sente é determinada pelo que você pensa sobre a situação.* Por exemplo, digamos que eu acidentalmente derrame uma xícara de chá no seu trabalho. Caso ache que eu tenha feito isso de propósito, pode pensar, 'Você estragou minha papelada de propósito, seu idiota', e depois ficar com raiva e triste. Você culpa a mim por sua raiva. Caso veja isso como um acidente e ache que eu possa estar cansado, pensa, 'foi só um acidente — eu espero que ele esteja bem' e reage com empatia. A emoção é causada pelo seu pensamento, não pela pessoa ou pela própria situação.

Em vez de culpar a outra pessoa pela sua raiva, na verdade sinta a emoção e perceba quando ela se manifestar em seu corpo, se puder. Observe o efeito da respiração nela. Observe com um senso de cuidado. Isso transforma seu relacionamento com a raiva de ódio a curiosidade e, assim, transforma a raiva de um problema para uma oportunidade de aprendizagem.

Uma maneira fácil de lembrar-se e de administrar suas emoções é usar o acrônimo ECC:

» **E:** Evento de ativação

» **C:** Crença

» **C:** Consequência

Por exemplo:

- » **Evento de ativação:** Um colega não aparece numa reunião.
- » **Crença:** Você acredita que eles sempre devem estar lá na hora.
- » **Consequência:** Você se sente irritado.

Agora, volte atrás e mude sua crença. Pense de maneira diferente, algo como: 'as pessoas não chegam sempre na hora — este é um fato da vida. Algumas pessoas estão sempre atrasadas. Outras vezes elas ficam presas no trânsito ou num trem lento'. Agora você perceberá que vai sentir-se menos irritado.

Então, tenha atenção plena em suas crenças a todo momento em que sentir uma reação emocional forte por alguém e veja se mudar a crença ou simplesmente rir dela ajuda.

Vendo pessoas difíceis como seus professores

Relacionamentos são construídos pela história entre você e a outra pessoa, quem quer que ela seja. Quando encontra outro ser humano, seu cérebro automaticamente pega o arquivo de memórias sobre aquela pessoa e você aproxima-se dela baseado em seu conhecimento anterior. Tudo isso é legal quando você está encontrando um amigo antigo e querido, por exemplo, mas e quando se trata de lidar com alguém com quem você teve dificuldades no passado? Talvez você tenha tido uma discussão ou simplesmente parece não se conectar.

LEMBRE-SE

Ao lidar com pessoas difíceis, vale a pena lembrar que há duas maneiras de encontrar outro ser humano. A primeira maneira é ver suas ideias, memórias, pensamentos, opiniões e crenças sobre aquela pessoa. A outra maneira é, na verdade, ver aquela pessoa como ela é, sem os julgamentos, as ideias e histórias. Este é um encontro novo, um encontro fresco, como se fosse a primeira vez. O mindfulness baseia-se em tornar toda experiência nova. Quando você se conecta com seus sentidos, não está mais no reino das ideias, opiniões e crenças. Você está no campo do momento presente. Encontrar outro ser humano desta forma faz com que sinta calorosamente sua presença e gera encantamento.

Eis algumas maneiras de lidar com relacionamentos difíceis:

- » **Dê cinco inspiradas com atenção plena ou faça uma minimeditação (observe o Capítulo 8) antes de encontrar a outra pessoa.** Isto pode ajudar a evitar a sensação de raiva ou que a frustração domine. Simples, mas incrível.
- » **Observe a diferença entre sua própria imagem negativa sobre a pessoa e quem ela realmente é.** Da melhor maneira que puder, liberte-se

da imagem e encontre a pessoa como ela é, conectando-se com seus sentidos quando encontrá-la.

» **Entenda os seguintes dizeres, atribuídos a Buda: 'Lembrar-se de algo errado é como carregar um fardo na mente'. Tente perdoar o que quer que tenha acontecido em seu relacionamento.** Veja se isto ajuda. Buda normalmente sabe do que fala!

» **Veja o relacionamento como um jogo.** O mindfulness não é para ser levado muito a sério, assim como os relacionamentos. Muitas vezes os relacionamentos entram em estagnação. Porque ambos estão levando as coisas muito seriamente. Permita-se pegar mais leve. Veja o lado engraçado. Faça uma piada. Ou, ao menos, sorria.

» **Considere o que pode acontecer de pior.** Esta questão normalmente ajuda a colocar as coisas de volta em perspectiva. Você pode estar superestimando o quão ruim a outra pessoa é ou o pior que ela realmente pode fazer a você.

» **Tenha curiosidade sobre o tipo de pensamento que surge em sua cabeça quando você encontra a pessoa difícil.** Os pensamentos são parte de um padrão familiar? Você consegue vê-los meramente como pensamentos em vez de fatos? De onde você tirou essas ideias? Este é um exemplo do mindfulness de pensamentos: tornar-se curioso sobre os seus padrões de pensamento e perceber o que está acontecendo. Você não está tentando consertar ou mudar; isso acontece por si só, caso observe os padrões de pensamento atuais claramente.

LEMBRE-SE

Relacionamentos são difíceis. Não seja muito duro consigo mesmo caso as coisas não deem certo. Você tem sua própria personalidade e, às vezes, você só não se conecta com outra pessoa. Liberte-se dos pontos negativos do passado da melhor maneira que puder e siga seus instintos. Permita que as coisas se desenrolem de sua própria maneira natural o melhor que puder. E se não der certo, não deu certo. Você tem outros 6,99 bilhões de pessoas para experimentar suas habilidades de relacionamentos com atenção plena!

TOQUE AGORA!

MEDITAÇÃO NO LAGO: DESCOBRINDO A ACEITAÇÃO

Você pode experimentar esta meditação, que está disponível em áudio (Faixa 17):

Visualização do lago com atenção plena. Este exercício normalmente é feito deitado, mas você pode fazê-lo em qualquer postura que for confortável para você. Feche seus olhos levemente. Sinta sua respiração por alguns momentos. E quando estiver pronto, imagine um lindo lago.

(continua)

(continuação)

Esse lago está perfeitamente parado e calmo. A superfície do lago está tão parada que parece um espelho polido. Montanhas majestosas estão no fundo e o céu é predominantemente azul, com algumas pequenas nuvens fofas e brancas à distância.

O céu e as montanhas estão perfeitamente refletidos no lago. Nas laterais desse maravilhoso lago há velhas árvores poderosas, com galhos inclinando-se sobre o lago. Alguns pássaros voam sobre o lago à distância. Quando o vento sopra, pequenas ondulações e ondas maiores mexem na superfície, refletindo uma dança glamourosa pela água.

Você está ciente de que, quando as estações mudam, o lago aceita a chuva e as folhas que caem, e, no inverno, pode congelar na superfície. Profundamente poucas mudanças ocorrem e a água continua a vibrar com a vida. O lago aceita abertamente o que quer que seja oferecido a ele.

Agora, quando estiver pronto, permita a tornar-se um com o lago. Deitado ou sentado, permita-se ser o próprio lago, se isso fizer sentido para você. Você é o lago profundo e as ondulações na superfície. Apenas permita-se absorver o mínimo sentido que isso tiver para você. Em sua compaixão, bondade e gentileza, você está apoiando esse corpo de água.

À medida que o clima muda, a água fica lodosa e reúne gravetos e folhas. Você pode permitir que tudo isso aconteça sutilmente e continuar a simplesmente ser o lago?

Aprecie como as condições mutantes do lago dão charme, caráter e riqueza. Permita-se a sentir sua própria tranquilidade e serenidade sob a superfície turbulenta. Isso é possível até algum ponto? Você é capaz de permitir a mudança contínua que se desdobra persistentemente em torno e no lago a ser parte do processo natural da natureza e até aceitar a beleza disso em si mesmo?

Se achar útil, use essa imagem do lago para enriquecer sua prática do mindfulness de vez em quando. Levando-a à mente enquanto faz suas atividades diárias, para ajudar a perceber a vida de um lugar de aceitação e paz. Evoque a memória de como o lago pode ser parado, profundo e sem movimento no fundo e, ainda assim, perturbado na superfície.

Reconheça o fluxo contínuo de pensamentos e sentimentos da mente e do coração e identifique com a consciência que está sempre lá e logo atrás deles. Veja sua história, seu mundo, suas ideias, pensamentos, sonhos, opiniões e crenças apenas como parte dessa vasta consciência, mas não toda ela. Aproveite a visão do lago enquanto ele reflete sem esforço algum o sol e o céu, pássaros e abelhas, plantas e animais durante o dia e a bela lua pálida e estrelas brilhantes à noite no céu escuro e frio. Sempre presente. Sempre mudando. E, ainda assim, sempre o mesmo.

> **NESTE CAPÍTULO**
>
> **Integrando mindfulness no trabalho**
>
> **Transformando o tempo de viagem em tempo de mindfulness**
>
> **Explorando mindfulness em casa**

Capítulo 8

Usando o Mindfulness em sua Vida Diária

Mindfulness é portátil: você pode estar com a atenção plena em qualquer lugar, por toda parte, não só na almofada de meditação ou no colchonete de yoga. Você pode entrar num estado mental de atenção plena ao dar uma apresentação, alimentar o gato ou abraçar um amigo. Ao cultivar a autoconsciência, você aprofunda suas experiências do dia a dia e liberta-se dos padrões habituais mentais e emocionais. Você percebe aquela linda flor na beira da estrada, fica consciente e alivia seus ombros tensos ao pensar sobre trabalho e dá espaço para as suas soluções criativas para os desafios da vida. Todas as pequenas mudanças que você faz somam. Seus níveis de estresse diminuem, sua depressão ou ansiedade fica um pouco mais fácil de ser administrada e você começa a ficar mais focado. Você precisa de algum esforço para obter isso, mas um esforço totalmente diferente do tipo que está provavelmente acostumado a fazer: está fadado a mudar de uma maneira positiva. Este capítulo oferece algumas das infinitas maneiras de engajar-se na arte antiquíssima do mindfulness em sua vida diária.

Usando Mindfulness no Trabalho

Trabalho. Uma palavra de oito letras com muitas conotações negativas. Muitas pessoas não gostam de trabalhar por causa dos altos níveis de estresse que precisam tolerar. Um alto nível de estresse não é uma experiência agradável ou saudável, então dê as boas vindas a qualquer maneira de administrar esse estresse de braços abertos.

CUIDADO

Em muitos países, administrar o nível de estresse que empregados enfrentam e tomar medidas ativas para reduzir o estresse são obrigações legais. Caso você pense que está sofrendo de estresse relacionado ao trabalho, precisa considerar falar com seu administrador ou outra pessoa adequada sobre a situação. Padrões administrativos ruins estão ligados a níveis inaceitavelmente altos de estresse e mudanças precisam ser feitas para garantir que o estresse seja mantido em níveis razoáveis, de acordo com a Executiva de Saúde e Segurança no Reino Unido.

Então como o mindfulness pode ajudar com o trabalho?

» O mindfulness comprovadamente reduz os níveis de estresse, ansiedade e depressão.

» O mindfulness leva a uma maior capacidade de concentração, mesmo quando sob pressão, o que resulta então numa produtividade e eficiência mais altas e mais criatividade.

» O mindfulness aumenta a qualidade dos relacionamentos, incluindo aqueles no trabalho.

LEMBRE-SE

O mindfulness não é simplesmente uma ferramenta ou técnica para baixar os níveis de estresse. O mindfulness é um modo de ser. A redução do estresse é a ponta do iceberg. Uma organização de negócios que treinei disse, de maneira apta: 'o mindfulness vai ao coração do que são os bons negócios — aprofundando os relacionamentos, comunicando-se responsavelmente e tomando decisões com atenção plena, baseadas em fatos presentes, não nos limites do passado'. Quando os empregados entendem que dar atenção plena ao seu trabalho na verdade aumenta a força de seu cérebro para concentrar-se, seu trabalho se torna mais significativo e inspirador.

Começando o dia com atenção plena

Assistindo à corrida de 100 metros nos Jogos Olímpicos, você vê os atletas pularem para cima e para baixo por alguns minutos antes de começarem, mas quando preparam-se em suas pistas, ficam completamente parados. Eles focam todo o seu ser completamente, ouvindo o tiro para determinar o começo. Eles começam parados. Inspire-se nos atletas: comece seu dia com uma calmaria interior, para que possa ter o melhor desempenho possível.

EXPERIMENTE ISTO

Comece o dia com meditação mindfulness. Você pode fazer uma meditação formal completa como um escaneamento corporal ou uma meditação sentada (ambas as meditações estão no Capítulo 6) ou talvez yoga ou alongamento de uma maneira lenta e com atenção plena. Uma alternativa é simplesmente sentar-se e sentir o suave ir e vir de sua própria respiração, ou ouvir o som dos pássaros acordando e cantando de manhã. Outras alternativas incluem acordar cedo e tomar seu café da manhã com atenção plena (veja o exercício de como comer com mindfulness no Capítulo 6) ou talvez sintonizando-se com seu olfato, visão e tato por completo, ao tomar seu banho matinal ou chuveirada, vendo qual efeito isso tem. Isto tudo é melhor do que preocupar-se com seu dia.

Começando com minimeditações

Quando você chegar no trabalho, pode facilmente ser varrido por tudo e esquecer de ter atenção plena no que está fazendo. O telefone toca, você recebe um e-mail atrás do outro e é chamado para diversas reuniões. O que quer que seu trabalho envolva, sua atenção certamente será toda sugada.

Esta habitual perda de atenção e ir de atividade para atividade, sem realmente pensar sobre o que você está fazendo, é chamado de *modo piloto automático*. Você simplesmente precisa mudar para o modo de consciência da atenção plena. A maneira mais eficiente de fazer isso é por meio de minimeditações de um a três minutos, sentindo sua própria respiração conforme ela entra e sai de seu corpo. (Vá ao Capítulo 5 para mais informações sobre como mudar do piloto automático.)

LEMBRE-SE

A meditação de pausa para respirar (um tipo de minimeditação) consiste em três estágios. No primeiro deles, você fica consciente de seus pensamentos, emoções e sensações corporais. No segundo, você fica consciente de sua própria respiração. E no terceiro e final, você expande sua consciência até a respiração e o corpo como um todo. Para muito mais sobre como fazer a meditação de pausa para respirar, confira o Capítulo 7.

EXPERIMENTE ISTO

Quando estiver no trabalho, experimente a minimeditação:

» **Quando?** Você pode fazer uma minimeditação em momentos estabelecidos ou entre atividades. Então, quando tiver terminado uma certa tarefa ou trabalho, disponha de um tempo para praticar uma minimeditação antes de partir para a tarefa seguinte. Desta maneira, você aumenta a probabilidade de estar calmo e controlado, em vez de afobado, quando chega ao final do seu dia ou da semana de trabalho. Caso não goste de rigidez do planejamento de suas minimeditações antes da hora, só as pratique quando o pensamento aparecer em sua cabeça e você sentir a necessidade de entrar no modo de mindfulness.

Além disso, você pode usar a meditação para lidar com uma situação difícil, como seu chefe lhe irritando. Uma maneira de lidar com o banho de emoções que surge em tais situações é fazer uma meditação de três minutos para lidar com isso (pausa para respirar), conforme descrita por completo no Capítulo 7.

» **Como?** Use qualquer postura que quiser, contanto que sua espinha esteja relaxada e ereta. A forma mais simples de minimeditação é sentir sua respiração. Caso você ache que sentir a respiração é difícil demais, você pode dizer para si mesmo 'dentro', conforme inspira e 'fora', ao expirar. De maneira alternativa, conte cada expiração em voz baixa, de um a dez. Como sempre quando sua mente vagar, simplesmente guie a atenção suavemente e gentilmente de volta, até parabenizar-se por perceber que sua mente vagou para além da respiração.

» **Onde?** Você pode fazer uma minimeditação onde quer que se sinta confortável. Normalmente, meditar é mais fácil com os seus olhos fechados, mas isso não é tão fácil no trabalho! Você pode manter seus olhos abertos e fixá-los suavemente em alguma coisa enquanto foca sua atenção para dentro. Caso trabalhe ao ar livre, tente fazer uma caminhada lenta de alguns minutos, sentindo sua respiração e percebendo as sensações de seus pés, conforme eles suavemente entram em contato com a terra.

EXPERIMENTE ISTO

Você pode realmente querer experimentar a minimeditação no trabalho, mas simplesmente continua esquecendo. Bem, por que não marcar um compromisso consigo mesmo? Talvez coloque um lembrete que apareça no seu computador ou um protetor de tela com uma mensagem sutil. Uma das minhas clientes corporativas colocou um cartão na sua mesa com a foto de uma linda flor. Cada vez em que ela via a foto dela, dava três inspirações conscientes. Isto ajudou a acalmá-la e teve um efeito transformador em seu dia. Pode também tentar um bilhete adesivo ou um alarme suave no seu celular — seja criativo ao pensar em maneiras de lembrar-se da atenção plena.

Indo da reação à resposta

Uma *reação* é seu pensamento, resposta e comportamento quase automático seguindo algum tipo de estímulo, como seu chefe lhe criticando. *Uma resposta* a uma situação é uma escolha mais considerada e equilibrada, normalmente criativa, em resposta à crítica e leva à resolução de seus problemas em vez de os compor.

Você não precisa reagir quando alguém o interromper numa reunião, pegar seu projeto ou mandar um e-mail rude. Em vez disso, ter uma resposta equilibrada e com consideração é a maneira mais útil para você e sua relação com seus colegas.

Por exemplo, digamos que você entrega um trabalho à sua gerente e ela não diz nem mesmo obrigada. Mais tarde você pergunta o que achou de seu trabalho e ela diz que achou bom, mas nada especial. Você passou muito tempo e esforçou-se bastante para fazer um relatório incrível e sente-se magoado e irritado. Você reage automaticamente pensando coisas negativas sobre ela e evita contato visual com ela pelo resto da semana ou você revida com um ataque de acusações e sente-se extremamente tenso e frustrado por horas depois. Eis como transformar isso numa resposta com atenção plena.

EXPERIMENTE ISTO

Comece a sentir as sensações de sua respiração. Perceba se você está respirando de maneira curta e rápida devido à sua frustração, mas tente não julgar você mesmo. Diga a si mesmo, 'inspirando... expirando' ao inspirar e expirar. Expanda sua consciência para uma sensação de seu corpo como um todo. Tenha a atenção plena dos processos que estão acontecendo dentro de você. Sinta a raiva queimando surgindo da boca do estômago em seu peito e garganta ou seu coração acelerado e boca seca quando está nervoso. Honre o sentimento em vez de criticar e bloquear a emoção. Perceba o que acontece se você não reage como normalmente faz ou tem vontade de fazer. Imagine sua respiração aliviando a sensação. Leve a bondade e a curiosidade a suas emoções. Este não é um momento fácil para você — reconhecer isso é um ato de autocompaixão.

Você pode descobrir que o próprio ato de estar consciente de sua relação muda o sabor da sensação toda. Seu relacionamento com a reação muda o ataque, por exemplo, para uma resposta com maior consideração. Seu tom de voz pode mudar subitamente de agressivo e autoritário para algo mais calmo e curioso. A ideia é não tentar mudar nada, mas dar um passo para trás e observar o que está acontecendo por alguns momentos.

EXPERIMENTE ISTO

Para ajudá-lo a trazer uma sensação de curiosidade quando você está pronto para reagir a uma situação no trabalho, tente perguntar-se lentamente as seguintes questões, uma de cada vez, dando a si tempo para refletir:

- » Que sensação eu estou experimentando neste momento, aqui no trabalho? O quão familiar ela é? Onde eu sinto isso no meu corpo?

- » Quais são os pensamentos que estão passando pela minha mente neste momento? O quanto de julgamento os meus pensamentos carregam? O quão compreensivos meus pensamentos são? Como meus pensamentos estão afetando minhas ações no trabalho?

- » Como meu corpo se sente neste momento? O quão cansado me sinto no trabalho? Qual efeito tem o nível recente de trabalho no meu corpo? Quanto desconforto eu posso sentir no momento em meu corpo e onde está a fonte dele?

- » Eu consigo reconhecer minhas experiências aqui no trabalho exatamente como elas são? Eu sou capaz de respeitar meus próprios direitos, assim como responsabilidades nas ações que escolher? Qual seria uma maneira sábia de responder agora, em vez de minha reação usual? Caso eu reaja, posso reconhecer que não sou perfeito e tornar minha próxima decisão uma resposta com mais atenção plena?

Talvez você volte à sua gerente e explique a ela calmamente o porquê de sentir-se frustrado. Você pode ficar com raiva também, caso ache que isso seja necessário, mas sem sentir-se descontrolado. Talvez você escolha não dizer nada hoje, mas espere que as coisas se acomodem antes de discutir o passo seguinte. A ideia é que você seja mais criativo em sua resposta a esta frustração em vez de reagir de sua maneira usual, caso ela não venha a ajudar e leve a outros problemas.

Os benefícios de uma resposta equilibrada e com consideração em vez de uma automática incluem:

» Pressão sanguínea mais baixa (pressão sanguínea alta é uma causa de doença cardíaca).

» Níveis mais baixos de hormônios do estresse em sua corrente sanguínea, levando a um sistema imunológico mais saudável.

» Relacionamentos melhorados, porque é menos provável que você cesse a comunicação entre colegas, caso esteja num estado mental mais calmo.

» Uma sensação maior de estar no controle, porque você é capaz de escolher como vai responder aos outros, em vez de reagir involuntariamente automaticamente.

LEMBRE-SE

Você não varre sua frustração ou raiva para baixo do tapete. O mindfulnes não é baseado em bloquear emoções. Você faz o oposto: permite-se sentir com mindfulness e acalmar as emoções da maneira mais amistosa e bondosa que conseguir. Mesmo forçar um sorriso pode ajudar. O mindfulness é a única maneira que conheço de superar efetivamente emoções destrutivas. Expressar raiva descontrolada leva a mais raiva: você fica melhor nisso. Engolir raiva leva a ataques em algum outro momento. O mindfulness é o caminho de relaxar sua frustração.

Resolvendo problemas criativamente

Suas ideais precisam de espaço. Você precisa de espaço para novas percepções e maneiras de cumprir desafios, da mesma maneira que as plantas precisam de espaço para crescer, ou elas começam a murchar. Para suas ideias, o espaço pode ser na forma de caminhar do lado de fora, uma minimeditação de três minutos ou uma xícara de chá. Trabalhar mais duro não é, frequentemente, a melhor solução: trabalhar de forma mais esperta sim.

Caso seu emprego envolva lidar com questões e problemas, envolvendo pessoas ou não, você pode treinar-se a ver estes problemas de forma diferente. Ao ver os problemas como desafios, já está mudando como lida com esta questão. Um *desafio* é algo que você encara — algo energizador e que traz realizações. Um *problema* é algo que precisa ser resolvido — algo irritante e cansativo.

USANDO A LIDERANÇA COM MINDFULNESS

Caso você seja o líder numa organização, a responsabilidade vem com o trabalho. Bons líderes precisam tomar decisões eficientes, administrar emoções de maneira bem-sucedida e manter sua atenção no quadro todo. Em seu livro *Resonant Leadership* (Harvard Business School Press), Richard Boyatzis e Annie McKee destacam a necessidade de mindfulness para que a liderança seja mais eficaz. Eles descobriram que a capacidade de administrar suas próprias emoções e as dos outros, chamada de inteligência emocional, são de importância vital para um líder eficiente e, para obter isto, você precisa achar um jeito de se renovar.

A renovação é uma forma de otimizar seu estado mental para que seja capaz de trabalhar de maneira mais eficaz. O estresse gerado pela liderança coloca seu corpo e mente em alto alerta e enfraquecem sua capacidade de foco e criatividade. A renovação é um atributo para o estresse da liderança, e uma maneira-chave que a ciência descobriu para atingir isso é por meio do mindfulness.

A neurociência mostrou que as pessoas otimistas e esperançosas estão naturalmente num estado mental de "*abordagem*" ou "*aproximação*". Elas abordam as dificuldades como desafios e veem as coisas numa luz positiva. Outras pessoas têm modos mentais *evitadores*, caracterizados por *evitar* situações difíceis e negar os problemas, em vez de encará-los. O mindfulness praticado por apenas oito semanas comprovadamente levou as pessoas de modos *evitadores* e que não ajudavam para modos mentais mais úteis, criativos, emocionalmente inteligentes e de abordagem, levando a um sentido de maior significado e objetivo, relacionamentos saudáveis e uma capacidade de trabalhar e liderar eficientemente.

Por exemplo, um dos meus clientes, o CEO de uma corporação de tamanho médio, sentia-se isolado e altamente estressado. Com a prática de técnicas de mindfulness feitas sob encomenda, ele começou a se renovar, ver o negócio de forma mais holística, levar mais tempo para tomar decisões críticas e comunicar-se de forma mais eficiente com sua equipe a respeito do que estava por vir. Ele agora pratica o mindfulness por dez minutos diariamente, assim como usa outras estratégias durante o dia, para criar a renovação.

EXPERIMENTE ISTO

Para encarar seus desafios de uma maneira criativa, encontre um tempo e espaço para si. Escreva exatamente qual é o desafio: quando estiver certo de qual é, achará muito mais fácil resolvê-lo. Tente vê-lo sob a perspectiva de uma outra pessoa. Fale com outras pessoas e pergunte como elas lidariam com a questão. Utilize a atenção plena para sua maneira imediatamente reativa de lidar com este desafio e questione a sua validade.

Praticando a atenção plena ao trabalhar

Trabalhar com atenção plena é simplesmente ter a atenção plena em qualquer coisa que você faça ao trabalhar. Eis alguns exemplos de maneiras de ter atenção plena no trabalho:

» Ao digitar, perceba a sensação do toque de seus dedos no teclado. Perceba a velocidade em que sua mente converte um pensamento em ação nas teclas. Você está batendo forte demais nas teclas? Seus ombros estão tensos e você está fazendo caretas desnecessariamente? Como está sua postura?

» Antes de escrever ou checar um e-mail, respire. É importante fazer isso agora mesmo? Pense por alguns momentos sobre a mensagem principal que você quer transmitir e lembre-se de que é um ser humano quem vai receber esta mensagem — não somente um computador. Depois de mandar a mensagem, use um tempo para sentir sua respiração e, se puder, aproveite isso.

» Quando o telefone tocar, deixe seu som lembrá-lo da atenção plena. Deixe-o tocar algumas vezes antes de atender. Use este tempo para perceber sua respiração e postura. Quando atendê-lo, fale e escute com mindfulness. Observe o tom de sua própria voz e da outra pessoa. Se quiser, experimente sorrir gentilmente ao falar e ouvir para tornar-se consciente do efeito que isso possui.

» Independentemente do que seu trabalho envolva, faça-o com consciência. A consciência ajuda suas ações a serem claras e eficientes. Conecte seus sentidos com o que você estiver fazendo. Quando perceber sua mente sair do momento presente, traga-a de volta.

» Utilize as minimeditações para mantê-lo consciente e esperto no trabalho. As meditações são como postes de luz, iluminando onde quer que você vá e tornando as coisas mais claras.

Tentar realizar uma tarefa só por vez: descobrindo o mito da multitarefa

Todo mundo faz isso nos dias de hoje: mandar torpedos ao caminhar, checar e-mails falando ao telefone. As pessoas desempenham tarefas múltiplas para serem eficientes, mas, na maior parte do tempo, isso as torna *menos* eficientes. E, a partir de uma perspectiva do mindfulness, sua atenção torna-se nublada em vez de centrada.

Muitos estudos de universidades de ponta mostram que a realização de multitarefas leva à ineficiência e ao estresse desnecessário. Algumas razões para evitar as multitarefas e concentrar-se em somente uma tarefa por vez com atenção plena no lugar disso vão ajudá-lo a:

- » **Viver no Momento:** Em um estudo hilário, os pesquisadores pediram às pessoas que moravam do outro lado da rua de um parque que prestassem atenção se percebiam um palhaço num monociclo. As pessoas que estavam coladas em seus telefones não perceberam! Outras, sim.

- » **Ser eficiente:** Ao alternar entre duas tarefas, você leva mais tempo. É mais rápido terminar uma tarefa e depois partir para outra. Mudar a sua atenção consome tempo e energia e reduz sua capacidade de focar. Alguns especialistas descobriram uma redução de 40 por cento na produtividade devido à realização de multitarefas.

- » **Melhorar os relacionamentos:** Um estudo da Universidade de Essex descobriu que ter um telefone por perto enquanto você conversa com outra pessoa tem um impacto negativo. Dê a seu parceiro sua atenção plena o máximo possível. A maioria das pessoas não se dá conta do efeito positivo que tem simplesmente dar a seu parceiro sua atenção plena.

- » **Desestressar:** Um estudo realizado pela Universidade da Califórnia descobriu que, quando os trabalhadores do escritório estavam constantemente checando seus e-mails conforme trabalhavam, seus batimentos cardíacos elevavam em comparação ao das pessoas que estavam dedicando-se somente a uma tarefa.

- » **Ser criativo:** Ao realizar multitarefas, você sobrecarrega sua memória e seus recursos. Não há espaço para a criatividade. Um estudo feito em Chicago em 2010 descobriu que as pessoas que realizavam multitarefas lutavam para encontrar soluções criativas para os problemas que lhes eram dados.

REDUZINDO O ESTRESSE DO PROFESSOR

Ensinar em escolas é considerado uma das profissões mais estressantes do mundo. Quando eu era professor numa escola em tempo integral, quase todo o meu tempo era ocupado ao planejar aulas e avaliar livros. Eu trabalhava até o começo da madrugada e chegava tonto no dia seguinte. Os livros estavam avaliados, mas eu não tinha utilidade para as crianças; eu perdia a paciência facilmente com elas e fazia tempestades em copos d'água. Eu ficava estressado com coisas pequenas.

Meditando por cerca de 20 minutos ao chegar em casa, fui capaz de deixar para lá todas as minhas preocupações e ansiedades do local de trabalho e permitia que minha noite fosse um pouco mais aproveitada. Eu priorizei meu tempo e fiz com que achasse mais tempo para me exercitar e socializar. A meditação suavemente tirou o meu estresse desnecessário, assim como ajudou a organizar meu trabalho e vida de formas mais eficazes.

Terminando com o "deixar para lá"

Você pode achar que largar seu trabalho no final do dia é muito difícil. Talvez você vá para casa e tudo em que consiga pensar seja no trabalho. Você pode passar a noite falando com raiva sobre colegas e chefes ou na verdade tentando fazer mais trabalho para tentar alcançar o que devia ter terminado durante o seu dia. Isso tem um impacto sob a qualidade e quantidade do seu sono, baixando seus níveis de energia para o dia seguinte. Este ciclo negativo e infeliz pode sair do controle.

LEMBRE-SE

Você precisa traçar uma linha entre o trabalho e a casa, especialmente se seus níveis de estresse estão subindo. Meditar assim que você chega em casa, ou a caminho de casa (veja a seção seguinte) fornece um modo fortalecedor de fazer isto. Você está dizendo 'chega'. Está tomando uma posição contra a onda avassaladora de obrigações sobre seu tempo e energia limitados. Você está fazendo algo animador para sua saúde e bem-estar e, por fim, fazendo isso para todos aqueles ao seu redor. E está relaxando.

Para relaxar ao fim do dia da melhor maneira, escolha uma das práticas formais de meditação mindfulness no Capítulo 6. Ou comece a praticar um esporte ou hobby no qual você seja absorvido por uma atenção gentil e focada — uma atividade que capacite a energia do seu corpo a se acomodar e o mindfulness o acalmar indiretamente.

Usando Mindfulness em Movimento

Eu sempre acho divertido ver as pessoas de outros países no sistema de metrô em Londres, olhando os trens com espanto e tirando muitas fotos. Outros passageiros observam, quase com nojo, antes de enfiarem suas caras novamente em seus jornais ou checarem seus telefones. Quando as pessoas estão de férias, elas vivem no momento e o momento presente é sempre excitante. O novo ambiente é uma mudança de sua rotina. Viajar é outra oportunidade de trazer o mindfulness para o momento.

Caminhando com atenção plena

Use um momento para considerar esta questão: o que você acha milagroso? Talvez você ache a vastidão do espaço incrível; talvez você ache seu livro ou banda preferidos uma maravilha. E caminhar? Caminhar é um milagre também.

Os cientistas conseguiram projetar computadores poderosos o bastante para fazer a internet funcionar e o homem aterrissar na lua, mas nenhum robô no mundo consegue andar de maneira nem próxima da suavidade do ser humano. Caso consiga caminhar, você tem sorte, na verdade. Contemplar o milagre chamado de caminhar é o começo da caminhada meditativa.

Normalmente, na caminhada meditativa formal (conforme descrito no Capítulo 6), você não está tentando chegar a lugar algum. Você simplesmente caminha para frente e para trás lentamente, tendo atenção plena em cada passo dado, com gratidão. No entanto, ao caminhar para o trabalho ou onde quer que esteja indo, você tem um objetivo. Está tentando chegar a algum lugar. Isso cria um desafio, porque sua mente é levada a pensar no que você encontrará quando chegar, o que vai fazer quando chegar lá e se está na hora certa. Em outras palavras, você não está no momento. O foco no objetivo o tira do momento presente.

Pratique deixar o destino para lá. Esteja no momento ao caminhar. Sinta a brisa e aproveite os seus passos, se puder. Caso você não consiga aproveitar a caminhada, só sinta as sensações em seus pés — isso é mindfulness. Continue trazendo sua mente de volta para o momento, quantas vezes for necessário e, pronto, você está meditando ao caminhar.

Dirigindo com atenção plena

Se todos dirigissem com atenção plena, o mundo seria um lugar mais seguro e feliz. Não se preocupe: isso não envolve fechar seus olhos ou entrar em um transe! Experimente esta meditação dirigindo e sinta-se livre para ser criativo e adapte-a como quiser. Lembre-se: não leia este livro ao dirigir: isto seria perigoso.

1. **Estabeleça sua intenção ao decidir dirigir com atenção plena.** Comprometa-se a dirigir com cuidado e atenção. Estabeleça sua atitude para ser paciente e bondoso com os outros na estrada. Deixe bastante tempo para chegar onde estiver indo, para que possa não focar demasiadamente no seu ponto de chegada.

2. **Sente-se no banco do motorista e pratique cerca de um minuto de respiração com atenção plena.** Sinta sua respiração natural como ela é e venha para o momento presente.

3. **Dê a partida no seu carro.** Tenha um sentido do peso e do tamanho do carro — uma máquina com tremendo poder, qualquer que seja seu tamanho, e com o potencial para causar muitos danos caso você dirija irresponsavelmente, ou de ser tremendamente útil caso dirija com a consciência da atenção plena e inteligência. Comece a rumar para seu ponto de chegada.

4. **Esteja alerta.** Não ligue o rádio ou o CD player. Em vez disso, deixe sua consciência ficar ampla e perceptiva. Esteja ciente do que os outros veículos e pessoas estão fazendo ao seu redor. Permita que sua consciência seja gentil, em vez de forçá-la e cansá-la.

5. **Veja o quão suavemente você pode dirigir.** Freie gradativamente e acelere sem excessos. Este tipo de direção é menos estressante e administra o combustível de melhor forma.

6. **De tempos em tempos, verifique seu corpo.** Perceba quaisquer tensões e relaxe, se puder, ou fique ciente e aceite isso, se não conseguir. Você não precisa lutar ou combater a tensão.

7. **Mostre uma cortesia saudável em relação aos outros motoristas.** Dirigir baseia-se na confiança e cooperação com os outros.

8. **Fique dentro do limite de velocidade.** Se puder, dirija mais lentamente do que faz normalmente. Logo passará a aproveitar este ritmo e ficará mais seguro.

9. **Aproveite os sinais vermelhos e engarrafamentos.** Isso é a meditação no trânsito! Estas são oportunidades para respirar. Olhe pela janela e perceba o céu, as árvores e as outras pessoas. Deixe este ser um momento de descanso para você em vez de uma hora ficar ansioso e frustrado. Lembre-se de que o estresse não é causado pela situação, mas pela atitude que você traz à circunstância. Traga uma atitude de atenção plena somente como uma experiência e veja o que acontece. Você descobre uma maneira de viver completamente diferente.

Viajando com atenção plena no transporte público

Caso viaje em um ônibus, trem ou avião, você não está no controle ativo do transporte em si e pode então relaxar e estar com sua atenção plena. A maioria das pessoas se ligam em seus fones de ouvido ou leem, mas a meditação é outra opção. Por que não exercitar sua mente ao viajar? Caso esta seja parte de sua rotina diária, você pode ouvir uma meditação guiada ou praticar sozinho. Caso você ache que vá entrar em meditação profundamente, coloque o alarme no seu relógio ou telefone para garantir que não perderá o ponto.

A desvantagem de meditar desta maneira são as distrações. Você pode perceber que está se distraindo com a freada brusca ou com a pessoa que ronca perto de você. Eu sugiro que pratique sua meditação central em um ambiente relativamente quieto e relaxado, como seu quarto e use sua meditação durante as viagens como meditações secundárias. Definitivamente, não existem distrações no mindfulness: o que quer que você experimente pode ser o objeto de sua atenção plena.

EXPERIMENTE ISTO

Eis alguns aspectos específicos para experimentar quando estiver em movimento:

1. **Veja se você consegue ter a atenção plena de sua respiração de uma estação para a seguinte, só por diversão.** A questão não é se você consegue ou não: este é apenas um experimento para ver o que acontece. Você tem mais ou menos atenção plena? O que acontece se você colocar mais ou menos esforço na busca da atenção plena?

2. **Escute os vários anúncios e outras distrações como sons para ter atenção plena.** Deixe que as distrações sejam parte de sua experiência meditativa. Ouça a afinação, tom e volume do som em vez de pensar nele. Escute como se fosse uma canção.

3. **Veja se você consegue tolerar e até dar boas vindas a eventos desagradáveis.** Por exemplo, se duas pessoas estiverem conversando alto, ou se alguém estiver ouvindo música alta, perceba sua reação. Qual pensamento em particular está causando emoção em você? Onde você pode sentir a emoção? O que acontece quando você imagina sua respiração entrando e saindo daquela parte de seu corpo?

4. **Permita que sua consciência de atenção plena se espalhe pela sua caminhada aonde quer que você esteja indo.** Ao andar, sinta seus pés entrando em contato com o chão. Perceba como a velocidade de sua respiração muda conforme você caminha. Permita que seu corpo entre no ritmo da caminhada e aproveite o contato do ar ao redor com sua pele ao movimentar-se.

Usando Mindfulness no Lar

Fazer a meditação mindfulness em casa e seus exercícios não só é conveniente, mas também lhe ajuda a aproveitar suas atividades cotidianas. Em seguida, em vez de ver as tarefas como fardos, você pode começar a vê-las como oportunidades de aproveitar o momento presente como ele é.

Acordando com atenção plena

Quando acordar, inspire três vezes com atenção plena. Sinta a íntegra de cada inspiração e expiração. Tente adicionar um sorriso à equação se quiser. Pense em três coisas pelas quais você é grato — uma pessoa amada, seu lar, seu corpo, sua próxima refeição — qualquer coisa. Em seguida, levante-se lentamente. Alongue-se bem. Gatos são mestres no alongamento — imagine que você é um gato e sinta seus músculos se alongarem após terem sido confinados ao calor de sua cama a noite toda. Se quiser, faça yoga ou tai-chi com atenção plena.

Se puder, faça uma meditação formal de mindfulness. Você pode fazer cinco minutos de respiração com atenção plena, uma meditação sentada de vinte minutos ou uma meditação de escaneamento corporal — escolha o que parecer certo para você.

Cumprindo tarefas diárias com consciência

A palavra 'tarefa' transforma a rotina do lar em algo desagradável antes mesmo de começar. Dê a suas tarefas nomes diferentes para apimentá-las, como a dança do aspirador, varre e sai, caça poeira ou casa brilhante!

O legal das tarefas diárias, incluindo comer, é que elas são físicas, lentas e repetitivas, o que as torna ideais para o mindfulness. Você consegue ter atenção plena mais facilmente ao realizá-las. Eis alguns exemplos para dar início:

Lavar louças

Recentemente, uma de minhas clientes que trabalha em casa achou o processo de lavar a louça com atenção plena uma experiência transformadora. Ela se deu conta de que lavava a louça para descansar do trabalho, mas continuava pensando nele. Ao conectar-se ao processo de lavar a louça, ela sentia-se mais calma e relaxada, renovada e pronta para fazer um pouco mais de trabalho criativo.

EXPERIMENTE ISTO

Tente:

1. **Esteja consciente da situação.** Passe um momento observando a louça. Está muito suja? Perceba as manchas. Veja como está colocada. Quais as suas cores? Agora passe ao seu corpo. Como o seu corpo físico se sente neste momento? Conscientize-se de quaisquer emoções que você sinta — você está irritado ou espantado? Considere que tipos de pensamentos estão passando pela sua mente; talvez, 'Quando eu terminar isto, eu posso então relaxar' ou 'Isto é estúpido'.

2. **Comece a limpar, lentamente para começar.** Sinta o calor da água. Perceba as bolhas se formando e os reflexos de arco-íris na luz. Coloque um pouco menos de força ao esfregar do que faz normalmente e deixe o detergente fazer o trabalho da limpeza. Quando o prato parecer completamente limpo, lave as bolhas e veja o quão limpo parece. Permita-se ver como transformou um prato imundo e gorduroso em um sem manchas e brilhante. Agora, largue-o. Coloque-o na lateral da pia para secar. Seja infantil no seu encantamento ao lavar.

3. **Tente lavar cada prato como se fosse a primeira vez.** Continue abandonando a ideia de terminar o trabalho ou das outras coisas que você poderia fazer.

4. **Quando terminar, observe o que fez.** Olhe a louça e como ela se transformou com a sua consciência de atenção plena e atividade gentil. Parabenize-se por ter levado um tempo para lavá-la com atenção plena, treinando, assim, sua mente ao mesmo tempo.

Toda meditação é como lavar louça com atenção plena. Na meditação, você está gentilmente limpando sua mente. Cada vez em que sua atenção vagar por outros pensamentos e ideias, você se torna consciente do fato e gentilmente volta. Cada passo que você volta de seus pensamentos desgovernados é um processo de purificação.

Aspiração

O uso do aspirador de pó, outra atividade comum na vida de muitas pessoas, normalmente é feito enquanto sua mente está pensando em outras coisas — que não sejam, na verdade, experimentar o processo da aspiração. Tente estes passos para experimentar o mindfulness ao aspirar:

1. **Comece percebendo a área que quer limpar.** Como é a aparência dela e o quão sujo está o chão? Perceba quaisquer objetos que possam obstruir sua aspiração. Tenha a atenção plena de seu corpo físico, suas emoções e dos pensamentos que estão passando pela sua cabeça.

2. **Arrume a área para que você possa usar o aspirador de pó de uma vez só, sem parar, se possível.** Isso garante que você tenha tempo de entrar no ritmo da atividade sem parar e começar, ajudando-o a concentrar-se.

3. **Ligue o aspirador de pó.** Perceba a qualidade do som e sinta as vibrações em seu braço. Comece a mexer no aspirador de pó, entrando num ritmo calmo, se possível, e continue a focar sua atenção plena em seus sentidos. Permaneça no momento, se puder, e, quando sua mente tirar sua atenção, reconheça e volte para o aqui e agora.

4. **Quando terminar, desligue e observe como você se sente.** Quão diferente foi o processo de como você normalmente aspira o chão? Observe o que você fez e fique orgulhoso de sua realização.

Comer com mindfulness

A prática regular e diária do mindfulness é um aspecto-chave de comer com mindfulness. É como uma base a partir de onde você pode construir um estilo de vida no qual come com atenção plena. A disciplina do mindfulness o torna consciente de suas emoções e pensamentos. Você começa a perceber os tipos de situações, pensamentos ou emoções que o levam a comer determinados alimentos.

Eis como comer uma refeição com atenção plena:

1. **Remova suas distrações.** Desligue a televisão, rádio e todos os outros aparelhos eletrônicos. Coloque de lado quaisquer jornais, revistas e livros. Tudo o que você precisa é de si e de sua refeição.

2. **Faça três minutos de respiração com atenção plena.** Sente com suas costas retas, mas não duras e sinta as sensações de sua respiração. Alternativamente, experimente a prática do espaço de respiração de três minutos detalhada no Capítulo 7.

3. **Torne-se consciente de sua comida.** Perceba a quantidade de cores no prato. Inale o odor. Lembre-se do quão feliz você é por ter uma refeição hoje e seja grato pelo que você tem.

4. **Observe seu corpo.** Você está salivando? Você sente fome? Você está consciente de quaisquer outras emoções? Quais pensamentos estão passando pela sua cabeça agora? Você consegue vê-los somente como pensamentos, em vez de fatos?

5. **Agora, coloque lentamente um pouco de comida em sua boca.** Tenha atenção plena em relação ao gosto, cheiro e textura da comida ao mastigar. Coloque seus talheres na mesa ao mastigar. Não encha a boca novamente até que tenha mastigado por completo o que tem. Você engole em que momento? Você mastigou sua comida completamente?

6. **Quando você estiver pronto, repita o mesmo na próxima garfada.** Ao continuar comendo com atenção plena, esteja consciente de seu estômago e da sensação de estar cheio. Assim que você tiver sentido que comeu o bastante, pare. Como você está comendo lentamente, pode perceber que sente-se satisfeito mais cedo do que de costume.

7. **Caso sinta-se satisfeito, mas ainda queira comer mais, tente fazer outros três minutos de respiração com atenção plena.** Lembre-se de que o pensamento 'Eu preciso comer' é apenas um pensamento. Você não precisa obedecê-lo e comer, caso não seja a melhor coisa para si.

Tente comer desta maneira uma vez por dia por uma ou duas semanas e tenha a atenção plena sobre o efeito que venha a ter.

Segunda fome: superando a alimentação problemática

Quando você come, precisa:

» Comer a quantidade certa de comida, nem mais, nem menos do que precisa, para manter um peso saudável.

» Comer os tipos certos de comida para atingir suas necessidades de nutrientes diárias.

No entanto, pode ser que você coma não só para atender a estas necessidades. Na verdade, você pode comer para:

» Evitar sentir-se entendiado

» Lidar com uma sensação de raiva

» Preencher um vazio dentro de si

» Satisfazer um desejo por algum gosto em particular (como doces ou comidas gordurosas)

» Ajudá-lo a lidar com altos níveis de estresse

Este comer por 'conforto', ou comer emocional, como é às vezes chamado, tende a ocorrer num nível inconsciente, determinando seus anseios por comida.

Comer emocionalmente é como uma segunda fome, para satisfazer a necessidade pelo bem-estar psicológico. Suas emoções estão comendo, e não seu estômago. Você está usando a comida para acalmar sua mente. Isso pode levar a um ciclo alimentar não saudável. Você experimenta uma emoção negativa e usa a comida para lidar com a emoção, o que leva a uma sensação temporária de satisfação, mas, logo depois, a emoção negativa volta.

Comer com mindfulness oferece uma maneira de tornar-se mais consciente dos pensamentos e emoções internos determinando sua tendência de comer. Com uma consciência da atenção plena, você começa naturalmente a desembaraçar esta teia e a descobrir como comer de forma saudável e consciente, fazendo as escolhas corretas para si próprio.

Além disso, você pode querer experimentar estas estratégias:

» **Verificar a realidade da fome.** Antes de comer, perceba se sua fome é física ou emocional. Caso tenha comido recentemente e sua barriga não estiver roncando, talvez você possa esperar um pouco mais e ver se a sensação passa.

» **Mantenha um diário da comida.** Simplesmente anotar tudo o que você come por algumas semanas é frequentemente algo que abre os olhos. Você pode começar a enxergar padrões surgindo.

» **Administre o tédio.** Em vez de usar o tédio como uma razão para comer, experimente desempenhar uma atividade como uma caminhada com atenção plena ou ligar para um amigo e estar realmente consciente de sua conversa.

» **Evite as dietas extremas.** Ao privar-se de certas comidas, você pode alimentar seu desejo por aquela comida. Ao invés disto, coma o que quiser ocasionalmente e coma com atenção plena. Na verdade, saborear a guloseima a deixa ainda mais saborosa!

Vivendo com Atenção Plena na Era Digital

Eu tenho um smartphone, mas ele não é muito esperto. Meu telefone me envia mensagens de texto quando eu estou escrevendo um capítulo para um livro novo. Ele toca quando eu estou dirigindo. Sua natureza viciante me faz checar o Facebook quando, na verdade, eu deveria estar dormindo.

A era digital trouxe enormes benefícios: de salvar vidas em emergências a compartilhar informações com o mundo, as vantagens são inúmeras. Mas, sem mindfulness, viver na era digital pode enlouquecê-lo! Caso você não desligue seu telefone ou computador às vezes, sua atenção pode ser sequestrada por sites, e-mails, mensagens, redes sociais, jogos e mais. Os aparelhos são muito envolventes.

Caso você ache que a era digital seja demais, confira as sugestões desta seção para ter o controle de si mesmo novamente.

Avaliando seu nível de dependência em tecnologia

Hoje em dia, as pessoas parecem usar muito seus telefones. Uma pesquisa recente com mais de mil gerentes descobriu que:

» Setenta por cento deles checam seus telefones dentro de uma hora a partir do momento em que acordam.

» Cinquenta e seis por cento checam seus telefones dentro de uma hora antes de irem para a cama dormir.

» Cinquenta e um por cento checam seus telefones continuamente durante suas férias.

Embora os psicólogos hesitem em chamar o uso excessivo de aparelhos digitais de dependência, muitos sinais existem: uma compulsão em checar seu telefone, sintomas de abstinência quando não tem acesso a ele e o efeito negativo do uso do telefone no resto de sua vida.

Eis um teste divertido para saber o quão viciado você está em seu telefone:

1. **Você está fazendo um trabalho e um telefone toca em outra sala. Você:**

   a. Não percebe: deve ser de alguém; seu telefone normalmente está desligado.

   b. Ignora e checa depois.

c. Caminha casualmente para atendê-lo.

d. Corre para atendê-lo, às vezes tropeçando ou dando uma topada no meio do caminho e gritando para todos que estiverem por perto para que saiam da frente

2. **Você está planejando férias, mas o hotel não tem Wi-Fi e sinal de telefone. Você vai?**

   a. Sim, por que não?

   b. Eu adoraria ter a chance de ter um descanso de meus aparelhos. Paraíso!

   c. Provavelmente não iria lá.

   d. De jeito nenhum! Como eu posso tirar férias sem meu telefone e/ou laptop? — não faz sentido algum. Eu preciso de um bom sinal de telefone e internet super-rápida 24 horas por dia, 7 dias por semana.

3. **Onde está seu telefone agora?**

   a. Meu o quê? Ah, telefone... Ih, não faço ideia. Não tenho certeza se tenho um telefone na verdade.

   b. Em algum lugar por aqui.

   c. Neste quarto.

   d. Ele está exatamente aqui — meu lindo e precioso telefone. Hmmm, eu o amo!

4. **Para quê você usa seu telefone?**

   a. Telefonemas, é claro. Para que mais seria?

   b. Telefonemas e torpedos, às vezes, principalmente para emergências.

   c. Telefonemas e torpedos. E receber e-mails às vezes, também. Algumas fotografias.

   d. Para tudo. É minha vida! Facebook, Twitter, WhatsApp, Instagram, Snapchat, e-mail, torpedos, fotos, vídeos, jogos, saúde, Skype. E, às vezes, telefonema também!

5. **Você mantém seu telefone por perto quando dorme?**

   a. De jeito nenhum!

   b. Às vezes. Ou apenas para o meu despertador. Não o checo na hora de dormir ou logo depois de acordar.

CAPÍTULO 8 **Usando o Mindfulness em sua Vida Diária** 169

c. Com bastante frequência. Mando torpedos, às vezes, e talvez dê uma olhada nas minhas mensagens assim que acordo também.

d. Toda noite. Eu durmo com meu telefone. É a última coisa que eu olho antes de pegar no sono e a primeira coisa que vejo ao acordar. É minha alma gêmea.

Descubra o seu placar: letra a é 1 ponto, b são 2 pontos, c são 3 pontos e d são 4 pontos.

5–10 pontos: Você realmente não é viciado em seu telefone — provavelmente está ocupado demais meditando.

11–15 pontos: Você gosta do seu telefone, mas não tanto. Ainda está no comando e consegue viver confortavelmente sem ele.

16–18 pontos: Você é bastante dependente de seu telefone para muitas coisas. Pode querer dar uma desligada nele de tempos em tempos.

19–20 pontos: Você ama seu telefone. Já o pediu em casamento? E se o perder? E se ele for roubado? Certifique-se de ter alguns momentos do dia em que se desliga do seu aparelho e faça uma caminhada ou alongamento com atenção plena ou sente-se e medite longe de seu telefone. Caso ache que o seu uso do telefone está descontrolado, tente algumas das dicas da seção abaixo para lhe ajudar.

Usando mindfulness para estar no controle novamente

Caso você tenha descoberto que está usando aparelhos digitais a ponto de eles terem um impacto negativo em seu trabalho ou vida social, é hora de retomar o comando.

Você pode administrar o uso exagerado dos aparelhos digitais de muitas maneiras. Não é tão difícil quanto você pode achar que seja. Na verdade, uma vez que comece a usar algumas destas estratégias, pode ser que nem queira mais olhar os seus aparelhos móveis.

Eis algumas técnicas que você pode experimentar:

» **Envolva-se em outras atividades.** Você pode participar de um novo hobby regularmente, como tricotar, fazer jardinagem ou tocar um instrumento. Ao prestar atenção ao seu hobby e manter seus telefones e computadores fora do caminho, você desenvolverá mais atenção plena. Você pode fazer isso também em algumas tarefas domésticas — vai sentir-se bem uma vez que tenham sido cumpridas. Mais uma vez, mantenha seus aparelhos desligados e tente concentrar-se na tarefa — pode ser tranquilizante e divertido polir a mesa de jantar ou arrumar sua escrivaninha com atenção plena e um sorriso.

170   PARTE 3 **Praticando Mindfulness**

» **Faça bom uso do modo avião ou desligue seu telefone.** Quando eu tenho uma tarefa importante para realizar, tento me lembrar de desligar meu telefone ou deixá-lo no modo avião. Desta maneira, não posso ser incomodado. O iPhone tem até mesmo um novo modo chamado 'Não Perturbe'. Ele evita que telefonemas e alertas o incomodem. Então, das 9 da noite as 8 da manhã, coloco meu telefone neste modo para evitar automaticamente que receba mais telefonemas ou mensagens.

» **Estabeleça limites.** Logo antes de ir para a cama, é importante não olhar muito para monitores. Televisões, laptops e telefones emitem uma luz que emite sinais ao seu corpo de que ainda é dia. Pode ser que você tenha dificuldade em dormir assim e acorde cansado. Você também pode querer não ser incomodado em outras horas específicas do dia. Por exemplo, ao caminhar pelo parque, desligue seu telefone e aproveite a natureza e as pessoas ao seu redor. E, obviamente, quando estiver com amigos ou familiares ou fazendo uma refeição, desligue seu telefone ou deixe-o fora de seu alcance. Caso distanciar-se de seu telefone soe como um desafio, tente fazer isso uma vez e veja o que acontece. Eventualmente, pode ser libertador deixar seus aparelhos para trás.

» **Desligue as notificações.** O seu computador apita cada vez que um e-mail chega? O seu telefone faz um barulho a cada vez que alguém fala com você numa mídia social ou lhe manda uma mensagem? Caso seja este o caso, você pode ter uma distração perpétua. Cada vez que estiver desempenhando uma tarefa, está distraído por outra. Quanto mais você muda sua atenção, menos desenvolve sua atenção plena. Desligue o máximo de notificações que conseguir. Desta maneira, pode concentrar-se em fazer o que tiver que fazer com consciência.

» **Seja bondoso consigo mesmo quando falhar.** Já teve aquela sensação de frustração quando você passou a última hora aproximadamente olhando coisas na internet em vez de terminar seu trabalho? Eu já. Mas, quando você eventualmente se pegar fazendo isto, não seja muito duro consigo mesmo. É normal. Todo mundo tem seu momento de pausa e distração. Diga a você mesmo: 'Está tudo bem. Deixe-me dar um tempo do meu computador e telefone e dar uma caminhadinha com atenção plena. Vou voltar então com um sorriso e continuar a realizar minhas tarefas. Todo mundo é pego pela rede da tecnologia nos dias de hoje.'

Usando a tecnologia para aumentar a atenção plena

Caso esteja procurando uma maneira de aumentar sua atenção plena, pode querer evitar a tecnologia como um todo — e isso é compreensível. A utilização da tecnologia pode distrair sua mente. Mas, para você, o uso de aparelhos digitais pode ser parte de sua vida cotidiana. Desligá-los por um período maior de tempo pode parecer impossível de realizar. Neste caso, eu o incentivo a fazer um bom uso de seus aplicativos, sites e afins com mindfulness.

Você pode baixar e utilizar aplicativos para aparelhos móveis como celulares e tablets. Simplesmente faça uma busca por 'Mindfulness' ou 'Meditação' nas lojas de aplicativos e encontrará muitos recursos — é só escolher. Novos aplicativos são lançados todas as semanas.

Caso utilize muito as mídias sociais, seguir pessoas ou organizações que oferecem imagens, tweets e coisas ligadas ao mindfulness pode ajudá-lo. Eu ofereço este serviço aos meus seguidores no Twitter @shamashalidina e Facebook em www.facebook.com/shamashalidina. Sinta-se à vontade para me dar um oi! A revista *Mindful* também oferece 'interruptores de atenção plena' — lembretes no seu dia para trazer uma consciência prazerosa ao momento em vez de deixar a mente solta. Você pode encontrá-los no Twitter: @MindInterrupter

Você também pode usar algum *software* para ajudá-lo a focar com atenção plena em seu trabalho. Meu *software* gratuito preferido, que me ajuda a focar e ser produtivo no meu computador, se chama Self Control. Ele está disponível gratuitamente para computadores Apple Mac e existem softwares equivalentes produzidos para PCs Windows.

Por exemplo, hoje eu quis me concentrar por algumas horas em escrever este artigo. Eu liguei o programa Self Control por uma hora. Tive então um intervalo e coloquei-o por mais outra hora. Eu decido o que eu quero bloquear por aquela hora. Então, para mim, eu bloqueio todos os meus sites de mídias sociais e meus e-mails. Com estas duas áreas bloqueadas, eu consigo me concentrar com atenção plena no que estou escrevendo.

> **NESTE CAPÍTULO**
>
> **Descobrindo um curso de oito semanas clinicamente comprovado**
>
> **Fazendo as práticas sob medida para atender às suas necessidades**
>
> **Explorando maneiras de aprofundar sua atenção plena**

Capítulo 9

Estabelecendo Sua Própria Rotina Mindfulness

Aprender uma nova língua requer tempo, esforço e paciência. Você precisa se decidir e, ao mesmo tempo, não esperar um progresso rápido. Você tenta praticar regularmente, de preferência diariamente. Você pode aprender a língua usando CDs, livros, programas de televisão, vídeos, web sites ou pessoalmente, com um professor — da maneira que for mais adequada ao seu estilo de vida e métodos de aprendizagem. Aprender o mindfulness tem algumas similaridades. Você pode começar de diversas maneiras, contanto que pratique com regularidade, com um certo comprometimento e a atenção e a intenção corretas (vá aos Capítulos 4 e 5 para mais detalhes sobre como alimentar suas atitudes e intenção). Caso ache que comprometer-se a uma prática de mindfulness é difícil, não estará só: pode tentar uma abordagem diferente, ajustar seu método da prática, explorar barreiras possíveis e buscar apoio ao descobrir a linguagem do mindfulness.

Lembre-se de que, quando aprende uma nova língua, pode medir seu progresso — digamos, pelo número de palavras novas que você sabe, por exemplo. Você não consegue medir o progresso no mindfulness tão facilmente, se é que isso é possível, pois ele o convida a parar de procurar o progresso. O mindfulness baseia-se em estar exatamente onde você está agora mesmo e explorar a paisagem, curtir o cenário e ser você mesmo, o que quer que isso signifique para você. Independente de há quanto tempo você esteja praticando o mindfulness, o momento presente é sempre o mesmo e, ainda assim, sempre novo, fresco e cheio de possibilidades.

Neste capítulo, eu apresento o curso de oito semanas de redução de estresse baseado no mindfulness e exploro como escolher o melhor elemento do mindfulness a ser praticado. Também lhe darei algumas ideias que podem ser usadas caso queira levar sua meditação mindfulness ainda mais a fundo.

Experimentando o Curso de Mindfulness Baseado em Evidências

Talvez o curso de redução de estresse mais comprovado seja um programa de oito semanas chamado MBSR (*mindfulness based stress reduction*, ou redução do estresse baseado no mindfulness), desenvolvido originalmente na clínica de redução de estresse na escola de medicina da University of Massachusetts, por Jon Kabat-Zinn O curso foi pesquisado muitas vezes em milhares de pessoas e comprovadamente surtiu efeito na redução do estresse, logo, realmente vale a pena experimentar suas práticas recomendadas. Caso, depois das oito semanas, não tenha sentido mudança alguma e ache que o mindfulness não seja para você, pode abandonar a prática. Caso tenha achado o programa útil, pode ir adiante e desenvolver sua própria prática, tendo experimentado a gama de exercícios meditativos.

EXPERIMENTE ISTO

Comece o programa fazendo de um compromisso pessoal de suspender seu julgamento e seguir as práticas recomendadas por oito semanas. Depois disso, decida se o mindfulness é algo para você. Você pode pedir às outras pessoas na sua vida que ajudem a incentivá-lo ao longo das próximas oito semanas, ou, pelo menos, dar algum espaço para que você se engaje em meditações mindfulness diariamente pelos próximos meses. Mantenha um caderno a mãos para anotar seus progressos pelas oito semanas e quaisquer pensamentos ou emoções que venham a surgir.

FAZENDO A CONEXÃO ENTRE O CORPO E A MENTE

O significado central da palavra *curar* é, literalmente, 'tornar inteiro'. A meditação mindfulness leva a uma sensação de estar inteiro e completo, de ver sua perfeição do jeito que você é, independente do que possa estar errado consigo.

Uma das principais maneiras pelas quais a medicina moderna quebrou a íntegra do ser humano foi dividir o corpo e a mente como duas entidades distintas, avulsas. Achava-se que suas atitudes, opiniões e crenças não afetavam sua saúde física. Provas amplas agora mostram fortes ligações entre suas atitudes internas e sua saúde física e bem-estar. Neste contexto, a cura significa tornar inteira a conexão entre a mente e o corpo e vê a mente e o corpo como duas partes da mesma entidade. Com a prática do mindfulness você vê como sua mente influencia tudo, desde a velocidade em que respira até a maneira como trata seus colegas no trabalho, e como uma montanha-russa emocional numa segunda-feira pode influenciar seus sintomas que parecem os de gripe numa quarta-feira. Isso não significa que você cause a sua própria doença com certos pensamentos, mas, simplesmente, que a maneira que seu corpo funciona é ligada ao nível de estresse que experimenta.

Semana Um: Compreendendo o Piloto Automático

Você funciona no piloto automático muito mais do que pensa. É possível que você já tenha experimentado dirigir um carro por um tempo significativo antes de dar-se conta de que estava perdido em pensamentos, preocupações ou devaneios. Isto pode não ser um problema por um tempo curto, mas caso toda a sua vida seja vivida automaticamente, você perde o show. Sua mente pensa os mesmos velhos pensamentos, você pode reagir desnecessariamente quando as coisas não acontecem da sua maneira e seu estresse surge sem que esteja sendo completamente consciente deste processo. A consciência da atenção plena, contrariamente ao piloto automático, permite a possibilidade de responder às situações oferecendo a escolha — uma liberdade em relação aos padrões mecânicos, reativos e habituais de sua mente (vá ao Capítulo 5 para saber mais sobre a superação de viver no piloto automático).

Esta é a prática para a Semana Um:

» Comece a semana entrando na prática da meditação 'comendo um pedaço de fruta', descrita no Capítulo 6. Registre em seu caderno o efeito que o exercício tem sobre você. Reflita sobre o efeito de funcionar no piloto automático na sua vida diária. O que você está perdendo? Qual efeito a inconsciência tem sobre os seus pensamentos, emoções e corpo, assim como sobre seu relacionamento consigo mesmo, com os outros e com o mundo?

» Pratique a meditação de reconhecimento do corpo (explicada no Capítulo 6) diariamente, utilizando o MP3 fornecido com este livro. Toque o MP3 e siga as instruções da melhor maneira possível. A cada dia, anote se praticou e o que você achou da meditação. Não se preocupe caso não goste dela; insista. Experimente fazer o seu reconhecimento do corpo em horas diferentes do dia para ver o que funciona melhor para você.

» Escolha uma atividade rotineira diária para praticar com atenção plena. Pode ser escovar seus dentes, tomar banho, vestir-se, caminhar ou dirigir para o trabalho, conversar com seu parceiro, cozinhar, limpar ou fazer qualquer coisa que possa imaginar. Traga um sentido de curiosidade à sua experiência. O que importa não é o que você escolhe, mas sim o seu comprometimento com estar consciente do que está fazendo, enquanto o faz.

Semana Dois: Lidando com as barreiras

A prática da meditação diária pode ser bastante desafiadora. A meditação dá o espaço para que uma larga gama de pensamentos aprisionados e emoções venham à tona, frequentemente aquelas que você quer evitar ao máximo. A tendência da mente é julgar as experiências como boas ou ruins. A ideia do mindfulness é estar consciente destes julgamentos e abandoná-los. O mais importante é continuar praticando, independente de qual for sua experiência. E tente não se massacrar quando não conseguir fazer as práticas. Em vez disso, entenda com delicadeza que, como ser humano, você não é perfeito. Levante-se, e, quando estiver pronto, tente novamente.

LEMBRE-SE

O objetivo do escaneamento corporal ou de qualquer outra meditação não é o relaxamento, logo, não se preocupe caso não esteja super-relaxado. O objetivo é simplesmente estar consciente de qualquer que seja sua experiência, o máximo possível. A experiência pode ser desagradável e você pode sentir-se mais tenso ao final da sessão, mas, ainda assim, é uma meditação tão boa quanto qualquer outra; sua mente pode estar fazendo apenas uma desintoxicação emocional, quem sabe? Apenas seja paciente e tente não julgar a experiência.

Esta é a prática para a Semana Dois:

» Continue a praticar o escaneamento corporal diariamente usando o MP3. Talvez você saiba agora qual a melhor hora para praticar a meditação e seja capaz de manter a prática. Registre em seu caderno, mesmo que seja só uma frase, como a experiência do escaneamento corporal é para você, diariamente.

» Escolha outra atividade rotineira diária para fazer com atenção plena, além daquela que você escolheu na Semana Um. Tente parar para uma inspirada ou duas antes de começar a atividade e conecte-se, então, com seus sentidos, percebendo os pensamentos e emoções que estão tocando em sua mente.

» Pratique a atenção plena de sua respiração por dez minutos por dia, simplesmente sentando-se confortavelmente reto e sentindo sua respiração. Caso a sua mente naturalmente vague, parabenize-se por perceber e guie sua atenção gentilmente de volta à sensação da respiração. Evite prestar atenção à autocrítica; caso a crítica surja em sua atenção plena, observe o pensamento negativo como um outro pensamento qualquer e volte sua atenção para a respiração. Confira o Capítulo 6 para ver como praticar a atenção plena da respiração de forma mais detalhada.

» Comece um diário de eventos agradáveis e use-o para anotar seus pensamentos, sentimentos e sensações corporais quando experimentar algo agradável, da maneira mais detalhada possível. Desta maneira, você fica mais consciente do quão automaticamente reage às suas experiências agradáveis. Veja o Capítulo 13 para mais detalhes sobre como fazer isto.

Semana Três: Estar com a atenção plena em movimentos

Uma das belezas do mindfulness é que você não precisa estar parado para estar consciente com a atenção plena. Esta semana é uma oportunidade de explorar a atenção plena em movimento. Esta também é uma oportunidade de refletir sobre a força da concentração na respiração. A respiração pode agir como uma âncora: um lugar sempre disponível, bem debaixo do seu nariz, para levá-lo ao momento presente. Estar consciente de sua respiração ao concentrar-se em algo desafiador pode capacitá-lo a ver a dificuldade a partir de um ângulo diferente, suavizando um pouco a tensão.

Experimente esta prática para a Semana Três:

» Nos dias um, três e cinco, pratique cerca de 30 minutos de caminhada ou alongamento com atenção plena. Muitas pessoas gostam de desenvolver a atenção plena com a yoga ou tai chi e acham essa abordagem bastante poderosa.

» Nos dias dois, quatro e seis, pratique o escaneamento corporal usando o MP3.

» Comece a praticar a minimeditação chamada de pausa para respirar de três minutos três vezes ao dia (explicada no Capítulo 7). Você pode, mais provavelmente, lembrar-se de fazer o exercício de pausa para respirar caso decida, no início da semana, exatamente quando quer praticá-lo.

> Complete um diário de acontecimentos desagradáveis no seu caderno (veja o Capítulo 13 para mais detalhes) diariamente. Isto significa escrever uma coisa por dia que tenha sido desagradável para você e as sensações no seu corpo, os pensamentos que atravessam sua mente na hora e como sentiu-se emocionalmente.

Semana Quatro: Permanecendo Presente

Nesta semana, concentre-se no momento presente. Reflita sobre a qualidade deste momento agora. Como ele se compara com pensar no passado ou no futuro? Qual efeito focar no aqui e agora tem sobre seus pensamentos ou emoções?

Você reage a experiências de uma das três maneiras:

> Apego às experiências agradáveis
>
> Apego às experiências desagradáveis
>
> Indiferença às experiências do dia a dia

LEMBRE-SE

Agarrar-se a experiências agradáveis leva ao medo do que acontece quando você as perde. A aversão a experiências desagradáveis leva ao estresse a cada vez que você tem um momento difícil. Entrar no piloto automático ao encarar um evento neutro significa que você não se liga no mistério e maravilha que é estar vivo.

Nesta semana, concentre-se em sua aversão a experiências desagradáveis. Você, assim como todas as pessoas do planeta, tem que enfrentar dificuldades de tempos em tempos. A questão é *como* você lida com o desafio: foge dele, reprime ou luta contra os sentimentos? Existe uma outra maneira? Independentemente de como você lide com as dificuldades, ao ter uma maior atenção plena do processo, suas próprias reações começam a se desembaralhar bem lentamente. Você começa a considerar a possibilidade de responder de uma maneira que reduz em vez de aumentar seu estresse.

Eis sua prática para a Semana Quatro:

> Nos dias um, três e cinco, pratique 15 minutos de movimento com atenção plena — alongando-se ou caminhando — seguidos por 15 minutos de respiração com atenção plena.
>
> Nos dias dois, quatro e seis, pratique a meditação guiada sentada de 30 minutos explicada no Capítulo 6, usando o MP3 fornecido.
>
> Pratique a meditação de pausa para respirar de três minutos três vezes ao dia em horas pré-determinadas por você.

» Além disso, pratique a pausa para respirar de três minutos quando algo desagradável acontecer. Escreva em seu caderno qual efeito esta meditação teve em suas experiências.

» Fique consciente dos momentos de estresse. Como você reage a eles? Você cria um bloqueio, resiste ou reprime o estresse, ou se fecha? Fique consciente do que está acontecendo em seu corpo. Quando reage de certa maneira ao estresse, o que acontece com você? Qual efeito estar presente com uma dificuldade tem em sua resposta? Permita-se ser profundamente curioso sobre seu relacionamento com o estresse.

Semana Cinco: Abraçando a aceitação

Nesta semana, tente permitir que as coisas sejam como são, em vez de imediatamente querer mudá-las. Por exemplo, se alguém lhe irritar, em vez de reagir imediatamente, apenas permaneça com o sentimento de irritação. Sinta isso em seu corpo e perceba seus pensamentos automaticamente. Caso sinta uma dor de cabeça chegando, observe o que acontece se você deixar a dor ser como ela é, e a veja aumentar e diminuir. Qual efeito permitir, aceitar e reconhecer tem sobre suas sensações desagradáveis e agradáveis?

Caso queira ficar mais relaxado, o primeiro passo é permitir que as coisas sejam como são, da maneira que forem. Caso sinta-se frustrado, o sentimento já está ali, então, em vez de ficar frustrado com isso também, tente começar a aceitar a frustração. Perceba os pensamentos, sentimentos e sensações corporais que surgem juntamente à frustração. Você pode tentar dizer a si mesmo: 'Está tudo bem; o que quer que seja, está tudo bem. Já está aqui. Deixe-me sentir isto'.

LEMBRE-SE

A aceitação não é resignação: você está encarando a dificuldade em vez de fugir dela. O mindfulness envolve a aceitação da consciência e o seu uso como uma maneira de mudar, não se prendendo a uma situação na qual a mudança nunca ocorrerá.

Experimente esta prática na Semana Cinco:

» Pratique a meditação sentada guiada usando o MP3, percebendo como você reage aos pensamentos, emoções e sensações corporais. Registre quaisquer observações em seu caderno.

» Faça a meditação de pausa para respirar de três minutos três vezes ao dia. Experimente conectá-la com suas atividades cotidianas em momentos como suas refeições, depois de acordar e bem antes de dormir.

» Pratique a pausa para respirar de três minutos quando estiver passando por uma dificuldade. Use a prática para explorar seus pensamentos e sentimentos, em vez de tentar livrar-se deles, se puder.

> Explore a diferença em responder de maneira controlada a situações mais desafiadoras, estejam elas ocorrendo durante a meditação ou não, em vez de reagir de forma descontrolada à sua experiência. Torne-se mais consciente de suas reações e dos pensamentos e emoções que os conduzem.

Semana Seis: Percebendo que pensamentos são apenas pensamentos

Sempre, quando você pensa em algo, como 'ele me odeia' ou 'eu não consigo fazer isso', você aceita isso como um fato, uma realidade. Você pode acreditar que quase todo pensamento que surge em sua consciência é uma verdade. Caso a sua mente habitualmente traga pensamentos negativos ou inúteis, ver pensamentos e imagens como fatos tem consequências estressantes. No entanto, você pode livrar-se deste fardo. Vire as coisas ao seu redor e tente ver os pensamentos como reações automáticas e condicionadas em vez de fatos. Questione a validade dos pensamentos e imagens. Dê um passo para trás dos pensamentos, se puder, e não creia que eles sejam você ou a realidade. Apenas veja-os ir e vir e observe o efeito disso.

LEMBRE-SE

Pensamentos são só pensamentos, não fatos. Pensamentos são eventos mentais. Você não é os seus pensamentos.

Quando estiver sentindo-se desafiado, leia o Capítulo 13 e veja se consegue identificar os tipos de pensamentos que estão ocorrendo.

Prática para a Semana Seis:

> Agora você pode começar a misturar e a combinar da maneira que quiser. Combine a meditação sentada, o escaneamento corporal e o movimento com atenção plena de 30 a 45 minutos por dia. Você pode dividir o tempo em duas ou três partes e distribuí-las ao longo do dia. Alguns dias você pode escolher não usar o MP3.

> Pratique o espaço da respiração de três minutos três vezes ao dia e pratique adicionalmente quando surgir uma dificuldade ou desafio para você. Perceba quaisquer padrões recorrentes, perceba o efeito da respiração com atenção plena em seu corpo e deixe a atenção plena se espalhar pelo que você estiver encarando adiante.

> Caso tenha tempo, pratique um dia de meditação mindfulness silenciosa. Veja a seção 'Separe um dia para o mindfulness' posteriormente neste capítulo para saber como planejar e exercitar este dia de mindfulness.

Semana Sete: Cuidando de si mesmo

As atividades que escolhe fazer, a cada momento e a cada dia, influenciam fortemente em como você se sente. Ao tornar-se consciente das atividades que o levantam e daquelas que o derrubam, você pode ser capaz de ajustar as escolhas que fizer para tomar conta de si da melhor maneira possível.

Eis sua prática para a Semana Sete:

- » Escolha quaisquer meditações formais de mindfulness que você goste — como o escaneamento corporal, a meditação sentada ou uma combinação das meditações — e pratique-as diariamente, com ou sem o MP3.
- » Continue a praticar o espaço de respiração de três minutos três vezes ao dia e quando surgir uma dificuldade. Tente fazer uma escolha sábia depois ou durante uma dificuldade.
- » Projete um alerta de estresse no seu caderno escrevendo todos os sinais de cuidado que você tem quando está sob estresse excessivo, como sentir calor ou comportar-se de maneira impaciente e escreva então um plano de ação que possa seguir para reduzir o estresse, assim como a minimeditação, caminhar ou conversar com um amigo. Use seu plano de ação como referência da próxima vez em que se sentir bastante estressado e perceba qual efeito isso tem.

Semana Oito: Reflexão e mudança

Às vezes, ao encarar um problema, independente do quanto tente, quanto esforço coloque na resolução do problema, você ainda está preso à dificuldade. Nada parece funcionar. Caso você continue tentando, pode ficar cada vez mais cansado e, talvez, irá ainda para mais longe de uma solução em vez de aproximar-se dela. Em tais circunstâncias, pare de tentar resolver a questão e aceite a circunstância por hora. Neste ato de bondade consigo mesmo, uma solução pode ou não surgir. No entanto, provavelmente você se sentirá menos irado, frustrado, estressado ou deprimido. A sensação de impotência surge quando você continua tentando e nenhum benefício parece se manifestar. A aceitação é uma mudança em si mesma.

PALAVRAS DE SABEDORIA

Talvez você já conheça a oração da serenidade, que busca:

A serenidade para aceitar aquilo que não posso mudar;

A coragem para mudar o que for possível;

E a sabedoria para saber discernir entre as duas.

MANTENDO SUAS DECISÕES

Pesquisas descobriram que quanto mais você pratica o mindfulness a cada dia, maior o benefício. As experiências também mostraram que mesmo os períodos curtos de mindfulness — até alguns minutos ou algumas inspirações com atenção plena — têm efeitos positivos sobre o seu bem-estar.

Por quanto tempo você decide praticar o mindfulness a cada dia depende de sua motivação para meditar em primeiro lugar. Decidir por quanto tempo meditar depende de:

- Suas intenções
- Sua experiência anterior com a meditação ou oração
- O quão comprometido você está em colher os resultados em longo prazo da meditação
- Seu nível de disciplina

O importante é: *uma vez que tenha decidido por quanto tempo meditará, mantenha sua decisão.* Isso é *muito* importante para treinar sua mente. Caso pratique pelo tempo máximo que tiver vontade e levante em seguida, agirá de acordo com seu sentimento. Você para de usar a atenção plena se sua mente disser isso. No entanto, se você decidir meditar por dez minutos e depois de cinco ficar com vontade de levantar, permaneça. Isso faz com que você experimente sensações de impaciência ou tédio, frustração ou agitação. Qual o benefício disso? Bem, você está se posicionando. *Você* está dizendo à sua mente: 'Obrigado pela sua ideia, mas eu estou no comando aqui. Decidi ficar parado por dez minutos e sentir as sensações de minha respiração para ajudar-me a permanecer calmo e a focar'. A mente eventualmente se acalma. Você não é mais um escravo do que sua mente joga sobre você. Esta é a *liberdade* do mindfulness: você está livre para escolher o que faz e como age, e não deixa que sua mente escolha.

Nesta última semana do curso, reflita sobre como foi a experiência para você. O que você achou mais útil? Quais aspectos você gostaria de integrar à sua prática diária? Escreva seus pensamentos em seu caderno.

E, finalmente, sua prática para a Semana Oito:

» Decida qual prática formal de mindfulness você quer fazer pela próxima semana e leve sua decisão adiante da melhor maneira possível.

» Ao fim da Semana Oito, pense em como as oito semanas do curso foram para você, registrando seus pensamentos no caderno. Considere algumas destas questões para ajudá-lo com o que escreveu no caderno. Como o seu nível de estresse mudou ao longo das oito semanas? Como lidou com as dificuldades na sua vida enquanto estava engajado neste curso? Como pode adaptar as práticas do mindfulness de modo a integrá-las à sua vida?

>> Parabenize-se por atingir este ponto, independente de ter conseguido fazer muita ou pouca atenção plena. A prática do mindfulness diariamente não é algo fácil de se fazer: qualquer atenção plena que você tenha conseguido é melhor do que não ter conseguido nada.

Escolhendo o que Praticar para a Redução Rápida do Estresse

Como você decide o que comerá no jantar esta noite? Sua decisão provavelmente depende do quão faminto você ou sua família estejam, quem vai cozinhar, a comida na geladeira, o dia da semana, a refeição que comeu ontem e assim por diante. Muitos fatores entram em questão. Como você decide qual meditação mindfulness praticar hoje ao estabelecer sua própria rotina de mindfulness? Eu dou algumas opções nesta seção.

Muitas pessoas vem até o mindfulness buscando a redução do estresse. O estresse tem um impacto sobre todos. Se você está vivo, experimentará estresse. A questão é: como lidar com o estresse?

CUIDADO

Tentar livrar-se de seu estresse utilizando força bruta pode apenas aumentá-lo. Imagine que esteja tentando puxar uma porta que tem um sinal dizendo empurre. Independente de quanta força faça, a porta não abrirá! Caso você faça força o bastante, a maçaneta pode cair, o que não ajudará em nada. O estresse pode surgir do fazer, fazer e fazer mais. Você não pode usar a mesma abordagem frenética para a redução do estresse. Para isso, é preciso que pare de fazer constantemente — ou comece a não fazer. Isso é o que o mindfulness oferece.

Experimente praticar as seguintes dicas diariamente ao longo de um período de algumas semanas e veja o que acontece:

>> Para uma redução rápida do estresse, experimente a meditação de pausa para respirar de três minutos (abordada no Capítulo 7 e no MP3). Este exercício de mindfulness inclui inteligentemente um pouco de todos os tipos diferentes de meditações mindfulness em um pacote pequeno e compacto. Muito legal, não? Você não precisa usar o MP3 uma vez que tiver entendido o processo e nem mesmo tem que fechar os olhos. Caso esteja no trabalho, pode olhar suavemente o fundo da tela do computador ou ir ao banheiro e praticar lá — por que não?! É quieto (tomara!), você pode trancar a porta, abaixar a tampa e sentar-se. Seu chefe pode até mesmo se perguntar por que você parece tão sereno toda vez que sai do banheiro!

USANDO A ATENÇÃO PLENA PARA A AUTODESCOBERTA

Muitas pessoas usam o mindfulness como um caminho para a *autodescoberta*. Ela baseia-se em aprofundar seu próprio entendimento de quem você é e seu relacionamento consigo mesmo, com outros e com o ambiente como um todo. Na meditação, sua mente conceitual com seus pensamentos e ideias param de ser o único ponto de referência para você.

Você descobre o conceito de estar separado do resto conforme cresce. Os bebês não se identificam com seus próprios corpos. O bebê olha com espanto para seu próprio pé como se eles estivessem olhando um molho de chaves. Não há um sentido de eu e não eu. Os humanos têm uma necessidade profunda de fazer parte de um todo maior, seja socialmente ou espiritualmente. Atribui-se a Albert Einstein a seguinte observação espantosa:

> *Um ser humano é parte de um todo, chamado por nós de 'Universo', uma parte limitada no tempo e espaço. Ele experimenta a ele mesmo, seus pensamentos e sentimentos como algo separado do resto — um tipo de ilusão de ótica de sua consciência. Ela é um tipo de prisão para nós, restringindo-nos a nossos desejos pessoais e à afeição por algumas pessoas mais próximas. Nossa tarefa deve ser a de libertarmo-nos dessa prisão, ampliando nosso círculo de compaixão, abraçando todas as criaturas vivas e toda a natureza em sua beleza.*

Esta é a tarefa da 'atenção plena'. Você está vendo essa 'ilusão de ótica' como Einstein chama, como os pensamentos e crenças autolimitadores sobre quem você é e seu lugar no mundo. Com a atenção plena vem a compreensão e você começa a ver esta prisão de separação e, ao fazê-lo, há libertação, mesmo que momentaneamente. Mas cada momento de liberdade nutre, levanta, energiza e o motiva a continuar andando nesta jornada rumo à cura, saúde, autodescoberta e integridade. Lembre-se, você não precisa viajar muito para isso: o momento presente é aqui e agora.

» Experimente dez minutos de respiração com atenção plena, usando a faixa de MP3 ou praticando sozinho. Idealmente, faça esta meditação de manhã para prepará-lo para o dia, mas caso não goste disto, faça em qualquer momento do dia que seja adequado para si ou sempre que sentir-se estressado.

» A caminhada meditativa é uma prática maravilhosa para ser integrada ao seu dia. Você está, então, combinando um exercício suave à atenção plena — uma combinação poderosa para a redução do estresse. Vá para o Capítulo 6 para conferir a caminhada meditativa.

» Passe dez minutos ou mais alongando seu corpo com atenção plena. Use quaisquer movimentos de alongamento que preferir. O estímulo do corpo quando você alonga tira sua atenção de sua mente e a leva para as sensações físicas. Caso tenha tempo durante o dia, também pode dar uma alongada suave aqui e ali. Lembre-se de que a coisa mais importante é estar consciente dos sentimentos no corpo e na mente ao alongar-se, de um modo bondoso e gentil. Continue respirando com atenção plena ao mover-se — liberte-se de qualquer tendência de prender sua respiração, se puder.

» Passe algum tempo vendo uma situação estressante a partir da perspectiva da outra pessoa ou por alguma perspectiva diferente para ajudá-lo a aliviar o estresse.

» Antes de ir dormir, pense em três coisas pelas quais é grato. Fazer isso alivia o estresse e tem um efeito em longo prazo benéfico. Veja mais sobre gratidão no Capítulo 4.

Também escreva todos os eventos do seu dia que lhe causaram estresse. O que estava passando por sua cabeça? Quais ideias fixas você tinha? Você percebeu algum padrão? Observe estes padrões da próxima vez em que estiver numa situação estressante e perceba qual o efeito de estar ciente no padrão que se repete.

Indo Ainda Mais Fundo

Então, você estabeleceu uma rotina de mindfulness. Você sente que está pronto para o próximo passo. Pode progredir na sua prática com a meditação por períodos de tempo maiores. Esta seção oferece maneiras de sair da sua rotina e encontrar mais apoio em sua jornada.

Descobrindo o valor do silêncio

Nós vivemos em um mundo ocupado e barulhento. Só hoje eu falei com amigos e membros da minha família. Troquei mensagens com outras pessoas. Assisti alguns vídeos no YouTube e até mesmo criei um!

No meio de todo este barulho e ocupação, há pouquíssimo silêncio. E quando você se vê em um lugar quieto, como numa praia, numa floresta ou no campo, pode tentar ligar para um amigo e capturar a experiência com fotos. Comunicar-se constantemente pode tornar-se um hábito impulsivo em vez de uma escolha.

Eu gostaria de convidá-lo a explorar algo diferente caso ainda não o tenha feito: ficar em silêncio. Explore o valor de ficar em silêncio em vez de falar ou comunicar-se com os outros por um período de tempo. Isso inclui não assistir televisão, ficar na internet ou até mesmo ler. Apenas distancie-se do mundo da linguagem. Isso pode durar algumas horas, um dia inteiro ou talvez mais, caso participe de um retiro.

A maioria das pessoas acha que ficar em silêncio é impossível para elas. Mas por que não tentar? Você não tem nada a perder e pode descobrir toda uma nova maneira de ser que possa revisitar de tempos em tempos.

É um pouco como acreditar que a Terra é reta. Se acreditar nisso, você não vai explorar. Mas se tiver a coragem de ir ao limite e ver o que acontece, acaba descobrindo uma paisagem inteiramente nova. Da mesma maneira, caso acredite que ficar em silêncio não lhe ensinará nada de novo, não irá nem experimentar. Mas caso esteja querendo tentar, quem sabe quais belas paisagens internas você pode ser capaz de explorar?

Os benefícios de ficar sem falar por algum tempo incluem:

» Uma chance de a mente tagarela se acalmar, para que você possa ver com clareza e observar com maior profundidade e precisão.

» Uma oportunidade de refletir sobre sua vida e considerar o que está indo bem e qual direção quer seguir no futuro.

» Tempo para processar e livrar-se de quaisquer emoções armazenadas que possa ter suprimido consciente ou inconscientemente.

» Níveis mais altos de criatividade.

» Um período maior de tempo para desestressar, curar-se e encontrar paz interior.

LEMBRE-SE

Você não precisa forçar-se a ficar em silêncio. Tente quando sentir-se pronto para fazê-lo.

Separando um dia para o mindfulness

Atualmente, as pessoas trabalham muito. Você está trabalhando duro para seus empregadores ou em seu próprio negócio, ou talvez esteja em casa cuidando de seus pais ou filhos. Até cuidar de si mesmo requer tempo, energia e esforço. A meditação mindfulness oferece uma folga, uma chance de parar de fazer, de preencher suas infinitas necessidades e desejos de ajudar os outros e a si mesmo e simplesmente *ser*. Você já passou um dia inteiro sem fazer nada? Isso não significa assistir televisão o dia todo ou dormir o dia todo; mesmo quando você dorme, sua mente pode estar sobrecarregada, indo de um sonho para outro. Ao não fazer, quero dizer usar o tempo de liberar o pensamento excessivo sobre o passado ou as preocupações com o futuro — residir suavemente no aqui e agora.

EXPERIMENTE ISTO

Um dia de mindfulness é um belo presente que você pode dar a si próprio. A ideia é passar um dia inteiro em atenção plena, de preferência em silêncio. Eis algumas instruções para a prática deste exercício:

1. **Na noite anterior, coloque um lembrete perto de sua cama e pela casa de que você passará o próximo dia em atenção plena.** Esteja claro em sua mente de que você manterá o telefone, computador, televisão e outros aparelhos eletrônicos desligados. Vá dormir sentindo a sua respiração deitado em sua cama.

2. **Quando acordar em seu dia de mindfulness, comece-o com respiração em atenção plena deitado na cama.** Sinta cada inspirar e cada expirar com atenção plena. Se quiser, sorria suavemente. Passe algum tempo refletindo sobre o que você é grato: seu lar, seus relacionamentos sua renda, sua família, seu corpo, seus sentidos ou o que quer que você sinta que tem e as outras pessoas não.

3. **Lentamente e com atenção plena, saia da cama.** Caso tenha uma vista agradável de sua janela, passe um tempo olhando para fora. Aprecie a visão das árvores, da grama ou das pessoas caminhando propositadamente para realizar suas necessidades. Olhe, se puder, sem julgamentos e reações encorajadoras. Sua mente está fadada a vagar por outros pensamentos e preocupações — somente traga suavemente sua atenção de volta assim que perceber.

4. **Pratique alguma meditação formal de mindfulness.** Você pode fazer a meditação do escaneamento corporal.

5. **Tome uma chuveirada ou banho de banheira.** Faça isso num ritmo prazeroso. Leve o tempo que julgar necessário, mesmo que tenha vontade de ser breve, sem motivo aparente. Sinta as sensações da água em seu corpo — em muitos lugares pelo mundo as pessoas têm que caminhar por horas para buscar água, então seja grato pelo acesso fácil que tem a ela.

6. **Leve seu tempo preparando seu café da manhã.** Conecte-se aos seus sentidos e continue trazendo sua atenção para o aqui e agora. Pause por alguns momentos antes de começar a comer seu café da manhã. Certifique-se de saborear e mastigar adequadamente cada colherada antes de partir para a seguinte. Isso é comer com atenção plena.

7. **Você pode escolher passar o meio da manhã fazendo uma caminhada meditativa ou fazendo yoga ou talvez um pouco de jardinagem.** O que quer que escolha fazer, faça com uma consciência gentil e generosa. Evite passar mais do que alguns minutos lendo um livro ou uma revista. A ideia é conectar-se aos seus sentidos em vez de encorajar a mente a pensar demais.

8. **Passe algum tempo preparando e comendo o almoço.** Novamente, permita que o processo se desenrole de uma maneira divertida. Você não precisa se apressar. Caso os sentimentos de tédio, agitação ou frustração surjam, veja se pode oferecer a eles um espaço para que passem — para a superfície e diminuam novamente. Faça sua refeição com gratidão e atenção; mastigue cada porção sem pressa.

9. **Comece uma atividade física suave depois do almoço ou talvez tire um cochilo.** Por que não? Conecte seus sentidos a outro hobby de sua escolha. De tempos em tempos, pratique a meditação de pausa para respirar por alguns minutos para ajudá-lo a trazê-lo para o momento presente. Você pode até mesmo escolher fazer outra prática meditativa extensiva como uma meditação sentada ou yoga ou tai chi. Não se surpreenda se começar a achar todo o processo desafiador ou emocional. Você pode não estar acostumado a dar tanto espaço a si mesmo para simplesmente estar presente e isso pode permitir que pensamentos e emoções não processados libertem-se em sua consciência. Seja tão bondoso e paciente consigo mesmo quanto for possível.

10. **Continue a permitir que o dia se desenrole desta maneira, comendo, descansando, caminhando e praticando meditação.** Caso não consiga evitar limpar um armário ou organizar sua papelada, realmente dedique-se em suas ações, fazendo as coisas um passo por vez.

11. **Tendo preparado e comido sua refeição da noite, que é idealmente a mais leve das que tiver durante o dia, você pode relaxar e descansar antes de ir para a cama.** Deite na cama e surfe nas ondas de sua própria respiração, permitindo-se repousar naturalmente até pegar no sono.

Juntando-se a um grupo

A meditação é frequentemente feita sentado, com os olhos fechados em silêncio. Não existe muito papo; ninguém está abrindo as cervejas. Então, para que você se juntaria a um grupo de meditação mindfulness? Eis algumas razões:

» **Ao frequentar um grupo regular, você se compromete a praticar com frequência.** Sem tal comprometimento, você pode perder o foco e acabar não meditando, embora realmente queira fazê-lo e ache valioso.

» **Sua meditação é mais profunda ao ser praticada com um grupo.** Muitos dos meus clientes dizem isso quando vão a uma aula. É menos provável que você fique inquieto desnecessariamente quando estiver sentado com os outros; caso o corpo permaneça relativamente parado, a mente também se acalma. É também mais provável que você se esforce mais em sua postura ao sentar, sentando-se mais reto e com dignidade. Pessoas que têm inclinações espirituais acreditam que, ao meditar juntas, você cria uma certa energia positiva no quarto que gera uma atmosfera favorável, intensificando a qualidade da meditação.

» **Você frequentemente fica amigo de pessoas que gostam de meditação.** Isso pode criar um sistema de '*feedback* positivo' dentro do seu círculo social, porque quanto mais tempo você passa com outros meditadores, mais pensa em atenção plena e se lembra de praticar e a chance é maior de ouvir falar nos últimos livros, professores e retiros mais indicados. Vocês começam a apoiar-se em outras áreas da vida também, o que é sempre bom.

Como você escolhe um grupo? Pode ser que você consiga achar um grupo de meditação mindfulness na sua área procurando na internet. No entanto, você não precisa entrar num grupo de mindfulness. Pode entrar em qualquer tipo de grupo de meditação e, por meio da tentativa e erro, achar um com o qual sinta-se confortável. A maioria das organizações Budistas praticam alguma forma de meditação mindfulness. E, cada vez mais, os centros de yoga oferecem grupos ou classes de mindfulness.

EXPERIMENTE ISTO

Caso não consiga encontrar um grupo para você, considere montar um. Sei de um casal que montou um grupo semanal que cresceu naturalmente por si só, pelo boca a boca, até chegar a 15 membros regulares. Em cada sessão, você precisa apenas de um período de silêncio para a meditação — talvez 30 minutos, mais ou menos — e depois de um período para explorar e compartilhar como a prática e a semana foram. Você pode querer ler um parágrafo de um texto de um livro sobre mindfulness. Depois disso, eu sugiro algum tempo simplesmente para socializar em torno de uma xícara de chá e alguns biscoitos deliciosos. No verão, eu organizo caminhadas e piqueniques de mindfulness em parques ou na beira do rio — talvez você consiga organizar este tipo de evento também.

Encontrando um retiro apropriado

Quando tiver praticado o mindfulness por, ao menos, alguns meses, pode estar pronto para participar de um retiro de meditação. Esta é uma oportunidade magnífica para você desenvolver sua prática de meditação e descobrir mais a seu respeito. Retiros podem levar de um dia a diversos anos de duração! Eu recomendo fortemente que comece pelo retiro de um dia, aumente gradativamente para o de um fim de semana, depois uma semana e, caso você esteja levando sua prática muito a sério, pode permanecer por mais tempo.

Os retiros custam entre 20 e 200 dólares por dia ou 150 dólares a 2.000 dólares por uma semana, o que inclui toda a comida e acomodação. Os retiros Budistas sempre convidam um donativo adicional para os professores e organizadores, que às vezes trabalham voluntariamente.

CAPÍTULO 9 **Estabelecendo Sua Própria Rotina Mindfulness** 189

Algumas das perguntas a serem feitas antes de agendar um retiro de meditação incluem:

- » **O retiro é silencioso?** O silêncio oferece uma maneira poderosa de intensificar sua disciplina meditativa, conforme expliquei anteriormente. Caso sinta que ir para um retiro silencioso seja um pouco demais, especialmente no começo, pode achar um feriado de mindfulness, combinando meditação com momentos livres para socializar e relaxar. Experimente um retiro silencioso no futuro, quando sentir-se pronto.

- » **O professor é experiente?** Na maioria dos retiros, a pessoa que está liderando normalmente é bastante experiente, mas vale a pena verificar, especialmente se você for participar por um período extenso.

- » **Qual é a programação típica do dia?** Descubra a hora na qual espera-se que você acorde, para que saiba no que está se metendo. E verifique quanto tempo é gasto no dia em meditação também. Acordar às 4 da manhã e meditar em pedaços de duas horas ao longo do dia pode ser um pouco demais para você e pode fazer com que desanime de meditar por completo. Você pode encontrar muitos retiros com agendas muito mais suaves se procurar bem.

CUIDADO

- » **Isto é um culto?** Caso a organização diga coisas como 'Nosso modo é o melhor/único modo' ou 'Se você parar de nos seguir, você desandará/morrerá/sofrerá/nunca será feliz', então agradeça e vá embora. Muitas organizações sábias promovem retiros de meditação mas, assim como tudo, algumas organizações suspeitas fazem o mesmo. Caso a organização diga: 'Você está livre para sair a qualquer momento' ou 'Nosso modo é um modo de se praticar a meditação, mas existem muitos outros modos que você deve investigar, se tiver vontade' ou 'Finalmente, só você pode descobrir qual a melhor maneira para sua meditação por meio de sua própria observação e experiência', está provavelmente com uma boa organização. Boa sorte em sua busca.

A melhor maneira de encontrar um retiro é conseguir uma recomendação. Se não souber a quem perguntar, tente procurar online. Algumas são Budistas, ou de alguma outra religião e outras são puramente seculares. A maioria dos retiros é aberta a pessoas de todas as fés, ou sem fé alguma. Mesmo no caso dos retiros não serem em sua região, eles podem levá-lo a achar um retiro adequado em um lugar acessível. Alguns são retiros silenciosos. Outros combinam a prática do mindfulness com um descanso, então você pode desempenhar a atenção plena com um grupo e ter um tempo para relaxar e descansar da sua maneira também, explorando seus arredores — o que pode ser muito divertido. Eu lecionei em um retiro como esse mês passado no Marrocos, perto das montanhas Atlas — uma alegria verdadeira. Meu próximo projeto é oferecer um treinamento de mindfulness e retiro de artes em conjunto com um artista em Berlim.

> **NESTE CAPÍTULO**
>
> **Lidando com os obstáculos na prática do mindfulness**
>
> **Superando os problemas comuns**
>
> **Transcendendo as distrações**

Capítulo 10

Lidando com os Obstáculos e Transcendendo as Distrações

Quando você começou a aprender a andar, deve ter caído centenas, se não milhares, de vezes antes de conseguir equilibrar-se em suas duas pernas. Mas você não desistiu. Você provavelmente riu, levantou e tentou novamente. Aprender a meditação, uma maneira poderosa de aprofundar a sua atenção plena, é um processo similar. Quando você começar a tentar meditar, tropeçará (bem, não literalmente, espero, a não ser que esteja tentando a meditação menos conhecida de pular num pé só). Mas os imprevistos são parte do processo da meditação. A questão é como você lida com eles. Caso veja os obstáculos como oportunidades de aprendizagem em vez de fracassos, você está fadado ao sucesso. Cada vez em que um problema ocorre, você só precisa levantar-se e tentar novamente, sorrindo, se possível. No fim, você pode perceber que a meditação não é a realização de um determinado estado mental, mas sim de lidar com cada experiência com calor e aceitação. Este capítulo lhe mostra como.

Cada um acessa o mindfulness de uma maneira. Para você, as meditações mindfulness neste livro podem não ser adequadas. Em tal caso, você pode cultivar o mindfulness por meio da jardinagem, culinária, corrida, faxina ou de alguma outra maneira. Caso meditar não seja atrativo para você, considere qual atividade diária você pode fazer, ou já faz, usando atenção plena, ao focar por completo naquele momento. Levar seu cachorro para passear num parque local, por exemplo, pode ser sua meditação diária, caso seja feito de modo consciente e com uma mente aberta. Descubra seu único momento de atenção plena diário.

Extraindo o Máximo da Meditação

Meditação mindfulness quer dizer separar um tempo para focar intencionalmente em algum aspecto de sua experiência com uma aceitação gentil a cada momento, da melhor maneira possível. Então, por exemplo, você pode prestar atenção em sua respiração, conforme ela entra e sai de seu corpo, aceitando sua velocidade como é. A meditação mindfulness pode também ser utilizada para estar consciente e aberto a todas as suas experiências de momento a momento — sua respiração, corpo, sons, o pensamento sobre sua lista de compras, a sensação de tédio e assim por diante.

No fim das contas, *você não tem nada a receber da meditação*. Eu sei que isso soa bem louco, mas é um ponto importante. A meditação não é uma maneira de *receber* alguma coisa, porque você já tem tudo o que precisa para ser inteiro e completo. Em vez disso, a meditação baseia-se em libertação. Todos os benefícios da meditação (que eu abordo no Capítulo 2) são melhor vistos como efeitos colaterais. A meditação baseia-se em estar com o que quer que seja sua experiência, seja ela agradável ou desagradável e ver o que se desenrola. Meditar é meio como fazer seu hobby predileto. Caso goste de pintar, você pinta. Se você pinta por amor pela pintura em vez de buscar um resultado, o faz sem esforço e com alegria. A meditação é como pintar: caso você passe seu tempo em busca de benefícios, acaba estragando a diversão.

Achando tempo

Caso esteja interessado em desenvolver a arte de meditar, tente envolver-se em alguma forma de meditação diária, chamada de *prática formal*. Se escolherá meditar por cinco minutos ou uma hora depende de você, mas fazer uma conexão diária com a meditação tem um efeito profundo.

Ocupado demais para meditar diariamente? Eu conheço a sensação. A vida é cheia de tantas coisas para fazer que encontrar o tempo para praticar a meditação pode ser difícil. Mas você encontra tempo para escovar os dentes, vestir-se e dormir. Você acha tempo para as tarefas, porque precisa. Você não fica bem caso não consiga fazer essas coisas. A meditação é assim também. Uma vez em que você entrar no ritmo de meditar diariamente, não fica bem a não ser que tenha tido sua dose diária. É aí que você encontra o tempo de meditar.

LEMBRE-SE

O ótimo do mindfulness é que você pode praticá-lo a qualquer momento. Agora, você pode tornar-se consciente do fato de que está lendo. Pode sentir a posição de seu corpo enquanto está lendo esta frase. Isso é mindfulness. Quando guardar este livro e caminhar até algum lugar, poderá ter a sensação dos seus pés no chão, ou da tensão em seu ombro, ou do sorriso em seu rosto. Quando você está consciente do que está fazendo, isso é mindfulness.

A prática do mindfulness economiza tempo. Pesquisas descobriram que os meditadores trabalham de forma mais eficiente que os outros. Ou você pode dizer que a meditação cria tempo.

Superando o tédio e a inquietação

O tédio e a inquietação são polos opostos de uma escala de energia. O tédio associa-se com uma falta de entusiasmo e conexão, e a inquietação implica energia que está bombando pelo corpo, desesperada para vir à tona. O mindfulness é projetado para observar estes dois estados e encontrar um equilíbrio entre eles.

Tédio

A meditação pode soar como se fosse a atividade mais chata de todas. Sentar-se sem fazer nada. O que poderia ser mais chato? Até assistir tinta secar pode ser uma ideia mais animadora. A sociedade parece projetada para ajudá-lo a evitar o tédio. Os anúncios na TV são curtos e agitados para prender sua atenção e os telefones celulares ajudam a distraí-lo a qualquer momento em que surja um pingo de tédio. Estas formas de distração contínuas o deixam entendiado mais rápido e mais facilmente. A meditação é um passo corajoso contra a corrente.

Caso sinta-se entediado durante a meditação, não está realmente usando a atenção plena. O tédio implica geralmente numa falta de conexão ou que você está pensando no passado ou futuro em vez do presente. Caso ache que prestar atenção à sua respiração é chato, imagine se sua cabeça estivesse mergulhada na água: você ficaria subitamente muito interessado na respiração! Cada respiração é única e diferente. Perceber sentimentos de tédio e mover seu foco de volta à sua respiração faz parte do processo do mindfulness e é bem natural.

Sentimentos de tédio excessivo podem indicar que você está se forçando a fazer a prática do mindfulness. Tente fazer menos esforço e trazer uma bondade consigo mesmo em sua prática. Sinta sua respiração com uma sensação de simpatia e aconchego. Observe suas sensações corporais da maneira em que observa um filhote ou um bebezinho. E experimente praticar a meditação da bondade amorosa (vá com carinho até o Capítulo 6 para saber mais a respeito disso).

PALAVRAS DE SABEDORIA

AFIANDO SUAS FERRAMENTAS

Era uma vez um cortador de madeira. Ele tinha muitas árvores para cortar e estava trabalhando freneticamente, bufando e suando para completar seu trabalho no prazo. Um sábio estava passando (eles sempre passam nessas histórias) e perguntou: 'Por que você está trabalhando tanto para cortar esta árvore? Não seria mais rápido e fácil se você gastasse um tempo e afiasse seu machado?' O cortador de madeira olhou para o sábio e disse: 'Você não consegue ver quantas árvores eu tenho que derrubar hoje? Eu não tenho tempo de afiar meu machado!'

Nossas próprias vidas são um pouco assim. Se você encontrar tempo para meditar, para afiar o machado de sua mente, pode economizar muito tempo e energia em sua vida. Ainda assim, uma reação comum à meditação é 'Eu estou muito ocupado!' Se você já teve este pensamento, pense no cortador de madeira e no tempo que ele teria economizado afiando suas ferramentas.

EXPERIMENTE ISTO

As seguintes técnicas podem ajudá-lo a trabalhar com os sentimentos de tédio durante a meditação:

» **Reconheça a sensação de tédio.** Tédio é o sentimento que surgiu, logo, aceite-o neste momento.

» **Perceba os pensamentos correndo pela sua mente.** Talvez 'Ohhhh, eu não poderia me incomodar com isso!' ou 'Por que fazer isso?'.

» **Tenha interesse pelo tédio.** Permita-se ficar curioso. De onde veio o tédio? Para onde ele vai? Você consegue sentir tédio em certas partes de seu corpo? Perceba o desejo de dormir ou fazer alguma outra coisa que não seja continuar esta prática.

» **Conecte sua atenção às sensações de respirar e veja o que acontece com o tédio.**

» **Afaste-se um pouco da emoção do tédio.** Caso esteja consciente do tédio, você não é o próprio tédio. Observe o tédio a partir do ponto de vista de uma consciência desligada e descentrada, como se ele fosse algo separado de você.

Observar o tédio pode ser bastante interessante. Quando ele surge, você vê os pensamentos e sentimentos que o atravessam a cada vez que fica entediado. Estes sentimentos podem comandar sua vida sem que você perceba. Conforme fica consciente deles, os sentimentos começam a afrouxar e soltar. Seus programas mentais são sombras e, através da luz do mindfulness, eles perdem sua realidade aparente e desaparecem, sem que você faça muita coisa.

Inquietação

A inquietação é similar ao tédio, só que é associada a níveis excessivos de energia e é um estado mental comum. Você corre o dia todo fazendo mais de um milhão de coisas e quando senta-se para meditar, sua mente ainda está correndo.

EXPERIMENTE ISTO

Experimente estas duas maneiras de lidar com a inquietação:

» **Comece sua prática de meditação com alguns movimentos de atenção plena.** Você pode escolher fazer uma caminhada com atenção plena ou talvez yoga (ambas discutidos no Capítulo 6). Isto lhe ajuda a lentamente acalmar sua mente a fim de praticar algumas meditações sentado ou deitado.

» **Observe sua inquietação sem reagir a ela.** Sinta a inquietação em seu corpo. O que sua mente está lhe dizendo para fazer? Continue sentado, apesar do que a mente disser. Esta é uma meditação poderosa, uma rotina que gentilmente treina a mente a fazer o que você diz a ela para fazer e não o contrário. Você está começando a ficar no controle, em vez de sua mente. Só porque ela está inquieta, você não tem que correr por aí como uma galinha sem cabeça fazendo o que ela lhe diz para fazer. A mente pode dizer coisas do tipo, 'Ah, eu não suporto isso. Preciso levantar e fazer alguma coisa'. Você pode assistir a esse show acontecendo na sua cabeça, respirar e voltar sua atenção a inspiração e expiração. Você pode até responder na sua cabeça, dizendo palavras como 'Obrigado, mente, pela sua atividade. Mas, vamos continuar a praticar o mindfulness por um pouco mais de tempo. Depois a gente pode se movimentar'.

Permanecendo acordado durante a meditação mindfulness

Devido aos estresses da vida ou à constante ocupação e estímulos digitais, pode ser que você não esteja dormindo o suficiente. Ou seu sono pode não ser de alta qualidade. Em qualquer um dos casos, você pode pegar-se caindo no sono em vez de estar desperto durante sua prática de mindfulness. Tudo bem. Você provavelmente precisa mais de sono do que de atenção plena de qualquer modo. Então, dê a si mesmo o tempo de dormir decentemente. Não há necessidade de lutar consigo mesmo. Então, uma vez que você esteja com seu sono em dia, a atenção plena pode começar a ajudá-lo a sentir-se mais desperto, de um modo novo e rejuvenescido.

Por fim, o sono e a atenção plena são opostos, conforme mostramos na Figura 10-1. Quando você cai no sono, está num nível baixo de consciência — mais baixo do que a vida cotidiana normal. O mindfulness é projetado para elevar seu estado de consciência, para que ela seja maior do que durante sua existência normal diária.

FIGURA 10-1: Os níveis diferentes de consciência.

Às vezes, sua mente o faz sentir-se sonolento a fim de evitar a prática do mindfulness. A sonolência durante a meditação mindfulness é um truque esperto que sua mente prega para evitar encarar pensamentos ou emoções difíceis (veja a seção a seguir 'Superando emoções difíceis'). Caso comece a sentir-se sonolento, comece a reconhecer o sentimento.

Experimente estas sugestões para lidar ou evitar a sonolência:

» **Certifique-se de dormir o suficiente:** Caso não durma o bastante, você provavelmente cairá no sono na próxima meditação.

» **Respire algumas vezes, profunda e lentamente.** Repita isso algumas vezes até sentir-se mais desperto.

» **Não coma uma grande refeição antes de meditar.** Caso esteja com fome antes de meditar, faça um pequeno lanche em vez de uma grande refeição antes da meditação.

» **Levante-se e faça alongamentos, yoga, tai-chi ou caminhe com atenção plena.** Depois disto, volte à sua meditação sentado ou deitado.

» **Experimente meditar em momentos diferentes do dia.** Algumas pessoas sentem-se bastante despertas nas manhãs, outras à tarde ou à noite. Descubra o momento certo para você.

» **Abra seus olhos e deixe a luz entrar.** Em algumas tradições de meditação, toda a prática é feita de olhos abertos ou entreabertos. Experimente ver o que funciona para você. Ao fazer isso, continue focado em sua respiração, corpo, sons, visões, pensamentos ou emoções — o que quer que você tenha decidido tornar o foco de sua consciência de atenção plena.

» **Tenha atenção plena em relação ao estado da mente chamado de sonolência.** Isso é difícil, mas vale a pena tentar. Antes de sentir-se sonolento demais, perceba e tenha curiosidade sobre como seu corpo, mente e emoções estão. Isso às vezes pode dissipar a sonolência e permitir que lide com ela da próxima vez em que acontecer.

EXISTE HORA E LUGAR!

Eu tive um aluno de meditação que, quando meditávamos juntos, tombava sua cabeça para frente e depois a levantava de volta. No fim da meditação, eu perguntei a ele se ele estava se sentindo sonolento. Ele disse: 'Não, de forma alguma. Quando eu aprendi a meditar, meu professor fazia isso, então eu pensava que fosse parte da prática de meditação e o imitava!' Seu professor estava, obviamente, pegando no sono ao ensinar o aluno, que o imitou, inocentemente.

Ironicamente, um dos primeiros benefícios da meditação que muitos de meus estudantes relatam é a melhora no sono. Com a prática da meditação mindfulness, as pessoas parecem ser capazes de permitir que pensamentos difíceis sejam liberados do cérebro, possibilitando o estado de sono surgir mais naturalmente quando necessário.

LEMBRE-SE

Caso você perceber que está pegando no sono, apesar de seus melhores esforços, não se preocupe muito com isso. Eu vejo muitos de meus alunos criticando-se bastante por caírem no sono. Caso pegue no sono, pegou no sono: você provavelmente precisava. Aproveite a soneca; boa noite!

Encontrando um foco

Quando você senta para meditar, como decide no que focar?

EXPERIMENTE ISTO

Pense na sua respiração como sua âncora. Um navio solta sua âncora quando precisa parar. Ao ter a atenção plena de algumas respirações, você está soltando sua âncora. Estas respirações unem seu corpo e mente. Respirar pode ser consciente ou inconsciente, e concentrar-se na respiração parece ter uma bela maneira de criar um estado de consciência relaxada. Sua respiração também muda com seus pensamentos e emoções, então, ao desenvolver uma maior consciência disso, você pode regular sentimentos erráticos diariamente. As sensações simples de sua respiração entrando e saindo de seu corpo podem ser como tomar um refresco gelado num dia de calor insuportável. Então, não se esqueça de respirar.

Depois que sentir que estabeleceu sua atenção na respiração, pode focar nas sensações corporais, pensamentos, sentimentos ou nas diferentes partes do corpo, como eu descrevi no Capítulo 6.

Recarregando o entusiasmo

Quando você se estabelece numa prática de meditação mindfulness, entrar em uma rotina é fácil. O hábito de praticar a atenção plena regularmente certamente é útil, mas não se você o fizer de forma mecânica. Se você tem a sensação de que está fazendo a mesma coisa todos os dias e continua dormindo ou senta-se ali sem um objetivo real, então é hora de recarregar o seu entusiasmo.

Eis algumas ideias para disparar o seu entusiasmo:

» **Faça uma prática de meditação diferente.** Olhe por este livro ou vá aos recursos na Parte III para ideias.

» **Entre em um grupo de meditação ou vá para um retiro.** Um ou outro quase certamente mudarão algo em você. Veja o Capítulo 9 para dicas a respeito disso.

» **Experimente fazer sua prática em uma posição diferente.** Se você costumar sentar, tente deitar ou caminhar. Você pode até dançar, pular ou fazer o cancan e ter atenção plena ao mesmo tempo.

» **Mude a hora em que faz a sua meditação.** Normalmente, a manhã é a melhor hora, mas se estiver sonolento demais, experimente depois do trabalho ou antes do almoço, por exemplo.

» **Dê um dia de atenção plena para si.** Passe o dia todo — da hora em que abrir os olhos de manhã até a hora de ir para cama à noite — não fazendo nada específico, fora estar em atenção plena. Deixe que o dia passe naturalmente, em vez de controlá-lo demais. Permita-se aproveitar o dia.

» **Entre em contato com um professor de meditação mindfulness ou experimente fazer um curso ou workshop.** Veja se há um bom professor na sua área, buscando no Google. Alguns leitores deste livro foram ao meu treinamento de professores de mindfulness ao vivo on-line ou preparação de treinadores; ao aprender maneiras de ajudar os outros a meditar, eles descobriram mais sobre suas próprias práticas de mindfulness também. Entre em contato com minha equipe ou descubra mais mandando um e-mail para `info@shamashalidina.com` ou visitando `shamashalidina.com` (em inglês).

A prática é importante, estando você entusiasmado ou não. Siga adiante e veja quais benefícios você ganhará com sua prática a longo prazo.

Lidando com Distrações Comuns

Distrações — sejam elas internas ou externas — são parte da experiência do mindfulness, da mesma forma que estas palavras são parte deste livro. Elas andam de mãos dadas. Se você ficar frustrado, criticar a distração e irritar-se, deixe isto ser parte da sua prática do mindfulness e suavemente volte sua atenção à respiração ou ao foco de sua meditação.

Frustrar-se pode ser um padrão mental e observar e perceber esta frustração em vez de reagir a ela pode gradativamente mudar o padrão. Ficar distraído durante a meditação é uma experiência muito comum, uma parte do processo de aprendizagem. Espere alguma frustração, e depois veja como lidar com ela em vez de tentar fugir dela.

EXPERIMENTE ISTO

Reduza distrações externas ao mínimo. Algumas precauções a serem tomadas são:

» Desligar todos os seus telefones.

» Desligar todas as televisões, computadores e qualquer aparelho eletrônico.

» Pedir a todo mundo na sua casa que lhe dê um tempo sossegado, se possível.

O esforço que você faz para reduzir as distrações pode ter um efeito benéfico na sua prática. Caso você ainda se distraia, lembre-se que os acontecimentos diários sempre se intrometem na prática; ouça os sons e deixe que eles tornem-se parte da prática em vez de bloqueá-las.

Você pode administrar as distrações internas das seguintes maneiras:

» **Apenas faça.** Caso precise lidar com algo particularmente urgente ou importante, faça isso antes de começar a meditar. Sua mente pode então ficar descansada durante a meditação.

» **Afaste-se dos pensamentos.** Observe a corrente de pensamentos que surgem em sua mente como nuvens que passam pelo céu. Veja os pensamentos como algo separado de você e observe o efeito que essa separação tem.

» **Acolha seus pensamentos por um tempo.** Esta é uma boa abordagem. Permita que todos os pensamentos entrem na sua consciência. Dê as boas-vindas a eles. Você provavelmente descobrirá que, quanto mais acolhe suas distrações, menos elas pintarão em sua cabeça. É um experimento divertido!

» **Seja paciente!** Lembre-se de que é natural que sua mente pense. Rotule cada pensamento com uma palavra como 'pensamento' ou 'planejamento' e depois gentilmente convide a atenção a voltar-se à sua respiração.

Lidando com experiências incomuns

A meditação não se baseia em ter uma certa experiência, mas sim em experimentar o que estiver acontecendo agora. Experiências felizes vem e vão. Experiências dolorosas vem e vão. Você só precisa continuar olhando sem prender-se a nenhuma delas. A prática em si faz o resto. A meditação é muito, muito mais simples do que as pessoas pensam.

EXPERIMENTE ISTO

Na meditação, você pode, às vezes, experimentar a flutuação (apenas imaginária; ainda não estou falando de levitação!), luzes piscando, porcos voando ou qualquer outra coisa que sua mente possa imaginar. Quaisquer sentimentos incomuns que surjam, lembre-se que estas são apenas experiências e volte ao foco de sua meditação. No mindfulness, você não precisa julgar ou analisar estas experiências: simplesmente deixe que elas venham, o máximo que puder, e depois volte a seus sentidos. Caso você se pegue realmente lutando ou sentindo-se mal, gentilmente saia da meditação e tente novamente mais tarde; leve as coisas lentamente, passo a passo.

NÃO PENSE EM GAROTAS; NÃO PENSE EM GAROTAS

Um de meus professores de mindfulness preferidos no momento é um monge chamado Ajahn Brahm. Eis uma história que ele normalmente conta para ensinar a importância de não brigar com as distrações de sua mente.

Quando Ajahn Brahm era um jovem monge, ele descobriu um mosteiro lindo e pacífico na Tailândia. Era bastante quieto lá. O barulho do trânsito vinha de um carro por semana, que passava pela estrada mais próxima. E não haviam sons de aviões passando por perto. Era perfeito para meditação.

Então, Brahm entrou numa rotina de meditação diária numa caverna próxima. A temperatura e a atmosfera lá não poderiam ser melhores. Sua meditação foi bem por algumas semanas, mas ele começou a enfrentar um problema. Sua mente começou a pensar em suas ex-namoradas. Elas ainda estavam solteiras? Será que seria bom revê-las? 'Pare de pensar nisso!', ele ordenou à sua mente. Mas não funcionou. Por mais que ele tentasse, sua mente continuava pensando em garotas. E, para um monge que estava fazendo voto de castidade, estes não eram pensamentos dignos. Ele queria meditar, não pensar em outras coisas. Brahm sentiu-se impotente.

Então, um dia, depois de pedir por inspiração perante uma estátua de Buda, Brahm teve uma ideia: ele faria um acordo com sua mente! Todo dia, às 3 da tarde, deixaria sua mente pensar no que quisesse. No resto do tempo, sua mente tinha que focar em sua respiração. Ele experimentou isso no dia seguinte. Infelizmente não funcionou. O dia todo, das 4 da manhã até a tarde, Brahm lutava com sua mente e não conseguia concentrar-se em sua respiração de jeito nenhum. Finalmente, a tarde chegou. Brahm deitou e, conforme havia prometido, deixou sua mente pensar no que quisesse. Ele se preparou para uma hora de pensamentos indignos para um monge. Mas, em vez disso, algo incrível aconteceu. Ele passou a hora inteira em atenção plena de cada respiração sua. Uau!

Naquele dia, Ajahn Brahm descobriu algo muito importante sobre sua mente. Nunca brigue com ela. Seja amiga dela. Conscientemente permitindo que ela vague caso deseje, você será recompensado com uma mente muito mais calma, gentil e com atenção plena.

Aprendendo a relaxar

A palavra 'relaxar' vem originalmente de uma palavra do Latim, que significa soltar ou abrir novamente. Relaxar é uma palavra bastante comum. 'Só relaxe', as pessoas dizem. Seria bom se fosse tão simples assim. Como você relaxa durante a meditação? Essencialmente aprendendo a aceitar a tensão que você está experimentando no momento, em vez de lutar contra ela.

Considere este cenário. Você está tenso. Seus ombros estão curvados para a frente e você não consegue relaxar. O que você faz? Experimente os seguintes passos, caso a tensão surja durante sua meditação:

1. **Esteja consciente da tensão.** Sinta a localização no seu corpo.

2. **Perceba se a tensão tem uma cor, formato, tamanho ou textura associada a ela.** Permita-se ter curiosidade sobre isso, em vez de tentar livrar-se da tensão.

3. **Sinta o centro da tensão e respire rumo a ela.** Sinta a parte tensa do corpo enquanto sente simultaneamente a sua respiração natural. Apenas esteja com a tensão como ela é. Diga palavras como 'soltando' em sua mente para ver qual o efeito que elas têm.

4. **Perceba se você tem algum sentimento ou desejo de livrar-se da tensão.** Da melhor maneira possível, livre-se disso também e veja se consegue aceitar a sensação de tensão um pouco mais do que você já aceita.

5. **Mande bondade para aquela parte do seu corpo.** Você pode fazer isso ao sorrir gentilmente para a sensação. Ou colocando sua mão quente na tensão, cuidando daquela parte do seu corpo ou desejando o bem a ela. Diga a você mesmo palavras como 'Que você esteja bem, que você suavize, que sua tensão diminua.' Mostrar um pouco de afeto por esta parte do seu corpo provavelmente é a melhor maneira de aliviar sua rigidez a longo prazo.

Lutar para livrar-se da tensão somente leva a mais tensão e estresse. Isso porque tentar implica em esforço e, caso a tensão não desapareça, você pode acabar mais frustrado e com mais raiva. Uma aceitação calorosa e gentil do sentimento é muito mais eficaz.

A meditação pode levar a um relaxamento muito profundo. No entanto, o relaxamento não é a meta da meditação. A meditação, na verdade, é uma atividade sem meta.

Desenvolvendo paciência

Quando eu estou numa festa e perguntam-me o que eu faço, explico que sou um treinador de meditação mindfulness. Um dos comentários que eu normalmente escuto é do tipo: 'Ah, você deve ser paciente, eu não tenho paciência para ensinar nada, imagine meditação.' Não acho que paciência seja algo que você tenha ou não: você pode desenvolvê-la. Você pode treinar seu cérebro a tornar-se mais paciente. E é um músculo que vale a pena ser construído.

LEMBRE-SE

A meditação é o treinamento da paciência. Comprometer-se a conectar-se com a respiração ou os sentidos requer prática. Caso você se sinta impaciente na prática de sua meditação mas continua a sentar-se ali, está começando a exercitar o músculo da paciência. Observe a sensação de desconforto. Veja se sua impaciência permanece a mesma ou se ela muda. Assim como seus músculos doem quando você está treinando na academia, ficar sentado no meio da impaciência é doloroso mas, gradativamente, os sentimentos de impaciência e de desconforto diminuem. Continuemos malhando!

Você pode estar impaciente por resultados caso seja um iniciante no mindfulness. Você ouviu falar de todos os seus benefícios e quer um pouco para si. Isso é justo. No entanto, como a meditação requer paciência, quando você começa a praticar regularmente, passa a ver que, quanto mais impaciente está, menos resultados você obtém.

EXPERIMENTE ISTO

Decida por quanto tempo você praticará a meditação mindfulness e siga à risca. Leve a meditação de momento a momento e veja o que acontece. Você passa toda a sua vida tentando chegar a algum lugar e obter alguma coisa. A meditação é uma hora especial para você deixar tudo isso para trás e estar no momento. Assim como ela requer paciência, a meditação a desenvolve.

Caso não consiga lidar com ficar parado e sentir sua respiração por dez minutos, experimente cinco minutos. Se for muito, experimente dois minutos. Se for muito, tente dez segundos. *Comece com o tempo que você possa aguentar* e vá aumentando, passo a passo. O mais importante é continuar, praticando com a maior regularidade possível e aumentar gradativamente o tempo que você pratica. Eventualmente, você se tornará uma pessoa superpaciente. Pense naqueles fisiculturistas enormes que começavam magrinhos mas, dando pequenos passos, chegaram a ganhar medalhas olímpicas em levantamento de peso. Acredite que poderá desenvolver a paciência e dê o passo seguinte.

Aprendendo a partir de Experiências Negativas

Pense na primeira vez em que viu um cachorro. Caso seu primeiro encontro com um cachorro tenha sido agradável, provavelmente acha que cães são maravilhosos. Caso, na infância, a primeira coisa que um cão tenha feito tenha sido mordê-lo ou latir excessivamente, provavelmente acha que cães são agressivos. Suas primeiras experiências têm um impacto grande sobre suas atitudes e as maneiras como lida com as coisas na vida mais tarde. Ao aprender a ver que uma experiência negativa é apenas uma coisa momentânea em vez de algo que dura para sempre, você pode começar a andar pra frente.

A meditação é igual. Caso dê a sorte de ter algumas experiências positivas logo de cara, você continuará. Mas, caso você não as tenha, por favor não desista. Você acabou de descobrir a jornada e ainda tem muito mais a descobrir. Mantenha isso e trabalhe em torno de quaisquer experiências negativas que tenha.

Lidando com o desconforto físico

No começo, a meditação sentada provavelmente será desconfortável. Aprender a lidar com este desconforto é um importante obstáculo a saltar na sua aventura da meditação. Quando os músculos de seu corpo se acostumarem à meditação sentada, o desconforto provavelmente diminuirá.

Para reduzir o desconforto físico ao meditar, você pode experimentar diversas coisas:

» Sentado numa almofada no chão:
  - Experimente usar almofadas de tamanhos diferentes.
  - Levante-se lentamente e com atenção plena, alongue-se com atenção plena e sente-se de volta.

» Sentado numa cadeira:
  - Tente levantar as duas pernas traseiras da cadeira usando livros ou blocos de madeira e veja se isso ajuda.
  - Você pode estar sentado em um ângulo. Incline-se suavemente para frente e para trás e da esquerda para a direita para achar o ponto central.
  - Peça a um amigo que observe sua postura para certificar-se de que você está reto.
  - Certifique-se de que esteja sentado com uma sensação de dignidade e retidão, mas sem fazer muita força.

Você pode sempre deitar-se para realizar as práticas do mindfulness. Não é necessário sentar-se, caso seja desconfortável demais para você. Não existem regras aqui. Faça o que parecer certo.

Superando emoções difíceis

Muitos de meus clientes vêm até o mindfulness com emoções difíceis. Eles sofrem de depressão, ansiedade ou estão estressados no trabalho. Estão tentando lidar com raiva, falta de confiança ou estão exaustos. Frequentemente, sentem-se como se estivessem lutando com suas emoções suas vidas inteiras e agora estão cansados demais para continuar lutando. O mindfulness é o recurso final — a resposta para lidar com suas dificuldades. O que o mindfulness pede das pessoas (parar de fugir de si mesmas e transcender suas dificuldades conforme elas surjam na consciência, a cada momento) é bem simples e bem desafiador. Assim que você tiver uma amostra do efeito que o mindfulness tem, sua confiança no processo cresce e uma nova maneira de viver surge.

EXPERIMENTE ISTO

Da próxima vez que encarar emoções difíceis, seja meditando ou não, experimente o seguinte exercício:

1. **Sinta a emoção presente no aqui e agora.**
2. **Rotule a emoção em sua mente e repita-a (talvez 'medo, medo').**
3. **Perceba o desejo de livrar-se da emoção e aguente o máximo que conseguir, de maneira suave.**
4. **Tenha atenção plena de onde você sente a emoção em seu corpo (a maior parte das emoções criam sensações físicas no corpo).**
5. **Observe os pensamentos que correm em sua mente.**
6. **Respire na emoção, permitindo que sua respiração lhe ajude a observar o que você está sentindo com entusiasmo e simpatia. Diga em sua mente: 'Está tudo bem. Deixe-me estar com este sentimento gentilmente. Ele vai passar.'**
7. **Torne-se consciente do efeito deste exercício sobre a emoção por alguns momentos.**

EXPERIMENTE ISTO

Experimente sentir a suavidade neste exercício. Observe a emoção como faria com uma flor: examine as pétalas, cheire sua fragrância e seja delicado com ela. Pense na emoção como se ela quisesse falar com você e escute-a. Isso é o contrário da maneira como as pessoas normais encontram suas emoções, engarrafando-as e fugindo.

Se isso tudo soa como se fosse muito esforço, faça passo a passo. Dê o menor passo possível que conseguir rumo ao sentimento. Não se preocupe com o quão pequeno este passo seja: a intenção de mover-se em direção à emoção difícil em vez de fugir dela é o que conta. Um passo muito pequeno faz uma diferença enorme, porque ele começa a mudar o padrão. Este é o efeito bola de neve positivo do mindfulness.

CUIDADO

Quando você se move primeiramente rumo às emoções difíceis, elas podem crescer e parecer mais intensas, porque você está dando sua atenção a elas. Isso é absolutamente normal. Tente não se amedrontar e fugir destas emoções. Dê algum tempo para si e você descobrirá que as emoções fluem e mudam e não são tão estáticas quanto você sempre acreditou que fossem.

As emoções se comportam somente de três maneiras quando você tem a atenção plena sobre elas. A emoção ou crescerá, ou permanecerá igual ou diminuirá. É isso. E, eventualmente, todas as emoções passarão — é assim que elas funcionam. Lembrar-se disso é uma meditação poderosa em si.

Aceitando seu progresso

A meditação mindfulness é um processo em longo prazo: quanto mais tempo e esforço adequados você colocar nela, mais receberá. Mindfulness não é somente uma série de técnicas que você faz e vê o que recebe imediatamente: é um modo de vida. Seja o mais paciente possível. Continue praticando, pouco e sempre, e veja o que acontece. A maior parte do tempo, sua mente pode vagar por toda parte e você pode sentir que não está realizando nada. Isso não é verdade: apenas sentar-se e comprometer-se a praticar diariamente por um tempo certo tem um efeito tremendo; você simplesmente não consegue vê-lo num curto prazo.

Pense na meditação como plantar uma semente. Você a planta no solo mais nutritivo que puder encontrar, rega-a todo dia e permite que ela cresça num local onde o sol bate. O que acontece se você ficar cutucando o solo para ver como estão as coisas? Você atrapalha o progresso, obviamente. A germinação de uma semente leva tempo. Mas, não existe outra maneira. Você precisa apenas regá-la regularmente e esperar.

Seja paciente em relação a seu progresso. Você não consegue ver uma planta crescer se ficar olhando, embora ela esteja crescendo o tempo todo. A cada vez que você pratica meditação, está ganhando mais atenção plena, embora possa parecer muito difícil de ver no dia a dia. Confie no processo e aprecie regar sua semente da atenção plena.

Indo além dos pensamentos que não ajudam

'Eu não consigo fazer meditação' ou 'Não é para mim' são alguns dos comentários que eu ouvi quando estive pela última vez num congresso de saúde e bem-estar. Essas atitudes não ajudam, porque fazem com que você se sinta como se não conseguisse meditar, independente de qualquer coisa. Eu acredito que todos possam aprender meditação. 'Eu não consigo fazer meditação' na verdade significa 'Eu não gosto do que acontece quando observo a minha mente.'

Alguns pensamentos comuns, com antídotos úteis para se lembrar são:

» **'Não consigo parar meus pensamentos.'** A meditação mindfulness não foi feita para frear seus pensamentos. Ela se baseia em tornar-se consciente deles sob uma perspectiva destacada.

» **'Não consigo ficar sentado.'** Por quanto tempo consigo ficar sentado? Um minuto? Dez segundos? Dê passos curtos e gradativamente construa sua prática. Alternadamente, tente as meditações em movimento, detalhadas no Capítulo 6.

» **'Eu não tenho paciência'.** A meditação é perfeita para você! A paciência é algo que você pode construir, passo a passo também. Comece com meditações curtas e aumente-as, para aumentar sua própria paciência.

» **'Não é para mim'.** Como você sabe disso se ainda não tentou meditar? Mesmo que tenha tentado uma ou duas vezes, será que é o bastante? Comprometa-se a praticar por várias semanas ou alguns meses, antes de decidir se a meditação mindfulness é adequada para você.

» **'Isso não está me ajudando.'** Este é um pensamento comum na meditação. Se você pensa assim, faça uma nota mental e leve delicadamente sua atenção de volta à sua respiração.

» **'Isso é uma perda de tempo.'** Como você sabe isso ao certo? Milhares de estudos científicos e milhões de praticantes provavelmente não estão errados. A meditação mindfulness é benéfica caso você persista nela.

Ideias de fracasso só têm efeito se você abordar a meditação com a atitude errada. Com a atitude correta, não há fracasso, somente retorno. Por retorno, quero dizer que se você acha que sua meditação não funcionou por algum motivo, agora sabe o que não funciona e pode ajustar sua abordagem da próxima vez. Pense em quando você era uma criança aprendendo a falar. Imagine o quão difícil deve ter sido! Você nunca havia falado antes na sua vida e, ainda assim, aprendeu a falar tão jovem. Quando era uma criança pequena, não sabia qual era o significado de fracasso, e aí continuou tentando. A maior parte do tempo, o que saia era 'ga-ga' e 'gu-gu', mas tudo bem. Passo a passo, antes que se desse conta, estava falando fluentemente.

Não existe nada que possa ser chamado de meditação boa ou ruim. Você senta para praticar meditação — ou não. Não importa quantos pensamentos você tenha ou o quão mal se sinta na meditação. O que importa é tentar meditar e fazer um pouco de esforço para cultivar a atitude correta.

Encontrando um Caminho Pessoal

A jornada do mindfulness é pessoal, embora afete todas as pessoas que encontre, pois você interage com elas com atenção plena. Muitas pessoas trilharam este caminho antes, mas cada jornada é única e especial. No fim, você aprende a partir de sua própria experiência e faz o que parece certo para si. Caso a meditação não pareça apropriada, você provavelmente não a fará. No entanto, no caso de alguma voz ou sentimento quieto e calmo, por baixo de todo o barulho, parecer ressoar com a ideia do mindfulness, você começa a dar seus passos. Você decide a cada momento a próxima ação que pode lidar melhor com os obstáculos e distrações. Essas escolhas moldam sua jornada de atenção plena pessoal.

Abordando dificuldades com bondade

Quando encara uma dificuldade na vida, como você lida com ela? A forma como você trata a sua dificuldade desempenha um grande papel no resultado. Suas dificuldades oferecem a você uma chance de colocar a atenção plena em prática e ver essas dificuldades de uma maneira diferente. Como você recebe os problemas? Você pode enfrentá-los ou desviar deles. Mindfulness baseia-se em enfrentá-los com um senso de bondade, em vez de evitá-los.

As dificuldades são como sombras horríveis e apavorantes. Caso você não olhe para elas adequadamente, elas continuam a lhe amedrontar e fazem com que as ache muito reais. No entanto, se você as encarar, embora as dificuldades o amedrontem, começa a entender o que elas são. Quanto mais luz você jogar sobre elas, mais elas parecem perder sua força. A luz é atenção plena ou uma consciência bondosa.

As pessoas podem ser bem pouco bondosas com elas mesmas através da autocrítica, que muitas vezes aprendem numa idade muito tenra. O padrão comportamental aprendido da autocrítica pode tornar-se uma reação automática sempre que você enfrenta dificuldades ou comete erros. A pergunta é, como você muda essa voz interna áspera e crítica que continua lhe atacando? A abordagem do mindfulness é ouvi-lo. Dê espaço para que ela diga o que quer dizer, e escute, mas de uma maneira gentil, amistosa, como escutaria uma criança pequena ou uma canção bonita. Isso acaba quebrando o tom repetitivo e agressivo e acalma e tranquiliza a autocrítica um pouco. Apenas uma pequena mudança em relação a estes pensamentos faz toda a diferença ao lidar com as dificuldades.

EXPERIMENTE ISTO

Caso uma memória forte ou uma inquietação de uma dificuldade passada ou presente surja na sua prática da meditação, tente dar os seguintes passos:

1. **Esteja ciente do fato de que está chegando algo desafiador que prende toda a sua atenção.**

2. **Observe qual efeito esta dificuldade tem sobre seu corpo físico e emoções no momento.**

3. **Ouça a dificuldade como ouviria os problemas de um amigo, com um caloroso senso de empatia, em vez de crítica.**

4. **Diga a si mesmo palavras como 'Está tudo bem. Qualquer que seja a dificuldade, vai passar, como o resto. Deixe-me sentir isto neste momento.'**

5. **Aceite a dificuldade como ela é neste momento.**

> ## MAESTRO DA MEDITAÇÃO
>
> Meditar é igual a treinar para ser músico. Você pode amar tocar, mas precisa treinar todos os dias. Alguns dias são ótimos e sons maravilhosos surgem de seu instrumento — você parece um só com a harmonia da peça. Outros dias são difíceis. Você não quer treinar, não vê o porquê, tem vontade de desistir. Mas o músico ainda persevera. Lá no fundo você conhece a magia da música e confia que sua prática valerá a pena. Você toca música porque ama música.
>
> A meditação é igual. Você tem dias bons e ruins, mas sabe, bem lá no fundo, que é importante para você e continua colocando seu tempo nisso. Essa profundidade de motivação e visão são o segredo para que sua meditação renda ao máximo.

6. **Respire nela e permaneça com as sensações, mesmo que elas pareçam crescer mais ainda no começo. Com a prática, fique com o sentimento da dificuldade por mais tempo.**

7. **Quando estiver pronto, volte gentilmente ao foco da meditação.**

LEMBRE-SE

Todo mundo passa por dificuldades de diversos graus de tempos em tempos. O mindfulness está aqui para ajudá-lo a estar com a dificuldade, caso você não consiga mudar as circunstâncias que a estão causando.

Entendendo o porquê de você estar se incomodando

No meio da sua prática de meditação mindfulness, você pode começar a pensar, 'Por que eu estou me incomodando com isso?' e 'Eu estou gastando meu tempo.' Isso é bem normal e faz parte do processo de aprender a meditar. Simplesmente perceba o pensamento e diga a si mesmo 'pensando, pensando' e volte sua atenção à respiração ou outro foco da meditação. Quando você pratica por um tempo e começa a ver os benefícios da meditação, sua confiança no processo cresce e suas dúvidas diminuem.

Caso sinta como se tivesse esquecido o porquê de praticar a meditação e esteja sentindo falta de motivação, vá ao Capítulo 3.

Percebendo que os obstáculos são inevitáveis

Quando comecei a aprender a meditar, eu tentava muito. Eu achava que tinha que receber alguma coisa. Eu sentava extremamente reto de um modo duro, em vez de ficar confortável. Cada vez que minha mente se afastava da respiração eu a trazia aos solavancos de volta, em vez de ser gentil ao reconduzi-la à respiração.

208 PARTE 3 **Praticando Mindfulness**

Eu esperava uma experiência. Eu ficava tentando limpar minha mente completamente. Às vezes me sentia maravilhosamente abençoado e achava que tinha conseguido! Mas, depois, isso ia embora. E lá estava eu novamente, tentando receber aquilo. Eu achava que estava passando por obstáculo após obstáculo.

Na verdade, eu estava passando por um processo de aprendizagem, começando a entender sobre o que se tratava a meditação. Você só pode ter um obstáculo se estiver fazendo alguma coisa pra chegar a algum lugar. Se você não tiver objetivo, não encontrará obstáculo. Definitivamente, meditação baseia-se em relaxar em relação aos seus objetivos e estar no aqui e agora.

Imagine que você está sentado em casa e decida que vai para casa. O que você precisa fazer? Adivinhou: Nada! Você já está lá. A jornada do mindfulness é assim. Você sente como se estivesse se aproximando da meditação verdadeira, mas, na verdade, *cada momento que você pratica* é uma meditação verdadeira, independentemente do que experimente.

Estabelecendo expectativas realistas

Se você acha que a meditação mindfulness fará com que você se sinta calmo e relaxado e livre de todos os problemas imediatamente, terá dificuldades em relaxar. Quando você acaba de aprender a dirigir, não espera tornar-se um especialista depois de uma aula. Mesmo depois de passar no teste, demora anos para que você se torne um bom motorista. A meditação, assim como qualquer outra experiência de aprendizagem, leva tempo também. Tenha expectativas realistas sobre a meditação.

Eis dez expectativas realistas para você refletir:

» 'Minha mente dispersará. Isso é o que acontece na meditação, mesmo que seja por algumas respirações.'

» 'Não existe uma meditação boa ou ruim. É como quando uma criança pequena rabisca quando quer desenhar. As coisas são como elas são.'

» 'O mindfulness não se trata de ter certas experiências. Ela se trata de estar com o que quer que surja, a cada momento, com aceitação.'

» 'Às vezes me sentirei calmo e outras vezes agitado e tenso na meditação. Com o tempo, a calma aumentará.'

» 'A meditação é uma prática em longo prazo. Eu gradativamente aprenderei a me libertar de minhas expectativas ao praticar.'

» 'Pode ser difícil motivar-me a praticar todos os dias, especialmente no começo. Alguns dias, posso esquecer de praticar. Isso não quer dizer que eu deva desistir imediatamente.'

» 'Às vezes eu posso me sentir pior depois da meditação do que antes dela. Isso é parte do processo de aprendizagem que eu preciso entender.'

- 'Eu nunca posso saber como me beneficiei com a meditação. Eu posso só praticar todos os dias e ver o que acontece.'
- 'Mesmo depois de anos de meditação, posso, às vezes, sentir que não progredi. Isso não é um fato, mas sim uma ideia. A meditação funciona abaixo da consciência e, desta maneira, não consigo saber o que está acontecendo ali.'
- 'Quanto mais eu pratico, mais fácil fica.'

Observando a mudança

Os humanos são criaturas de hábito. Uma vez que você entra num hábito, o faz dia após dia sem esforço, sem pensar duas vezes. Então, para que a mudança dure e torne-se algo sem esforço, precisa tornar-se um novo hábito — neste caso, o hábito do mindfulness. Quando você estabelece um padrão de atenção plena, seu cérebro imediatamente começa a mudar, gradativamente transformando sua experiência de vida em algo melhor.

Criar um novo padrão de hábito resulta em novos neurônios disparando em seu cérebro. E neurônios que disparam juntos, conectam-se juntos. Conforme você pratica regularmente, os caminhos neurais em seu cérebro envolvidos no mindfulness começam a ligar, criando, assim, um novo hábito saudável.

Para criar um hábito de atenção plena, experimente os seguintes:

1. **Trace um plano de ação: por quanto tempo você meditará a cada dia e a que hora.**
2. **Siga o plano à risca, estando com vontade ou não.**
3. **Caso você se esqueça de meditar em um dia isolado, não desista.** Deslizes são naturais. Levante-se e recomece. Como eu continuo enfatizando, seja bom consigo mesmo, em vez de se agredir.
4. **Avalie seu progresso depois de quatro ou oito semanas, e faça mudanças, se necessário.** Trace um novo plano, talvez meditar por um tempo maior.

CUIDADO

Criar um hábito de meditação mindfulness parece muito simples. No entanto, a parte difícil é o Passo 2. Você ouve os pensamentos dizendo coisas do tipo 'Não se incomode hoje' ou entrega-se a sentimentos de cansaço ou inquietação. Este é seu momento de desafiar a maneira como você normalmente se comporta. Você pode praticar o que comprometeu-se a fazer ou pode seguir o velho padrão de hábitos. Ouça o que você decidiu fazer em primeiro lugar e siga a prática da melhor forma que puder. Assim que tiver estabelecido o hábito da atenção plena, verá que está em atenção plena mesmo sem pensar nela — os neurônios do seu cérebro se conectaram. Passo a passo, você pode mudar.

4
Colhendo os Frutos do Mindfulness

NESTA PARTE . . .

Descubra as maneiras maravilhosas nas quais o mindfulness pode ajudá-lo, de levantar sua felicidade a lidar com ansiedades

Experimente algumas das técnicas usadas na terapia baseada em mindfulness para combater a depressão

Descubra como ensinar mindfulness para crianças e pegue algumas dicas úteis sobre parentalidade com atenção plena

> **NESTE CAPÍTULO**
>
> **Explorando a felicidade**
>
> **Ligando o mindfulness à psicologia positiva**
>
> **Encontrando significado em sua vida**
>
> **Descobrindo maneiras de aumentar a criatividade**

Capítulo 11

Descobrindo uma Felicidade Maior

E u tinha acabado de começar a minha carreira. Tinha um emprego com um salário adequado que ia direto para a minha conta bancária — muito mais do que qualquer dinheiro que havia tido no meu bolso ou do que a bolsa que recebia como aluno. A sensação era maravilhosa: eu estava realizado! Todos aqueles anos na escola, todas aquelas provas na universidade, a ralação toda e eu estava realizado. E agora? Gastar esse dinheiro, é claro, pensava eu. Então eu saia e gastava. Carro novo, roupas, os aparelhos e dispositivos mais modernos e, ainda assim, o prazer tinha vida curta. Não demorou muito para que a sensação de vazio da qual eu vinha fugindo inconscientemente voltasse. Algo estava faltando. Correr atrás de coisas não era o caminho para a felicidade, embora toda a sociedade parecesse anunciar que era. A minha busca pela felicidade real e duradoura começou ali.

Este capítulo explora o relacionamento entre a ciência da felicidade (psicologia positiva) e a arte do mindfulness. Ao aplicar as descobertas do que faz uma vida feliz juntamente aos exercícios contemplativos de mindfulness, você pode explorar maneiras de ser mais contente e pacífico em sua vida.

Descobrindo o Caminho para a Felicidade

O Dalai Lama, frequentemente dando risada ou sorrindo com os outros, diz: 'Eu acredito que o próprio *objetivo* de nossa vida é buscar a felicidade'. Esta é uma enorme declaração. Imagine viver como se seu objetivo fosse a busca da felicidade. Uma vida na qual todas as suas decisões e escolhas fossem baseadas em se sua felicidade será aumentada ou diminuída. Como seria sua vida? Como seria diferente? Isso é possível? Caso o único objetivo da vida seja a busca da felicidade, então você precisa encontrar a melhor maneira de ter um maior bem-estar.

Se a felicidade é o objetivo-chave da vida ou não, a felicidade tem benefícios comprovados cientificamente:

» **A felicidade melhora seus relacionamentos.** Você tem mais amigos e se dá melhor com eles.

» **A felicidade estimula sua inteligência.** Independente do quão esperto você seja, você usa bem aquelas células do cérebro.

» **A felicidade o torna mais otimista.** Você vê o lado bom na maioria das situações. E seu otimismo o faz sentir-se mais feliz também.

» **A felicidade faz com que você viva mais tempo e de maneira mais saudável.** Você tem uma pressão sanguínea mais baixa e combate as doenças de maneira mais eficaz.

» **A felicidade sobrecarrega sua criatividade.** Você é capaz de ter ideias novas e inovadoras para sua casa e trabalho.

Explorando suas ideias sobre a felicidade

Algumas pessoas descrevem-se como extremamente felizes, enquanto outras alegam ser infelizes. A felicidade parece estar em níveis diferentes de pessoa para pessoa e de momento para momento.

Pergunte-se a seguinte questão:

Considerando tudo, como as coisas estão nesses dias: você está muito feliz, feliz ou não muito feliz?

Caso você se defina como não muito feliz, não se desespere! Este capítulo é projetado a ajudá-lo a trabalhar rumo a um maior bem-estar. Você pode usar toda uma gama de abordagens bem pesquisadas de imediato.

214 PARTE 4 Colhendo os Frutos do Mindfulness

EXPERIMENTE ISTO

Uma maneira interessante de descobrir suas ideias sobre a felicidade é uma técnica chamada complemento de frases. Complete as seguintes frases rapidamente com cinco ou seis respostas diferentes, sem pensar demais:

As coisas que me fazem verdadeiramente feliz são...

Para ter 5 por cento mais de atenção plena na minha vida, preciso...

Para ser 5 por cento mais feliz em minha vida, preciso...

Mantenha suas respostas à mão. Pratique este exercício diariamente por algumas semanas para ver que tipo de respostas você recebe. Você pode fazer algo a respeito delas ou não. Mas, só de se conscientizar de suas respostas, você começa a naturalmente seguir rumo a ser mais feliz.

Deduções desafiadoras sobre a felicidade

A dedução mais comum sobre felicidade é a de que o *prazer é igual à felicidade*. Maximizando o número de sentimentos positivos e minimizando o número de negativos, uma vida feliz é criada. Acontece que esta é uma parte muito pequena do quadro. Pesquisas mostram que o prazer sozinho não leva a nenhum senso maior de satisfação com a vida. Então, embora não haja nada de errado em ficar em hotéis luxuosos e saborear sua comida predileta, estas atividades resultam apenas em um efeito passageiro de prazer.

Outra crença popular é a de que dinheiro é igual à felicidade. O relacionamento entre felicidade e dinheiro é realmente interessante, porque a sociedade gira em torno de ganhar mais dinheiro e, logo, mais felicidade. Um experimento comparou a felicidade de ganhadores de grandes prêmios na loteria com a felicidade de pessoas que haviam sofrido acidentes sérios e ficado paralíticas. Este é um teste sério: que comparação! Os resultados mostraram que, depois de dois anos, as pessoas que ganharam na loteria voltaram ao nível de felicidade que tinham antes. A mesma coisa aconteceu com as pessoas que sofreram os acidentes. Não é incrível? Se você ficar paralítico ou ganhar na loteria, vai acabar com o mesmo nível de felicidade em longo prazo. Eu acho isso incrível. Mostra que o poder do seu estado de espírito e a atitude são mais fortes do que as circunstâncias.

EXPERIMENTE ISTO

Imagine que você possa vender sua felicidade. Uma vez que você a tenha vendido, você nunca mais será feliz — sua felicidade terá partido. Você venderia sua felicidade, e por quanto? Talvez R$1.000? A maioria das pessoas diria não. Que tal R$50.000? Isso faz as pessoas pensarem, mas a resposta normalmente é não. E um milhão de reais em dinheiro — notas novinhas de R$100 reais — em troca da sua felicidade? Pense nisso por um momento. Um milhão de reais. Você venderia? Um milhão de reais compraria muita coisa, mas você não teria felicidade em troca. E um bilhão de reais?

Eu acho a questão de vender felicidade interessante porque ela faz com que você reflita sobre o quanto a valoriza. Mas, você vende sua felicidade muito facilmente em curto prazo. Você vende sua felicidade quando não acha uma vaga, se seu parceiro o irrita ou se um gerente exigente é rude com você. É fácil esquecer quanto sua felicidade vale. Talvez ela não tenha preço!

PALAVRAS DE SABEDORIA

No belíssimo livro chamado *Happiness* (em inglês), o monge Budista Matthieu Ricard declara que o bem-estar é um profundo senso de serenidade que *acompanha e permeia todos os estados de espírito*, inclusive a alegria e a tristeza. Essa sensação de estar, ou bem-*estar*, é cultivada por meio do 'treinamento da mente' (meditação). O treinamento da mente envolve tornar-se consciente de emoções destrutivas como o ciúme e a raiva. Em vez de fazer algo a respeito deles, o que reforça o seu processo de autoperpetuação, observe eles surgirem em sua consciência sem julgamento. Conforme observa os sentimentos negativos virem à tona em você e abstém-se de agir ou reagir, eles naturalmente somem em seu tempo. Isso não significa que passará o dia todo tentando forçar um sorriso no seu rosto (embora aparentemente isso realmente ajude), mas você vê diferentes estados emocionais como oportunidades de descobrir sobre eles e criar um equilíbrio emocional entre eles. Você não está afastando-os ou prendendo-os — está apenas observando calmamente, a cada momento.

UMA RECEITA PARA A FELICIDADE

Eu achei um pouco de felicidade seguindo esta 'receita':

- **Uma prática regular** de mindfulness
- Uma atitude de **gratidão** pelo que possuo
- **Valorizar relacionamentos sociais** e praticar o perdão quando as coisas dão errado
- **Libertar-me** de qualquer coisa fora do meu controle e aceitar a vida como ela é no momento presente
- Ter **objetivos significativos** na minha vida que estejam alinhados ao que eu acredito ser importante e aproveitar a jornada rumo à sua realização em vez de fixar-me nos resultados
- Ver as coisas sob um **ângulo positivo**
- Ter uma abordagem de coração leve — **rir** descontroladamente de tempos em tempos!
- Trabalhar com uma **sensação de serviço** pela comunidade

Não sou perfeito e alguns dias tendem a ser melhores do que outros, é claro. No entanto, a prática do mindfulness sempre estará disponível para mim e ajuda-me a acessar meus recursos internos mais profundos para a cura, bem-estar e paz. Considere qual é sua receita para a felicidade e anote-a. De quais ingredientes você precisa para ser verdadeiramente mais feliz?

Aplicando Mindfulness com a Psicologia Positiva

A psicologia positiva é a ciência do bem-estar — ela se preocupa com os pontos fortes das pessoas, em melhorar vidas normais e construir organizações saudáveis. Mindfulness é um dos itens mais poderosos na caixa de ferramentas da psicologia positiva porque provas demonstram uma ligação entre a prática do mindfulness e níveis de felicidade.

A psicologia estudada tradicionalmente estudava os problemas das pessoas. Os psicólogos estavam interessados em condições como a depressão, ansiedade, esquizofrenia e psicose. Isso certamente não é ruim e resultou em um número de doenças mentais que agora são tratáveis. Com o uso de terapia e drogas, a psicologia ajudou as pessoas a reduzirem sua tristeza. O problema é que na sua pressa em ajudar pessoas sofrendo, os psicólogos esqueceram de como fazer pessoas relativamente normais mais felizes. Então os psicólogos podem levar as pessoas de infelizes a um estado neutro, mas não consideraram como fazer pra irem do neutro para felizes. Se você dirige um carro, sabe que no ponto morto não vai muito longe! A psicologia positiva concentra-se em levar as pessoas a uma felicidade maior.

Entendendo os três caminhos para a felicidade

'A felicidade não é algo pronto. Ela vem de suas próprias ações.'

DALAI LAMA

A psicologia positiva descreve três modos diferentes para a felicidade. Você pode usar todos os três interligadamente.

Prazer

Maximizar a quantidade de prazer que você sente leva a sensações de felicidade. Comer seu chocolate preferido, sair para assistir a um filme ou fazer compras são exemplos de busca por prazer. Ser grato pelas experiências que você está tendo ou teve pode ajudar a aumentar a experiência de felicidade e torná-la mais longa. Experiências prazerosas o fazem sentir-se feliz temporariamente, mas, caso continue repetindo-as, elas se tornam desagradáveis. Por exemplo, comer um chocolate é delicioso, mas não se você optar por comer 100 barras!

Engajamento ou Fluxo

Com o fluxo, você dá 100% de sua atenção e torna-se uma coisa só com o que você estiver fazendo, seja isso prazeroso ou não. O fluxo normalmente requer algum esforço da sua parte. A atividade em questão é desafiadora o bastante para prender sua atenção relaxada. Vá ao Capítulo 5 para uma descrição completa de fluxo.

Você pode desenvolver um estado de fluxo em qualquer coisa que faça, caso dê sua atenção total. É aí onde entra o mindfulness: no desenvolvimento de uma consciência relaxada, calma e focada, de momento a momento. Mesmo lavar a louça ou passear com o cachorro são oportunidades para viver neste estado de fluxo, uma condição de felicidade. Dê toda a sua atenção ao que quer que esteja fazendo, quando lembrar.

Significado

Viver uma vida significativa envolve conhecer os seus pontos fortes e usá-los a serviço de algo maior do que você mesmo. Nós vivemos em uma sociedade individualista e a palavra 'serviço' não é sempre tida como algo atrativo. No entanto, ajudar os outros é o ingrediente central para uma vida feliz.

Não se preocupe: você não tem necessariamente que mudar seu emprego ou estilo de vida para levar uma vida significativa. Você precisa apenas fazer uma mudança de *atitude* genuína. Caso você seja um advogado que quer ganhar tanto dinheiro quanto for possível, isso limita severamente seu senso geral de felicidade. O mesmo trabalho pode oferecer mais significado quando é feito com a motivação correta. Justiça, igualdade, o desejo interno de ajudar aos outros — todos eles dão a você um significado muito maior e objetivo em uma carreira.

Outras maneiras de criar um significado maior incluem o trabalho voluntário ou a filiação a um grupo religioso ou espiritual. Simplesmente desempenhar bons atos em todos os lugares dá à vida um significado maior. Você não precisa fazer uma diferença massiva no mundo todo: fazer piadas com seus amigos, fazer chá para todo mundo no escritório ou organizar umas férias em grupo, tudo conta.

Usando seus pontos fortes pessoais com atenção plena

Os psicólogos positivos analisaram cuidadosamente uma gama de pontos fortes e virtudes e acharam 24 delas como sendo significativas universalmente em várias culturas. Ao descobrir e usar seus pontos fortes na sua vida profissional e doméstica, você obtém uma maior sensação de bem-estar porque está fazendo algo em que é bom e que ama fazer.

A tabela 11-1 mostra os 24 pontos fortes característicos sob seis categorias-
-chave. Observe a lista e reflita sobre quais você pensa serem as 5 principais
virtudes ou pontos fortes.

TABELA 11-1 ## Os 24 Pontos Fortes Significativos

Sabedoria	Coragem	Amor	Justiça	Moderação	Transcendência
Criatividade	Bravura	Intimidade	Responsabilidade	Perdão	Apreciação
Julgamento	Perseverança	Bondade	Equidade	Autocontrole	Gratidão
Curiosidade	Integridade	Sociabilidade	Liderança	Humildade	Otimismo
Amor por aprender	Entusiasmo			Cautela	Humor
Perspectiva					Espiritualidade

O bom de descobrir seus pontos fortes característicos é descobrir um que você
nem sabia que tinha. Descobri que um dos meus pontos fortes era a bondade. Nunca pensei nisso como um ponto forte, mas é. E oferecer bondade aos
outros me faz feliz. Você também pode tirar a poeira de seus pontos fortes que
ainda não descobriu e aplicá-los à sua vida.

OLHANDO O LADO ENGRAÇADO DA VIDA

Um dos meus cinco maiores pontos fortes, por acaso, é o humor. Agora, deixe-me
esclarecer isto, não quer dizer que eu vá me tornar o novo sucesso do circuito da
comédia. Significa sim que eu particularmente adoro rir e fazer os outros rirem.
Eu nunca pensei nisso como um ponto forte, até que eu descobri que pontuei
alto no teste de pontos fortes característicos que fiz on-line. Agora, eu sei que
valorizo tempo para estar com meus amigos e colegas que gostam de ver o lado
engraçado da vida. Eu também o uso para ver a vida de uma maneira leve quando
as coisas não estão indo do jeito que eu gostaria e permito-me fazer palhaçadas
regularmente. Eu recentemente treinei até para ser um professor de risadas e
realizar workshops de criatividade combinando mindfulness com a yoga do riso.
Eu não estou brincando!

O mindfulness é uma prática importante, mas, se você levá-la a sério demais,
acaba perdendo uma atitude importante. Ao descobrir seus pontos fortes
característicos, você pode passar muito mais tempo desenvolvendo-os com
atenção plena. Quando eu estou treinando clientes a respeito da vida com atenção
plena, às vezes recomendo que identifiquem seus pontos fortes como uma
abordagem benéfica.

Conecte seus pontos fortes à sua prática de mindfulness, tornando-se mais consciente de quando usa ou não seus pontos fortes. Perceba também quais efeitos a meditação mindfulness tem sobre seus pontos fortes característicos — por exemplo, você pode descobrir que se torna melhor na liderança conforme sua confiança cresce, ou que seu nível geral de curiosidade aumenta.

Por exemplo, digamos que um dos seus pontos fortes não descobertos é um amor por aprender, mas seu emprego é chato e pode envolver repetir as mesmas coisas todo dia. Como você pode usar este amor por aprender? Bem, você faz um curso noturno, começa um mestrado ou arranja tempo para ler mais. Ou pode integrar sua força no trabalho com atenção plena. Torne-se consciente de cada uma das tarefas que você desempenha e pense no que torna elas chatas. Olhe para seus colegas de trabalho e descubra quais atitudes os outros têm que faz com que eles se sintam de maneira diferente a respeito do emprego. Descubra algo novo sobre o trabalho todo dia, ou pesquise maneiras de partir para uma carreira mais adequada. Fazendo isso, você usa seu ponto forte e sente-se um pouco melhor a cada dia.

Para aumentar seus sentimentos de felicidade diariamente, experimente isto:

» Descubra seus pontos fortes característicos. Você pode descobrir seus próprios pontos fortes de graça em www.authentichappiness.org (em inglês).

» Use seus pontos fortes característicos em sua vida diária quando puder e com uma consciência de atenção plena.

» Aproveite o processo e relaxe quanto ao resultado.

Escrevendo um diário da gratidão

O cérebro humano é projetado para lembrar-se das coisas que dão errado em vez das que dão certo. Este é um mecanismo de sobrevivência e garante que você não cometa o mesmo erro inúmeras vezes, o que pode colocar sua vida em risco caso viva na selva e precise lembrar-se de evitar os tigres. Caso você não viva na selva, concentrar-se no negativo é um problema. O antídoto para a tendência do cérebro humano de buscar o que está errado é concentrar-se conscientemente no que está bem — resumindo, gratidão. E as pesquisas descobriram que a gratidão é muito eficiente.

Um diário da gratidão é uma poderosa e simples maneira de incentivar sua felicidade. Ele é simplesmente um registro diário das coisas na sua vida pelas quais você é grato. Pesquisas descobriram que, se ao final de cada dia, as pessoas refletirem sobre o que as tornou gratos, seus níveis de gratidão aumentam e as pessoas sentem-se significativamente mais felizes. Funciona!

Eis como fazer um diário da gratidão eficaz:

1. **Compre um livro ou diário no qual você possa fazer um registro todos os dias.** Contanto que ele tenha espaço suficiente para que você escreva três frases por dia, servirá.

2. **Todas as noites, antes de ir para a cama, anote três coisas pelas quais você é grato.** Tente variar pelo que agradece. Escrever que você é grato pelo seu gato, pelo seu apartamento e pelo seu carro todos os dias não é tão eficaz quanto variar, a não ser que realmente acredite nisso e sinta de verdade. Você não tem que escolher coisas enormes: qualquer coisa pequena, mesmo se sentir-se somente levemente grato por ela, serve. Exemplos incluem ter um parceiro (ou não ter um parceiro!), aproveitar uma conversa no trabalho, um retorno agradável no carro para casa, um telhado acima de sua cabeça. Você está exercitando seu músculo da gratidão. Quanto mais você praticar, melhor fica ao focar no que está indo bem em sua vida.

3. **Perceba qual efeito seu diário da gratidão tem sobre a qualidade e quantidade do seu sono e sobre como você geralmente se sente ao longo do dia.** Ao checar como você está se sentindo e qual efeito o exercício tem, você é capaz de ajustar como ele funciona para você. Perceber os benefícios da gratidão também ajudam a motivar sua prática.

4. **Continue a praticar regularmente, caso ache benéfico.** Depois de um tempo, a gratidão se tornará um hábito agradável.

Por meio da prática da meditação mindfulness, você pode descobrir naturalmente que é grato pelas coisas simples da vida e sente-se mais feliz como resultado. Escrever um diário da gratidão complementa sua prática diária de mindfulness muito bem (vá ao Capítulo 9 para uma rotina diária). A gratidão e a atenção plena comprovadamente estimulam sua felicidade, então certifique-se de que sente-se mais resiliente emocionalmente com o tempo. Você pode até escrever o diário com a pessoa que você ama, para aprofundar seu relacionamento.

Caso você não goste de escrever um diário, simplesmente pense sobre as coisas que estão indo bem na sua vida quando estiver indo dormir ou até no caminho para o trabalho de manhã.

A *visita da gratidão* é uma experiência muito popular entre os psicólogos positivos, pois é muito poderosa. Pense em alguém que tenha feito uma grande diferença em sua vida e a quem você não agradeceu adequadamente. Escreva uma carta para expressar sua gratidão àquela pessoa. Se puder, combine de visitar esta pessoa e leia o testemunho para ela. Mesmo três meses depois, as pessoas que expressam sua gratidão desta maneira sentem-se mais felizes e menos deprimidas. Adicione o mindfulness a este exercício simplesmente estando ciente de seus sentimentos e dos pensamentos que surgirem enquanto você faz o exercício. Veja o que acontece.

Saboreando o momento

Saborear o momento significa ficar ciente do prazer no tempo presente ao deliberadamente concentrar sua atenção nele. Eis algumas maneiras de desenvolver esta habilidade:

» **Mindfulness.** Estar ciente do que você está fazendo no momento é a única maneira de realmente saborear o momento. Caso sua mente e seu coração estejam em dois lugares diferentes, você perde a alegria do momento — a brisa que passa pelas árvores ou a flor do lado da calçada. A maioria dos exercícios deste livro o ajudam a aumentar seu músculo interior de mindfulness.

» **Compartilhando com os outros.** Expressar seu prazer aos outros ao seu redor acaba sendo uma maneira poderosa de saborear o momento. Caso você perceba um pôr do sol ou um céu lindo, compartilhe seu prazer com os outros. Contar para alguém o que lhe deu prazer ajuda a aumentar o sentimento positivo para vocês dois. No entanto, não se esqueça de observar cuidadosamente a coisa linda, em primeiro lugar — às vezes é fácil emocionar-se falando e perder a beleza do momento em si.

» **Buscando novas experiências.** Varie suas experiências prazerosas em vez de repetir as mesmas várias vezes — é uma experiência mais feliz. Se você gosta de sorvete, coma de vez em quando e com a consciência da atenção plena, em vez de sentir-se culpado por isso.

ALEGRIA DE PINTAR

No ano passado, decidi pintar as paredes da minha sala de estar. Agora, você pode ver isto como uma tarefa chata sem nenhuma oportunidade além de pintar a sala, ou pode enxergá-la como uma chance de ter 100 por cento de atenção plena na tarefa.

Eu sentia as cerdas do pincel quando o mergulhava na tinta grossa, conectava as sensações do meu braço enquanto eu movia pincel até a beirada da parede, e aproveitava para ver a cor magicamente soltar-se do pincel e passar para a superfície. Quando eu cheguei a um movimento calmo e rítmico, gradativamente perdi a sensação de ser eu e virei uma coisa só com a pintura. Quando eu acabei, senti-me energizado e animado. Eu havia sido feliz o bastante para entrar no estado de fluxo, ou de consciência de atenção plena.

Pense em uma tarefa que você ache chata e repetitiva, tente dar a ela sua consciência total de atenção plena e veja o que acontece.

222   PARTE 4 **Colhendo os Frutos do Mindfulness**

Ajudando os outros com atenção plena

Das três maneiras de ter satisfação em sua vida (prazer, engajamento e significado), o engajamento e o significado são, de longe, as mais eficientes, e, das duas, o *significado é o que tem um maior efeito.*

Para obter significados mais profundos, deve trabalhar visando algo que é maior que você. Isso envolve fazer algo pelos outros — ou, em outras palavras, ajudar os outros. Uma vida significativa baseia-se em atender necessidades no mundo por meio de seus pontos fortes e virtudes únicas. Ao servir a uma necessidade maior, você cria uma situação na qual todos ganham: as pessoas a quem ajuda sentem-se melhores e você sente-se melhor por ajudá-las.

A compaixão nos motiva a aliviar os outros do sofrimento. Pesquisas mostram que a compaixão tem benefícios evolucionários profundos. Os batimentos de seu coração desaceleram e você libera o hormônio do elo social chamado oxitocina e experimenta sentimentos de prazer. Pesquisas sobre cursos, mesmo curtos, sobre o cultivo da compaixão mostraram que as pessoas reportam sensações de felicidade por muito tempo.

Voltando ao Dalai Lama, ele diz:

'Se deseja que os outros sejam felizes, pratique a compaixão. Se quiser ser feliz, pratique a compaixão.'

DALAI LAMA

Eu frequentemente vou a palestras do Dalai Lama ou sou voluntário em seus eventos públicos. O Dalai Lama quase irradia calor e compaixão na maneira como fala e interage com os outros. Recentemente, eu o vi falando com um bispo no palco na Itália. Quando o Dalai Lama falava com o bispo, ele segurava sua mão como se os dois fossem bons amigos. O Dalai Lama declarou que gostaria de ir a uma das cerimônias religiosas do bispo. E ainda compartilhou a importância para que todos nós respeitemos a religião uns dos outros para que se crie uma maior harmonia no mundo. Estes todos são atos de compaixão.

Eis as sugestões do Dalai Lama para desenvolver uma maior compaixão, logo, felicidade, em sua vida:

> » **Compreenda o que é a compaixão real.** Compaixão não é o desejo ou apego. Quando você tem uma compaixão genuína pelo seu parceiro, deseja que ele seja feliz. A maior forma de compaixão pelo seu parceiro significa que, mesmo que ele se comporte de maneira negativa ou lhe deixe, você estará feliz por ele, caso ele esteja feliz. Isto não é fácil! Comece apenas imaginando-se em seu lugar quando ele atravessar um momento difícil e deseje que suas dificuldades acabem logo.

» **Perceba que, assim como você, todo mundo quer ser feliz e não sofrer.**
Uma vez que você começar a ver como nós todos somos iguais por baixo de
nossa fina camada de pele, sentirá uma compaixão maior pelos outros. Ela
cresce quando você vê como todo mundo é essencialmente igual, com os
mesmos desejos e necessidades essenciais.

» **Liberte-se da raiva e do ódio.** Você pode fazer isso investigando seus
sentimentos de raiva e ódio pelos outros. Eles servem? Eles fazem com que
você se sinta mais feliz? Mesmo quando você acha que sua raiva lhe dá a
energia para agir em caso de injustiças, olhe mais de perto: a raiva desliga
seu cérebro racional e pode tornar suas ações destrutivas e más. Investigue
e observe com atenção por si mesmo. Perceba a diferença entre agir como
se estivesse com raiva e realmente estar com raiva. O primeiro é menos
destrutivo.

» **Veja a compaixão como forte, não fraca.** A compaixão e a paciência são
tidas, erroneamente, como fraquezas. Na verdade, elas oferecem grande
força. As pessoas que reagem rapidamente com raiva não estão em controle
de si próprias. Ao passo que, alguém que escuta, é paciente e tem compaixão
é tremendamente resiliente e forte. A ciência concorda com isso também.

» **Seja grato por seus inimigos.** Caso você queira aprender sobre tolerância
e paciência — qualidades da compaixão — não pode aprender com
seus amigos. Você precisa de um desafio. Então quando alguém irritante
entrar em sua vida, seja grato pela oportunidade de cultivar a compaixão!
Compreenda que esta pessoa tem um desejo profundo pela felicidade, assim
como você. Ela pode estar buscando a felicidade de uma maneira errada.
Deseje que ele encontre um caminho melhor para a felicidade e, logo, não
sofra tanto. Caso sofra mais, ele pode somente causar ainda mais dor aos
outros.

» **Trate quem quer que você encontre como um velho amigo, um irmão
ou irmã.** Isso o faz mais feliz de imediato!

» **Veja além da aparência das pessoas.** Elas podem parecer diferentes,
vestir-se diferente ou agir diferente. Mas lembre-se de que, no fundo, todos
somos iguais. Somos todos parte de uma mesma comunidade humana.

Ao cultivar a compaixão, você faz uma contribuição positiva para o mundo.
Quando você se sente um pouco mais feliz, torna o mundo um lugar mais feliz
e pacífico para se viver. O planeta é nosso lar e a melhor maneira de protegê-lo
é por meio da compaixão — relações positivas com os outros. Por fim, é vital
para que nossa espécie sobreviva.

TESTANDO A FELICIDADE EGOÍSTA E ALTRUÍSTA

Nas aulas de psicologia positiva, os professores às vezes dão aos alunos a tarefa de fazer algo pela sua própria felicidade, seguida por fazer algo que tenha a felicidade do outro como meta.

Alunos que fazem algo por seu próprio prazer — como ver um filme, comer fora num restaurante ou surfar na internet — acham esta felicidade curta e sem profundidade.

Os estudantes então fazem algo que fará alguma outra pessoa feliz, como massagear seu parceiro ou elogiar um amigo. Eles sempre acham que fazer os outros felizes é muito mais enriquecedor e satisfatório do que somente fazerem a si mesmos felizes, com o sentimento de felicidade durando muito mais tempo.

Por que não tentar fazer alguém feliz hoje?

LEMBRE-SE

Fazer as coisas somente pela sua própria felicidade não funciona de verdade. Imagine cozinhar uma refeição para a família toda e depois comê-la sozinho e ver o resto da família ficar com fome. Onde está a graça nisso? A comida pode ter um sabor bom, mas, sem compartilhar, você perde algo realmente importante. A felicidade é a mesma coisa. Se praticar o mindfulness somente para sua própria felicidade e por mais ninguém, a meditação tem um efeito limitado. Expanda sua visão e permita que sua atenção plena expanda em benefício de todos e você terá uma experiência muito mais satisfatória. Sempre antes de praticar, lembre-se do efeito positivo que o mindfulness tem sobre você e aqueles ao seu redor, finalmente tornando o mundo um lugar melhor para morar. (Vá ao Capítulo 6 para um exercício sobre meditação Metta, que encoraja sentimentos bons por si mesmo e pelos outros.)

Gerando Emoções Positivas com o Mindfulness

O mindfulness baseia-se em oferecer uma consciência calorosa, bondosa, simpática e de aceitação à sua experiência de momento a momento, qualquer que ela seja. Por este motivo, qualquer prática de mindfulness, a longo prazo, desenvolve sua capacidade de gerar sentimentos positivos em relação à sua experiência interna (pensamentos, emoções) e externa (mundo). Para desenvolver isso ainda mais, experimente os exercícios nesta seção.

A prática do mindfulness é como treinar na academia. Você pode sentir-se desconfortável no começo, mas com a prática regular, torna-se melhor em atenção plena a cada momento. Como é um processo gradativo, você pode não perceber nenhuma mudança de cara, mas só confie no processo e dê a ele uma chance decente. Continue indo à academia do cérebro!

Respirando e sorrindo

'Um sorriso o torna mestre de si mesmo. Quando você sorri, realiza a maravilha do sorriso.'

THICH NHAT HANH

Pesquisas descobriram uma conexão entre os músculos que você usa no sorriso e seu humor. Você sorri quando se sente bem — mas o interessante é que simplesmente sorrir faz com que você se sinta bem. Funciona de ambas as maneiras.

Você pode testar isso por si mesmo. Experimente sorrir agora e ao mesmo tempo ter um pensamento negativo. Você consegue? Eu acho que sorrir certamente tem um efeito sobre o humor negativo.

Sorrir é contagiante: você já percebeu como um sorriso tem impacto? Caso veja alguém sorrindo, não consegue evitar e faz o mesmo. Também reduz o estresse: ao deliberadamente tornar-se consciente de sua respiração e sorriso, você age contra o mecanismo de defesa automático do corpo e permite que ele entre em um estado mais descansado e calmo.

Thich Nhat Hanh, um professor de meditação famoso no mundo todo, dedicou sua vida à prática do mindfulness. Uma das suas práticas recomendadas é a respiração e o sorriso. Ele oferece a seguinte meditação. Tente recitar estes versos ao inspirar e expirar:

Inspirando, eu acalmo o corpo e a mente

Expirando, eu sorrio

Morando no momento presente

Sei que ele é o único momento

Tente este exercício de sorrir com atenção plena. Ele está disponível em áudio (Faixa 18):

1. **Exercício do sorriso com atenção plena.**
2. **Digamos que você esteja em um lugar bem quente e confortável, onde sente-se seguro e confortável.**

226 PARTE 4 **Colhendo os Frutos do Mindfulness**

3. Use alguns momentos para esticar os braços e enquanto o faz, sorria gentilmente.

4. Volte a uma postura relaxada e sentada ou qualquer outra postura que pareça certa para você.

5. Gentilmente feche seus olhos e mantenha esse sorriso gentil no rosto, mesmo que não se sinta feliz ou sorridente no momento.

6. Aproveite a sensação de cada inspiração e expiração. Imagine sua respiração como uma qualidade de felicidade nele. Com cada inspiração você inspira a qualidade de um sorriso.

7. Enquanto inspira, diga para si mesmo: "inspirando eu acalmo meu corpo e mente".

8. Enquanto expira, diga para si mesmo: "expirando eu sorrio".

9. Enquanto continua esse exercício, simplesmente diga para si mesmo "respirando" a cada inspiração e "sorrindo" a cada expiração.

10. O processo pode parecer falso, forçado ou até desconfortável, ou pode ser ótimo.

11. De qualquer jeito eu peço para que persevere por alguns minutos para ver o que acontece. Respirando. Sorrindo.

12. Gentilmente traga sua atenção de volta sempre que ela vagar. O que ela fará naturalmente.

13. Veja se pode encontrar qualquer prazer no ato de respirar. E permita que esse prazer se expresse gentilmente em seu sorriso.

14. A cada inspiração, acalmando seu corpo e mente. A cada expiração, uma sensação de descanso, rejuvenescimento. Cultivando a paz no coração.

15. Quando estiver pronto, leve esse exercício a um final gentilmente. Mas talvez mantendo esse sorriso gentil enquanto realiza qualquer outra atividade que precisar fazer.

LEMBRE-SE

Sorria, especialmente quando você não tiver vontade ou pareça forçado. Mesmo que você não se sinta ótimo, sorrir tem um pequeno efeito. Você está plantando as sementes da felicidade. Com o tempo, as sementes certamente brotarão.

O MINDFULNESS AUMENTA A FELICIDADE: A PROVA

Jon Kabat-Zinn, da escola de medicina da Universidade de Massachusetts e Richard Davidson, Professor de Psicologia e Psiquiatria da Universidade de Wisconsin-Madison, e seus colegas comprovaram que a atenção plena aumenta a felicidade.

Os pesquisadores, aleatoriamente, dividiram um grupo de empregados de uma empresa de biotecnologia em dois grupos. O primeiro grupo fez um curso de oito semanas de redução de estresse baseado em mindfulness (MBSR) e os outros não fizeram nada. A atividade elétrica de seus cérebros foi estudada anteriormente e posteriormente ao treinamento.

Depois de oito semanas, as pessoas que fizeram o treinamento de mindfulness tinham uma ativação maior numa parte do cérebro chamada de córtex pré-frontal esquerdo. Esta parte do cérebro é associada às emoções positivas, ao bem-estar e à aceitação da experiência. As pessoas que têm o córtex pré-frontal esquerdo ativado normalmente descrevem-se como interessadas, excitadas, fortes, ativas, alertas e entusiasmadas. Em comparação, as pessoas que têm o córtex pré-frontal direito ativado descrevem-se como medrosas, nervosas, apavoradas, tristes e aflitas.

A experiência mostrou que somente oito semanas de treinamento de meditação mindfulness num local de trabalho ocupado pode ter um efeito positivo sobre a felicidade. Outros estudos com meditadores mais experientes sugerem que estas mudanças no cérebro tornaram-se uma característica permanente — explicando o leve sorriso nos rostos dos praticantes experientes de meditação.

Risada com atenção plena

Todos gostam de dar uma boa risada. Uma boa gargalhada tem benefícios físicos, mentais e sociais.

Fisicamente, a risada relaxa seu corpo inteiro, diminui seus hormônios do estresse, libera endorfinas (o hormônio natural que faz com que seu corpo esteja bem) e aumenta a função do coração e dos vasos sanguíneos. Mentalmente, você se sentirá menos ansioso e será mais resiliente aos estressores da vida. E, socialmente, a risada traz as pessoas pra mais perto de você, e com isso, pode desarmar conflitos mais facilmente e melhorar o trabalho em equipe.

Eu combinei a prática do mindfulness com a de yoga (desenvolvida pelo Dr. Madan Kataria) para incrementar o processo. Dessa maneira, você não precisa achar uma razão para rir: pode rir a qualquer momento!

Eis alguns dos princípios-chave:

» **Você não precisa de uma razão para rir.** Você não precisa de piadas, esquetes de comédia ou nada do tipo. Você pode, caso queira, mas não é necessário — simplesmente ter uma atitude alegre e criar sons de sorrisos é suficiente.

» **Finja até conseguir.** A ideia é fingir as risadas. Caso elas virem risadas de verdade, ótimo. Se não, tudo bem também! Com a prática, você ficará melhor nisso. Será muito estranho no começo, mas apenas persevere e verá que está rindo de verdade da bobeira da coisa toda.

» **Esteja consciente e aproveite a experiência, independente de como ela seja.** A maioria das pessoas não está acostumada a rir muito. E muitas pessoas não riem mesmo. Então vai levar tempo no começo. Com a experiência, você rirá mais facilmente. É só questão de se acostumar-se a isso. Como os neurônios de seu cérebro que disparam juntos se conectam, com a prática você será capaz de curtir e rir com mais facilidade dos altos e baixos da vida.

EXPERIMENTE ISTO

Tente fazer este exercício de risada com atenção plena. Você pode fazer este exercício com um amigo ou até com um grupo de amigos ou membros de sua família:

1. **Comece fazendo um exercício de mindfulness com um sorriso no seu rosto.** Qualquer meditação mindfulness deste livro é válida. O exercício de respiração e sorriso acima são muito bons.

2. **Agora olhe alguém no olho e, ao bater palmas, diga 'Ho, Ho, Ha, ha, ha'.** Faça os sons da risada. Seja o mais brincalhão possível com isso. Não julgue e liberte-se de suas inibições se puder. Seja infantil pelos próximos minutos.

3. **Experimente a risada do aperto de mão. Quando você e seu amigo apertarem as mãos, olhe um nos olhos do outro e faça algumas risadas falsas.** Você pode se pegar achando isso engraçado. Mas, se não achar, sem problemas. Você só está aquecendo.

4. **Leve alguns momentos para respirar calmamente entre estes exercícios de risadas.**

5. **Agora sentem-se em um círculo ou um de frente para o outro e riam.** Qualquer tipo de risada boba e falsa bastará. Esteja com seus olhos fechados ou abertos. Ouvir as risadas dos outros pode dar o pontapé inicial na sua própria risada. O riso é contagiante. Deixe a alegria explodir dentro de você. E lembre-se, não há necessidade de achar que você está fazendo isso incorretamente se sua risada não for real no momento. Você está só começando a jornada do riso com atenção plena. Leve a risada a sério rindo de verdade!

6. **Termine com outro exercício de mindfulness deste livro.** Pode ser simplesmente a atenção plena da respiração ou alguma caminhada relaxante de atenção plena. Ou deite-se e tente fazer a meditação de escaneamento corporal.

Caso você não goste mesmo esta abordagem da risada, tente assistir a mais comédias ou passar um tempo com pessoas que o façam rir. Veja o lado engraçado das coisas e evite levar as coisas a sério demais, perguntando-se: 'existe uma maneira mais leve de ver esta situação?'.

Liberando Sua Criatividade

O que é criatividade? De onde vem a criatividade? Como você pode ser mais feliz e mais criativo? Boas perguntas! O ato da criatividade é um profundo mistério. Se a criatividade é um processo mecânico no qual você faz tal e tal coisa, ele para de ter suas características únicas intrínsecas.

Por exemplo, eu estou sendo criativo ao escrever este livro. Eu simplesmente digito as palavras que vêm à minha mente. Não sei de onde os pensamentos vêm: eles parecem surgir do nada na atenção plena e desaparecem novamente da mesma maneira misteriosa. A criatividade é um processo lindamente mágico que parece ser uma parte natural do Universo. Ao usar maneiras para acalmar sua mente, você descobre que o processo criativo se desenrola naturalmente em si, o que aumenta sua felicidade.

Explorando a criatividade

Brincar é um aspecto importante da criatividade. Se você estiver disposto brincar e se divertir, a criatividade certamente virá em seguida. Quando brinca, você usa o lado direito mais criativo do seu cérebro. Você deixa para trás as regras usuais. Caso você se prenda às regras normais, não consegue criar algo original. O novo nasce da transformação da maneira como você vê as coisas.

Digamos, por exemplo, que você está tentando pensar em algo diferente para fazer com sua família no fim de semana. Eis uma maneira de fazer os fluidos criativos começarem a fluir:

1. **Escreva o que você quer realizar.** Por exemplo, eu estou buscando um lugar excitante para fugir no fim de semana com minha família inteira, para animar todo mundo e para que possamos nos divertir juntos.

2. **Liberte-se do problema.** Permita que a mente desacelere e concentre-se na respiração por cinco minutos ou mais.

MOMENTOS DE GENIALIDADE

Sem dúvida, um dos maiores pensamentos criativos científicos do último século não ocorreu em uma palestra, em um teatro ou em um seminário, com os maiores cientistas. Ele surgiu na mente relaxada, curiosa, aberta e questionadora de um adolescente. Einstein teve seu maior momento de genialidade quando tinha 16 anos de idade, caminhando e pensando em como seria locomover-se em um raio de luz — o que levou à sua famosa teoria da relatividade. Eu chamo este estado mental de 'mindfulness do pensamento': Einstein permitiu que sua mente vagasse, mas estava consciente dos pensamentos e das ideias surgindo.

Os inventores precisam estar conscientes para localizarem os problemas do dia a dia que precisam de uma nova invenção. James Dyson estava aspirando sua casa quando deu-se conta de que seu aspirador topo de linha estava perdendo sucção e entupindo. Ele tomou consciência disso (mindfulness) e dali em diante desenvolveu mais de cinco mil protótipos diferentes antes de desenvolver seu famoso aspirador de pó sem saco.

Outro inventor, George de Mestral, incorporava a atitude de mindfulness da curiosidade. Ele estava caminhando com seu cachorro num lindo dia de verão na Suíça e, ao voltar para casa, encontrou carrapichos — sacos de sementes de plantas — grudadas em sua calça e no cachorro. Com sua curiosidade intensa, ele examinou os carrapichos sob o microscópio e descobriu que estavam cobertos de pequenos ganchos que se penduravam nas curvas de suas calças. Naquele momento ele teve a ideia de inventar o velcro, feito de ganchos de um lado e curvas do outro. Gênio!

3. **Escreva várias coisas que você já fez nos finais de semana para se divertir.** Por exemplo, ficar na casa da sua irmã, ir à praia mais próxima, ficar na casa do seu amigo, ir a museus locais, praticar diferentes esportes.

4. **Mude sua perspectiva. Imagine que você é muito rico, que não tenha uma família ou vive numa floresta. O que você faria então?** Por exemplo, se você fosse muito rico, poderia voar para uma cidade maior para o final de semana; se não tivesse filhos, poderia agendar um final de semana romântico; se vivesse na floresta, poderia começar a construir uma casa na árvore.

5. **Agora veja quais ideias podem ser usadas a partir disso.** Por exemplo, você pode viajar de trem ou com uma companhia aérea mais barata para um hotel relativamente barato numa cidade que não conhece, pode perguntar aos seus vizinhos se pode ficar na casa de campo deles no final de semana ou pode achar um hotel que atenda às necessidades das crianças enquanto consegue passar um tempo com seu parceiro.

CAPÍTULO 11 **Descobrindo uma Felicidade Maior** 231

Para ser altamente criativo, você precisa acalmar a mente completamente. Muitas pesquisas mostram que uma mente calma e relaxada é muito mais criativa do que uma mente ansiosa e estressada. Quando você está calmo, seus pensamentos não estão disparados o tempo todo, então tem tempo para que as ideias criativas venham à tona. A criatividade é um pouco como buscar um tesouro no fundo de um lago. Se a água estiver agitada e turva, você pode nunca vir a enxergar o tesouro abaixo. Mas, se o lago estiver límpido e calmo, você consegue vê-lo facilmente. O mindfulness dá espaço para que a mente fique calma e, ao mesmo tempo, aumenta seu nível de consciência. Você não está forçando a calma, só está criando as condições adequadas para que ela aconteça.

Eu frequentemente recebo novas ideias quando pratico o mindfulness informal. Eu posso ir dar uma volta no meu parque local, observar as árvores ou aproveitar o azul do céu quando uma ideia nova aparece em minha cabeça. Eu normalmente carrego comigo um caderno pequeno onde anoto minhas ideias. No entanto, não faço isso quando estou fazendo uma meditação formal de mindfulness, pois seria uma distração. Não tento ter ideias ou forço a vinda delas.

EXPERIMENTE ISTO

Mantenha sua mente engajada no momento e as ideias surgirão naturalmente. Imagine que você está tentando lembrar-se de onde deixou as chaves e, por mais que tente, não consegue se lembrar de onde estão. Aí você esquece delas e pronto — o lugar aparece na sua cabeça.

Observe a Figura 11-1

FIGURA 11-1: Ilusão de ótica.

Caso não tenha visto esta ilusão ainda, provavelmente vê uma série de pontos aleatórios. Agora tente sentir sua respiração e tornar-se ciente dos sentimentos e sensações do seu corpo por alguns momentos. Então olhe novamente de uma maneira mais relaxada. Da melhor maneira possível, liberte-se de todas as frustrações ou desejos de 'entender'. Passe alguns minutos fazendo isso. Agora olhe a imagem como ela é. Ela mudou? Você consegue vê-la sob uma perspectiva diferente? Seja paciente e veja o que é revelado. Eu vou lhe contar agora, você está pronto... é um Dálmata. Se você ainda não consegue ver o cachorro, o que pode fazer? Pode perguntar a alguma outra pessoa, voltar mais tarde à figura ou tentar olhar de ângulos diferentes — em outras palavras, você procura ideias alternativas criativas. Você consegue ver como se frustrar pode ser uma reação natural mas que não ajuda?

Isso mostra como a mesma coisa (aquela figura) pode ser vista de duas maneiras diferentes. Uma parece aleatória e a outra uma imagem bem clara de um cachorro. Nós criamos nossa realidade. Se você relaxar e olhar profundamente, outras realidades podem revelar-se. O interessante é que, uma vez que você tenha 'visto', não consegue esquecer! Às vezes, consegue fazer isso com problemas também: ver o mesmo problema, em vez de novas e inovadoras maneiras de buscar uma solução. Tente livrar-se da resposta óbvia: vá caminhar, meditar, fazer alguma outra coisa e volte ao desafio mais tarde com uma mente renovada e, assim, mais criativa e feliz.

Criando condições para a originalidade

Você pode fazer esta meditação para dar o pontapé na sua criatividade. A meditação lhe ajuda a considerar seu desafio, permite tempo para a incubação e cria espaço para que novas ideias sujam. Como um exemplo, vou usar este exercício para pensar em novas maneiras de servir melhor aos professores de mindfulness que eu já treinei e agora recebem de mim um telefonema mensal de treinamento.

Eis como:

1. **Considere o desafio e declare-o claramente em uma frase em sua cabeça.** Por exemplo: 'Eu estou buscando uma maneira simples e poderosa de servir melhor aos meus professores de mindfulness para que eles fiquem mais felizes e sejam professores mais eficazes.'

2. **Sente-se ou deite-se numa posição confortável, com um sorriso.** Mantenha um sorriso gentil em seu rosto para lembrar-se de se divertir e ser leve — as fundações da criatividade.

3. **Tenha a atenção plena no que quiser.** Por exemplo, agora eu estou num parque e, assim, estou gostando da atenção plena dos sons dos pássaros. Você pode escolher o que quiser — sua respiração, as sensações de seu corpo, seus pensamentos — o que quer que seja predominante para você agora. Pratique por, pelo menos, alguns minutos.

4. Depois que seu tempo de meditação acabar, veja quais ideias surgem em sua cabeça. Enquanto eu fiz este exercício, uma ideia surgiu em minha cabeça: oferecer um programa de treinamento on-line para professores avançados de mindfulness para aqueles que já fizeram meu curso básico. Isso os ajudaria a melhorar a qualidade de seus ensinamentos. Eu poderia também oferecer um treinamento para que eles possam ensinar meditações do tipo de compaixão em vez de somente as abordagens baseadas no mindfulness. Alguma ideia veio à sua cabeça?

5. Se nenhuma ideia vier à sua cabeça, faça o exercício novamente. Lembre de ver se você consegue aproveitar o exercício de mindfulness em vez de torná-lo uma luta.

6. Caso você ainda não tenha ideias ou sinta-se agitado, tente dar uma volta ou tomar uma xícara de chá ou café com atenção plena. Você pode só precisar dar um descanso ao seu cérebro.

Com este exercício, você começa a permitir que seu espaço criativo interno seja preenchido com novas ideias frescas. Você limpa as velhas ideias limitadoras para dar espaço às novas. Sinta-se livre para interromper a meditação a qualquer momento para escrever suas ideias, porque esta não é uma prática de meditação formal mas um exercício de criatividade — permita-se divertir-se com ela e experimentar.

> **NESTE CAPÍTULO**
>
> **Compreendendo como o estresse funciona**
>
> **Reduzindo o estresse e a raiva com atenção plena**
>
> **Explorando como estimular os níveis de energia**

Capítulo 12
Reduzindo o Estresse, a Raiva e a Fadiga

As dificuldades são parte e parcela da vida — você não consegue impedi--las, infelizmente. O que você *pode* impedir é a maneira como encontra e lida com os desafios. Talvez você normalmente entre em negação ou talvez se jogue de cabeça e acabe cansado demais. Caso consiga enfrentar a dificuldade da maneira certa, pode tirar o calor do problema e até mesmo usar a energia gerada pela questão para administrar suas emoções e atividades.

O mindfulness lhe oferece a oportunidade de se tornar mais íntimo de seus próprios padrões de operação. Caso não tenha mesmo percebido como lida com desafios neste momento, está fadado a ter dificuldades em avaliar se sua abordagem é útil. Se a maneira como você reage é útil ou não, depende de que efeito sua reação tem. Se você não tem uma ideia clara dos efeitos, não está se beneficiando da experiência — só está tocando um disco inúmeras vezes. Conforme este capítulo mostra, ao ter até mesmo uma dose pequena de atenção plena, sua consciência cresce e algo pode mudar — e a menor mudança pode fazer a maior diferença. Como o astronauta Neil Armstrong (meio que) disse: um pequeno passo para você; um salto gigante para o seu bem-estar!

Usando o Mindfulness para Reduzir o Estresse

Pesquisas mostram que o mindfulness reduz o estresse, em curto e em longo prazo, mesmo bem depois de as pessoas terem completado um treinamento em mindfulness. Isso porque muitas pessoas escolhem continuar a praticar alguma forma de mindfulness como parte de sua rotina diária anos depois, porque eles acharam bastante útil. Nesta seção, eu exploro as várias maneiras como o estresse brota em você e como o mindfulness pode ajudá-lo a dizer adeus a seus níveis de estresse impossíveis de administrar.

Entendendo o seu estresse

O estresse ocorre naturalmente e todos os dias. Sempre que você tem um desafio a cumprir, isso dá início à reação fisiológica do estresse. Ele não é uma doença, mas um estado do corpo e da mente. No entanto, caso seu nível de estresse seja muito alto, ou estenda-se por muito tempo, então você pode sofrer de problemas de saúde física e mental.

LEMBRE-SE

O estresse nem sempre é uma coisa ruim; quando você ou alguém próximo enfrenta um perigo físico, o estresse ajuda. Por exemplo, se você vê uma criança correndo em direção à rua, a resposta do estresse dá a anergia e o foco que precisa para correr e pará-la. No entanto, se estiver deitado na cama, preocupado com seus impostos, o estresse não ajudará em nada: o resultado é que você não dorme. Caso este estresse se prolongue por muito tempo, sua saúde provavelmente sofrerá.

O pesquisador do estresse Richard Lazarus descobriu que o estresse começa com você *interpretando* a situação como perigosa ou difícil e tendo que decidir rapidamente quais recursos você tem para lidar com o desafio. Caso interprete o evento como perigoso ou difícil, e sinta que não tem os recursos para lidar com ele, experimenta uma reação de estresse. É por isso que algumas pessoas gostam de ir numa montanha-russa e outras acham a experiência um pesadelo vivo.

Quando você interpreta a situação como desafiadora, o sistema nervoso primitivo de seu corpo é equipado para começar automaticamente uma série de reações corporais. Isso inclui os hormônios do estresse que são lançados em sua corrente sanguínea, suas pupilas dilatando, a percepção de dor diminuindo, a atenção ficando focada, o sangue movendo da pele e órgãos digestivos para os músculos, respiração e batimentos cardíacos acelerando, pressão sanguínea aumentando e mais açúcares sendo lançados no seu organismo, dando a você uma fonte imediata de energia.

Neste estado de corpo e mente, chamado de resposta de *lutar-fugir-congelar*, você vê quase tudo como uma ameaça em potencial. Você está em modo de ataque e vê as coisas de um ponto de vista de sobrevivência em curto prazo, em vez de ver o impacto em longo prazo de suas palavras e ações. Você combate a situação, foge ou simplesmente congela, incapaz de agir.

Imagine que sua chefe lhe diga como sua última apresentação foi ruim e que você não está trabalhando bem o bastante. Caso você *interprete* isso como um ataque pessoal, a pressão sanguínea do seu corpo aumenta, suas pupilas se dilatam, você sua e sente-se ansioso. Seu corpo se comporta como se você estivesse prestes a ser atacado por um urso ameaçando sua vida e está pronto para lutar, escapar ou congelar. No entanto, se você interpretar a situação como 'a chefe está de mau humor' ou 'ela diz a mesma coisa pra todo mundo — não é nada demais', é menos provável que desencadeie uma reação de estresse tão grande. A interpretação é muito mais importante do que a 'realidade' da situação, do ponto de vista do estresse.

Pesquisas mostram que todo mundo tem um nível ideal de estresse. Pense nos níveis de estresse como a pressão de um lápis numa folha de papel. Se você fizer muita força (altos níveis de estresse), rasga o papel ou quebra o lápis. Se pressionar muito levemente (pouquíssimo estresse), nada do que desenhar pode ser visto, o que não é satisfatório. O equilíbrio ideal é algum lugar entre os dois. Assim pode surgir um belo desenho. Pouquíssimo estresse leva a uma falta de motivação e muito estresse leva a um estímulo exagerado e à saúde abalada. O mindfulness pode ajudá-lo a lidar com níveis mais altos de pressão antes da sua reação do estresse ativar de maneira muito alta.

Aqui, eu divido as formas de estresse nas seguintes categorias e ofereço algumas maneiras de aliviá-lo com mindfulness:

» **Estresse físico:** Ele acontece quando seu corpo está sob muita pressão. Você pode estar sentado em uma posição por longos períodos ou levantando pesos muito grandes ou exercitando seu corpo excessivamente. Reduza isso simplesmente tirando mais tempo de folga praticando o escaneamento corporal (Capítulo 6) para aprender a ser mais bondoso com seu corpo.

» **Estresse mental:** Ele surge se você tiver muito trabalho para fazer em um espaço de tempo curto demais. A pressão do tempo pode causar estresse. Pensar demais e preocupar-se são fontes de estresse mental. Reduza o estresse ao praticar minimeditações regularmente (Capítulos 7 e 8) e talvez a caminhada meditativa (Capítulo 6).

» **Estresse emocional:** Ele ocorre frequentemente devido a questões de relacionamento. Talvez você tenha tido um problema grande de comunicação com alguém ou sinta-se muito deprimido, ansioso ou solitário.

A prática de meditações de compaixão (Capítulo 6) ou meditação de perdão (Capítulo 4) podem realmente ajudar aqui.

» **Estresse espiritual:** Falta uma sensação de significado ou objetivo para sua vida. Você pode sentir-se desconectado das outras pessoas ou da natureza. As meditações de compaixão (Capítulo 6) e meditar na natureza podem ajudar. Ler livros de mindfulness, passar mais tempo com amigos ou ter um coach de vida podem ajudar também.

Percebendo os primeiros sinais de estresse

Como você sabe quando está *começando* a ficar estressado em relação a alguma coisa? Quais são seus primeiros sinais de alerta? Seu olho começa a tremer ou você começa a ficar com dor de cabeça? Talvez você perca a paciência mais facilmente ou comece a se preocupar. Para ficar mais consciente de suas primeiras reações ao estresse, você pode começar a tomar as medidas apropriadas antes que o estresse saia do controle.

Quando a pressão fica muito alta para mim, meus ombros ficam tensos e eu acho mais difícil sorrir. Provavelmente converso menos com os amigos e geralmente começo a levar a vida a sério demais! Lembro-me de estar assim da última vez em que tinha um prazo bastante apertado para cumprir e muito trabalho para terminar no tempo determinado.

Praticar a meditação regular de mindfulness e fazer suas atividades diárias com uma consciência da atenção plena tornam você muito mais consciente de seus próprios pensamentos, sentimentos, sensações corporais e comportamento. Você está mais propenso a estar ciente quando os níveis de estresse começam a subir e pode tomar a ação apropriada.

Leve alguns momentos para refletir sobre a última vez na qual você estava estressado. Você percebeu o que estava acontecendo com seu corpo? Quais partes ficaram tensas? Foi a sua barriga ou sua mandíbula? Como o seu comportamento mudou? Você ligou para seus companheiros de copo ou algum outro amigo em particular? Que tipos de emoções você sentiu? Ansiedade ou tristeza? Quais pensamentos passaram pela sua cabeça? Pensamentos negativos sobre você ou outros? Observe estas mudanças quando encarar seu próximo desafio. Aí você poderá usar o mindfulness para reduzir seu estresse para níveis mais aceitáveis.

Avaliando seu estresse

Você pode descobrir que um diário do estresse é uma maneira útil de avaliar seu nível de estresse a cada dia. Eles lhe fazem ter mais atenção plena das áreas de sua vida que causam estresse em curto prazo, assim como sua própria reação ao estresse. Este conhecimento o torna mais consciente do ataque do estresse e de sua resposta a ele, permitindo que você faça escolhas mais úteis para baixar seus níveis, se estiverem altos demais ou, pelo menos, de vê-lo de uma maneira mais útil.

EXPERIMENTE ISTO

Separe um caderno como seu diário do estresse e tente o seguinte. Anote:

» O quão estressado você se sente numa escala de um a dez, com dez sendo extremamente estressado

» O que causou o estresse

» Os pensamentos que estão passando pela sua cabeça, suas emoções e sensações corporais, como dor de cabeça e ombros tensos

» Como você está respondendo ao estresse — em outras palavras, suas ações

Indo da reação à resposta ao estresse

Ao experimentar o estresse, eu chamo as coisas que você faz automaticamente sem nem pensar de *reações* do estresse. Se tiver sorte, algumas de suas reações podem ser úteis e, portanto, dissipem o estresse. No entanto, as reações ao estresse são mais frequentemente não saudáveis e levam a mais estresse. Uma *resposta* tem mais atenção plena, inclui algum tempo para reflexão, é consciente em vez de automática e tende a ser mais útil.

Suas reações ao estresse são parcialmente baseadas no que você assimilou na sua infância, parcialmente genéticas e parcialmente baseadas nas suas próprias experiências com o estresse. Se quem o criou reagia de uma determinada maneira ao estresse, você tem uma chance maior de comportar-se da mesma maneira. Sua própria experiência de maneiras de lidar com o estresse também entram na equação. Talvez sempre tenha bebido várias xícaras de café quando estava estressado e acha que a cafeína lhe ajuda a fazer seu trabalho. Embora possa sentir que isto é eficiente, a cafeína é um estimulante e, quanto mais bebe, *mais* estressado provavelmente ficará. Mudar estes pequenos hábitos pode fazer uma grande diferença.

Reagir automaticamente implica numa falta de opção. Com a prática do mindfulness, você começa a ter uma gama maior de escolhas nas formas de responder e pode, assim, obter um resultado mais satisfatório.

EXPERIMENTE ISTO

Faça uma lista das maneiras úteis e inúteis com as quais você lida com o estresse.

» Reações inúteis incluem beber muito álcool ou cafeína, pensamentos negativos, desligar-se, trabalhar ainda mais duro ou comer muito ou muito pouco.

» Respostas úteis podem incluir sair para caminhar, exercitar, encontrar amigos, meditar ou ouvir música.

Enquanto você faz sua lista, não seja muito duro consigo mesmo. Ao invés disso, ria ou, pelo menos, sorria com seus defeitos. Ei, ninguém é perfeito!

Fique mais consciente das escolhas que você faz depois de um evento estressante e comece a optar por pequenas estratégias úteis, como sair para caminhar. Utilize suas habilidades de mindfulness para ajudá-lo a tomar decisões mais sábias. Lembre-se de dar um belo tapa nas suas costas quando fizer uma escolha positiva, mesmo que normalmente pense nela como uma coisa pequena ou insignificante demais para recompensar-se. Todo pouco ajuda!

Eis um processo de dois passos de mindfulness para responder em vez de reagir para quando sentir seus níveis de estresse subindo:

1. **Perceba suas reações atuais.** O que seu corpo, sua mente e suas emoções estão fazendo? Elas estão mostrando os sinais do estresse? Reconheça o fato de que você está sofrendo de estresse. Observe como está reagindo ao estresse. Seu *corpo* pode estar tenso em certos lugares. Talvez você esteja sofrendo de indigestão ou tenha tido um resfriado durante semanas. Seu *comportamento* pode ser diferente do normal. Você pode estar explodindo com raiva pelas coisas mínimas. Você pode não achar tempo para encontrar seus amigos. Suas *emoções* podem estar flutuantes. Você pode sentir-se cansado ou descontrolado. Seus *pensamentos* podem estar predominantemente negativos. Você pode ter dificuldades em se concentrar. Neste estágio, você só precisa conscientizar-se do que está acontecendo, sem julgar a situação como má ou errada — apenas esteja consciente, sem o julgamento, se possível. Ao tornar-se consciente do que está acontecendo dentro de você, *a experiência já é transformadora*. Isso porque você está *observando* o estresse, em vez de *ser* o estresse. Como o *observador* de uma experiência, você não está mais enrolado em suas próprias emoções. Você não pode ser o que observa.

2. **Escolha uma resposta de atenção plena.** Agora, a partir de uma consciência do nível de estresse que você está experimentando e como está lidando com ele, pode fazer uma opção sábia e com atenção plena como a melhor maneira de lidar. Você se conhece melhor do que qualquer outra pessoa — precisa agora decidir a melhor maneira de lidar com o estresse. Conforme fica consciente de suas próprias reações internas, você dá lugar para que surja a ação criativa, em vez dos caminhos habituais e bem cansados que escolheu tantas vezes antes.

   Eis algumas sugestões para uma resposta de atenção plena ao seu estresse:

   • **Respire com atenção plena por quantas vezes tiver tempo.** Mesmo uma boa grande respirada tem benefícios psicológicos positivos e todo mundo pode fazer isto.

   • **Faça uma minimeditação de três minutos (vá ao Capítulo 7) ou pratique uma meditação mindfulness formal por um período maior de tempo.**

- **Vá fazer uma caminhada, talvez no parque, ou faça um pouco de yoga, tai chi ou exercícios de alongamento.**

- **Evite o excesso de álcool, cafeína, drogas, açúcar e comidas gordurosas.** E, caso você caia na tentação por engano, veja se consegue perdoar-se em vez de repreender-se. Afinal, você é humano.

- **Fale com alguém ou socialize.** Mesmo mandar um pequeno torpedo é melhor do que nada.

- **Assista a uma comédia hilária. Ou apenas ria por nada.** Veja o Capítulo 11 para saber mais sobre rir com atenção plena.

- **Observe o estresse subir no seu corpo e mente e depois descer.** Considere-se como a testemunha do estresse — inteiro, completo e livre, assim como você é. Finja que o estresse está fora de você, o que é verdade de alguma forma.

- **Faça algum exercício vigoroso mas com atenção plena, como correr, nadar ou pedalar.**

- **Veja o estresse positivamente.** Pense em como o estresse o energiza, libera oxitocina (um hormônio que encoraja a conexão com outros) e o faz se mexer. Um enorme estudo recente descobriu que você consegue mudar o seu estado mental sobre o estresse, fazendo com que ele vá de destrutivo a saudável. Foi até mesmo provado que ver o estresse de uma maneira positiva aumenta a expectativa de vida das pessoas em muitos anos!

LIMPANDO O ESTRESSE COM RAIN

Os grupos de mindfulness às vezes usam uma abordagem com a sigla RAIN para lidar com as emoções com atenção plena. Assim como a chuva cai igualmente sobre todos e traz coisas importantes para o seu corpo, a RAIN pode ajudar a transformar seu mundo interno. Siga estes quatro passos da próxima vez em que sentir que está ficando muito estressado, ansioso, raivoso ou com qualquer outra experiência que esteja transbordando em você.

- **Reconheça que uma emoção forte está presente.**

  Frequentemente, você pode ser varrido pela própria emoção, e começa imediatamente a agir baseado nisso. As emoções podem ser uma parte tão integrada de quem você é que acaba não dando ao sentimento o crédito devido. Comece com o reconhecimento da emoção.

(continua)

(continuação)

- **Aceite que a emoção está lá.**

  Com emoções fortes, às vezes a reação natural é fingir que o sentimento não está realmente presente. Neste passo, você aceita que, neste exato momento, está experimentando raiva. Você pode até mesmo dizer a si mesmo: 'Estou experimentando um sentimento forte no momento'. Você não está sendo passivo e se entregando ao sentimento. Caso não aceite o que está aqui agora, não pode esperar administrar a emoção de forma alguma.

- **Investigue pensamentos, sentimentos e sensações corporais.**

  Neste terceiro passo, você não está tentando analisar, mas observar o que está acontecendo em sua mente, coração e corpo. Quais pensamentos estão passando pela sua cabeça? De quais sentimentos você tem atenção plena? Quais áreas de seu corpo parecem tensas ou ardendo, ou quentes ou relaxadas? Como o seu corpo está como um todo? Você tem uma sensação desagradável, latejante e ardente ou a expressão física da emoção é bem agradável? Onde exatamente está localizado o centro da emoção e qual efeito tem uma consciência de mindfulness sustentada sob o aspecto físico da experiência? Simplesmente observe as sensações.

- **Não identificação com a emoção passageira.**

  A emoção, na língua inglesa (emotion), tem a palavra movimento (motion) como parte dela. Emoções estão sempre em movimento, em fluxo e mudando. Nenhuma emoção permanece completamente fixa para sempre. Este passo final é para tentar distanciar-se e criar um espaço entre si e sua emoção. Ao lhe oferecer um espaço, a emoção mais provavelmente fará o que as emoções fazem bastante naturalmente, que é continuar se movendo. Lembre-se de que você não é sua raiva. As emoções vêm e vão, mas você não vem e vai: está sempre aqui. Outra maneira de ver isso é como nuvens no céu. Elas vêm e vão; algumas são cinzas, outras são brancas e fofinhas. Independente do que aconteça com as nuvens, o céu em si permanece sem ser afetado. Da mesma forma, as emoções vêm e vão, mas sua consciência, assim como o céu, é livre.

Expirando seu estresse

Sua respiração é um aliado particularmente útil para lidar com o estresse. Muitos programas de relaxamento estão bem cientes do poder da respiração para regular o estresse e recomendam respirações profundas para administrá-lo.

Normalmente, no mindfulness, você só precisa estar consciente de sua respiração e não tem que mudar sua velocidade. No entanto, existem algumas técnicas diferentes que você pode usar para aliviar o estresse:

- » **Respirar diafragmaticamente ou com a barriga.** Você pode fazer isso deitado, sentado, com suas costas retas ou em qualquer posição que o sirva. Dê uma respirada natural e permita que sua barriga fique cheia de ar. Deixe que a respiração se solte, como você faz normalmente. Repita por quanto tempo achar necessário. Sinta cada respiração entrar e sair do seu corpo. (Veja o Capítulo 6 para saber mais sobre respiração diafragmática ou com a barriga).

- » **Contar sua respiração.** Ache uma postura confortável e feche seus olhos se quiser. Sinta sua respiração entrando e saindo. A cada vez que você expirar, conte. Comece com um, e tente chegar até dez. Quando você atingir dez, comece novamente do um. Se você perder a conta em algum momento, comece de novo do um. Você pode achar difícil passar do número dois ou três antes da sua mente se dissipar em preocupações ou sonhos — sem problema. Tudo o que importa é que, assim que perceber que sua mente está longe, comece de novo do um, *sem criticar-se, se possível*.

- » **Respirar e sorrir.** Às vezes, sua alegria é a fonte do seu sorriso. E, às vezes, seu sorriso é a fonte de sua alegria. Então, caso sinta-se estressado, levante os cantos de sua boca ao sentir sua respiração. Para mais detalhes sobre respirar e sorrir, veja o Capítulo 11.

- » **Respirar profundamente com atenção plena.** Respire profundamente e permita que sua barriga se encha de ar. Prenda sua respiração por alguns segundos e depois solte lentamente seu ar. Repita isso pelo máximo de tempo que você achar confortável. Ao soltar o ar, permita-se libertar toda a tensão e estresse da melhor maneira possível. Caso não consiga, não precisa se preocupar — só tente novamente depois.

- » **Respirar com atenção plena com outras atividades.** Respirar com atenção plena ao realizar atividades do dia a dia dá um antídoto calmante e nutritivo contra o estresse. Caso você esteja desempenhando uma atividade simples ou repetitiva, fique consciente de sua respiração ao fazê-lo. Por exemplo, ao caminhar, sinta sua respiração e perceba como a sua velocidade muda, caso esteja esperando o seu computador iniciar, numa fila, ou pendurando as roupas no varal, simplesmente permita que parte da sua consciência vá para a percepção de sua respiração.

Ao praticar, você pode ficar bastante amigo da sua respiração. Você começa a ficar ansioso para estar com sua respiração e perceber seu fluxo calmante e rítmico.

Usando sua mente para administrar o estresse

Os estressores não causam estresse sozinho. Primeiramente, você precisa interpretar o estresse como um problema que pode ter um impacto negativo sobre si mesmo. Então a reação ao estresse ocorre. Este processo simples, mas fundamental, pode ser visto na Figura 12-1 abaixo.

Lembrar-se de que você é o observador do estresse, e não o próprio estresse, lhe ajuda a ficar livre e seu estresse se torna menos problemático.

FIGURA 12-1: Estresse, interpretação e o observador.

Use as seguintes dicas para baixar o seu nível de estresse tornando-se consciente de como você interpreta os desafios:

» **Anote os pensamentos que estão causando seu estresse.** Por exemplo, caso você esteja sofrendo com o término de um relacionamento, continue escrevendo o que quer que surja em sua cabeça. Ninguém além de você precisa ver o que escreve, então seja totalmente honesto. O processo de escrever lhe ajuda a desacelerar sua mente e o permite enfrentar os pensamentos estressantes um por vez. Tendo escrito todos eles, lembre-se de que os pensamentos são só pensamentos — não necessariamente fatos. Seu estresse é causado nem tanto pelos pensamentos, mas *porque você acredita que eles sejam verdadeiros*. Ver os pensamentos como apenas sons e imagens que surgem e desaparecem da sua consciência reduz significativamente seu impacto.

» **Veja o quadro todo.** Qual o efeito de ver as coisas sob um ângulo diferente na situação? Como você se sentiria se estivesse no lugar de alguém? Esta pode ser a pessoa que parece causar o estresse ou alguma outra pessoa — você escolhe! Ou imagine que você está focando no céu, distante de sua vida. Veja sua própria cidade, sua região, seu país. Siga imaginando que você está tirando o foco do planeta e indo para o sistema solar e além dele! O seu estresse ainda é uma questão tão grande assim?

» **Considere o que de pior poderia acontecer.** Às vezes você pode imaginar a situação como sendo pior do que ela realmente é. Ao considerar o pior, você se dá conta de que as coisas não são tão ruins.

» **Divida o problema.** Caso você tenha um problema grande e não consiga encarar as questões, tente dividir o problema em pequenos passos. A partir daí, leve as coisas um passo por vez. Por exemplo, se tiver perdido seu emprego e esteja sem dinheiro, o primeiro passo para conseguir um novo emprego pode ser atualizar seu currículo. Você pode até subdividir isso em ligar para um amigo para ajudá-lo a escrever um currículo novo ou procurar sites sobre como escrevê-los.

» **Veja os problemas de um jeito diferente.** Caso veja as dificuldades na vida como desafios, sua mente pode automaticamente começar a buscar soluções úteis. Caso tudo o que você veja forem problemas, provavelmente vai sentir-se exausto e estressado pelo peso deles em seus ombros. Veja os desafios como oportunidades de descobrir novas coisas sobre si mesmo e sua resiliência, em vez de problemas que precisam ser evitados ou encarados. Pense neste desafio como algo que entrou em sua vida para ensinar a você um modo de vida mais sábio e bondoso.

» **Discuta a causa do estresse com alguém.** O processo de falar sobre sua questão provavelmente irá ajudá-lo a ver aspectos nos quais você nem mesmo pensou. E mesmo que não ajude, só de falar sobre estas questões que você está enfrentando ajuda a dissipar sua potência.

A VIDA É O MODO COMO VOCÊ A VÊ

A frequência que você experimenta altos níveis de estresse depende parcialmente, se não completamente, do jeito como você vê as coisas. Esta velha história mística muçulmana (Sufi) ilustra isso lindamente.

Uma jovem viajante de outro país entrava em um novo território. Ela viu um velho sentado debaixo de uma árvore e perguntou a ele: 'Como são as pessoas em seu país?' O velho olhou para ela e perguntou: 'O que você pensa sobre as pessoas do seu próprio país?' A jovem moça respondeu entusiasmadamente: 'Ah, elas são bondosas, hospitaleiras e generosas.' O velho respondeu com um sorriso leve: 'Você vai achar as pessoas deste país bondosas e amigáveis também.'

Um pouco depois, na parte da tarde, outro viajante estava passando pelo país. Ele também olhou o velho e perguntou: 'Ei como são as pessoas em seu país?' O velho perguntou: 'Como elas são em seu próprio país?'. Ele disse: 'Terríveis. Estão sempre lutando, frequentemente não são receptivas e astutas.' O velho respondeu: 'Temo que você achará as pessoas deste país iguais às do seu.'

O segredo para transformar o nível de estresse que experimenta é mudar a maneira como você vê a vida.

>> **Liberte-se do perfeccionismo.** O perfeccionismo é um motivo comum para altos níveis de estresse. Compreenda que ser perfeito é algo impossível de ser realizado. Ajuste seus padrões baixando-os um pouco. Você pode tentar visar 80 por cento de perfeição e ver se isso ajuda. Perceba como a imperfeição de uma árvore com seus galhos tortos e a ausência de simetria também fazem parte de sua beleza. Da mesma maneira, veja a beleza de suas imperfeições. Esta é a antiga filosofia japonesa do *wabi-sabi*.

>> **Aprecie o que está indo bem.** Pense em todas as coisas que estão indo bem para você no momento e anote-as. Elas não precisam ser grandes coisas — qualquer coisa pela qual você seja até mesmo levemente grato bastará. Fazer isso o estimula a sentir menos estresse. Você ainda está respirando? Você tem um teto sobre sua cabeça? Você tem um amigo? Tudo é válido.

Acalmando Sua Raiva

A raiva pode ser saudável, caso a emoção seja controlada e usada com moderação. Por exemplo, se você estiver sendo tratado de uma maneira injusta, pode precisar *agir* com raiva para garantir que seja tratado de forma justa e com respeito. No entanto, ficar fora de controle quando você está com raiva pode causar danos tremendos a si mesmo e aos seus relacionamentos com os outros. Acalmar a raiva não é um processo fácil e requer uma decisão clara, esforço e apoio dos outros. O mindfulness pode ajudar, conforme esta seção mostra.

Compreendendo a raiva

A raiva é uma emoção humana normal. Se você for maltratado, sentir-se com raiva é perfeitamente natural. O problema é saber o que fazer com a emoção que surge caso você machuque a si mesmo ou aos outros com esta raiva.

A raiva surge quando você sente que alguma coisa *deveria* acontecer, mas *não acontece*. Por exemplo, se você recebe um atendimento ao consumidor ruim por algo que comprou ou vê o quanto o crime cresceu em sua cidade e sente-se com raiva porque o governo *deveria* agir mais.

Eu não tenho rompantes de raiva de verdade. A última vez em que tive que *agir* de forma raivosa foi durante uma visita à Índia alguns anos atrás. Uma engraxate insistia em querer polir meus sapatos, então nós decidimos um preço e ela fez o serviço. Ela tentou então me cobrar dez vezes mais. Eu recusei. Ela então decidiu não devolver meus sapatos. Então, eu decidi agir como se eu estivesse com raiva para reaver meus sapatos! Funcionou. Eu tive que aumentar meu tom de voz e atraí uma pequena multidão. Eu dei então a ela o preço combinado, que jogou de volta em mim. Eu fiquei meio desapontado com ela, mas senti pena. Ela era pobre e talvez eu deveria ter dado mais dinheiro a ela.

246 PARTE 4 Colhendo os Frutos do Mindfulness

Mas este é um exemplo simples de como agir com raiva pode ajudá-lo a conseguir seus sapatos de volta.

LEMBRE-SE

Agir com raiva e *ser* raivoso são coisas diferentes. Quando você age com raiva, não passa por uma falta de controle ou perda de razão. Você pode voltar a sorrir imediatamente quando precisar.

Situações diferentes deixam pessoas diferentes com raiva. Como todas as emoções, a raiva depende da *interpretação* da situação, e não da própria situação. Caso um caixa lhe dê o troco errado e você veja isso como um erro, provavelmente perdoa de imediato e não pensa nada demais sobre o engano. No entanto, caso você ache que ele fez isso com você de propósito, a chance é maior de ficar incomodado, frustrado ou com raiva. Então, é a *sua interpretação* que causa a raiva, não a situação em si.

A raiva surge de um pensamento ou de uma série deles. A raiva não surge sozinha. Você pode não estar consciente do pensamento que causa a raiva que sente, mas um pensamento pode ter surgido para que a emoção viesse à tona. Por exemplo, se pensar 'Aquele caixa está lá para me passar para trás', você sente a raiva percorrendo seu corpo quase que imediatamente depois.

LEMBRE-SE

Você experimenta certas sensações físicas quando está com raiva, como a compressão de seus ombros, o endurecimento de seu estômago, uma dor de cabeça, o cerrar de suas mãos ou mandíbula, ausência de concentração, sudorese, aumento em sua velocidade de respiração, inquietação e o coração batendo muito rápido.

RAIVA NOS CORREDORES

O gerente de um supermercado ouviu um empregado que estava ajudando uma cliente a empacotar suas compras. A cliente disse: 'Você sabe quando terá novamente?'. O empacotador respondeu: 'Não, eu não sei. Nós podemos não ter a semana toda ou até por mais tempo.' A consumidora respondeu: 'Tudo bem, obrigada. Adeus.', e partiu.

O gerente cravou os olhos no empacotador e foi atrás da consumidora dizendo: 'Receberemos amanhã. Não se preocupe, eu garanto que conseguiremos para você'. Ele virou-se para o empacotador e estava furioso. 'Nunca mais diga que não temos alguma coisa. E, caso não tenhamos, diga que teremos amanhã. Esta é a política. Você é inútil! O que ela queria, de qualquer maneira? 'O empacotador disse: 'Ela queria chuva'.

Quando você está estressado, tem uma chance maior de ver as coisas da maneira errada.

Lidando com o fogo quando ele surge

Você chega em casa e seu parceiro não fez comida nenhuma. Você trabalhou até tarde e começa a sentir a raiva vindo à tona. O que você faz? Você sabe que, logicamente, é muito melhor falar sobre isso calmamente e resolver o conflito em vez de estragar a noite com uma discussão. Eis como:

1. **Tenha consciência da sensação física de raiva em seu corpo.** Perceba as sensações em seu estômago, peito e rosto. Esteja consciente da velocidade do batimento de seu coração e respiração. Observe se seus punhos estão cerrados. Testemunhe a tensão no resto do seu corpo.

2. **Respire.** Respire nas sensações físicas de seu corpo. Feche seus olhos, se quiser. Pode ser que você ache que contar dez inspirações seja útil. Imagine a respiração entrando pelo seu nariz e indo para sua barriga e, ao expirar, imagine o ar saindo por seus dedos das mãos e pés, caso ache isso útil.

3. **Continue a ficar com as sensações da melhor maneira possível.** Traga um senso de bondade e gentileza a seus sentimentos de raiva. Observe o desconforto do mesmo jeito que observaria uma paisagem — levando seu tempo e estando com a paisagem do seu eu interior. Tente ver a raiva como uma oportunidade de entender o sentimento, como a ardência surge no seu ser e como a respiração pode ou não ter um efeito de esfriar a chama dentro de você.

4. **Perceba seus pensamentos.** Pensamentos do tipo 'não é justo' ou 'não engulo isso' alimentam o fogo da raiva. Perceba o efeito de libertar-se destes pensamentos, pela sua própria saúde e bem-estar, mais do que qualquer outra coisa. Caso você não consiga libertar-se destes pensamentos, o que é comum, só continue a observar o jeito como os pensamentos e sentimentos se alimentam, criando e recriando a experiência da raiva, assim como outros sentimentos, como a culpa, frustração e tristeza. Caso haja muita energia percorrendo seu corpo, tente caminhar pelo quarto e sentir o contato entre seus pés e o chão. Alternativamente, em vez de caminhar, pode experimentar alongar-se lentamente, com atenção plena, sentindo o corpo, ao estender seus vários grupos musculares.

5. **Afaste-se.** Afaste-se um pouco de suas experiências internas. Perceba que você é o observador de seus pensamentos e emoções e não os próprios pensamentos ou emoções. Assim como imagens são projetadas numa tela e a tela em si não é afetada, os pensamentos, emoções e sensações surgem na consciência, mas você, como consciência, não é tocado.

6. **Comunique-se.** Assim que a principal força de sua raiva tiver se dissipado, você pode precisar comunicar seus sentimentos a outra pessoa. Comece usando o 'eu', ao invés das acusações com 'você'. Caso coloque a culpa na outra pessoa pelos seus sentimentos, é mais provável que faça com que ela aja na defensiva. Caso diga 'Eu senti raiva porque você não fez jantar' em vez

248   PARTE 4 **Colhendo os Frutos do Mindfulness**

de 'Você me deixou com raiva porque não fez o jantar.', está assumindo a responsabilidade pelos seus próprios sentimentos. Ao continuar a comunicar-se, fique consciente e alerta a seus próprios sentimentos e livre-se de qualquer agressão se puder — menos agressão e mais honestidade são mais indicados para levar a uma conversa e a resultados harmoniosos e produtivos.

Lidar com a raiva é uma tarefa desafiadora, e ninguém pode seguir estes passos perfeitamente. A ideia é manter estes passos em mente e segui-los, com pequenas doses de frustração, em vez de uma raiva direta. Ao fazer isso, você se torna mais apto a controlar as chamas da raiva.

Outras maneiras de administrar seus sentimentos de raiva são:

» **Tenha atenção plena nos padrões de pensamento que alimentam sua raiva.** Eles incluem:

- **Supergeneralização** com o uso de frases como 'Você *sempre* me ignora' ou 'Você *nunca* me respeita'. Seja específico em vez disso.

- **Leitura da mente** ao achar que você *sabe* o que a outra pessoa está pensando e muitas vezes prevendo os pensamentos como negativos, como 'Eu sei que você acha que eu reclamo demais'. Tente evitar deduzir as coisas desta forma.

- **Culpar os outros** pela sua própria raiva, com pensamentos do tipo 'Você sempre me deixa com raiva' ou 'Tudo é culpa deles'. Em vez disto, assuma responsabilidade pela sua raiva.

» **Faça exercícios físicos com atenção plena.** Ao exercitar-se regularmente, você constrói uma resiliência maior ao estresse e isto pode dissipar parte de sua raiva. Ao exercitar a atenção plena (ver o Capítulo 7), prestando atenção em todas as sensações físicas ao fazer um exercício, os músculos do mindfulness são trabalhados também, levando a níveis maiores de consciência e comportamento menos reativo de piloto automático.

» **Conecte-se aos seus sentidos.** Ouça os sons ao seu redor ou escute música com atenção plena. Sinta o cheiro de alguns dos seus odores calmantes favoritos. Coma um lanche o mais lentamente possível, mastigando e saboreando com a maior atenção plena que conseguir. Tome uma chuveirada ou banho de banheira e conecte-se com as sensações da sua pele. Olhe pela sua janela e aproveite o céu, as nuvens, as árvores ou a chuva.

» **Questione sua reação.** Pergunte-se questões como: 'Isso vale a pena?', 'Isso é importante no todo?', 'Como eu posso responder nesta situação?', 'O que seria algo mais útil a ser feito agora?'.

A Figura 12-2 mostra como você pode usar o mindfulness para dissipar o ciclo da raiva.

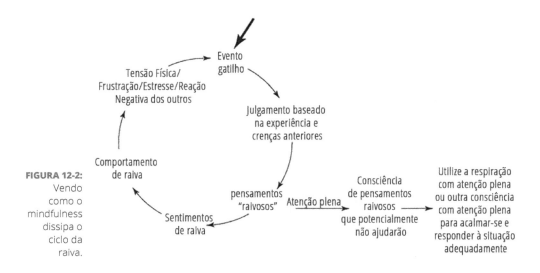

FIGURA 12-2: Vendo como o mindfulness dissipa o ciclo da raiva.

Diminuindo o Cansaço

Se você for cheio de energia, realizar suas tarefas diárias é uma moleza — pode chegar em casa do trabalho cheio de energia capaz de cozinhar, tomar banho, sair com seus amigos, socializar e divertir-se, no geral. Se você estiver deixando a desejar no quesito energia, tudo fica difícil — desde sair da cama de manhã até voltar para a cama no fim do dia. Você pode encontrar algumas dicas úteis para reduzir seu cansaço nesta seção.

Avaliando seus níveis de energia

Comece avaliando seus níveis de energia numa semana ou mês comuns. Você pode fazer isso simplesmente anotando em seu diário ou caderno. Você encontrará diversos benefícios em fazer isso.

- » Você descobre como seus níveis de energia mudam de um dia para o outro.
- » Você vê em quais horas do dia tem mais energia disponível para realizar suas tarefas mais desafiadoras.
- » Você pode começar a ver padrões: certos alimentos ou atividades físicas podem estar estimulando ou esgotando seus níveis de energia.

250 PARTE 4 **Colhendo os Frutos do Mindfulness**

LIDANDO COM AS RAÍZES DA RAIVA

Se você tiver o pavio curto, pode se perguntar por que fica com raiva tão facilmente. Para muitas pessoas, a razão é uma criação difícil. Caso aqueles que cuidaram de você tenham tido raiva frequentemente, ter raiva é a única maneira que você entendeu como reagir às situações. Se seus pais ou cuidadores tenham lhe tratado mal, está fadado a ter sentimentos de raiva presos dentro de si. Eventos altamente estressantes e traumáticos podem também levar à raiva.

Se você reage facilmente com raiva, pode estar usando a raiva para cobrir outros sentimentos mais profundos. A raiva age como uma proteção, para evitar que você fique consciente de outros sentimentos mais sutis de medo, vergonha, culpa ou timidez.

Ao ter a atenção plena dos sentimentos por trás de sua raiva, você começa a soltar as correntes emocionais que podem estar lhe controlando. Uma maneira de fazer isso é sentindo a emoção ao percebê-la chegando e estando consciente quando ela se manifestar em seu corpo. Ao sentir isso com franqueza e bondade, em vez de se criticar, você começa o seu processo de cura por dentro.

Lidar com sua raiva conforme a emoção vem à tona é meio como apagar incêndios. Lidar com a causa da raiva quando você não está no meio da emoção é como experimentar um alarme de incêndio e agir antes das coisas ficarem fora de controle.

Maneiras poderosas de lidar com as raízes da raiva incluem meditação e a meditação do perdão. A meditação da bondade amorosa, ou meditação Metta, também pode ser bastante eficaz (Capítulo 6).

Pratique a meditação mindfulness diariamente, só para ver qual efeito o exercício tem em seus níveis de energia. O mindfulness não é uma dose em curto prazo mas uma maneira em longo prazo de encontrar a vida de uma maneira saudável; quaisquer melhoras na energia podem levar algum tempo mas podem durar por muito tempo, então persevere com sua paciência.

Descobrindo esgotadores de energia

Algumas atividades são semelhantes a sanguessugas energéticos — ela sugam energia do seu organismo. Ao descobrir quais são e pensar com atenção plena no que leva a sua energia embora, você pode começar a reorganizar seu estilo de vida ou reduzir sua dose de esgotadores de energia. Eles incluem:

>> **Estresse demais.** Se você se permite ficar estressado demais e não faz nada para administrar isso, estará pronto para queimar muito da sua energia. Isso porque a reação do estresse, ou a resposta de lutar ou fugir, leva todas as

suas reservas de energia do seu sistema digestivo e imunológico para seus músculos. Se você continuar usando essa reação ao estresse muitas vezes, suas reservas de energia gradativamente ficam mais e mais reduzidas. Utilize as dicas anteriores de mindfulness no capítulo para ajudar a combater o estresse.

» **Pensar demais.** Se você leva seus pensamentos a sério demais, dá a sua mente uma atenção que ela não deve ter. Isso tende a alimentar o cérebro e o incentiva a pensar cada vez mais. O cérebro usa incríveis 20% de toda a sua energia — caso você dê atenção demais a seus pensamentos, eles saem do controle, detonando toda a sua energia. Afaste-se um pouco de seus pensamentos e não deixe que eles o dominem.

» **Açúcar demais.** Embora o açúcar possa parecer levantar sua energia em curto prazo, seus níveis de energia logo despencam. Reduza seu consumo de açúcar refinado e preste atenção nos alimentos com pouca gordura que contêm altos níveis de açúcar para torná-los saborosos.

» **Pular o Café da Manhã.** Muitas pesquisas mostram os benefícios de tomar um café da manhã saudável. Na verdade, as pessoas que não tomam café da manhã não só deixam de ter energia, mas também estão mais propensas a engordar, por comer demais ao longo do dia.

Descobrindo o que o anima

Você pode assumir o controle de seus níveis de energia ao dar passos ativos e saudáveis para aumentar seu desembaraço. Não se esqueça de que você quer o tipo de energia que o revitaliza e não aquela que o deixa excitado além da conta! Muitos 'picos' eventualmente resultam em você apagar, pois queima sua energia rapidamente. Tudo bem que isso aconteça às vezes, quando você quer se divertir, mas não o tempo todo.

Faça o seguinte com uma consciência gentil e com atenção plena:

» **Envolva-se em um exercício físico com atenção plena.** Em vez de esgotar sua energia, os exercícios regulares, na verdade, estimulam. Isso pode ser devido ao lançamento no seu cérebro de um produto químico chamado serotonina, que o ajuda a sentir-se melhor e menos frustrado ou estressado. As organizações de saúde recomendam 30 minutos de exercício físico vigoroso diariamente, que podem incluir uma caminhada rápida de ida e volta ao comércio. Qualquer coisa que faça seu coração bater, aumente a velocidade de sua respiração, faça-o suar um pouco e deixe-o sem ar é classificado como exercício vigoroso. Leia o Capítulo 7 para saber mais sobre exercícios físicos com atenção plena.

» **Saboreie refeições regulares com atenção plena.** Comer porções menores com regularidade em vez de ter algumas grandes refeições é mais saudável e ajuda a manter seus níveis de energia. Pão de centeio integral, mingau de aveia, massa, feijão, lentilha e macarrão todos contém uma energia que é lançada lentamente no seu organismo e ajuda a sustentá-lo ao longo do dia. Coma com atenção plena também, observando sua comida, saboreando ao comer, comendo aos poucos e não fazendo mais nada além de comer neste momento.

» **Beba bastante água.** Tente beber de seis a oito copos d'água por dia e mais ainda, caso esteja fazendo exercícios. Fique mais consciente de seu sentimento de sede ou, melhor ainda, beba antes que este sentimento surja, no caso de já estar desidratado. Ao beber, lembre-se de quão sortudo você é de ter água à sua disposição e sinta a água em sua boca e como ela tem um efeito refrescante enquanto desce ao seu estômago.

» **Encontre sua alegria.** Ache tempo para as atividades que você gosta. Você pode estar simplesmente trabalhando demais. Caso não possa mudar isto, veja quais são as pequenas coisas que pode fazer para tornar seu trabalho mais divertido. Passe tempo com amigos e familiares que tenham atenção plena — o que quer que isso signifique para você. Tente sorrir mais e fazer exercícios de risada com atenção plena (veja o Capítulo 11). Conte uma piada para alguém. Vá atrás da risada. Aja de uma maneira tola ou infantil de vez em quando. Tente ver o lado engraçado da vida se puder.

» **Medite.** Tanto a atenção plena informal quanto a meditação formal diária ajudam a aumentar seus níveis de energia. Isso porque a consciência do mindfulness ajuda finalmente a diminuir o estresse que você experimenta. Ao continuar praticando diariamente, sua tendência de ficar estressado em primeiro lugar diminui, logo, seus níveis de energia aumentam para um nível saudável. Conforme sua habilidade de ser calmo e focado aumentam, sua energia torna-se calma e focada também.

Usando as meditações para erguer-se e brilhar

Eis uma meditação energizante que você pode praticar quando quiser focar em aumentar seus níveis energéticos (disponível em áudio, na Faixa 19):

TOQUE AGORA!

1. **Exercício de energia com atenção plena.**

2. **Esse exercício com atenção plena pode ajudá-lo a reenergizar-se quando sentir-se cansado ou exausto.**

3. **Se puder, sente-se ereto, sem ficar rígido.** Tente sentar-se sem encostar as costas na cadeira. Permita seu corpo ficar aberto e sua cabeça bem equilibrada no pescoço. Mantenha um sorriso gentil no rosto levemente levantando os cantos da boca. Deixe que seu corpo pareça com alguém energético e acordado, e ainda sereno e calmo também.

4. **Agora expire até sentir que seus pulmões estão quase vazios e, então, inspire profundamente.** Segure sua respiração por alguns momentos antes de expirar totalmente de novo. Inspirando pelo nariz e expirando pela boca. Permitindo que a expiração seja mais longa que a inspiração. Respirar profundamente dessa maneira o energizará naturalmente.

5. **Sinta as sensações gentis rítmicas da sua própria respiração.** Sinta as sensações da respiração de momento a momento, sem julgamento. Apenas permita que a respiração aconteça sozinha. Enquanto inspira, imagine que esteja respirando um oxigênio nutritivo, fresco e energizante para o seu corpo, obtenha uma sensação desse oxigênio nutritivo permeando seu corpo todo, alimentando cada célula generosamente.

6. **Enquanto expira, imagine as toxinas sendo liberadas do seu sistema.** Expire tudo o que tiver lhe incomodando e deixe ir qualquer pensamento, emoções, ideias ou sensações inúteis.

7. **Com cada inspiração, sinta-se mais energizado e animado.** Essencialmente, você é um contêiner de energia, fazendo troca com a energia ao seu redor. Obtenha um senso disso, enquanto continua a respirar com atenção plena. Sinta a troca de energia com os seus arredores. Um processo de dar e receber. Um ciclo natural.

8. **Agora volte a uma sensação de consciência da sua respiração.** Aproveite as inspirações e expirações com o espírito de aceitação, cuidado e empatia.

9. **À medida que chega ao final deste exercício, note sua transição para um estado normal e acordado.** Continue a ter atenção plena dessa troca de energia que acontece com seus arredores enquanto realiza suas atividades diárias.

Algumas outras meditações úteis para lhe dar uma dose de energia são:

» **Escaneamento corporal.** Você pode fazer esta prática independente do cansaço que sinta. Você só precisa ouvir a Faixa 9 enquanto estiver deitado no chão, num colchonete ou numa cama. Mesmo que seja incapaz de concentrar-se por muito tempo, algo mudará. Você pode livrar-se de uma ideia estressante, pode entrar em um sono restaurador ou pode sentir-se imediatamente energizado ao fim da prática. (Veja o Capítulo 6 para uma descrição integral do escaneamento corporal.)

» **Espaço de respiração de três minutos:** Esta meditação (Faixa 16) é ideal caso você não tenha muito tempo disponível. Se você conseguir achar o tempo e a disciplina para praticar este exercício muitas vezes por dia, começará a ficar ciente dos tipos de pensamentos e emoções que percorrem seu organismo, sugando sua energia vital. (Vá ao Capítulo 7 para uma descrição da pausa para respirar.)

NESTE CAPÍTULO
Descobrindo sobre depressão e ansiedade
Descobrindo maneiras nas quais mindfulness reduz a depressão e ansiedade
Explorando técnicas específicas

Capítulo 13

Usando Mindfulness para Combater a Ansiedade, a Depressão e a Dependência

'Você não é a sua doença'

A depressão, a ansiedade e o vício apresentam sérios desafios em nossa sociedade. De acordo com a Organização Mundial de Saúde, a depressão é a maior causa de invalidez, afetando 121 milhões de pessoas no mundo todo. Cerca de uma em cada seis pessoas sofre de depressão clínica em algum ponto de sua vida. Cerca de uma a cada 50 pessoas passa por *ansiedade generalizada* em algum ponto de sua vida, sentindo-se ansiosa o dia todo.

Evidências médicas sugerem que mindfulness é muito forte para ajudar as pessoas com depressão recorrente e estudos com ansiedade e vícios parecem extremamente promissores também. Caso você sofra de alguma destas condições, seguir os conselhos de mindfulness neste capítulo podem realmente ajudá-lo.

CUIDADO

Caso você ache que sofre de uma condição médica, por favor, certifique-se de visitar seu médico antes de seguir qualquer conselho daqui. Caso você sofra de depressão neste momento, tendo sido diagnosticado por um profissional da área da saúde, espere até o pior da doença ter acabado e estar numa posição mais forte para digerir e praticar os exercícios de mindfulness deste capítulo. Muitas vezes o mindfulness pode funcionar bem em conjunto com outras terapias ou medicamentos — mais uma vez, verifique com seu médico antes de começar, para que ele possa lhe apoiar e dar o melhor conselho.

Lidando com a Depressão com Atenção Plena

De todas as condições de saúde mental, a depressão recorrente é a que melhor tem respondido ao mindfulness. Caso o corpo da evidência continue a crescer, o mindfulness pode acabar se tornando o tratamento padrão para lidar com a depressão no mundo todo. Esta seção explica o que é a depressão e o porquê de a atenção plena parecer ser tão eficaz para aqueles que sofreram de vários episódios de depressão.

Compreendendo a Depressão

A depressão é diferente da tristeza.

Tristeza é uma emoção natural e saudável pela qual todos passam de tempos em tempos. Caso algo não funcione do modo que espera, você pode sentir-se triste. O mau humor pode durar por algum tempo e afetar seus pensamentos, palavras e ações, mas não em grande alcance.

A depressão é muito diferente. Quando você está deprimido, você não parece sentir-se melhor, independente do que tente.

Infelizmente, algumas pessoas ainda acreditam que a depressão não é uma doença *real*. A depressão *é* uma doença real com *sintomas bastante reais*.

De acordo com a NHS (National Health System — uma organização britânica da saúde), caso você tenha mau humor pela maior parte do dia todos os dias por duas semanas, está experimentando a depressão e precisa ver seu médico. Os sintomas da depressão podem incluir:

» Um humor ruim e depressivo

» Sentimentos de culpa ou de baixa autoestima

» Sono perturbado

» Uma falta de interesse ou prazer

» Baixa concentração

» Mudanças em seu apetite

» Pouca energia

Entendendo o porquê de a depressão ocorrer

A depressão tem uma boa chance de ser uma condição recorrente, e, para compreender o porquê, você precisa entender os dois fatores-chave que fazem com que leves sentimentos de tristeza virem depressão:

» **Pensamento negativo constante (ruminação).** Este é o uso constante e repetitivo do pensamento negativo e autocrítico para tentar mudar um estado emocional. Você tem uma ideia de como as coisas estão (sente-se triste) e como quer que as coisas estejam (sentindo-se feliz, relaxado ou em paz). Você continua pensando sobre seu objetivo e o quão longe está do seu estado desejado. Quanto mais você pensa neste vazio, mais negativa a situação parece e mais longe fica de sua emoção desejada. Infelizmente, pensar desta forma — tentar consertar o problema de uma emoção — só piora o problema e leva a uma sensação de fracasso quando a depressão se estabelece. A ruminação não funciona porque as emoções são parte de ser humano. Tentar consertar ou mudar as emoções simplesmente pensando sobre o que você quer não funciona. A ruminação é uma marca do *modo mental do fazer*, explicado no Capítulo 5.

» **Evitar intensamente os pensamentos, emoções e sensações negativas (esquiva de experiências).** Este é o desejo de evitar experiências desagradáveis. Mas o processo de esquiva de experiências alimenta a chama emocional em vez de reduzir ou diminuir a emoção. Fugir de suas emoções as torna mais fortes.

Quando você sofre inicialmente de depressão, experimenta os pensamentos negativos, um humor negativo e preguiça. Quando isso ocorre, você cria uma conexão entre esses pensamentos, sentimentos e sensações corporais. Mesmo quando sente-se melhor, as conexões implícitas ainda estão adormecidas por ali.

Então, quando por acaso você se sentir um pouco triste, assim como todo mundo, e começar a pensar: 'De novo isso. Por que isso está acontecendo comigo? Eu fracassei', e assim por diante. Os sentimentos negativos ocorrem novamente. Isso dá origem aos humores negativos e baixos níveis de energia no corpo, que criam mais pensamentos negativos. Quanto mais você tenta evitar seus pensamentos, emoções e sentimentos negativos, mais poderosos eles se tornam. Este humor é chamado de espiral descendente, conforme mostramos na Figura 13-1.

Usando o mindfulness para mudar o seu relacionamento com o mau humor

Uma das principais maneiras pelas quais um novo lapso depressivo ocorre e é sustentado é por meio da tentativa de ativamente evitar um humor negativo. O mindfulness o convida a ter uma atitude diferente em relação à sua emoção. A depressão é desagradável, mas você vê o que acontece quando aborda a sensação com bondade, curiosidade, compaixão e aceitação. Este método provavelmente será radicalmente diferente da sua maneira normal de deparar-se com uma emoção desafiadora. Eis algumas maneiras de mudar seu relacionamento com seu humor e, assim, transformar o próprio humor.

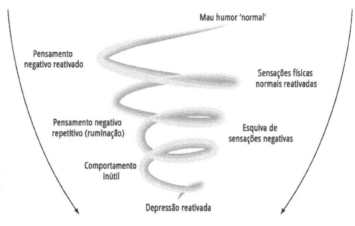

FIGURA 13-1: Espiral do humor descendente.

Quando você experimentar um mau humor, faça um destes exercícios como um experimento e veja o que acontece:

» **Identifique onde no seu corpo você sente a emoção.** O seu estômago ou o peito estão apertados, por exemplo? O que acontece caso você aborde esta sensação corporal, qualquer que seja ela, com bondade e curiosidade? Você pode ir diretamente ao centro da sensação corporal e imaginar a respiração entrando e saindo da sensação? Que efeito ela tem? Caso sinta-se desconfortável demais fazendo isso, o quão próximo consegue chegar do sentimento desagradável no seu corpo? Tente brincar com o limite de onde você é capaz de manter a atenção no seu corpo, nem forçando muito nem pegando leve. Tente dizer a si mesmo: 'O que quer que eu sinta está bem, deixe-me sentir isso.'

» **Veja a si mesmo isoladamente do seu humor, sentimento ou pensamento.** Você é o observador da sensação, não a sensação em si. Tente afastar-se um pouco e observar a sensação. Quando você assiste a um filme, existe um espaço entre você e a tela. Quando você vê as nuvens passarem, um espaço o separa das nuvens. Também existe um espaço entre você e suas emoções. Perceba que efeito isso tem, caso haja algum.

» **Perceba os tipos de pensamentos que está tendo.** Eles são autocríticos, negativos, prevendo o pior, precipitando conclusões? Os pensamentos estão se repetindo inúmeras vezes? Traga um sentimento de curiosidade aos padrões de pensamentos em sua mente.

» **Perceba sua tendência de querer livrar-se da emoção.** Veja se você consegue sair desta estratégia de esquiva rumo a uma estratégia maior de aceitação e observe que efeito isso tem. Veja se você consegue aumentar a aceitação de seus sentimentos um por cento que seja — apenas um pouquinho. Aceite que esta é a sua experiência agora, mas ela não durará para sempre, para que possa libertar-se pelo menos temporariamente da luta, mesmo de leve, e veja o que acontece.

ENTENDENDO MODOS DE ESQUIVA E DE ABORDAGEM

Quanto mais você tenta evitar uma emoção, mais a emoção agarra-se a você e se fortalece. No entanto, ao abordar a emoção, você começa a se abrir à possibilidade de livrar-se de suas garras. Ao abordar as sensações com um sentido de bondade, compaixão e gentileza, você cria a possibilidade de permitir e aceitar a sua experiência do momento presente como ela realmente é. Você se liberta da possibilidade de um humor de espiral descendente criado por um modo mental de esquiva.

O Professor Richard Davidson, o principal professor de neurociência da Universidade de Wisconsin-Madison e amigo do Dalai Lama, mostrou que o modo mental de esquiva é associado à ativação da parte do cérebro do córtex pré-frontal direito (visto de forma mais comum naqueles com depressão) e o modo mental de abordagem associa-se com uma maior ativação na parte do cérebro do córtex pré-frontal esquerdo (visto de forma mais comum nas pessoas positivas). Ele também mostrou que o mindfulness ajuda a mover a ativação do cérebro das pessoas da direita para a esquerda, em outras palavras, de um modo de esquiva para o modo de abordagem. Isto cria uma postura mais aberta e desconectada em relação à emoções, permitindo, assim, que elas operem de uma maneira mais natural. Resumindo, o mindfulness pode treinar seu cérebro a tornar-se mais saudável!

CAPÍTULO 13 **Usando Mindfulness para Combater a Ansiedade...** 259

» **Tente fazer um espaço para respiração de três minutos conforme descrito no Capítulo 7.** Qual efeito isso tem? Seguindo o espaço de respiração, faça uma escolha sábia para saber qual a coisa mais útil para fazer no momento presente para cuidar de si.

» **Reconheça que o pensamento ruminante recorrente e ter mau humor são parte de sua experiência e *não parte do centro do seu ser*.** Uma emoção surge em sua consciência e, em algum ponto, diminui novamente. Adotar uma perspectiva descentralizada e desligada significa que você reconhece que seu mau humor *não é* um aspecto central de si mesmo — de quem você é.

Descobrindo a Terapia Cognitiva Baseada em Mindfulness (MBCT)

A Terapia Cognitiva Baseada em Mindfulness (ou MBCT — Mindfulness-based cognitive therapy) é um programa de grupo de oito semanas com princípios do curso de redução de estresse baseado em Mindfulness (MBSR), como descrito no Capítulo 9. O curso de MBSR ajudou muito as pessoas que têm uma gama ampla de problemas físicos e psicológicos. MBCT foi adaptado especificamente para aqueles que sofreram episódios repetidos de depressão. Pesquisas, por enquanto, comprovaram que o MBCT é 50% mais eficaz do que o tratamento normal para aqueles que sofreram três ou mais episódios de depressão e tiveram um evento traumático.

MBCT é um desdobramento de uma forma mais geral de terapia chamada de terapia comportamental cognitiva (TCC), que sustenta que pensamentos, sentimentos e ações estão intimamente conectados. A maneira como você pensa afeta a maneira que sente e as atividades que pratica. Inversamente, a maneira que você sente ou as atividades que desempenha afetam a maneira que pensa, conforme mostrado na Figura 13-2.

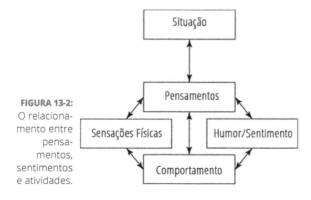

FIGURA 13-2: O relacionamento entre pensamentos, sentimentos e atividades.

VENDO A BASE CIENTÍFICA DA ATENÇÃO PLENA

Uma pesquisa recente nos EUA descobriu que mais de 40 por cento dos profissionais de saúde mental fazem algum tipo de terapia de atenção plena para encorajar a cura do corpo e da mente. Em ambientes clínicos de grupo, a atenção plena é aplicada principalmente com o uso de dois programas.

- **Redução de Estresse Baseada em Mindfulness (MBSR): Um treinamento de oito semanas de meditação mindfulness para a redução de estresse naqueles com uma ampla gama de condições médicas.**

- **Terapia Cognitiva Baseada em Mindfulness (MBCT): Baseada no curso de MBSR de oito semanas, com elementos adicionais de terapia comportamental cognitiva, desenvolvidos para prevenir o problema de recaída em depressão clínica e sendo testada no momento e usada em uma grande variedade de doenças.**

Dr. Jon Kabat-Zinn e colegas desenvolveram o MBSR em um ambiente hospitalar na Escola de Medicina da Universidade de Massachusetts, em 1979.

A evidência científica comprovando os benefícios médicos do mindfulness são impressionantes.

Eis uma pequena amostra da pesquisa sobre mindfulness até aqui:

- **Mais de 200 pacientes com dores crônicas foram avaliados para tratamento de mindfulness e melhoras grandes num geral no bem-estar físico e psicológico depois da MBSR foram comprovados na maioria.**

- **Um estudo sobre o uso de MBSR em pacientes com distúrbio de ansiedade mostraram reduções significativas nas taxas de ansiedade e depressão em mais de 90% dos pacientes.**

- **Em um experimento, alguns pacientes com psoríase receberam uma meditação mindfulness guiada para ouvir enquanto estavam num *box* iluminado. Estes pacientes se curaram quatro vezes mais rápido do que os pacientes que não tiveram acesso ao tratamento. Isso mostra que o mindfulness em si parece acelerar o efeito de cura.**

- **Muitas experiências mostraram que o MBCT é eficaz na prevenção de recaída da depressão e evento traumático na vida (especialmente abuso), mostrando que, em pacientes com três ou mais episódios de depressão, o MBCT reduziu a taxa de recorrência em 55 por cento.**

O Capítulo 9 explora a MBSR.

A TCC (Terapia Cognitivo-comportamental) o encoraja a desafiar pensamentos não realistas e negativos sobre você mesmo, sobre os outros ou sobre o mundo (descubra mais em *Terapia Cogntivo Comportamental Para Leigos*, por Rhena Branch e Rob Willson – Alta Books). A terapia cognitiva baseada em mindfulness leva a uma abordagem um pouco diferente. Em vez de deliberadamente considerar os pensamentos alternativos, você segue adiante rumo a seus pensamentos, emoções e sensações físicas desagradáveis de uma maneira mais decentralizada, bondosa, curiosa e cheia de compaixão — em outras palavras, com atenção plena. A ênfase não está em mudar a experiência mas em estar com esta experiência de uma maneia diferente. Você desenvolve sua capacidade de fazer isto por meio da meditação mindfulness.

Caso você deseje fazer o curso de MBCT sozinho usando este livro, pode seguir o curso MBSR de oito semanas descrito no Capítulo 9 e, além dele, fazer as atividades descritas neste capítulo. Não é a mesma coisa do que fazer o curso com um grupo e um professor profissional, mas dá uma ideia do que esperar e certamente pode ajudá-lo.

Experiências Agradáveis e Desagradáveis

Na vida cotidiana, você passa por uma ampla gama de experiências diferentes. Elas podem ser agrupadas como agradáveis, desagradáveis e neutras. As experiências agradáveis são aquelas que você gosta, como ouvir os pássaros cantarem ou assistir ao seu programa de TV preferido. As experiências desagradáveis podem incluir ter que sentar num engarrafamento ou lidar com um cliente difícil no trabalho. As experiências neutras são aquelas que você nem mesmo percebe, como um objeto diferente na sala em que está no momento ou do gosto do café ou chá que está bebendo. O mindfulness o incentiva a tornar-se curioso sobre todos os aspectos destas experiências.

Você pode investigar suas experiências utilizando-se do seguinte exercício, que normalmente é feito ao longo de duas semanas.

EXPERIMENTE ISTO

Pegue uma folha de papel ou use seu diário e crie quatro colunas. Nomeie-as como 'experiência', 'pensamentos', 'sentimentos' e 'sensações corporais'. Sob cada coluna, escreva uma experiência por dia que você achou prazerosa. Escreva os pensamentos que passaram pela sua cabeça, os sentimentos que você teve no momento e como o seu corpo estava nas colunas apropriadas. Continue a fazer isso todo dia, por uma semana inteira.

Na semana seguinte, repita os exercícios, mas desta vez com uma experiência desagradável a cada dia. Lembre-se, você não precisa ter experiências muito agradáveis ou desagradáveis — mesmo uma experiência pequena e aparentemente insignificante bastará.

O objetivo deste exercício é:

» Ajudá-lo a ver que as experiências não são uma grande bolha. Você pode dividi-las em pensamentos, sentimentos e sensações corporais. Isso torna as experiências difíceis mais fáceis de serem administradas do que insuportáveis.

» Perceba seus padrões automáticos e naturais, que operam sem que nem você mesmo os perceba normalmente. Você aprende como normalmente prende-se a experiências agradáveis com o desejo de que elas continuem e como afasta as experiências desagradáveis, chamadas de esquiva experimental, o que pode acabar perpetuando-as.

» Aprenda a ter mais curiosidade sobre as experiências em vez de apenas julgar as experiências como boas ou ruins, ou aquelas que você gostou ou não.

» Encoraje-se a entender e reconhecer suas experiências desagradáveis em vez de apenas evitá-las.

Interpretando pensamentos e sentimentos

Você pode fazer este exercício de visualização sentado ou deitado numa posição confortável:

1. **Imagine que você está caminhando ao lado de uma estrada familiar. Do outro lado dela, você vê um amigo. Você chama seu nome e acena, mas ele não responde. Seu amigo continua caminhando até desaparecer.**

2. **Escreva suas respostas para as seguintes perguntas:**

   - O que você sentiu neste exercício?

   - Quais pensamentos você teve?

   - Quais sensações físicas você experimentou em seu corpo?

Se você pensa: 'Ah, ele me ignorou. Eu não tenho nenhum amigo', você fica mais propenso a sentir-se triste e talvez seu corpo possa dar uma caída. Caso pense: 'Ele não conseguiu me ouvir. Paciência, eu o vejo mais tarde', provavelmente a situação não o afetará. O principal objetivo deste exercício é mostrar que a sua *interpretação* de uma situação, e não a situação em si, gera um sentimento específico.

Quase todas as pessoas têm uma resposta diferente a este exercício porque elas têm uma *interpretação* diferente do evento imaginado. Caso você já esteja de mau humor, provavelmente interpretará a situação negativamente. Lembre-se:

pensamentos são interpretações da realidade, influenciados pelo seu humor atual. Não considere seus pensamentos como fatos, especialmente se estiver de mau humor. *Pensamentos são apenas pensamentos, não fatos.*

Combatendo os pensamentos automáticos

O mindfulness o encoraja a reconhecer e lidar com os pensamentos negativos automáticos que podem prolongar a depressão ou causar a sua piora.

Considere as seguintes afirmações (adaptadas do 'Automatic Thoughts Question-naire', de Kendall e Hollon, Cognitive Therapy and Research, 1980 — em inglês):

» Eu me sinto como se fosse eu contra o mundo.

» Eu não sou bom.

» Eu nunca serei bem-sucedido.

» Ninguém me entende.

» Eu decepciono as pessoas.

» Eu não acho que consiga seguir em frente.

» Eu queria ser uma pessoa melhor.

» Eu sou muito fraco.

» Minha vida não está indo da maneira que eu gostaria que estivesse.

» Eu estou tão decepcionado comigo mesmo.

» Nada mais me parece ser bom.

» Não suporto mais isto.

» Não consigo começar.

» Há algo realmente errado comigo.

» Eu queria estar em algum outro lugar.

» Não consigo organizar as coisas.

» Eu me odeio.

» Eu não valho nada.

» Eu gostaria de poder desaparecer.

» Eu sou um perdedor.

» Minha vida é uma bagunça.

» Eu sou um fracasso.

- » Eu nunca vou conseguir.
- » Sinto-me tão indefeso.
- » Meu futuro é sombrio.
- » Nada vale a pena.
- » Eu não consigo terminar nada.

Quanto você acreditaria nestes pensamentos agora caso algum deles surgisse em sua mente? O quanto você acreditaria neles caso algum deles surgisse em sua mente quando estivesse com o seu pior humor? *Estes pensamentos são atributos de uma doença chamada depressão e não têm nada a ver com quem você é.*

Ao considerar a depressão de uma maneira avulsa, você fica mais separado da doença. Você vê a depressão como uma condição humana em vez de algo que o afeta pessoalmente e quase a ninguém mais. Você vê a depressão como uma condição que é tratável ao dar os passos apropriados.

Pontos de vista alternativos

Pontos de vista alternativos são as maneiras diferentes nas quais você pode interpretar uma situação ou experiência em particular.

EXPERIMENTE ISTO

Este exercício do MBCT mostra como os sentimentos afetam os pensamentos e os pensamentos afetam os sentimentos. O exercício é similar ao 'Interpretando pensamentos e sentimentos' encontrado anteriormente neste capítulo, mas concentra-se mais em como você interpreta as situações, dependendo de como já esteja se sentindo.

Considere o seguinte cenário: Você acabou de ser *criticado* pelo seu chefe pelo seu trabalho e sente-se mal. Você passa por um de seus colegas e está pronto a dizer algo a ele, que diz estar ocupado demais e não poder parar. Anote seus pensamentos e sentimentos.

Agora, considere um outro cenário: Seu chefe acabou de *elogiar* muito o seu trabalho excelente. Você passa por um de seus colegas e vai dizer algo a ele, que diz estar muito ocupado e não poder parar. Escreva seus pensamentos e sentimentos.

Você provavelmente achou pensamentos e sentimentos muito diferentes nas duas circunstâncias. Ao entender que seus pensamentos e sentimentos são influenciados pela sua interpretação de uma situação, estará menos inclinado a reagir negativamente. O mindfulness permite que você se torne mais consciente de seus pensamentos e sentimentos de momento a momento e lhe oferece a escolha de responder a uma situação de uma maneira diferente, sabendo que seus pensamentos são apenas pensamentos ou interpretações, em vez de fatos.

Tirando o foco dos pensamentos difíceis

Pratique a meditação de pausa para respirar por três minutos (explicada no Capítulo 7) e depois faça a si mesmo algumas ou todas as perguntas abaixo. Fazer isso o ajuda a tirar o foco ou a afastar-se de seus pensamentos mais difíceis e o ajuda a tornar-se mais consciente de seus próprios padrões mentais. As perguntas são:

- » Eu estou confundindo um pensamento com um fato?
- » Eu estou pensando em termos de preto e branco?
- » Eu estou tirando conclusões precipitadas?
- » Eu estou me concentrando no negativo e ignorando o positivo?
- » Eu estou sendo perfeccionista?
- » Eu estou adivinhando o que os outros estão pensando?
- » Eu estou prevendo o pior?
- » Eu estou me julgando ou aos outros de maneira áspera demais?
- » Quais são as vantagens e desvantagens de pensar desta maneira?
- » Eu estou levando as coisas de forma pessoal demais?

Listando suas atividades

Faça uma lista de todas as atividades comuns que você faz em um dia como preparar comida, vestir-se, viajar para trabalhar, interagir com os outros, hobbies, esportes, aulas noturnas e assim por diante. Rotule então cada uma dessas atividades como energizantes ou exaustivas.

As atividades energizantes fazem com que você se sinta animado e entusiasmado, dando energia e alegria a você. Já as atividades exaustivas sugam sua energia, fazendo com que você se sinta com vitalidade baixa e com a atenção fraca. Considere o que você consegue fazer para aumentar o número do primeiro grupo de atividades e diminuir o número do segundo na sua rotina diária.

Agora, liste atividades que lhe dão um senso de domínio ou prazer. Atividades que oferecem um senso de domínio são aquelas que são bem desafiadoras para você, como arrumar uma prateleira, dar um telefonema que você tem evitado ou forçar-se a sair de casa para encontrar um amigo ou parente. Atividades que oferecem prazer podem incluir tomar um banho quente, assistir a um filme ou dar uma caminhada leve.

Quando você se sentir estressado ou com mau humor, escolha uma atividade de 'domínio' ou 'prazerosa'. Antes de fazer sua escolha, faça a meditação de pausa para respirar por três minutos para ajudar a trazer mindfulness à experiência.

Fazendo escolhas sábias

Ao experimentar mau humor, pensamento depressivo, sensação dolorosa ou situação estressante, pratique o espaço para a respiração por três minutos e escolha o que fazer em seguida, que pode ser:

» **Ação de atenção plena.** Volte a fazer o que estava fazendo antes, mas neste modo mental mais amplo e espaçoso de ser (o Capítulo 5 explica o modo mental de ser). Exercite cada ação com atenção plena, talvez dividindo a atividade em pedaços menores e mais tranquilos. A mudança pode ser muito pequena e sutil em sua mente, mas seguindo o espaço de respiração você provavelmente se sentirá diferente.

» **Estar com a atenção plena em seu corpo.** As emoções manifestam-se em seu corpo físico, talvez na forma de uma tensão em sua mandíbula ou ombros. O mindfulness do corpo convida você a ir até a tensão e sentir as sensações com uma consciência aberta, amigável e calorosa, da melhor maneira possível. Você pode respirar na sensação ou dizer 'abrindo, reconhecendo, abraçando' quando sente a área de desconforto. Você não está tentando livrar-se das sensações, mas sim descobrindo como estar bem com elas quando forem difíceis e não prazerosas.

» **Estar com a atenção plena em seus pensamentos.** Caso os pensamentos ainda estejam predominantes depois do espaço de respiração, concentre sua consciência da atenção plena no que estiver pensando. Tente afastar-se um pouco, vendo os pensamentos como eventos mentais em vez de fatos. Tente anotar os pensamentos, o que ajuda a desacelerá-los e lhe oferece a chance de dar uma boa olhada neles. Reflita sobre as questões listadas na seção 'Tirando o foco dos pensamentos difíceis'. Traga um senso de curiosidade e gentileza ao processo se puder. Desta maneira, você está tentando criar um relacionamento diferente com seus pensamentos, diferente de aceitá-los como 100% realidade, independentemente do que surja em sua cabeça.

» **Uma atividade agradável.** Faça algo agradável, como ler um livro ou ouvir sua música preferida. Ao realizar esta atividade, foque sua atenção principalmente na própria atividade em si. Observe como está se sentindo emocionalmente e como seu corpo está e esteja com a atenção plena em seus pensamentos, de tempos em tempos. Tente não fazer a atividade para forçar uma mudança no humor, mas dê o seu melhor para reconhecer o que está experimentando.

» **Uma atividade de domínio.** Escolha fazer alguma coisa que lhe dê a sensação de domínio, independentemente do quão pequena ela seja, como lavar o carro, nadar ou fazer um bolo. Mais uma vez, tente dar à atividade sua atenção completa. Perceba se você está tentando empurrar seus sentimentos para fora, voltando ao modo fazer habitual (Capítulo 5) e, em vez disso, permita-se aceitar seus sentimentos e sensações da melhor maneira possível, que é o modo ser (Capítulo 5). Traga um senso genuíno de curiosidade à sua experiência ao executar sua atividade.

Usando um sistema de alerta contra a depressão

Escrever um sistema de alerta contra a depressão é uma boa maneira de cortá-la pela raiz, em vez de deixá-la numa espiral descendente. Anote:

1. **Os sinais de aviso** nos quais precisa prestar atenção quando a depressão pode surgir em você, como o pensamento negativo, dormir demais ou evitar encontrar amigos. Você pode querer pedir a alguém próximo que o ajude a fazê-lo.

2. **Um plano de ação** do tipo de coisas que você possa fazer que sejam úteis, como uma meditação, yoga, caminhar ou assistir a uma comédia, e anote o tipo de coisas que não seriam úteis também, que precisa tentar evitar caso seja possível (talvez mudar os hábitos alimentares, trabalhar até tarde e comentários negativos sobre si).

Acalmando a Ansiedade: Deixe Estar

A ansiedade é uma emoção humana natural caracterizada pelos sentimentos de tensão, pensamentos preocupados e mudanças físicas, como uma pressão sanguínea aumentada. Você se sente ansioso quando acha que está sendo ameaçado. O medo é parte do seu mecanismo de sobrevivência — sem sentir medo algum, provavelmente assumirá grandes riscos, sem preocupar-se com consequências perigosas. Sem medo, andar na beira de um abismo não seria diferente de caminhar no parque — não seria uma posição segura para se estar!

LEMBRE-SE

A ansiedade e o pânico podem ser devidos a uma combinação de fatores, incluindo aí seus genes, as experiências de vida que você teve, a situação atual na qual está e se está sob a influência de drogas, inclusive cafeína.

Esta seção olha como o mindfulness pode ajudar na administração de sua ansiedade e medo, seja se tais sentimentos aparecem de tempos em tempos ou se você tiver uma condição clínica como um distúrbio de ansiedade generalizada (GAD — Generalized Anxiety Disorder), no qual você se sente ansioso o tempo todo.

Sinta o medo... e faça amizade com ele

Eliminar pensamentos temerosos não é fácil. Os pensamentos são grudentos e quanto mais você tenta afastá-los, mais fortes as preocupações e ansiedades parecem se prender. Desta maneira, você pode facilmente entrar em um ciclo negativo, no qual quanto mais tenta bloquear os pontos negativos, mais fortes eles voltam.

O mindfulness o encoraja a encarar todas as suas experiências, incluindo as desagradáveis. Desta forma, em vez de evitar os pensamentos e sentimentos ansiosos, o que os fortalecem e faz com que eles controlem sua vida, você começa de maneira lenta, porém certeira, a abrir-se a eles, bondosa e gentilmente, evitando que eles fiquem de um tamanho desproporcional.

Talvez esta analogia possa ajudar. Imagine um cômodo transbordando de água. Você está do lado de fora dele tentando manter a porta fechada. Conforme cada vez mais água transborda dentro do cômodo, você precisa empurrar cada vez mais forte para manter a porta fechada. Eventualmente, você é derrubado, a porta se escancara e a água vem inundando tudo. Alternativamente, você pode experimentar abrir a porta bem devagar no começo, em vez de escancará-la. Enquanto você continua a abrir a porta, dá à água a chance de sair do cômodo suavemente em vez de em forma de dilúvio. Assim você pode parar de lutar para manter a porta fechada. A água representa seus pensamentos e sentimentos internos ansiosos, e a porta sendo aberta é a relação com os pensamentos e sentimentos difíceis com um senso de bondade, gentileza e cuidado, da melhor maneira que você conseguir.

Usando o mindfulness para lidar com a ansiedade

Se você se preocupa muito, a razão para isso é provavelmente bloquear-se de tópicos emocionalmente mais pesados ainda. Por exemplo, você pode estar preocupado se o seu filho passará nas provas, mas, na verdade, o tipo da sua preocupação está bloqueando o verdadeiro sentimento de medo. Embora a preocupação seja desagradável e crie ansiedade, os pensamentos impedem que você sinta emoções mais profundas. No entanto, até você se abrir para estas emoções mais profundas, a preocupação continua.

A preocupação é um exemplo de esquiva de experiências, descritas anteriormente neste capítulo. O mindfulness o treina para tornar-se mais aberto e aceitar as suas emoções mais desafiadoras, com reconhecimento, curiosidade e bondade. O mindfulness também permite que você veja que suas emoções e você são coisas distintas e que seus sentimentos são transitórios, o que o ajuda a reduzir a ansiedade. O mindfulness o encoraja a libertar-se de suas preocupações, focando sua atenção no momento presente.

Eis um exercício de atenção plena para a ansiedade:

1. **Fique confortável e sente-se com um senso de dignidade e equilíbrio em uma cadeira ou sofá.** Pergunte a si mesmo: 'O que eu estou experimentando agora, no presente momento?' Reflita sobre os pensamentos que estão fluindo pela sua mente, as emoções surgindo no seu ser e as sensações físicas em seu corpo. Da melhor maneira possível, abra-se às experiências no aqui e agora por alguns minutos.

2. **Coloque sua mão em sua barriga e a sinta subindo e descendo com sua respiração.** Sustente sua atenção nesta área. Caso pensamentos ansiosos prendam sua atenção, reconheça-os, mas volte ao momento presente e, sem autocrítica, se possível, foque novamente no inspirar e expirar. Continue por alguns minutos.

3. **Quando você estiver pronto, expanda sua consciência para ter um senso do seu corpo inteiro respirando, com atenção ampla e espaçosa e não com a atenção focada somente na respiração.** Se quiser, imagine os contornos de seu corpo inspirando e expirando, que é o que o corpo faz, através da pele. Continue pelo máximo de tempo possível.

4. **Observe sua transição deste exercício de mindfulness de volta à sua vida cotidiana.** Continue a imbuir suas atividades diárias com esta consciência gentil e acolhedora, só para ver qual efeito a atenção plena tem, caso tenha algum. Se achar a prática incentivadora, volte a esta meditação para encontrar algum alento toda vez em que passar por pensamentos intrusivos ou preocupações.

LEMBRE-SE

O mindfulness não se baseia em tentar livrar-se de sua ansiedade ou de qualquer outra experiência difícil. O mindfulness oferece a possibilidade de desenvolver uma postura saudável sobre sua experiência desagradável. A experiência desagradável está aqui, queira você ou não. Você pode tentar distrair-se em curto prazo, mas isso é cansativo e tende a não funcionar em logo prazo. O convite ao mindfulness é radical: para dar um passo corajoso e desafiador rumo à dificuldade, qualquer que ela seja, e ver o que acontece. Este ato de reconhecimento muda seu relacionamento com a ansiedade e, portanto, dá liberdade para que aquela emoção siga adiante, quando estiver pronto.

DANDO AS BOAS VINDAS AOS VIZINHOS BARULHENTOS

Seus pensamentos ansiosos são como a música de um vizinho barulhento. O mindfulness não é exatamente uma tentativa de fazer com que o vizinho pare, o que poderia ou não dar certo, mas sim de ouvir o barulho de uma maneira diferente. Quando está ouvindo sua música preferida, você deixa os sons chegarem até você e se abre para o ritmo por completo. Da mesma forma, você precisa se abrir e ouvir seus pensamentos e sentir as emoções subjacentes, sem tentar consertá-las ou mudá-las — apenas reconhecendo-as como elas são.

Treinar sua mente assim não é um procedimento fácil e é preciso prática. A 'música' (seus pensamentos ansiosos) podem ou não mudar — tudo o que você pode controlar é a sua atitude em relação a eles. Deixe que a atitude seja de curiosidade e bondade o máximo possível.

Estar com ansiedade

Caso você queira mudar a ansiedade, precisa começar pela relação correta com ela, para que possa estar com a emoção. Dentro deste relacionamento seguro, você pode permitir que a ansiedade esteja lá, nem suprimindo nem reagindo a ela. Imagine sentar-se o mais calmamente que você conseguir enquanto uma criança está dando um ataque. Nenhum ataque dura para sempre e nenhum deles permanece no mesmo nível. Ao manter uma consciência com atenção plena, calma e gentil, eventualmente e bastante gradativamente, a ansiedade pode começar a se acomodar. E, mesmo quando ela não vai embora, ao sentar-se calmamente perto dela, sua experiência não é tanto uma luta.

EXPERIMENTE ISTO

Você não precisa encarar a ansiedade de cara imediatamente. Você pode dar estes passos durante um período de dias, semanas ou meses.

1. **Observe como normalmente reage quando a ansiedade aparece; ou, caso esteja sempre ansioso, perceba sua atitude momentânea acerca da emoção.**

2. **Considere a possibilidade de ter uma atitude com maior atenção plena em relação à ansiedade.**

3. **Sinta a ansiedade por um minuto mais ou menos com o máximo de bondade e calor que conseguir, respirando nela.**

4. **Perceba a cor, o formato e a textura do sentimento. Em qual parte do seu corpo ele se manifesta?** A intensidade da sensação aumenta ou diminui com a sua consciência de atenção plena? Explore a área em algum lugar entre afastar-se e mergulhar na ansiedade e permita-se ficar fascinado pelo que acontece neste limite com sua atenção plena bondosa e cheia de compaixão.

5. **Observe o sentimento como você olha uma linda flor ou árvore, com um senso de aconchego e curiosidade. Respire nas várias sensações e as veja como seu professor.** Dê as boas vindas à sua emoção como quem recebe a um convidado, com os braços abertos.

Isto não é uma competição para ir dos Passos 1 ao 5, mas é um processo, uma jornada que você faz em seu próprio ritmo. O Passo 1 é tão importante, significativo e profundo quanto o Passo 5. Lembre-se que estes passos são um guia: mova-se em direção à ansiedade, ou qualquer que seja a emoção, da maneira que julgar adequado. *Confie na sua própria sabedoria inata para guiar sua jornada interna.*

Superando a Dependência

Um vício é uma necessidade aparentemente incontrolável de abusar de uma substância, como bebida ou drogas ou de fazer alguma atividade, como jogar. Vícios interferem em sua vida em casa, no trabalho ou na escola, onde causam problemas.

Caso você esteja sofrendo de algum tipo de dependência, lembre-se de que você não está sozinho. Nos EUA, por exemplo, 23 milhões de pessoas são dependentes de álcool ou outras drogas. E mais de dois terços das pessoas que sofrem de dependência abusam do álcool.

A boa notícia é que há ajuda disponível. Caso você tenha experimentado e fracassado na superação de sua dependência, não desista. Existe esperança, com todo o apoio por aí. O mindfulness é uma das muitas formas de superar a dependência.

CUIDADO

Você não tem certeza de que sofre de uma dependência? Pode ser difícil de admitir que você é dependente de alguma coisa. Mas, reconhecer e aceitar sua dependência é o primeiro passo da mudança. Faça a si mesmo as seguintes perguntas:

>> Você usa mais da substância ou participa mais da atividade hoje em dia do que no passado?

>> Você experimenta desespero ou sintomas de abstinência quando não tem acesso à substância ou atividade?

>> Você mente para os outros sobre o seu uso da substância ou comportamento?

Caso sua resposta seja sim, considere consultar um profissional da saúde para uma avaliação mais detalhada e aconselhamento apropriado. Um profissional da saúde pode lhe dirigir a todos os tipos de apoio — muitas organizações podem ajudar no tratamento do vício. A terapia cognitivo-comportamental (TCC) e a terapia de melhoria motivacional (TMM) têm sido consideradas tratamentos muito eficazes.

CUIDADO

O mindfulness em si é uma prática antiga, que existe há pelo menos 2.500 anos. Mas, falando clinicamente, o mindfulness é uma abordagem nova para superação do vício, e a prova da abordagem está nos seus primeiros estágios de coleção, embora seja positiva até agora.

Compreendendo uma abordagem com atenção plena para a dependência

Uma vez em que estiver dependente, suas ações são o contrário da atenção plena: são automáticas. Este exemplo descreve um processo que acontece quase que inconscientemente a cada vez que você fuma um cigarro.

1. **Você está sentado no trabalho na sua mesa e sente-se um pouco letárgico e cansado.**

2. **Você sente a necessidade de fumar um cigarro. Na verdade, é uma sensação física no seu corpo, mas você normalmente não sabe onde ela está.**

3. **Você pensa imediatamente: 'Eu preciso fumar.' (Nem sempre você registra conscientemente esse pensamento — ele acontece no seu cérebro.)**

4. **Você se pega muito rapidamente em pé do lado de fora do prédio com um maço de cigarros e um isqueiro em suas mãos (sempre sem consciência — uma escolha consciente raramente é feita).**

5. **O ato de pegar um cigarro, acendê-lo e tragar a fumaça acontece rápida e automaticamente (você pode estar perdido em outros pensamentos).**

6. **O desejo é saciado por enquanto e a letargia acaba. Você é recompensado com um sentimento prazeroso (a dopamina é liberada em seu cérebro). O ciclo se repete novamente em algumas horas.**

O mindfulness lhe oferece um modo de identificar os pensamentos e emoções que estão guiando a sua dependência, e lhe dá uma *escolha,* em vez de apenas a compulsão automática e a ação de depender do comportamento adicto.

Você descobre que só porque você tem um desejo de fazer alguma coisa não significa que tem que fazê-la. Você pode viver o desejo até que ele passe.

Descobrindo como driblar o desejo: A chave da atenção plena para destrancar a dependência

Uma maneira brilhante de administrar as fissuras que surgem na dependência é chamada em inglês de *urge surfing* (surfando na fissura). É uma maneira diferente de atender ao comportamento reativo da dependência. Agir quando se tem fortes desejos, quando está em piloto automático, não o ajuda em longo prazo. Ao driblar o desejo, você não tem que agir de acordo com ele ou da vontade que experimenta.

A DEPENDÊNCIA E O CÉREBRO

Muitos cientistas agora consideram a dependência uma doença em longo prazo. Isso porque a dependência muda a estrutura e a função do cérebro. Assim como um pedaço de argila muda quando você a aperta, a estrutura interna do cérebro também muda com a dependência.

As mudanças acontecem no cérebro devido à experiência de prazer e ação consequente. Quando você experimenta qualquer coisa prazerosa, o cérebro libera dopamina. Uma refeição deliciosa, ganhar dinheiro ou tomar uma droga todos resultam na liberação de dopamina. Quanto maior a intensidade, velocidade e confiabilidade da liberação de dopamina, maior a chance da dependência.

As drogas causam uma enorme explosão de dopamina no seu cérebro. Isso começa a causar mudanças na maneira em que as áreas de memória, motivação e sistema de sobrevivência do seu cérebro funcionam. É assim que só o querer a substância torna-se uma compulsão. A dependência é muito mais do que apenas um desejo.

A enorme explosão de dopamina cria a experiência de prazer e faz seu cérebro transbordar. Ele não é projetado para lidar com tanta dopamina. A capacidade de experimentar o prazer diminui conforme seu sistema de prazer fica sobrecarregado e, até certo ponto, danificado. Você precisa de mais da substância ou da atividade para ter a mesma experiência de prazer.

Neste ponto, a compulsão domina. Sua memória o lembra do prazer passado que experimentou e você está forçado a recriar esta experiência usando mais da substância e engajando-se mais ainda no comportamento.

É por isso que a dependência é tão poderosa e nem mesmo a força de vontade do dia a dia parece ajudar..

TOQUE AGORA!

Ouça à meditação de *surfando na dependência* (Faixa 20). Os passos para quando você tem um desejo irreprimível são:

Exercício de mindfulness de surfando na dependência para o vício.

1. **Encontre uma postura confortável.** Você pode sentar-se, deitar-se ou até caminhar lentamente — o que quer que prefira. Veja se você consegue relaxar seu corpo um pouco e liberar quaisquer áreas de tensão. Comece inspirando profundamente e expirando lentamente.

2. **Perceba que você tem um desejo irreprimível de fumar, beber, jogar ou qualquer outra coisa que seja a sua dependência. Note o desejo.**

3. **Agora tenha atenção plena do seu corpo.** Volte sua atenção para as suas sensações físicas e corporais. Onde você sente este desejo irreprimível no seu corpo? É em um local em particular ou no corpo todo? Qual é a sensação que ele traz?

4. **Tenha atenção plena nos seus pensamentos.** Perceba e reconheça os pensamentos que estão surgindo para você agora. É um padrão familiar de pensamentos? Eles são pensamentos negativos ou de julgamento? Veja se você consegue se afastar destes pensamentos, como se você fosse um observador da experiência em vez de prender-se demais aos pensamentos. Observe os pensamentos como bolhas flutuando.

5. **Agora, quando estiver pronto, tenha atenção plena em seus sentimentos.** Perceba o sentimento do desejo irreprimível. O sentimento pode ser muito desconfortável. Isso não o torna bom ou ruim — é apenas a natureza do sentimento. Perceba seu julgamento de "Eu gosto desta experiência" ou "eu não gosto desta experiência". Lembre-se de que o sentimento não é perigoso ou ameaçador por si só.

6. **Permita que a experiência seja como ela é.** Veja se você consegue estar com a experiência sem uma necessidade de livrar-se dela ou de reagir a ela ao engajar-se num comportamento que não vá ajudá-lo. Apenas pratique estar com a experiência, o desejo irreprimível, a vontade enorme, a compulsão, aqui no momento presente.

7. **Perceba como o desejo irreprimível está mudando.** Talvez ele esteja aumentando ou diminuindo para você. Talvez ele permaneça igual.

8. **Caso esteja aumentando, imagine uma onda no oceano se aproximando da praia.** As ondas ficam cada vez mais altas. Mas uma vez que atingem seu ponto mais alto, começam a baixar novamente. Imagine que seu desejo irreprimível é como a onda. Ele continuará crescendo em intensidade mas, então, descerá naturalmente de novo. Ele não ficará crescendo para sempre. Veja se você pode estar presente com o desejo irreprimível quando ele aumenta e diminui. Pegue a onda. Você pode até mesmo querer imaginar-se surfando na onda, no desejo irreprimível. Utilize sua respiração. Continue "surfando seu desejo irreprimível". Talvez veja sua respiração como uma prancha de surfe que o sustenta ao surfar na onda do seu desejo irreprimível.

9. **Perceba como você conseguiu domar esse desejo irreprimível por todo esse tempo.** Esta ferramenta está sempre à sua disposição, independente do quão forte for seu desejo irreprimível, o quão intensa for sua emoção ou quais pensamentos surjam para você.

Tente refletir sobre o que você realmente quer quando está no meio de sua gana. Normalmente não é da substância ou do comportamento que você está com vontade. Talvez você esteja se sentindo solitário ou estressado? Ou talvez queira liberdade das circunstâncias ou emoções neste momento?

O INFERNO DOS FUMANTES?

Em um experimento fascinante, a pesquisadora Sarah Bowen, da Universidade de Washington, pediu a um grupo de fumantes que viessem a um laboratório. Metade deles conhecia a abordagem do surfando na fissura e a outra não.

O grupo todo então sentou-se em torno de uma grande mesa e pediram aos fumantes que levassem 20 minutos para acender um único cigarro. Cada processo teve sua velocidade diminuída, guiado e feito com atenção plena: tirar o novo maço do bolso, tirar o papel-celofane, cheirar o novo maço, olhar o maço, escolher um cigarro, tirá-lo do maço, cheirar o cigarro, colocá-lo na boca, pegar o isqueiro, olhar para o isqueiro, acender o isqueiro, acender o cigarro e experimentar a fumaça do cigarro. Que tortura para um fumante!

Depois do experimento, embora não tenha sido pedido ao grupo que reduzissem o número de cigarros fumados, a parte do grupo que havia sido ensinado o 'surfando na fissura' diminuiu em 37%. O outro grupo continuou fumando tanto quanto antes.

Pense em seu desejo irreprimível como um ataque dado por uma criança. Caso você dê um doce à criança, ela ficará quieta. Mas ela terá aprendido a ser recompensada por gritar. Então, não vai demorar muito para que ela tenha outro ataque. Então, qual é a solução? Seja legal com eles, mas não comece a dar nenhum doce para ela. Eventualmente, o ataque vai parar. Da próxima vez em que ela começar a gritar, se, mais uma vez, você apenas a abraçar e segurá-la sem dar nenhum doce, o ataque acabará mais cedo. Eventualmente, ela parará de ter ataques. Ser legal com a criança sem dar nenhum doce é como usar a atenção plena para seu desejo irreprimível sem satisfazê-lo.

LEMBRE-SE

A cada vez que você domar seu desejo irreprimível, ele fica mais fraco. Cada vez que você satisfizer este desejo irreprimível com um cigarro ou uma bebida por exemplo, fortalece sua gana. Cada pequeno esforço que você fizer conta.

DICA

Se você quiser estimular sua força de vontade, experimente uma das ideias sugeridas por Kelly McGonigal, autora de um livro fabuloso chamado *Os Desafios à Força de Vontade*:

» Durma o suficiente. Tente dormir cerca de oito horas, se possível.

» Medite diariamente.

» Exercite-se. Mesmo alguns minutos de caminhada é uma ótima ideia. Você não precisa ser intensivo demais. Faça sua caminhada com atenção plena para que ela seja ainda mais poderosa.

» Desacelere sua respiração para quatro a seis respirações completas por minuto — isso pode aumentar sua força de vontade quando precisar.

Administrando a recaída: Descobrindo o segredo surpreendente para o sucesso

Como alguém me disse certa vez: 'Eu sou fumante há 20 anos. Eu desisti centenas de vezes.'

A maioria das pessoas que quer se livrar de um vício é capaz de parar por um período curto, mas num momento de dificuldade ou de descuido da mente, começam a usar o objeto de seu vício novamente. Isso deve ser esperado. Todo mundo é humano e voltará por um erro à droga, à bebida ou ao que quer que seja.

Como você se trata quando tem uma recaída? A maioria das pessoas acha que, se for duro consigo mesmo quando tiver uma recaída acidental, melhorará. Na verdade, incrivelmente, pesquisas descobriram que o oposto disso é a verdade.

Os estudos descobriram um dos segredos daqueles que conseguem largar em longo prazo: autocompaixão. Por exemplo, as pessoas viciadas em álcool eram menos propensas a ter uma recaída grande caso perdoassem mais a elas mesmas quando bebessem.

Quanto mais bondoso for consigo mesmo, maior a capacidade de perdoar-se quando tiver uma recaída, maiores as chances de que a recaída não se repetirá. Mas, se você ficar falando consigo: 'Sou um idiota. Não consigo nem parar de beber. Nunca conseguirei', irá sentir-se pior. E, quanto pior você se sentir, mais sentirá a necessidade de encontrar um falso conforto em seu vício.

Esta é uma abordagem poderosa no caso de você estar lidando com um vício. Quando você consegue abandonar, digamos, uma droga por alguns dias, parabenize-se a cada dia. E quando acabar por ter uma recaída em um dia ruim, diga a si mesmo que cometeu um erro isolado e que pode voltar a ficar livre da droga novamente. Lembre-se de que teve quatro dias sem drogas e um dia tendo tomado a droga. São quatro de cinco — muito bom!

Veja se você consegue mais alguns dias sem a substância — veja se consegue sentar-se com aquele desejo irreprimível um pouco mais de tempo. Veja se consegue um tempo para meditar, talvez simplesmente sentindo sua respiração, por alguns minutos a mais hoje. Seja muito legal consigo mesmo.

PARTE 4 **Colhendo os Frutos do Mindfulness**

> **NESTE CAPÍTULO**
>
> **Compreendendo as conexões reais entre a mente e o corpo**
>
> **Descobrindo maneiras de lidar com a dor com atenção plena**
>
> **Explorando como lidar com sua doença usando o mindfulness**

Capítulo 14

Estabelecendo Contato com o Corpo: Curando o Corpo

O mindfulness para pessoas com problemas médicos sérios foi inicialmente adotado nos EUA e agora a abordagem tem sido adotada pelo mundo todo rapidamente. Doutores que esgotaram todos os caminhos tradicionais levaram seus pacientes para uma clínica de redução de estresse que usava o mindfulness para ajudá-los a lidar com dor, ansiedade e estresse.

Quando os pacientes começaram a adotar o mindfulness, passaram a descobrir uma maneira diferente de lidar com suas experiências desafiadoras. Começaram a sentir-se melhor, apesar de seus problemas médicos. Os sintomas não necessariamente desapareceram e o objetivo do mindfulness não era fazer com que eles sumissem. Os pacientes acharam uma maneira diferente de lidar com a doença: a partir de um estado de sabedoria e integridade, em vez do medo e desarmonia.

Este capítulo explora o porquê de o mindfulness poder ser benéfico para aqueles que estão sofrendo de uma condição de saúde crônica e oferece uma variedade de maneiras diferentes de começar esta jornada. Você certamente não precisa estar doente para beneficiar-se do mindfulness, mas milhares sofrendo de condições médicas sérias acharam alívio no mindfulness.

Contemplando a Totalidade: Curando a partir de Dentro

A palavra 'cura' (heal, em inglês) tem parentesco com a palavra do antigo inglês que significava inteiro ('hal'). A palavra 'saúde' (health, em inglês) originalmente significava totalidade.

Tenha um senso do que estar a salvo significa para você e, ao ler este capítulo, continue a refletir. O mindfulness é baseado em ir até aquela capacidade que você tem de estar consciente, inteiro e livre, independente do quão quebrado sinta que seu corpo esteja. Esta é uma maneira totalmente diferente de ver o que a cura realmente significa, mas parece gerar uma paz mental que leva a sentir-se melhor.

Doença física não é apenas um problema com o corpo, mas um problema para a mente também. Conforme eu exploro nesta seção, sua mente e seu corpo são inseparáveis — algo inteiro. Quando você sofre de uma doença, precisa cuidar do seu corpo e mente para lidar com as dificuldades da melhor maneira. Também precisa considerar como um senso de ser inteiro pode surgir independente do que aconteça a seu corpo. O corpo físico de todo mundo perece no final — como você consegue viver para que este processo seja dignificado em vez de cheio de estresse, ansiedade e a sensação de estar quebrado?

LEMBRE-SE

Quando você pratica o mindfulness, pratica um ato de amor. Você está se tornando seu amigo, lentamente, mas certamente. Você está se engajando numa atividade para si mesmo, visando cuidar e alimentar sua própria saúde e bem-estar.

Na meditação mindfulness, você pode, em algum momento, conectar-se com seu próprio senso profundo e inato de totalidade. Começa a tocar em uma profundidade de relaxamento, paz, calma, da qual você pode não ter sido consciente antes. Este encontro com sua própria íntegra é uma cura profunda, no sentido de estar em paz consigo mesmo e com uma convicção interna de que as coisas ficarão bem, independentemente do que aconteça. Sua saúde, seu corpo, seus pensamentos, as emoções que surgem e passam, não são tudo. Elas são parte de um todo. O pensamento: 'Tudo é minha culpa; sou completamente inútil' é somente um pensamento, não é um fato. Quando você começa a tocar nesta totalidade interna, sua doença torna-se menos ameaçadora. Você se torna mais otimista no seu momento presente e no futuro. De seu ponto de vista mais livre e de coração leve, sua percepção de situações muda e você permite mais espaço para que seu corpo cure da melhor maneira possível, enquanto tem todo o tratamento médico possível.

EXPERIMENTE ISTO

O mindfulness lhe ajuda a ver as coisas a partir de uma perspectiva maior. Caso, devido à sua doença, sinta-se pra baixo e triste, descontrolado e que não consegue sair do buraco no qual você está, provavelmente sente-se deprimido, isolado, sozinho e com medo. No entanto, considere a mesma situação a partir de uma perspectiva maior: lembre-se de que você está sofrendo da mesma maneira que muitos outros. Você pode tornar-se consciente do sofrimento que você sente e daqueles aspectos seus que estão saudáveis e bem. Embora você possa ter dor nas costas, e as partes do seu corpo que estão funcionalmente bem? O mindfulness muda os padrões fixos da mente e o permite ver a partir dos olhos da totalidade. A partir dai talvez você possa perdoar-se por sentir-se triste — afinal, você é humano.

Vendo a Conexão entre a Mente e o Corpo

Imagine que você tenha medo de aranhas. Ao descer as escadas antes do amanhecer, você pode ver um formato no chão na escuridão. 'É uma aranha!', pensa. Seu coração começa a bater forte e você começa a suar. Não tem certeza se deveria até mesmo se mexer, no caso de incomodar a aranha. Você enlouquece. Você olha novamente e percebe que o formato não parece correto. Acende a luz e descobre que é somente uma marca no tapete! Você se sente aliviado.

Quando viu uma marca como se fosse uma aranha, toda uma série de mudanças aconteceu em seu corpo. Você experimentou as mudanças por causa do que interpretou e pensou que fosse a marca — em ouras palavras, por causa da sua mente. Quando deu-se conta de que era só uma mancha no tapete, uma série de reações calmantes ocorreu. O objeto permaneceu exatamente igual. A maneira como você mudou sua reação corporal foi trazendo curiosidade à sua experiência e depois acendendo a luz. Por meio da consciência e curiosidade, você começa a interpretar as coisas diferentemente para vê-las como elas realmente são, em vez do que *acha* que elas sejam.

Ao tornar-se mais hábil em sua maneira de usar sua mente, você pode criar as condições para ajudar em vez de impossibilitar o processo de cura. Altos níveis de estresse reduzem a força do seu sistema imunológico, então quaisquer maneiras criativas de redução do estresse estão fadadas a ter algum efeito positivo.

EXPERIMENTE ISTO

Eis um exercício muito curto que você pode experimentar e demonstra claramente o elo entre seu corpo e mente:

1. **Fique confortável sentado ou deitado e feche seus olhos, se quiser.**

2. **Imagine que você está com fome e prestes a comer seu prato favorito.** Você consegue sentir o cheiro da comida e vê-la em seu prato. Passe alguns minutos imaginando a aparência e gosto dela. Você pega um pedaço da comida e começa a comer. Imagine o gosto dessa comida deliciosa em sua boca.

APRECIANDO O PODER DOS PLACEBOS

Uma pílula de *placebo* é uma substância não ativa, sempre feita de açúcar, que não tem remédio em sua composição. Quando os cientistas querem testar uma nova droga, eles a comparam com placebo. Incrivelmente, muitas histórias mostram que os pacientes sentem-se melhores depois de tomar placebo do que o remédio de verdade. Como? A resposta é o sistema de crenças. Se você acredita que uma pílula vai lhe ajudar, a crença positiva parece acelerar o processo de cura.

Eis alguns fatos interessantes sobre placebos:

- Os placebos parecem lançar analgésicos naturais do seu corpo na corrente sanguínea, se você *acreditar* que aquela pílula é um analgésico. Isso pode ter o efeito equivalente a que uma dose moderada de morfina teria!

- Placebos caros funcionam melhor do que os baratos. Adoro isso! Em um experimento, os pesquisadores deram a um paciente um placebo, dizendo à metade deles que a pílula custou R$2,50 e à outra metade que custou 10 centavos. O grupo que achou que tinha as pílulas mais caras sentiu menos ao levar um leve choque elétrico nas mãos. Ai!

- A cirurgia de placebo é aquela em que os pacientes acreditam que fizeram uma cirurgia, mas ela, na verdade, não aconteceu. Por razões éticas, a cirurgia de placebo é raramente executada. Em um estudo feito em 2013, publicado pelo *New England Journal of Medicine*, 146 pacientes com uma forma particular de dano nos joelhos foram aleatoriamente designados a fazer uma cirurgia real ou uma cirurgia de placebo. Depois de 12 meses, em nenhum ponto o grupo que realizou a cirurgia real reportou menos dor ou melhor função do que o grupo da cirurgia de placebo.

O efeito do placebo é poderoso e mostra como a mente pode afetar de verdade o processo de cura.

3. **Perceba quaisquer mudanças que ocorrem em seu corpo.** Você está salivando? Você sente o desejo de comer isso agora? Você sente certas emoções manifestando-se em seu corpo? Algumas partes do seu corpo estão ficando tensas ou relaxadas?

Este curto exercício (ou forma de tortura, com todo esse papo sobre comida!) mais uma vez mostra como sua mente pode ter um impacto direto sobre seu corpo. Tudo o que você fez neste exercício foi usar sua mente para criar imagens em sua cabeça. E, ainda assim, várias mudanças físicas aconteceram em seu corpo. Você pode até mesmo sair para cozinhar este prato que imaginou. Da mesma forma, usar sua mente da maneira certa pode criar efeitos positivos e de cura em seu corpo.

Reconhecendo seus Limites

Você tem uma determinada quantidade de tempo e energia neste planeta. Se não tivesse limite algum de tempo, viveria para sempre. Se não tivesse limite algum de energia, nunca precisaria dormir. Então, qual a melhor maneira de usar o tempo e a energia que você tem? Caso tente fazer cada vez mais, eventualmente pifará. A melhor coisa é tornar-se consciente de seus limites e reconhecê-los, mas continuar a estimular estes limites de tempos em tempos, de uma maneira saudável e com atenção plena.

Em um ponto de minha carreira, eu acreditava que pudesse fazer qualquer coisa e tudo. Eu assumi mais trabalhos e responsabilidade. Estava fazendo mais, mas realizando menos. No final do dia, eu estava exausto, meus níveis de energia estavam muito baixos e estava conseguindo apenas achar um pouco de tempo para meditar, para conseguir seguir adiante. Um dia eu acordei e pensei 'basta' — por que sacrificar minha saúde e bem-estar por outra promoção ou um pouco de dinheiro a mais?

Comecei a reduzir as responsabilidades que podia reduzir, e busquei modos mais eficientes e criativos de fazer as coisas que eu tinha que fazer. Desta maneira, eu gosto de me desafiar e de testar meus limites, mas eu não exagero.

CUIDADO

Não confunda aceitar ou reconhecer suas limitações com sentir-se derrotado. Caso você sofra de um problema de saúde há muito tempo, por exemplo, não precisa desistir e ficar encolhido no canto pelo resto de sua vida. Aceitar seus limites significa aceitar que seu corpo não está bem e precisa dar pequenos passos para começar a melhorar seu estado, como aconselha o médico. Você pode precisar do apoio de um grupo ou de seus próprios amigos e família. Você precisa também lembrar-se de que não se transformará magicamente e, assim, precisa trabalhar para aceitar seus limites aos poucos.

Aceitar limites me lembra do que as abelhas fazem. Quando uma abelha está presa em um ambiente, ela continua a voar em direção à janela fechada, achando que conseguirá atravessá-la. Se a abelha conseguisse ver que a janela é um limite, e que não é possível sair por ali, ela não continuaria batendo na janela até morrer. Caso você se veja esbarrando em limites várias vezes e ficando frustrado, seja criativo e tente outra abordagem — não continue voando em direção à janela só porque a vista é maravilhosa do outro lado. Tente uma abordagem radicalmente diferente.

Indo Além de sua Doença

Ir além de sua doença significa separar-se de sua doença, em vez de identificar-se com a doença. Desta maneira, você pode ficar menos sobrecarregado pelo seu estado.

PALAVRAS DE SABEDORIA

Dana Jennings, que sofria de câncer, escreveu em um blog do *New York Times*:

Ser capaz de rir da cara do câncer permite que você continue sentindo-se dono de si, por mais difícil que possa parecer, em vez de admitir que a doença é sua dona. Uma boa risada faz você lembrar-se de que não é seu próprio câncer.

Você não é a sua doença. A risada pode ser uma maneira de lembrar-se deste fato e o mindfulness é outra. Alguns dias são melhores do que outros. Alguns dias podem ser sombrios e você pode ter que aguentar firme até as coisas ficarem um pouco mais leves. Lembrar-se de que 'você não é a sua doença' pode ajudar.

Recentemente, quando estava praticando uma meditação mindfulness, meu corpo pareceu cada vez mais leve, de uma forma boa. Eu me senti completamente calmo e relaxado. Tudo estava bem com o mundo. Naquele momento no tempo, eu não me identifiquei com meu corpo e ainda assim senti-me completamente em paz e bem com a experiência. Na verdade, senti como se eu fosse realmente eu mesmo. Experiências como essa lembram-me de que meu corpo não é tão sólido e real quanto eu normalmente penso. Eu gosto de pensar: 'Eu não sou meu corpo, mas eu estou consciente do meu corpo. Eu sou a consciência — ciente dos pensamentos, dos sentimentos, do meu corpo e do mundo ao meu redor.' Nesta sensação de estar inteiro, você experimenta uma liberdade das correntes do pensamento que diz: 'Eu estou doente' ou 'Eu estou incompleto,' para chegar à liberdade de ser, de descansar, no sentido de 'Eu estou sozinho'. Neste contexto, eu penso na palavra em inglês *alone* (sozinho), que pode ser 'al-one' ou 'all one' (todos um), o significado original dela. Representa o oposto de sentir-se isolado e solitário. É um sentimento de estar conectado a si mesmo e ao mundo ao seu redor.

CUIDADO

Não use o mindfulness para buscar certas experiências agradáveis. Tudo o que você experimenta numa prática de mindfulness é bom — a meditação não é boa ou ruim. A sensação de estar inteiro é a sua natureza verdadeira, bem aqui e agora, não apenas em alguma experiência exótica de atenção plena. As experiências vêm e vão, mas a consciência sempre está aqui, esteja você ciente disso ou não. Identifique-se com esta presença e será imediatamente lembrado de sua própria sensação de estar inteiro.

Usando o Mindfulness para Administrar a Dor

Dor aguda é uma dor forte que dura por um tempo curto, às vezes definida como menos de 12 semanas. A medicina é muito boa no tratamento de dores agudas. A *dor crônica* é a dor que dura mais do que 12 semanas e os médicos têm uma dificuldade muito maior em tratar tal estado. Muitos consideram a dor crônica um dos mais subestimados problemas no cuidado com a saúde no mundo hoje em dia, tendo um efeito massivo no paciente e sendo um fardo no sistema de saúde.

A Organização Mundial da Saúde descobriu que entre metade e dois terços das pessoas com dores crônicas têm dificuldades em fazer exercícios, dormir normalmente, desempenhar as tarefas do seu lar, ir a eventos sociais, dirigir um carro, caminhar ou ter relações sexuais.

Foi repetidamente confirmado que aqueles que completam um programa de oito semanas de mindfulness encontram uma diminuição no seu nível de dor. Isso é surpreendente, pois o mindfulness pede que você vá ao lugar que dói e permita que a sensação esteja lá, em vez de combater a própria dor em si. As seguintes seções explicam como isso pode funcionar.

Conhecendo a diferença entre a dor e o sofrimento

A dor é inevitável. O sofrimento é opcional. A dor é uma sensação que você está fadado a sentir de tempos em tempos. Na verdade, a dor é frequentemente uma sensação muito útil — sem dor, você ficaria por aí machucando a si mesmo sem nem perceber. Caso você já tenha sido anestesiado na boca pelo seu dentista, sabe como é fácil morder o lado de dentro da sua bochecha, mesmo fazê-la sangrar, sem nem dar-se conta.

O sofrimento é diferente. O sofrimento é algo que você cria, muitas vezes sem saber. Digamos que você sofra de artrite. A cada manhã quando acorda, por uma fração de segundo, experimenta a sensação crua — a dor de ter artrite. Depois, em um segundo mais ou menos, sua mente começa a interpretar a experiência: 'Aquela doença estúpida. Por que eu? Eu acredito que eu tive isso por causa de toda a comida que não era saudável que eu comi. Não é justo. Eu estou tão irritado! Tudo é minha culpa. O que vai acontecer no futuro?' Julgamentos, interpretações e previsões inúteis levam ao sofrimento.

Uma fórmula útil para lembrá-lo da diferença entre a dor e o sofrimento é:

Dor X Resistência = Sofrimento

Em outras palavras, quanto mais você resiste, luta, nega ou evita sua dor, maior o sofrimento que você sente. Não estou dizendo que será fácil reduzir seu desejo irreprimível em resistir à dor — a resistência é a resposta automática à dor. Mas, utilizando-se das ferramentas e abordagens deste livro, você pode aprender a reduzir aquela reação e, assim, começar a encontrar alívio em seu sofrimento.

LEMBRE-SE

A dor pode ser emocional: sentimentos de tristeza, solidão, luto, ansiedade ou raiva. O sofrimento é a maneira que você lida com essas emoções. Caso você tenha curiosidade sobre elas e quase dê as boas vindas a elas em vez de tentar afastá-las, lutar ou bloqueá-las, é improvável que crie muito sofrimento. No entanto, se você evitar as emoções desenvolvendo comportamentos dependentes como uso de drogas ou um consumo excessivo de álcool para evitar estes sentimentos, provavelmente aumentará seu próprio sofrimento.

LIDANDO COM UMA DOR DE CABEÇA

Enquanto estou escrevendo, minha cabeça dói. Então, o que eu faço? O mindfulness baseia-se em consciência, então eu fico consciente da sensação em minha cabeça. Eu percebo que meus ombros estão ficando tensos devido à dor, então respiro em direção a eles, e a tensão parece desfazer-se um pouco. Eu também pauso frequentemente e bebo bastante água. Eu me lembro de que não sou a minha dor de cabeça. A dor de cabeça surge e, em algum momento, ela passará. A experiência da dor, na verdade, só existe neste momento. Não preciso 'tolerar' a dor, pois mesmo que eu pare de tolerá-la, ela continuará ali. Tolerar é um estado de tensão desnecessária. Eu também posso tornar-me consciente do formato, tamanho, cor e textura da sensação de dor na minha cabeça. Eu respiro na dor e alguma resistência alivia um pouco esta sensação. Sei que a dor só existe de um momento até o próximo. Eu percebo e liberto-me do desejo de que a dor de cabeça vá embora.

Isso pode dar uma ideia do espírito no qual praticar o mindfulness ao lidar com uma sensação de dor. A ideia é virar sua atenção rumo à dificuldade e fazer com que você tenha curiosidade a respeito por ela — mas não tentar livrar-se dela. Eu suponho que seja um pouco como tentar tranquilizar um bebê chorando: ficar com raiva normalmente não ajuda. Ao dar ao bebê sua atenção, você é capaz de atender suas necessidades, embora seja desconfortável enquanto ele estiver chorando.

INSPIRANDO-SE NOS OUTROS

Eis alguns tipos de coisas que meus clientes em um estado de dor crônica dizem sobre o efeito do mindfulness, o que pode ajudá-lo a lidar com sua dor e oferecer-lhe algumas maneiras de aplicar o mindfulness

'Eu sofro de um problema de dor crônica — se eu me movimentar por cerca de uma hora em um dia, meu corpo agoniza no dia seguinte. O mindfulness é basicamente a única coisa que me ajudou a aliviar a dor que eu sofri nos últimos seis anos. Eu realmente não consigo mexer meu corpo e a maioria das terapias requerem algum tipo de movimento. Com o escaneamento corporal, ou o mindfulness da respiração, posso deitar-me no chão e fazer a meditação sem me mexer de verdade. Esta é uma coisa maravilhosa. No final, sinto-me realmente cansado, mas também como se eu tivesse liberado muito da tensão que venho acumulado nas últimas semanas ou meses.'

'Eu tenho muita dor na parte inferior das minhas costas. A dor atinge a minha perna toda vez que eu me mexo. Eu achava que a dor estivesse lá 24 horas por dia, sete dias por semana. Depois que fiz o treinamento da atenção plena, a maior coisa de que me dei conta é de que há momentos no dia nos quais não sinto dor alguma. Isso é muito importante para mim.'

Todas as estratégias que você usa para evitar a dor não farão com que ela vá embora, somente a deixará dormente por um tempo. Isso pode ser útil em um curto prazo para ajudá-lo a lidar com a emoção, mas, ao evitar as sensações ou emoções dolorosas, você as sustenta e alimenta. O sofrimento é algo que você pode começar a administrar e controlar observando mais cuidadosamente os pensamentos e sentimentos que está experimentando — o próprio ato de dirigir-se às experiências dolorosas começa a mudar o nível do sofrimento que você tem.

PALAVRAS DE SABEDORIA

Eis uma citação de Nisargadatta, um famoso professor espiritual indiano. Ele passou pela dor do câncer na garganta nos últimos anos de sua vida:

A dor é física, o sofrimento é mental. Além da mente não há sofrimento. A dor é essencial para a sobrevivência do corpo, mas nada obriga você a sofrer. O sofrimento é baseado completamente em apegar-se ou resistir; é um sinal de nossa falta de desejo em seguir adiante, em deixar a vida fluir. Como uma vida sã é livre de dor, uma vida santa também é livre do sofrimento. Um santo não quer que as coisas sejam diferentes de como são; ele sabe que, considerando todos os fatores, elas são inevitáveis. Ele é amigo do inevitável, logo, não sofre. Ele pode conhecer a dor, mas ela não o destroça. Caso ele consiga, faz o possível para restaurar o equilíbrio perdido ou deixa que as coisas sigam seu curso.

Lidando com a dor

Eis algumas coisas para lembrar-se sobre a dor quando for aplicar o mindfulness à condição:

» **A dor pode existir apenas no momento presente.** Você precisa lidar com este momento apenas agora. Ao preocupar-se com o resto do dia, semana, mês ou ano, você começa a criar sofrimento para si.

» **A tensão aumenta a dor.** Ao tornar-se consciente da sensação de dor e imaginar a respiração entrando e saindo da área de dor, a tensão naturalmente começa a aliviar, logo, reduzindo a dor. No entanto, caso a tensão permaneça, também está tudo bem — sua intenção é tudo o que você pode controlar aqui. Tornar-se ciente da própria sensação da dor em si. Perceba onde a dor está localizada em seu corpo. Ela tem um formato, tamanho, textura ou cor associada?

» **Tentar bastante para reduzir a dor não funciona bem.** (Assim como tentar relaxar pode criar mais tensão.) Ao descobrir como lentamente você pode reconhecer e aceitar sua dor, sua experiência pode mudar para melhor.

EXPERIMENTE ISTO

Eis uma meditação mindfulness que você pode experimentar para ajudá-lo com sua dor:

1. **Adote qualquer posição em que se sinta confortável por alguns minutos.**

2. **Sinta a sensação de sua própria respiração.** Esteja consciente de sua respiração com uma leveza, bondade e um senso de gratidão pelo maior tempo possível.

3. **Perceba como a dor prende sua atenção várias vezes seguidas.** Tente não criticar-se por isso. Entenda que essa é uma prática difícil e leve sua consciência gentilmente de volta ao sentimento da inspiração e expiração em torno do nariz, peito, barriga ou onde você achar mais fácil concentrar-se. Continue por alguns minutos.

4. **Agora traga sua atenção à sensação da dor em si.** Isso pode parecer apavorante, ou você pode estar muito relutante em tentar mover sua atenção para a dor. No entanto, se nunca tiver feito isso antes, por que não experimentar? Imagine sua respiração saindo e entrando do centro da dor ou do mais perto que você puder se mover com conforto até a dor.

5. **Pode ser que você ache que dizer as seguintes palavras a si mesmo ao inspirar e expirar seja útil.** Você pode querer fazer uma gravação boa e lenta delas — talvez com música ao fundo, se quiser — e tocar a gravação para si mesmo.

Inspirando, estou ciente de que estou inspirando,
> *Expirando, estou ciente de que estou expirando.*

Inspirando, estou ciente da dor,
> *Expirando, estou ciente da dor.*

Inspirando, estou ciente da dor,
> *Expirando, sei que não sou minha dor.*

Inspirado, estou ciente da tensão,
> *Expirando, sei que não sou minha tensão.*

Inspirando, estou ciente da raiva,
> *Expirando, sei que não sou minha raiva.*

Inspirando, estou ciente da tristeza,
> *Expirando, sei que não sou minha tristeza.*

Inspirando, estou ciente da ansiedade,
> *Expirando, sei que não sou minha ansiedade.*

Inspirando, levo as coisas a cada momento,
> *Expirando, este é o único momento.*

Inspirando, sei que sou a consciência,
> *Expirando, sei que sou livre.*

Mude as palavras para o que quer que você se sinta mais confortável usando. Sinta-se livre para experimentar. Pratique pelo menos uma vez por dia e perceba o efeito.

A BORBOLETA DA MENTE

O Escafandro e a Borboleta é o título de um livro de Jean-Dominique Bauby, que foi, mais tarde, transformado em um filme. Bauby, editor da revista francesa *Elle*, escreveu o livro inteiro depois de ficar paralítico, comunicando-se por meio de piscadas com seu olho esquerdo quando seus amigos falavam a letra correta do alfabeto. Ele explora o valor das coisas simples da vida e da experiência de sentir-se preso em seu próprio corpo, como estar em um escafandro, enquanto sua mente está por todas as partes, feito uma borboleta. Este livro é um lembrete do que você tem e não do que não tem — do quão preciosa a vida é, apesar da dor e do sofrimento. Como disse um crítico: 'Leia este livro e você se apaixonará novamente pela vida.'

CAPÍTULO 14 **Estabelecendo Contato com o Corpo: Curando o Corpo**   289

Usando o Mindfulness Quando a Saúde Está Abalada

Na clínica de redução de estresse baseada no mindfulness, uma citação popular é: 'Se consegue respirar, tem mais coisas certas com você do que erradas.' Você nem precisa ser realmente capaz de sentar-se ou de movimentar-se para beneficiar-se do mindfulness. O mindfulness é o treinamento da mente e, assim, independente de qual for a condição de seu corpo, você ainda consegue treinar sua mente.

O mindfulness é usado para dar suporte àqueles com câncer, doenças cardíacas, diabetes e uma variedade de doenças crônicas. Como ela ajuda quando você tem uma doença física como estas? Eis algumas maneiras:

» O mindfulness oferece uma maneira de sustentar-se e construir alguma resiliência interna, para que você não fique sobrecarregado pelas decisões que possa precisar tomar e as dificuldades que possa encontrar. Tomar decisões sobre seu tratamento quando você não está bem é um fator extra de estresse. Com o mindfulness, você pode acessar uma maior clareza de pensamento.

» O mindfulness oferece uma maneira de conectar-se com algo diferente de seu corpo físico, fazendo com que você se sinta mais estável. A doença pode ter um impacto físico e causar mudanças em sua aparência. Todo o seu senso de identidade pessoal e autoestima podem ser questionados quando você se olha no espelho e se enxerga diferente.

» Finalmente, o mindfulness baseia-se em dar-se conta de que você é mais do que seu corpo, mente e coração. Você é mais do que pensamentos fugazes e emoções em fluxo. Você é mais do que sua doença. Com a prática do mindfulness e um autoquestionamento que surge, você começa a descobrir uma dimensão diferente de si, onde a doença não é maior que você.

» A consciência de atenção plena pode ajudá-lo a identificar pensamentos que não são verdadeiros e não são úteis, diminuindo assim sua potência. Se estiver doente, o estresse aumenta não só para você, mas para toda a sua família e amigos; quando tudo o que vocês precisam é de um apoio e calma maiores. Algumas pessoas até mesmo acreditam que elas trouxeram esta doença para elas mesmas por causa do estresse. Esta crença leva a desconfortos ainda maiores.

» O espaço oferecido no mindfulness pode ajudá-lo a começar uma experiência direta de entendimento pelo qual a vida e a morte começam a fazer sentido em algum nível. Uma doença séria o coloca cara a cara com a possibilidade da morte. Encarar a morte pode forçá-lo a refletir sobre suas prioridades, sobre o que é mais importante em sua vida.

A doença não é totalmente negativa. Surpreendentemente, pesquisas mostram que existem efeitos positivos em uma doença terminal. Alguns pacientes relatam uma espiritualidade maior ainda, com um maior apreço e uma percepção geralmente mais positiva de seus parceiros e cônjuges. Algumas pessoas relatam uma compaixão maior e desejo de expressar emoções. Níveis mais altos de espiritualidade indicam que o paciente sente que a doença faz parte de um quadro maior e tem uma probabilidade maior de estar em paz em meio a circunstâncias tão desafiadoras para a vida. O fenômeno desta revisão de prioridades e desenvolvimento pessoal parece ocorrer quando as pessoas superam seus traumas, e chama-se crescimento pós-traumático.

LEMBRE-SE

Você pode desenvolver o mindfulness de duas maneiras diferentes, mesmo quando estiver sentindo-se doente: seja por meio da prática dos exercícios de mindfulness e suas meditações ou por viver de um modo com atenção plena quando a mente solicitar no momento. Então, quando você estiver deitado na cama esperando pelo médico, pode tentar respirar profundamente com atenção plena. Quando estiver esperando pelos resultados de seus exames, pode caminhar lentamente para cima e para baixo e sentir as sensações de seus pés — isso é caminhar com atenção plena. Quando você se perceber dizendo palavras ásperas e negativas para si mesmo, pode experimentar tranquilizar-se com algumas palavras de bondade em relação a si, ou lembrar-se de que não está sozinho com esta condição — muitos outros sofrem da mesma ou de piores situações pelo mundo todo. Você não precisa punir-se só porque não consegue achar o tempo ou a motivação para meditar. Qualquer exercício curto de atenção plena conta.

Ajudando o processo de cura

Quando senta-se para meditar, todas as dores, incômodos e desconfortos físicos que pode ter conseguido ignorar ao longo do dia todo tornam-se mais aparentes. A prática do mindfulness baseia-se em permitir e administrar estes sentimentos desconfortáveis em vez de distrair-se completamente deles; você os usa de uma maneira positiva.

O mindfulness pode fazer com que você se sinta qualificado. Mesmo quando não consegue mexer um músculo do seu corpo, é capaz de fazer algo em sua mente que pode lhe fazer bem. Desta maneira, você é capaz de ser proativo em um momento da sua vida quando sente-se mais fraco. O mindfulness pode parecer uma boia quando você está lutando para não se afogar. Que alívio!

Eu não posso garantir que mindfulness irá ajudá-lo a se curar — mas há uma chance de que ele possa, logo vale a pena a tentativa, especialmente se a prática faz com que você se sinta um pouco melhor.

EXPERIMENTE ISTO

Todos os exercícios de mindfulness deste livro podem ajudá-lo em um momento de doença — escolha o que preferir. Veja uma seleção de algumas práticas que você pode fazer para ajudar a reduzir o estresse e ajudar no processo de cura:

» **O mindfulness da respiração.** Pratique concentrar sua atenção em sua respiração. Se achar difícil demais concentrar-se em sua respiração devido a qualquer dor que sinta, experimente contar suas inspirações e expirações ou dizer 'entrando' ou 'saindo' para si mesmo ao inspirar e expirar. Mesmo administrar somente uma respirada com atenção plena é um belo começo. Permita-se tornar-se consciente da energia natural e vital de sua respiração enquanto ela acha seu ritmo instintivo. Ao respirar, você pode tornar-se consciente de uma rigidez física no corpo que restringe o processo respiratório. Permita e aceite isto, e respire na tensão. Se diminuir, ótimo; se não, o resultado é bom também.

» **Mindfulness do corpo.** Ter a atenção plena de seu corpo é um estágio particularmente importante se você estiver doente. Traga o máximo de bondade possível para sua experiência. Caso você não esteja muito tomado pela sensação de dor, permita e aceite o máximo que puder. Tenha a sensação de dor de uma forma neutra, ficando com o sentimento sem fazer nada a mais. Além da bondade, traga alguma curiosidade à sua experiência, da melhor maneira possível. Quanto mais gentil e incentivador você puder ser em seu relacionamento com seu corpo, melhor. Experimente yoga, alongamento ou tai chi, caso eles ajudem a acalmar a dor.

» **Mindfulness de pensamentos e emoções.** No mindfulness, você pode dar as boas vindas a seus pensamentos e emoções em vez de resistir a eles. Você pode querer usar sua respiração para ancorar-se no momento presente de tempos em tempos, quando você se pegar tomado por pensamentos, como acontece com bastante frequência. Perceba a natureza de seus pensamentos. Eles são catastróficos? Ele são sempre sobre a doença? Eles focam no futuro o tempo todo? E suas emoções? Permita-se mover-se rumo às suas emoções em vez de resistir a elas. Perceba em que parte do seu corpo elas se manifestam e use sua respiração para tranquilizá-las. Confie em sua própria capacidade de curar, de tornar inteiro.

» **Mindfulness do ser.** Esteja ciente de seu próprio senso de identidade — esteja ciente do senso do 'eu sou'. Experimente livrar-se de sua identificação com seu corpo, sua mente, suas emoções, sua saúde e doença, seus desejos e medos. Volte sempre ao sentimento de ser, do 'eu sou'. Permaneça no estado de 'ser'. Se você se perder em pensamentos, imagine que seus pensamentos estão simplesmente dançando sobre sua consciência. Lembre-se de que seus pensamentos e sentimentos são como ondas em um oceano de ser, que é você. Espere que os pensamentos cheguem, em vez de resistir a eles ou combatê-los. Assim como as nuvens não são distrações para o céu, os pensamentos não são distrações para sua prática de mindfulness. Apenas seja.

NESTE CAPÍTULO

Apresentando o mindfulness para crianças e adolescentes

Descobrindo jogos e exercícios com atenção plena

Explorando a parentalidade com atenção plena

Capítulo 15

Treinando Crianças em Mindfulness

Uma vez que você tenha começado a desenvolver sua própria prática de mindfulness, pode considerar como treinar suas crianças no mindfulness também. O mindfulness pode ajudar as crianças a ficarem mais calmas e focadas. Esta prática é um processo muito natural que as crianças podem praticar a partir de uma idade tenra. Neste capítulo, você poderá encontrar vários exercícios divertidos para treinar seu filho, seja criança ou adolescente, no mindfulness, assim como algumas dicas para a parentalidade, para ajudar sua família a sorrir nesta arte desafiadora, porém recompensadora, de criar filhos.

Crianças e Mindfulness: Uma Combinação Natural

As crianças pequenas são naturalmente especialistas no mindfulness. Os bebês são como minimestres Zen. Como eles ainda não aprenderam a linguagem, veem as coisas como elas são. Um molho de chaves, uma lâmpada ou os olhos de outro ser humano são inspiradores demais para eles. Todas as ações que tomam são espontâneas. Num momento podem estar chorando e, no momento seguinte, libertam-se do passado e sorriem. Eles comem quando têm fome, dormem quando estão cansados e caminham quando querem andar. Suas mentes estão lotadas de curiosidade — eles não conseguem evitar explorar. São naturalmente cheios de amor e afeto, que você pode ver irradiando de seus olhos. Bebês normalmente estão felizes somente por 'ser'. Eles podem olhar ao redor e balançar seus braços e pernas e isso basta. Adoram brincar e não levam as coisas muito a sério. Os bebês não se enxergam como indivíduos separados: eles simplesmente fazem o que fazem e vão de acordo com o fluxo. Muitas destas qualidades são a essência do mindfulness.

TENDO UMA GRAVIDEZ E PARTO COM ATENÇÃO PLENA

A gravidez e o parto são normalmente momentos apavorantes e excitantes. Mas uma coisa é certa: estar grávida é uma montanha-russa emocional.

A gravidez pode ser uma experiência alegre, mas é frequentemente dolorosa também. As medicações normalmente não são recomendadas durante a gravidez, o que torna a dor mais difícil de ser administrada. Como o mindfulness tem sido visto como algo que ajuda na dor crônica, ele tem sido pesquisado para a gravidez como uma abordagem para a administração da dor. Uma das áreas mais comuns de preocupação para as mulheres é a sensação de perder o controle e não ser capaz de lidar. O mindfulness ajuda as mulheres a separar as sensações físicas da dor de suas emoções e pensamentos negativos. Com esta abordagem, as mulheres experimentam menos ansiedade e isso pode ter um efeito forte e positivo na redução da sensação de dor física.

O valor do mindfulness estende-se ao nascimento também. Pesquisas descobriram que algumas mulheres são capazes de administrar o trabalho de parto sem o alívio à dor que lhes é oferecido. Questões maiores revelaram ainda que estas mulheres tiveram experiências mais positivas se empoderando do trabalho de parto do que resistindo a ele. Elas tendem a usar expressões como 'Ir com o fluxo', 'estar presente' e 'a dor é sua amiga, não sua inimiga'. Estas são abordagens de atenção plena que estas mulheres parecem possuir naturalmente. Mas pesquisas mostram que todas as mulheres podem aprender estas habilidades.

O mindfulness oferece um caminho do meio durante o parto: ela dá às mulheres a permissão de estarem conscientes e com atenção plena da experiência do trabalho de parto, mas não ficarem se julgando, caso precisem do alívio para a dor. Outro aspecto útil do mindfulness em torno da gravidez é lidar com a depressão. Uma a cada dez mulheres sofrem de depressão perto do momento da gravidez e depois dela. Com o mindfulness sendo usada para prevenir a recorrência da depressão durante a gravidez, este pode ser um bom momento para aprender sobre o mindfulness para administrar os sentimentos desafiadores.

Eis três pequenas dicas caso você esteja grávida agora:

- **Desacelere.** A gravidez é um ótimo momento para pegar leve com as coisas. Tente não se sobrecarregar. Dê cochiladas na parte da tarde e com maior frequência. Uma vez que seu filho tiver nascido, você ficará ocupada. Faça uma coisa por vez apenas. Aproveite para relaxar enquanto pode.

- **Durma bastante.** Caso você esteja lutando para dormir, o que é comum durante a gravidez, tente fazer algumas meditações de reconhecimento do corpo para se tranquilizar. Os exercícios de consciência do corpo com atenção plena podem ser relaxantes quando se está deitada. Traga uma atitude de autocompaixão à prática do mindfulness — em outras palavras, traga um sentimento de afeto em relação a você e seu bebê quando meditar.

- **Adapte sua rotina.** Caso esteja acostumada a fazer uma longa prática de mindfulness nas manhãs, mas agora está lutando para conseguir realizar isso, adapte-se. Você precisará adaptar-se novamente quando seu bebê nascer, então fazer isto é uma boa prática. Trinta minutos de yoga podem precisar ter que virar um alongamento de cinco minutos e depois uma meditação de escaneamento corporal de dez minutos durante o dia, quando puder encaixá-los.

Conforme os bebês crescem e começam a desenvolver sua individualidade, começam a perder o senso de calma focada e podem acabar indo de uma coisa para outra, em busca de uma fonte de diversão, mas sem ter a atenção para permanecer com a coisa. Quando seu filho tiver de 5 anos para mais, você pode começar a ensiná-lo alguns exercícios bem simples de mindfulness para ajudar a dar a ele um alívio de sua mente hiperativa, ajudando-o a descobrir como se acalmar. Muitas vezes, as crianças gostam de se acalmar e podem até mesmo pedir pelo exercício de mindfulness, caso sintam-se agitadas.

Ao aproximarem-se da adolescência, as crianças lutam com uma grande chegada de hormônios e lutam com as demandas que o mundo faz a eles. Eles ficam mais sérios quando a individualidade pega com firmeza e começam a suprimir as emoções. Nesta transição desafiadora para a vida adulta, a inocência de ser um bebê parece distante e quase um sonho. Alguns exercícios simples de mindfulness, como a respiração com atenção plena por alguns minutos, podem oferecer a seu filho um método para focar a mente para dentro e não sair do controle a cada vez que alguma coisa não sair da sua maneira.

Ensinando Mindfulness a Crianças

LEMBRE-SE

Antes de você tentar ensinar às suas crianças a arte do mindfulness, considere como elas aprendem. Ao adotar a atitude correta a esta tarefa importante e desafiadora, você está mais inclinado a evitar frustração desnecessária. Siga estas dicas ao ensinar mindfulness:

- » **Tenha o coração leve.** As crianças não gostam de levar as coisas muito a sério, então trazer um elemento de brincadeira e diversão é importante. Ao mesmo tempo, seja claro em sua mente sobre o objetivo de cada exercício de mindfulness e explique-o a seus filhos (veja a próxima seção para ver ideias para exercícios).
- » **Mantenha as sessões curtas.** O tempo de atenção das crianças não é tão longo quanto dos adultos. Você precisa ajustar a duração da sessão conforme for apropriado para a criança.
- » **Reduza a conversa e aumente a ação.** Evite falar sobre o quanto a meditação o ajuda e como é maravilhosa. A melhor coisa é praticar mais meditação e deixar seu filho aprender a partir do que você faz e não do que diz.
- » **Lembre-se que alguns dias serão melhores do que outros.** As crianças não fazem meditação, ela vai até elas. Alguns dias você pode sentir como se nada funcionasse — depois, de repente, seu filho pode sentar-se quieto sem distração, sem motivo aparente.
- » **Evite usar força.** Caso seu filho não queira meditar, você não pode forçá-lo. Isso só cria uma ideia negativa sobre a meditação. Ela não é como aprender a tocar piano ou matemática. O mindfulness requer um desejo de praticar com um senso de curiosidade, e usar força não pode gerar a atitude correta. Em vez disso, seja criativo e tente algo completamente diferente (veja os últimos exercícios deste capítulo para mais ideias).

Dando um exemplo

As crianças aprendem muito mais com o que você *faz* do que com o que você *fala*. Elas adoram copiar os outros, especialmente as pessoas que elas respeitam. Caso uma criança o veja meditar, provavelmente terá a curiosidade sobre o que você está fazendo e do por quê. Desta maneira, você atrai sua criança em direção à meditação, em vez de forçar a meditação sobre ela.

CUIDADO

Se você pratica muito pouco mindfulness, mas acha que seu filho se beneficiaria de sua prática, pode ser difícil para você convencê-lo dos benefícios. Ele pode tê-lo visto reagir ao seu estresse de maneiras que não são úteis, ficando com raiva desnecessariamente e frustrando-se com coisas pequenas. Seu filho pode absorver estas reações e inconscientemente começar a copiá-las.

Se você pratica o mindfulness regularmente e emprega seu tempo, esforço e energia de forma genuína para desenvolvê-la em sua vida, seu filho captará isso também. Ele perceberá como você tenta se acalmar quando ficar triste; como faz minimeditações quando as coisas ficam muito sobrecarregadas para você; como é firme quando precisa ser e leve em outros momentos. Caso seu filho o veja fazendo esforços genuínos para cultivar a atenção plena, provavelmente absorverá isso. Mesmo que ele não mostre um comportamento calmo e controlado no momento, a memória de suas percepções positivas do mindfulness ficará com ele e provavelmente desabrochará conforme ele ficar mais velho.

Um passo de cada vez

Não espere que seu filho comece com um exercício de respiração mindfulness de 30 minutos da primeira vez que ensiná-lo. Você pode nem mesmo ser capaz de fazer a meditação da comida com uma passa ou qualquer outra fruta (veja o Capítulo 6 para a meditação comendo). Caso seu filho sinta-se entediado, provavelmente desistirá imediatamente e fará alguma coisa mais interessante. Você provavelmente terá dificuldade ao convencê-lo a explorar o tédio ou a interessar-se na questão do tédio!

CUIDADO

Caso tenha altas expectativas sobre seu filho praticando o mindfulness, poderá se desapontar. Mantenha suas expectativas razoavelmente baixas e fique feliz com qualquer pequeno progresso. Finalmente, a meditação baseia-se em estar no momento presente, logo qualquer tempo será valioso demais e melhor do que nada.

Fazendo Exercícios e Jogos de Mindfulness

Crianças adoram jogos. Jogos podem ajudar a focar a mente do seu filho e, ao mesmo tempo, ter um elemento de diversão. Assim, neste estado mental mais focado, você pode fazer um imaginário curto guiado por cerca de um minuto — e com crianças pequenas, isto basta. Eu conheço algumas escolas que fazem isso e as crianças realmente ficam ansiosas para fazer as meditações — elas gostam da diversão e da liberação de quaisquer das ansiedades ou estresses de seus organismos.

Use sua intuição para decidir quais jogos usar, mas seja corajoso também e experimente alguns dos quais você duvidar inicialmente. Você nunca sabe o que acontecerá até tentar! Alguns podem ser adaptados para crianças mais velhas — apenas use elementos mais apropriados, uma linguagem mais adulta e aumente um pouco a duração dos exercícios de mindfulness.

Você pode fazer estes jogos com uma criança ou mais.

Jogo da memória

Este jogo ajuda a treinar a atenção e a memória e a concentrar a mente antes de uma meditação:

1. **Coloque cerca de 20 itens aleatórios como canetas, tesouras, meias e brinquedos numa bandeja.**

2. **Diga à criança que ela tem um minuto para estudar os itens e tentar lembrar de quantas for possível. Ela ganha um ponto a cada item que lembrar.**

3. **Cubra a bandeja com uma toalha e peça a seu filho que lembre-se dos itens.**

4. **Elogie seu filho por quantos ele acertar e desafie-o a ver se ele consegue lembrar um a mais da próxima vez em que jogarem.**

Ursinho

Este exercício ajuda a encorajar a respiração com a barriga e também a focar a atenção na respiração.

1. **Peça a seu filho que deite no chão, num colchão ou numa cama.**

2. **Coloque um ursinho ou qualquer outro brinquedo preferido do seu filho na barriga dele e peça que ele fique consciente do brinquedo subindo e descendo.**

3. **Incentive seu filho a ter curiosidade sobre quantas vezes o ursinho sobe e desce. Ele consegue fazer o ursinho subir e descer um pouco mais devagar? Como isso faz com que ele se sinta por dentro?**

Girar o catavento de papel

EXPERIMENTE ISTO

Este jogo é uma maneira de concentrar a atenção do seu filho em sua respiração. A dica visual de um catavento de papel colorido é muito mais interessante ao seu filho do que somente sentir sua própria respiração.

Os passos são:

1. Dê ao seu filho um catavento de papel colorido. Deixe-o brincar com ele por um tempo e depois diga que você praticará sua curiosidade com ele.

2. Peça que ele sopre o mais devagar que puder e observe o que acontece. Peça para que ele veja quão devagar que consegue fazer o catavento girar. Como isso faz com que ele se sinta?

3. Peça para que ele sopre o mais forte possível e veja o quão rápido o catavento de papel gira. O que acontece com todas as cores? Como isso faz com que ele se sinta?

4. Peça que ele experimente com uma respiração longa ou curta e perceba por quanto tempo o catavento gira.

5. Peça a ele que respire normalmente e que veja o que acontece ao catavento de papel. Mais uma vez, pergunte como ele se sente.

6. Finalmente, peça a ele que solte o catavento de papel e sinta sua respiração sem ele. Pergunte a ele se consegue sentir-se calmo e relaxado mesmo sem o catavento de papel, apenas sentindo sua própria respiração.

A mente curiosa

Isso funciona caso você tenha várias crianças sentadas em um círculo. Este jogo parece um pouco com o da batata quente, um jogo popular nas festinhas. Embora as crianças sejam naturalmente curiosas, este exercício as ajuda a ficarem cientes do senso de curiosidade em si.

1. Ache um objeto lindo e brilhante, enrole-o em camadas de jornal e coloque-o em uma caixa.

2. Agora peça às crianças que tentem adivinhar o que está dentro. Eles podem sacudir a caixa, mas nada além. Deixe todo mundo tentar adivinhar.

3. Agora pergunte a eles qual a sensação de não saber o que é ou como é essa curiosidade. Peça para elas olharem os rostos das outras crianças — seus olhos podem estar escancarados, e podem haver sorrisos ao redor. Estimule a curiosidade sobre a curiosidade.

4. Comece a desembrulhar lentamente o objeto. Explique como o mindfulness baseia-se em ser curioso sobre as experiências diárias e, desta maneira, revela o desconhecido. Diga a eles que, eventualmente, eles descobrirão uma joia ou outro objeto lindo dentro deles mesmos, que passarão a gostar de olhar pra dentro deles mesmos todos os dias.

CAPÍTULO 15 Treinando Crianças em Mindfulness 299

Meditação da bondade amorosa

Este é um exercício poderoso para praticar com seus filhos. Se seus filhos realmente gostarem do exercício, podem ficar felizes em fazê-lo todos os dias antes de dormir. Podem achar que dormirão mais profundamente e sentir-se mais calmos e renovados no dia seguinte. Pare depois de dar cada instrução, para dar a seu filho bastante tempo para experimentar a meditação.

Para a meditação da bondade amorosa:

1. **Peça a seu filho que encontre uma posição confortável e relaxada deitado ou sentado, com os olhos fechados, caso ele se sinta bem.**

2. **Peça que ele se lembre de algo que o faça sentir-se feliz. Ele pode lembrar-se de um jogo que brincou com um amigo, um hobby preferido ou de um brinquedo que ele adore. Ajuste de acordo com a idade dele.**

3. **Peça para que ele coloque ambas as mãos no peito e imagine a sensação de calor, paz e felicidade crescer a partir dali para todo o seu corpo e para o espaço ao seu redor.**

4. **Diga a ele que imagine esta felicidade e bondade amorosa espalhando-se por toda a sua família, depois por todos os seus amigos, a todas as crianças da sua turma, escola e cidade, até aquelas com quem ele não se dê muito bem. Depois para todos os animais do planeta, vivendo em todos os países diferentes. Depois a todos os animais e plantas da Terra, incluindo aquelas que vivem lá no alto e no fundo dos oceanos.**

Algumas crianças podem achar difícil desejar felicidade para pessoas que elas não conhecem ou para animais como aranhas. Explique que a bondade amorosa inclui todos os seres vivos, e, assim como eles querem ser felizes, todo mundo quer ser feliz também.

Meditação na Bolha

Eu experimentei esta meditação com crianças de 10 anos de idade ou mais e todas parecem gostar dela. Você pode experimentar a meditação para crianças menores também — apenas simplifique a linguagem um pouco.

Os passos são:

1. **Peça a seu filho que sente ou deite em uma posição confortável. Permita que ele use travesseiros e cobertores para que fique confortável. Você não precisa pedir a ele para sentar-se reto para fazer esta meditação. Ele pode fechar os olhos se sentir-se bem com isso.**

2. **Diga a ele: 'Imagine que você tem uma bolha pequena e brilhante em sua mão que não pode ser estourada. Imagine deixar essa bolha cair no chão na**

300   PARTE 4 **Colhendo os Frutos do Mindfulness**

sua frente e vê-la expandir-se gentilmente até ela ficar tão grande que você possa entrar nela. Na verdade, a bolha é do tamanho de um quarto grande e espaçoso. Então, entre na bolha. Agora, imagine que você pode imediatamente decorar o interior da bolha do jeito que você quiser. Você pode cobri-la de cobertores da sua cor preferida ou pintar as paredes e o teto do jeito que quiser, Você pode ter fliperamas, televisões caras e sua música predileta tocando no fundo — o que você quiser. Seu prato predileto está disponível quando você desejar. Considere todas as vistas, sons, cheiros e gostos sendo exatamente do jeito que gostaria dentro de sua bolha. Você está realmente relaxado, confortável e seguro dentro desta sua bolha.' Dê a ele o tempo de realmente aproveitar sua própria bolha pessoal que criou para si. As crianças muitas vezes gostam de imaginar o que colocar dentro de sua bolha e, assim, você pode estender por mais do que 5 minutos.

3. Agora, permita algum tempo para a prática do mindfulness. Diga a ele: 'Perceba como seu corpo está agora. Quais partes estão relaxadas? Fique consciente de suas inspirações e expirações. Aproveite a sensação de sua respiração. Sinta o quão tranquilizante a experiência é. Inspire qualquer sentimento de felicidade e expire qualquer estresse.'

4. Diga a seu filho: 'Agora que você criou e curtiu sua própria bolha pessoal, está pronto para guardar essa sua bolha pessoal para mais tarde. Saia da sua bolha e a veja encolher, para que você possa segurá-la na sua mão novamente. Agora imagine que a bolha ficou tão pequena que ela consegue mover-se dentro de sua mão e subir pelo seu braço. Permita que a bolha vá para o centro do seu peito, onde está seu coração. Você pode guardar sua bolha ali para sua segurança e pode voltar para ela sempre que achar necessário.'

5. Termine a meditação pedindo ao seu filho que abra seus olhos gentilmente e, em seguida, discuta como foi a prática.

Desenhando com atenção plena

Este exercício treina seu filho para usar a atenção plena nos formatos, cores, luzes e sombras. Isto é particularmente útil para as crianças que têm resistência à meditação tradicional de mindfulness com seus olhos fechados, porque desenhar não parece em nada com meditar, e, ainda assim, eles estão treinando sua atenção aos detalhes com um senso de curiosidade.

Este exercício funciona assim:

1. Peça a seu filho que desenhe um objeto no ambiente. Ele pode olhar o objeto enquanto desenha.

2. Quando ele tiver terminado, você dois podem comparar o desenho com o objeto real. Quais partes ficaram próximas à realidade e quais

CAPÍTULO 15 Treinando Crianças em Mindfulness 301

não ficaram tão certas? Enfatize que isto não é uma competição, mais sim uma experiência para ver o que acontece.

3. Se a criança quiser, você pode repetir o exercício e ver o quão melhor o segundo desenho é enquanto ela presta mais atenção.

Escaneamento corporal com mindfulness

As crianças são muito mais inclinadas a prestarem atenção ao mundo ao seu redor do que a seus próprios corpos. Este exercício ajuda a trazer sua atenção de volta a seu corpo físico, treinando sua atenção para concentrar-se em uma parte por vez: eles também descobrem como levar sua atenção de uma parte do corpo para outra. As crianças podem usar então esta capacidade para prestar atenção e mudar o foco em suas vidas cotidianas.

EXPERIMENTE ISTO

Os passos para o escaneamento corporal com mindfulness são:

1. Peça a seu filho que deite em um lugar quieto e relaxante. Ele pode fechar seus olhos se quiser.

2. Peça a ele que diga o nome de cada parte do seu corpo, começando pelos dedos do pé e indo até sua cabeça. Depois de nomear cada pedaço, peça a ele que diga a você como cada parte do corpo está. Depois de dizer o nome da parte do corpo, a criança pode movê-la; isso muda o sentimento e traz um pouco de diversão para o exercício.

3. Quando você chegar ao topo de sua cabeça, soe um sino suavemente e peça que ele coloque sua mão para cima quando não conseguir mais ouvir o sino. O sino é uma maneira de expandir a atenção a uma consciência fechada e aguda para uma mais ampla, expansiva e aberta. Ao pedir-lhe para identificar quando o som vira silêncio, ele é atraído naturalmente para o silêncio pacífico, e pode sentir-se mais calmo e renovado.

Apoiando Adolescentes com Mindfulness

Não é fácil ser adolescente. Se você voltar sua mente àqueles dias, vai lembrar-se de mudanças de humor, frustração com os pais, professores irritantes, provas amedrontadoras e uma batalha constante para se adaptar aos seus amigos.

Os adolescentes muitas vezes se julgam de forma áspera, com questões como: 'por que eu sou gordo? Por que eu tenho uma espinha enorme no meu nariz exatamente quando eu consegui marcar um encontro fantástico? Por que não sou bonito? Por que ela não gosta de mim?' Com todos estes pensamentos sequestrando o cérebro, não é de se espantar que a vida seja difícil para os adolescentes.

O cérebro adolescente passa por mais emoções do que o cérebro de um adulto ou criança. Isso evoluiu na sua natureza, porque as emoções são projetadas para criar *movimento*. Em *Brainstorm: The Power and the Purpose of the Teenage Brain*, de Daniel Siegel (publicado por Tarcher em 2014 — em inglês), aprendemos que o cérebro adolescente evoluiu para motivar o adolescente para preparar-se para mudar de casa. As mudanças de humor dos adolescentes não são culpa deles — é como seus cérebros funcionam.

EXPERIMENTE ISTO

Leve alguns momentos para refletir sobre os desafios que você tinha quando adolescente. Como o mindfulness poderia tê-lo ajudado? Como você teria gostado de conhecer o mindfulness?

Um em cada oito adolescentes sofre de depressão. De acordo com o *US National Institute of Health*, incrivelmente um em cada quatro adolescentes sofre de um distúrbio de ansiedade, com um a cada vinte tendo um distúrbio severo. Acho que nós, enquanto sociedade, precisamos fazer algo para combater estas estatísticas alarmantes.

Introduzindo o mindfulness para os adolescentes

O mindfulness pode ser de grande ajuda aos adolescentes. Com o coquetel de emoções que eles enfrentam, o mindfulness pode ser usada para ajudá-los a ancorar-se no presente ao conectar-se com seus sentidos e, desta maneira, sentir-se mais no controle.

Ao apresentar o mindfulness aos adolescentes, não a use como uma maneira de fazê-los comportarem-se melhor. Caso seja a sua atitude, provavelmente o tiro sairá pela culatra. Em vez disso, ofereça o mindfulness por ela mesma.

LEMBRE-SE

O objetivo do mindfulness não é sentir-se melhor, mas ficar melhor no sentir.

Os adolescentes precisam que você os trate como adultos. Eles são seres humanos, não se esqueça! Quanto mais respeito mostrar a eles, melhores eles serão ao ouvir você.

Ofereça exercícios curtos de atenção plena para os adolescentes. Cerca de 10 minutos é uma boa duração. Uma sessão mais longa, de 15 a 20 minutos, é aceitável para exercícios como o escaneamento corporal, que pode ser feito deitado.

Com o tempo, muitas das meditações de mindfulness oferecidas neste livro podem funcionar para adolescentes.

CAPÍTULO 15 **Treinando Crianças em Mindfulness** 303

Estas dicas podem ajudá-lo:

» **Use a linguagem adequada:** Acho que 'atenção plena' é uma expressão bem boa. A palavra 'meditação' tem todos os tipos de conotação que podem alienar os adolescentes. Algumas pessoas a chamam de 'relaxamento', mas, como eu menciono no Capítulo 1, o mindfulness não é somente relaxamento. Os adolescentes podem ficar interessados caso você explique a diferença entre o mindfulness e o relaxamento.

» **Use exemplos e modelos com os quais eles possam se identificar.** Pense no grupo de adolescentes (ou no indivíduo adolescente) com quem você está falando e quais são os tipos de coisas pelas quais se interessam. Conte a eles sobre personalidades famosas que se interessam por mindfulness ou meditação. Exemplos de meditadores incluem Oprah Winfrey, Arianna Huffington, Bill Ford (diretor executivo da Ford), Hugh Jackman (mais conhecido como o 'Wolverine'), Russell Brand e muitos outros.

» **Respeite-os como se fossem adultos.** Na minha experiência, quanto mais respeito você puder mostrar por eles, como se fossem adultos, melhor responderão. Com a prática interna do mindfulness, você certamente não pode forçá-la a ninguém. Ao usar o mindfulness em si mesmo, você monta o palco e dá um exemplo a ser seguido por eles.

EXPERIMENTE ISTO

Eis um simples exercício para que os adolescentes experimentem:

1. **Três com atenção plena: Três coisas com três sentidos**

2. **Perceba o que você consegue ver a seu redor.** Quais três objetos diferentes você consegue ver? Perceba sua cor e formato.

3. **Agora escute.** Quais três sons diferentes você consegue ouvir? Observe sua afinação e volume.

4. **Agora sinta as sensações físicas de seu corpo.** Quais três sensações diferentes você consegue sentir? Como são estas sensações?

Esta é uma maneira rápida e fácil de chegar à atenção plena usando três sentidos.

Ajudando os adolescentes com o estresse nas provas

Ser adolescente sem o estresse de fazer provas já é difícil o bastante. Mas, a pressão adicional de ser testado incansavelmente pode levar os adolescentes à ansiedade ou depressão. Se você quiser ajudar seu adolescente a lidar com o estresse das provas, o mindfulness pode ajudar.

Você pode apresentar o mindfulness a eles de diversas formas:

» Mostre a eles este ou outro livro adequado sobre mindfulness. Talvez sugira alguns capítulos específicos para que eles olhem.

» Dê a eles um áudio de mindfulness guiado deste livro para que experimentem — tente um entre três e dez minutos de duração para começar. Ou convide-os a praticar o mindfulness com você em um ambiente confortável.

» Ajude-os a achar uma hora do dia que seja boa para eles — manhãs, tardes ou o começo da noite são boas horas.

» Compartilhe as minimeditações de mindfulness e deixe que eles a utilizem várias vezes ao dia, especialmente em momentos em que estão sentindo níveis de estresse mais altos do que o normal.

Você pode dar estas dicas de 'atenção plena' para seu adolescente experimentar no dia da prova.

» Dormir é como carregar seu celular à noite. É a melhor maneira de fazer com que ele funcione de forma mais satisfatória no dia seguinte, estando carregado por completo. O mesmo vale para você. Priorize deitar-se na hora certa. É tentador revisar cada vez mais, mas quanto menos você dormir, mais difícil fica para seu cérebro lembrar-se dos fatos.

» Comece a manhã com uma pequena prática de mindfulness. Você pode fazer um escaneamento corporal rápido ou ouvir algumas faixas de áudio de mindfulness guiado que estão disponíveis no site da Alta Books (procure pelo nome do livro ou pelo ISBN).

» Evite a revisão de última hora. Na minha experiência de fazer estas revisões, tudo o que eu me lembrei foi das coisas que eu revisei no último minuto e o resto acabou se perdendo! Caso revise no último momento, observe para ver se isso funciona ou não para você.

» Faça um miniexercício de mindfulness, logo antes de fazer a prova. Dê três respiradas conscientes profundas antes de abrir a folha de prova. Ou, caso se sinta pressionado a abri-la quando todo mundo a abrir, faça isso, mas não se esqueça das três respiradas profundas e com atenção plena. Fazer uma prova é como construir uma casa. Você precisa de um tempo para construir uma base sólida no início. A primeira questão é a base sobre a qual construirá.

» Caso você esteja lutando para responder as questões, não entre em pânico. Agora é a hora de parar de escrever por alguns momentos e ficar inteiro. Sinta seu corpo na cadeira e seus pés no chão para trazê-lo ao presente momento. Tente soltar sua caneta e abrir e fechar suas mãos algumas vezes, observando a sensação que isto causará. Então comece novamente e renovado, com a próxima pergunta, lendo a questão cuidadosamente. Não desista!

» Trate sua prova como se você fosse um paciente. Quando você vai ao médico, você quer que ele se apresse ou que ouça suas perguntas com atenção e as responda cuidadosamente? É claro que você quer que o médico escute com atenção. Correr nas provas diminuirá suas notas, não aumentará. Vá com calma e leia cada pergunta cuidadosamente, na metade da velocidade que normalmente você leva para lê-las. Veja se isto o ajuda a responder a questão mais precisamente.

Descobrindo a respiração 7/11

Eis um exercício bom e fácil para que os adolescentes usem para lidar com a ansiedade das provas. Na verdade, crianças mais novas e adultos também podem beneficiar-se igualmente deles. Esta técnica de respiração liga a resposta de seu relaxamento e, caso você perceba a sensação de sua respiração, o exercício pode ser uma experiência de mindfulness também.

EXPERIMENTE ISTO

Você pode fazer este exercício em qualquer lugar: em um ônibus, trem, sentado em casa, deitado ou até caminhando suavemente. Eis como:

1. **Ao inspirar, conte até sete na sua cabeça.** Conte numa velocidade que seja confortável para sua respiração.

2. **Ao expirar, conte até 11.**

3. **Repita os passos 1 e 2.**

4. **Quando sua mente vagar, perdoe-se, sorria e recomece.** Não tem problema!

5. **Pare depois de cinco a dez minutos, ou antes, caso sentir-se relaxado demais ou com a cabeça leve!**

Ao fazer o exercício de respiração 7/11, considere estas dicas:

» Você precisa inspirar um pouco mais rápido do que expira. A inspiração é um pouco mais difícil e a expiração um pouco mais leve.

» Isso requer um pouco de prática, como tudo. Você vai ficar melhor nisso depois de ter feito algumas vezes. Eventualmente, será tão divertido que passará a ser levemente viciante, o que é bom!

» Combine este exercício com a sua visualização em um lugar pacífico se quiser. Isso é o que chamo de visualização com atenção plena, caso você se permita ficar consciente na experiência.

LEVANDO O MINDFULNESS PARA AS ESCOLAS

Mundialmente, existe um movimento crescente de levar o mindfulness para as escolas.

Caso você seja um pai ou tutor que gostaria de ver o mindfulness ser oferecido na escola de seu filho, tente organizar uma conversa com o diretor ou pergunte se outros professores têm interesse no mindfulness. Encontrar-se com os professores e sugerir sua ideia a eles, sendo também apaixonados pelo mindfulness, pode ajudar a dar um incentivo à ideia. Compartilhar informações e livros e artigos de boa qualidade sobre o mindfulness é como regar a semente de uma ideia. Com um pouco de sorte, eventualmente a ideia florescerá. Um professor convencerá a administração de que é uma boa ideia ou a administração mesmo começará a dar seus passos para organizar um plano de ação dentro da escola.

Caso você seja um professor que gostaria de ensinar mindfulness e oferecer a outros professores ou alunos, veja se consegue achar um programa de treinamento de professores online ou na sua área (você, obviamente, precisa ter experiência na prática do mindfulness e em lidar com os desafios e benefícios da prática antes que possa aprender a compartilhar a abordagem com os outros).

Parentalidade com Mindfulness

Eu acho que a parentalidade é, provavelmente, a responsabilidade mais difícil, estressante, importante e realizadora no mundo. Um bom pai não precisa somente alimentar a criança com comida, abrigo e roupas, mas também desenvolver a mente da criança. Seu comportamento como pai frequentemente reflete como eram seus próprios pais, mesmo que queira mudar e melhorar em certos aspectos. No entanto, pais normalmente acabam repetindo o ciclo de maneiras sutis, passando adiante comportamentos inúteis. Felizmente, a parentalidade com mindfulness pode ajudar a quebrar o ciclo.

Estar presente para seus filhos

Como o mindfulness pode ajudar com a parentalidade? Os pais com atenção plena estão cientes e despertos acerca de suas ações e das de seus filhos. Isso é muito importante na criação de uma criança. Elas têm uma necessidade extrema de atenção. Para crianças, atenção é como o amor. Caso elas não recebam atenção o suficiente, comportam-se mal até conseguirem receber essa atenção — até ser repreendido é preferível do que ser ignorado. Atenção é uma necessidade básica para uma criança. Como você pode dar essa atenção se você mesmo não é atento? O mindfulness oferece maneiras de melhorar suas habilidades de atenção para ajudá-lo a criar uma criança de uma forma mais harmoniosa e pacífica.

Eis os benefícios da parentalidade no momento presente:

» **Você consegue atender as necessidades de seu filho.** Ao viver no momento presente, você é mais capaz de atender as necessidades do seu filho conforme necessário. Você percebe se seu filho precisa comer, dormir ou apenas brincar. Você percebe se, na verdade, tudo o que ele precisa é de um abraço. Cada momento é diferente e novo e o que funcionou ontem pode não dar certo hoje. Seu filho está um dia mais velho e diferente — viver momento a momento o ajuda a ver isso.

» **Você pode atender as suas próprias necessidades.** Ao estar consciente e desperto para as sensações presentes de seu próprio corpo e perceber a maneira que reage às situações, você também consegue cuidar melhor de si mesmo. A parentalidade é muito exaustiva e, quando está cansado demais, pode tomar decisões que criam somente mais dificuldades, em vez de soluções. A consciência de suas próprias reações o ajudam a sentir quando isso acontece e a tomar qualquer ação quando for necessário.

» **Você cultiva a gratidão.** Viver no momento presente lhe ajuda a ser grato pelo que tem em vez de ser ingrato pelo que não tem. Você pode perceber quanto trabalho tem a fazer ou o quão frustrado está com o comportamento de seu filho, mas pensar no que não está indo de acordo com o plano é exaustivo. Viver no presente possibilita que veja o que está indo bem e o que você tem. Você pode ter crianças saudáveis e uma casa legal. Você pode ter uma série de dias com o tempo bom; ou você pode ter um amigo ou parceiro que lhe apoia.

» **Você vê as coisas de maneira nova.** Um dos outros aspectos-chave de viver no presente com atenção plena é adotar uma atitude da 'mente de um iniciante' (Para mais detalhes sobre como ver as coisas de uma maneira nova, vá direto ao Capítulo 4). Isso envolve ver as coisas de uma maneira nova, como se fosse a primeira vez. Se você tem um bebê, é capaz de ver como ele está sempre vivendo na mente de um iniciante. Os bebês olham ao redor do quarto ou da área com encantamento. Ao viver com a mesma atitude, você é mais capaz de atender ao desafio sempre mutante da parentalidade no momento presente.

» **Você se liberta das preocupações.** Viver e ser pai a cada momento significa que você pode livrar-se de arrependimentos do passado e de preocupações sobre o futuro. Nenhum deles existe no momento presente. Você tem algum problema agora, neste momento, caso não esteja pensando neles? Todas as preocupações, problemas, medos e ansiedades surgem a partir do sair do aqui e agora, o momento presente. Tudo o que você precisa fazer é levar as coisas um dia de cada vez — ou, melhor ainda, um segundo por vez. Você pode estar se preocupando sobre como seus filhos estarão amanhã, ou na semana, no mês ou no ano que vem. Tudo o que você possivelmente pode fazer é o seu melhor, aqui e agora, e libertar-se do que já aconteceu ou possa acontecer.

Experimentando dicas para a parentalidade com mindfulness

Eis algumas dicas para praticar a parentalidade com mindfulness.

» **Esteja presente para seu filho.** O maior presente que você poderá dar ao seu filho é sua presença. Viva no momento como se tudo em sua frente fosse seu professor. Seu filho observará e copiará isso em algum nível.

» **Encontre o equilíbrio entre o amor e a disciplina.** Caso você seja muito flexível, seus filhos podem tornar-se mimados, mas caso seja áspero demais, seus filhos podem tornar-se muito frios e fechados. Determine limites claros, mas não se esqueça de que você pode elogiar seu bom comportamento e atitudes e não só criticar seus erros.

» **Confie na sua intuição.** Seu senso de qual é a melhor coisa a fazer é mais inteligente do que o pensamento lógico — sua intuição tem acesso a todo o seu aprendizado inconsciente que tem operado na humanidade há milhares de anos. Use uma combinação de sua cabeça e coração em suas decisões.

» **Busque um equilíbrio nas situações**. Você não pode sempre ter as coisas do seu jeito e nem seu filho. Mas, talvez um lugar no meio do caminho satisfaça a ambos até certo ponto e pareça certo.

» **Imagine as coisas a partir da perspectiva do seu filho.** Como é ser dominado por um adulto a maior parte do tempo? Como o seu filho se sente caso os adultos aparentemente pensem somente nos seus desejos tolos? Se você fosse seu filho, como desejaria que seus pais agissem com você?

» **Passe um tempo meditando todos os dias mesmo que seja por um período curto de tempo.** Não force seu filho a fazer o mesmo, mas responda suas perguntas sobre meditação honestamente e simplesmente e faça jogos com mindfulness com eles quando puder.

» **Pratique a audição com atenção plena.** Ouça seu filho como se estivesse escutando uma música ou os sons da natureza. Ouça com uma atenção delicada e responda conforme necessário. Ouvir seu filho pode ser como uma meditação mindfulness.

» **Observe seu próprio comportamento assim como observa o do seu filho.** Veja como você gostaria de fazer o que gosta, assim como seu filho gosta de fazer o que *ele* gosta.

CAPÍTULO 15 **Treinando Crianças em Mindfulness** 309

» **Cuide de si.** Não se esqueça de comer adequadamente, durma o suficiente (sei que isso pode ser difícil) e faça exercícios. Você pode precisar ser realmente criativo para encaixar um pouco destas coisas na sua agenda diária.

» **Tenha o coração leve.** Você não precisa levar as coisas tão a sério. Caso você cometa um erro na parentalidade, não se puna sobre isto. Em vez disto, tente rir a respeito ou, pelo menos, brincar sobre a situação. Você é humano, afinal de contas, assim como seu filho.

HISTÓRIAS DE MULLA NASRUDDIN

As crianças adoram histórias de Nasruddin, conhecidas no Oriente Médio. As histórias parecem sugerir que Nasruddin era meio tolo, mas todas elas contêm pérolas de sabedoria escondidas. Eis alguns exemplos:

- Nasruddin estava de quatro numa noite escura, debaixo da luz de um poste de rua. Um vizinho veio perguntar qual era o problema. Nasruddin disse que havia deixado a chave cair e que as estava procurando. O vizinho o ajudou a procurar, mas não achou nada. No fim, o vizinho perguntou: 'Onde exatamente você as deixou cair?' Nasruddin disse: 'Ali', apontando para a porta de sua casa. O vizinho perguntou: 'Por que então você está procurando debaixo do poste?' Nasruddin respondeu, 'Porque tem luz aqui'.

- Um dia, Nasruddin foi à sua cafeteria preferida e disse: 'A lua é mais útil do que o sol.' Um velho respondeu: 'Por quê?' Nasruddin respondeu 'A gente precisa mais da luz durante a noite do que durante o dia'.

- Um amigo perguntou a Nasruddin: 'Quantos anos você tem?'. Ele respondeu 'Cinquenta'. 'Mas você disse a mesma coisa há dois anos!' 'Sim', respondeu Nasruddin, 'Sempre fui um homem de palavra'.

- 'Quando estava no deserto', disse Nasruddin ao seu amigo, 'fiz uma tribo inteira de gente horrível e sanguinolenta correr'. 'Como você fez isso?' 'Fácil. Eu saí correndo e todos vieram atrás de mim.'

- Nasruddin, que não estava acostumado a falar em público, chegou confuso e disse nervosamente: 'M-m-meus a-a-ami-mig-gos, quando eu cheg-gue-gue-ei aqui hoje à noite só Deus e eu sabíamos o que eu ia dizer a vocês. Agora, só Deus sabe!'

- Nasruddin estava sentado conversando com um vizinho, quando seu filho surgiu estrada acima carregando uma galinha. 'Onde você conseguiu essa galinha?' Nasruddin perguntou. 'Eu a roubei', disse seu filho. Nasruddin voltou-se a seu vizinho e disse, orgulhosamente: 'Esse é meu garoto. Ele pode roubar, mas não mente.'

Você pode encontrar mais histórias na íntegra em www.nasruddin.org (conteúdo em inglês).

310   PARTE 4 **Colhendo os Frutos do Mindfulness**

5

A Parte dos Dez

NESTA PARTE . . .

Encontre dez dicas para praticar o mindfulness diariamente.

Explore dez maneiras diferentes de praticar o mindfulness que podem realmente ajudá-lo.

Descubra dez ideias comuns sobre o mindfulness que não são verdadeiras.

Investigue dez fontes diferentes, incluindo CDs, sites e livros.

NESTE CAPÍTULO

Conhecendo a essência do mindfulness

Descobrindo os exercícios práticos de mindfulness

Explorando dicas para aplicar o mindfulness na vida diária

Capítulo 16

As Dez Melhores Dicas sobre Viver com Mindfulness

O mindfulness é simples, em essência — ele baseia-se em cultivar sua consciência do momento presente mais do que qualquer outra coisa — mas a dificuldade está na prática consistente do mindfulness. Este capítulo lhe dá uma série de maneiras curtas e fáceis de integrar os princípios do mindfulness na sua vida cotidiana. Não subestime seu valor — elas podem levar pouco tempo e parecer simplistas demais, mas muitas dessas dicas já foram comprovadas como eficazes. Experimente-as você mesmo e aguarde seu julgamento até ter dado às ferramentas pelo menos uma chance de, ao menos, algumas semanas.

Passe Algum Tempo Quieto Todos os Dias

Ter um tempo quieto no dia é a dica nais importante que eu posso dar. Não posso enfatizar o bastante a importância de conectar-se com alguma forma de prática de mindfulness diariamente, de preferência por dez minutos ou mais. Ao praticar deliberadamente o mindfulness todo dia, você fortalece a capacidade da sua mente de estar mais desperta e consciente.

Caso você deseje ter mais atenção plena, precisa treinar diariamente, da mesma maneira que exercita seu corpo diariamente. Se você somente se exercitar uma vez por semana, não se beneficiará tanto. Sua mente volta ao seu estado original ainda mais rápido do que seu corpo.

Praticar o mindfulness diariamente pode envolver sentar-se imóvel e ter a sensação de sua respiração, fazer um pouco de yoga ou simplesmente sentar em seu jardim e observar as árvores e pássaros com uma bebida quente antes de começar a trabalhar.

Eis algumas maneiras de fazer com que você se lembre do mindfulness diariamente:

» Pratique na mesma hora e lugar todos os dias. Desta maneira, a disciplina do mindfulness torna-se uma rotina, assim como escovar os dentes, e você não precisa pensar nela.

» Não force muito a si mesmo. Caso dez minutos pareçam muito, faça o quanto aguentar. Você gradativamente aumentará o tempo de prática.

» Coloque lembretes no seu espelho, geladeira, computador ou telefone. Quando vir o lembrete, faça uma pequena meditação.

Conecte-se às Pessoas

No primeiro momento em que encontra uma pessoa, dentro de uma fração de segundo, você a julga. Você pode achar que ela é gorda demais ou magra demais, não gosta do penteado dela, ela parece com alguém que você não gosta. Sua mente instantaneamente tenta categorizar, o motivo pelo qual as primeiras impressões são tão importantes nas entrevistas. No momento em que você faz um julgamento inicial de alguém, começa a procurar provas que embasem sua teoria. Caso ela não olhe você nos olhos adequadamente ou não agradeça, estes momentos tornam-se provas sobre ela e sua opinião torna-se mais fixa.

Depois, você cria uma imagem em sua mente. Você acha que conhece a outra pessoa quando tudo o que você conhece são seus julgamentos sobre ela.

Quando encontrar alguém, conecte-se aos seus sentidos em vez de suas ideias. Olhe a pessoa nos olhos de uma forma natural. Ouça o que ela tem a dizer, em vez de pensar no que você dirá. Seja curioso e faça perguntas, em vez de impor tanto suas próprias percepções. Veja as coisas de acordo com o ponto de vista da outra pessoa — como você seria no lugar daquela pessoa? Como você se sentiria e o que desejaria?

O mindfulness baseia-se em prestar atenção com um sentimento de cordialidade e bondade, assim como um sentimento de curiosidade e abertura. Traga estas atitudes para o relacionamento e veja o que acontece.

Aproveite a Beleza da Natureza

O caminho mais claro para o Universo é por meio da vida selvagem da floresta

JOHN MUIR

A natureza tem uma maneira de extrair a atenção plena de você, em vez de forçá-lo a usar a atenção plena. Caminhar entre as árvores velhas com seus galhos pendurados pelo caminho que você está seguindo, sentir o cheiro da grama recém-cortada ou ouvir os pássaros cantarem e os ramos fazendo barulho debaixo dos seus pés, é impossível não estar consciente do momento. Jardinagem também é uma maneira maravilhosa de conectar-se à natureza e experimentar o 'fluxo' (explicado no capítulo 5); absorva-se em tarefas como capinar, plantar e provar os frutos dos trabalhos ao ver pequenas mudas transformarem-se em belas plantas e flores.

Se você tem um jardim ou mora perto de um parque ou de uma pequena área verde, perceba o quão feliz você é. Use um tempo para reconectar-se com a mãe natureza — encontre este tempo. A natureza é um ser vivo e milagroso e você é parte desta vida. Quando você era criança, devia amar brincar em cenários naturais, pulando em poças e escorregando na lama. Com seus sentidos aguçados, talvez você fosse bem feliz em explorar e observar o dia todo, caso pudesse. Tente reconectar-se com uma inocência infantil e visite um ambiente natural, o que quer que ele signifique para você.

Num estudo famoso em um asilo de idosos, metade deles ganhou uma planta para cuidar e outra metade ganhou a planta e ouviu dizer que as enfermeiras cuidariam da planta por eles. Os que tinham a responsabilidade de regar e cuidar das plantas viveram significativamente mais do que os outros. O estudo concluiu que a responsabilidade dava aos idosos a sensação de controle, levando a uma vida mais longa. O estudo também sugere que não olhar a natureza somente de forma passiva, mas também plantando e garantindo que elas tenham o melhor resultado possível, é uma atividade saudável e que aumenta a expectativa de vida, caso desempenhada regularmente.

Mude sua Rotina Diária

Os humanos são criaturas de hábito. Se você pensar nas coisas que já fez hoje, são provavelmente as mesmas coisas que fez muitas vezes antes. Uma maneira de ter mais atenção plena é mudar sua rotina. Sim, você tem que levantar-se, vestir-se, ir para o trabalho e assim por diante, mas não precisa fazer tudo isso exatamente da mesma maneira. E a maneira como você aproveita seu tempo livre (caso você tenha a sorte de ter algum!)? Você sempre tem os mesmos hobbies, assiste aos mesmos tipos de filme, lê o mesmo tipo de livros, encontra o mesmo tipo de pessoas, tem o mesmo tipo de pensamentos? A resposta é, provavelmente, sim.

Tente mudar sua rotina para estimular a sua consciência com atenção plena. Quando você está no seu estilo de vida rotineiro, sua mente entra em um estado de sono. É menos provável que você perceba as coisas boas que acontecem ao seu redor. Você é incapaz de pensar criativamente.

Ao fazer pequenas mudanças na sua rotina, seu cérebro acorda. Você gentilmente sai de sua zona de conforto. E neste estado mais desperto, a atenção plena acontece com muito mais facilidade.

Por exemplo, hoje tomei uma xícara de chá antes de praticar minha meditação, o que não faço normalmente. É uma pequena mudança, mas ajudou-me a estar presente na minha prática e teve o efeito de uma sacudida no meu dia!

EXPERIMENTE ISTO

Escolha uma destas opções para sair um pouco da vida no piloto automático:

» Encontre um amigo que não vê há muito tempo.

» Vá para o trabalho sem ligar o rádio.

» Pegue um livro aleatório na próxima vez em que estiver na livraria ou biblioteca e leia um capítulo.

» Inverta sua rotina matinal — talvez tome café antes do banho e vice-versa.

» Faça uma boa ação aleatória. Faça chá para um colega de trabalho. Recolha algum lixo no chão. Ou cuide um pouco mais de suas plantas ou animal de estimação hoje.

Veja a Maravilha do Momento Presente

O ontem é história, o amanhã um mistério, o hoje é uma dádiva, é por isso que é chamado de presente.

Este momento é o *único momento* que você tem e o tem agora mesmo. As memórias do passado surgem no presente, ideias do futuro são moldadas pelas suas experiências passadas e são projetadas em um amanhã imaginário. Na realidade, este momento presente é tudo o que está disponível.

Caso você esteja passando por um momento difícil, não acha que o momento presente é maravilhoso de jeito nenhum. Tudo bem. Você pode lembrar-se de que não precisa preocupar-se demais com o futuro e só precisa lidar com o que está enfrentando aqui e agora. Neste sentido, estar no momento presente ajuda — você não precisa preocupar-se com o futuro.

Para realmente apreciar o momento presente, sinta seus sentidos. Conecte-se com seu sentido de visão. Perceba a gama de cores diferentes na sua frente. Pense no fato de que esta experiência de cor acontece, parcialmente, devido a uma grande quantidade de reações bioquímicas que se transforma rapidamente em impulsos elétricos que entram em seu cérebro, levando a esta experiência incrível chamada de cor. Como seria ver colorido pela primeira vez? Como você tentaria descrever a experiência para alguém que nunca viu cor antes? Tente observar sem dar nomes a pessoas e objetos — somente conecte-se com a consciência nua da luz em si. Fique grato por ter olhos que podem enxergar. Olhe da maneira focada e sem esforço de uma criança.

Outra maneira de realmente conectar-se com o presente é focar na sua respiração. Pense nestas palavras ao inspirar e expirar, caso as ache úteis.

» Inspirando: 'Eu estou no momento presente.'

» Expirando: 'Este é um momento maravilhoso.'

Escute As Emoções Desagradáveis

Como você enxerga a maravilha do momento presente se está sentindo-se para baixo, triste ou irritado? Nestes casos, não tente impor uma emoção diferente da que está experimentando. Esteja no momento presente e abra-se para a emoção da melhor maneira que puder. Lembre-se de que todas as emoções têm começo e fim — tente ver o sentimento como um visitante temporário. Além disso, veja a si mesmo separado da emoção. Ela sobe e desce, mas você mantém um senso de estabilidade e um equilíbrio emocional maior.

Imagine que alguém aparece na sua porta e toca a campainha. Você decide ignorar o som. A campainha soa insistentemente. Você se frustra e experimenta todas as maneiras possíveis de ignorar o som, mas não consegue. Ao simplesmente abrir a porta e falar com a pessoa que está tocando a campainha, você suspende suas estratégias de esquiva. Você está enfrentando seus medos. Você está olhando as emoções desagradáveis em vez de fugir delas (o que é uma resposta compreensível).

Ir ao encontro da emoção, em vez de forçá-la a ir embora, normalmente tem o efeito de dissipá-la. Ela vem, toma uma xícara de chá e vai embora. Ela só queria uma consciência com atenção plena. A ideia é oferecer apenas isso — tornar-se consciente das emoções das quais você gasta tanto tempo fugindo com uma consciência bondosa, curiosa, aberta, sem julgamentos, da melhor maneira possível. Explore e descubra qual efeito isso tem sobre as emoções negativas em longo prazo, não livrar-se delas, mas aprender com elas.

Os Capítulos 12 e 13 lidam com a maneira como o mindfulness pode ajudá-lo a lidar com emoções desagradáveis.

Lembre-se de que os Pensamentos Não São Fatos

Caso você tenha tido o pensamento: 'Eu sou um chimpanzé rosa e voador', obviamente não acredita nele. É uma ideia louca. Então, por que você acredita em pensamentos como 'Eu sou inútil', 'Nunca vou melhorar' ou 'Não consigo ir adiante'? Eles são pensamentos também, que surgiram em sua cabeça. Não acredite em tudo o que você pensa. Sua mente muitas vezes faz deduções e interjeições que simplesmente não são verdadeiras. 'Estou me sentindo para baixo neste momento' pode ser verdadeiro, mas 'Sempre estarei deprimido' não é. 'Fico irritado quando ela não faz as suas tarefas do lar' pode ser verdadeiro, mas 'Ela nunca me ajuda' provavelmente não é.

Ao descobrir como observar a natureza de sua mente em meditação, você percebe a partir da experiência que os pensamentos estão sempre surgindo em sua mente, independente do quanto medite. Mesmo as pessoas que praticam mindfulness há anos têm muitos pensamentos. Eles não vão parar. Você precisa apenas mudar sua relação com eles. Ver os pensamentos apenas como pensamentos, em vez de fatos, já faz um mundo de diferença; caso o pensamento 'Eu sou patético' surja e você acredite no que quer que surja em sua mente, provavelmente irá sentir-se para baixo e desconfortável. No entanto, se o mesmo pensamento surgir e você tiver a atenção plena sobre ele, enxerga-o como somente um pensamento e não um fato. Isto tira muito da força do pensamento e você está livre para desconsiderá-lo e seguir com o que quer que esteja fazendo, relativamente ileso. Isso é liberdade. Liberdade, ou paz mental, não é *impedir* seus pensamentos, mas vê-los somente como pensamentos e não dar muita atenção a eles, não acreditando neles como sendo a realidade. A realidade está contida no aqui e agora, além de ideias e conceitos. Você não é sua mente — é o observador, a testemunha silenciosa, sempre completa, íntegra e livre.

LEMBRE-SE

Se praticar a meditação regularmente, começa naturalmente a distanciar-se de seu pensamento. Normalmente, se tiver um pensamento, você age a respeito dele, especialmente quando não está completamente consciente dele. Na meditação, você observa o pensamento sem agir sobre ele. Você vê seus pensamentos como um padrão, como energia que passa pela sua mente.

Seja Grato Todos os Dias

Gratidão é a melhor atitude! A gratidão é descobrir como querer o que você tem e não querer o que você não tem. Normalmente, as pessoas querem o que não têm e não querem o que têm. Isto costuma levar a uma sensação de insatisfação. Você pode praticar a gratidão agora. Pense neste livro em sua mão no momento — milhões de pessoas não possuem livro nenhum. Pense no fato de que você sabe ler — outra habilidade inacessível a milhões.

A gratidão é um aspecto do mindfulness. Ela não significa somente a concentração, mas uma atenção exercitada com uma atitude calorosa e bondosa. Estar consciente do quão privilegiado é em ter comida ao cozinhar é ter atenção plena.

Quando estou sentindo-me meio para baixo, o que às vezes é um sinal de que estou concentrado nas coisas que não estão indo bem, vejo-me praticando a gratidão. Apenas pensar por um momento e tentar lembrar de cinco coisas pelas quais sou grato ajuda a colocar as coisas no lugar.

EXPERIMENTE ISTO

Eis algumas maneiras de cultivar sentimentos de gratidão:

» **Durma com gratidão.** Antes de ir dormir, passe um minuto ou dois pensando em cinco coisas pelas quais você é grato. Podem ser coisas bastante simples e você não precisa sentir-se enormemente grato por elas. Apenas pense em cada uma delas e veja o efeito que tem sobre seu sono.

» **Diga obrigado.** Este é um ato simples, mas muito poderoso. Dizer obrigado é um ato de gratidão e bondade — você está deixando claro para a outra pessoa que reconheceu a sua generosidade.

> **Desempenhe uma ação para dizer obrigado.** Mande um cartão de agradecimento ou pequeno presente, faça algo como café ou ajude alguém com seu trabalho. Como diz o velho ditado, ações falam mas alto do que palavras.

> **Tente ser grato por coisas pelas quais normalmente você não seria.** Por exemplo, quando as coisas estiverem difíceis, você pode ser grato pelo desafio que a dificuldade oferece. Seja grato pelo acesso à água ou sua capacidade de escutar. Ou tente ser grato por estar vivo em primeiro lugar — talvez este seja o maior dos milagres.

PALAVRAS DE SABEDORIA

Eis um trecho de um poema maravilhoso de um autor desconhecido, sobre agradecimento e gratidão:

Seja grato por já não ter tudo o que deseja. Se você tivesse, estaria em busca do quê?

Seja grato quando você não souber alguma coisa, porque lhe dá a oportunidade de aprender.

Seja grato pelos momentos difíceis. Durante estes momentos, você cresce.

Seja grato pelas suas limitações, porque elas lhe dão oportunidades de melhorar.

Seja grato pelos seus erros. Eles irão ensiná-lo lições valiosas.

Seja grato quando estiver cansado e aborrecido, porque significa que você fez a diferença.

É fácil ser grato pelas coisas boas.

Uma vida plena e rica vem para aqueles que também são gratos pelas dificuldades.

Encontre uma maneira de ser grato pelos seus problemas, e eles poderão tornar--se suas bênçãos.

Use a Tecnologia com Atenção Plena

Assim como plantas e animais evoluem para sobreviver melhor e prosperar em seu ambiente, a tecnologia também evolui com o passar do tempo. E parte da evolução da tecnologia é tornar-se mais viciante. Com o advento dos *smartphones*, você pode usar a tecnologia literalmente da hora em que acorda à hora de dormir. E mesmo quando acorda no meio da noite, pode pegar-se verificando o *Facebook* ou olhando algumas coisas na internet antes de perceber.

Os videogames são outra forma de tecnologia altamente viciante. Algumas pessoas passam tanto tempo jogando que afeta suas vidas pessoais e profissionais e já levou até a separações de casais.

Não estou negando os enormes benefícios da tecnologia, mas você precisa administrar o seu uso dos aparelhos digitais. Eis algumas dicas:

» **Tenha um dia ou meio dia de desintoxicação toda semana.** Dê um descanso para o seu cérebro.

» **Tente deixar seu telefone longe do lado de sua cama.** Experimente isso por algumas noites a cada semana. Melhor ainda, torne seu quarto uma zona livre de tecnologia.

» **Seja cortês.** Desligue seu telefone durante as refeições ou ao sair com a família e amigos. Desafie-se e veja se consegue resistir à tentação de verificar seu telefone na mesa, mesmo que seu amigo o faça.

» **Vá caminhar sem seu telefone.** Caso não esteja acostumado a isso, achará a experiência estranha no começo, e depois altamente renovadora. Adoro fazer isso regularmente.

» **Anote quantas vezes você verifica seu telefone por dia.** Esta é uma experiência de mindfulness por si só. Os usuários normais checam seu telefone mais de 100 vezes por dia! Desligue seu telefone em partes do dia e encontre algo mais satisfatório para fazer com seu tempo.

» **Controle o impulso de usar a tecnologia.** Quando você sentir o desejo de usar a tecnologia, mas não precisar de verdade, perceba a sensação de seu corpo. Veja se você consegue controlar o impulso, apenas sentindo-o e relaxando. A cada vez em que você faz isso, seu vício diminuirá até que seu impulso desapareça completamente.

Respire e Sorria!

Você verá que a vida ainda vale a pena, se você apenas sorrir.

CHARLES CHAPLIN

Os músculos da sua face conectam-se à sua sensação de felicidade. Quando você está feliz, sorri — você sabe disso, é claro. Experimente o processo agora, independente de como se sinta. Simplesmente mantenha um sorriso sutil e gentil ao ler estas frases. Continue por alguns minutos e perceba qual efeito o sorriso tem. Combine isto com sentir sua própria respiração.

EXPERIMENTE ISTO

Você pode aplicar esta técnica de sentir sua respiração e sorrir de leve de uma maneira sistemática todos os dias por dez minutos, ou enquanto faz suas atividades diárias. Pense nisso como uma yoga para sua boca! Desta maneira, você pode ter atenção plena fazendo o que estiver fazendo, seja lavando a louça, fazendo um trabalho ou esperando em uma fila. Cada momento é uma oportunidade de voltar ao aqui e agora, o momento presente. Você não precisa de nada extra — sua respiração e sorriso são altamente portáteis.

Você pode sentir-se relutante a sorrir agora mesmo, porque não acha que o sorriso é genuíno. Você sorrirá quando estiver feliz, não agora. Tudo o que posso dizer é, experimente. Sim, você irá sentir-se artificial no começo, mas isso desaparecerá. Embora pareça estranho, apenas experimente e veja o que acontece depois de um tempo. Como alguém me disse uma vez: 'Finja até conseguir fazer de verdade!'.

LEMBRE-SE

O mindfulness não é baseado em forçar-se a sentir-se melhor — é mais focado em trazer um senso de curiosidade a seus sentimentos e pensamentos e a ganhar informações a partir deles, sobre o que quer que você esteja passando. Estar consciente de pensamentos e sentimentos é muito mais importante do que tentar *mudar* seus pensamentos ou sentimentos.

NESTE CAPÍTULO
Lidando com a dor e o estresse
Melhorando os relacionamentos — inclusive consigo mesmo
Sentindo-se mais feliz e criativo

Capítulo 17

Dez Maneiras pelas quais o Mindfulness pode Realmente Ajudá-lo

Mindfulness dá uma série de prazeres que eu espero que você experimente pessoalmente. Assim que começar a ter mais atenção plena regularmente, achará bem viciante! Neste capítulo, eu dou uma amostra dos benefícios do mindfulness, muitos deles são comprovadas cientificamente.

Treinando o Cérebro

Até bem recentemente, os cientistas achavam que as conexões e a estrutura do cérebro eram fixas, pois mudar as conexões do cérebro seria complicado demais.

Agora, sabemos a verdade: seu cérebro *pode* mudar! Os cientistas observaram cérebros de violinistas e descobriram que a parte do cérebro responsável pela habilidade dos dedos era muito maior em quem tocava o instrumento do que nas outras pessoas que não tocavam o instrumento. Eles também estudaram os motoristas de táxi de Londres, que precisam conhecer todas as redes complexas de estradas e as dez mil ruas diferentes de Londres ('o conhecimento'). Quando os cientistas compararam os cérebros dos taxistas com os cérebros 'normais', descobriram que a parte responsável pela localização era significativamente *maior*. Quanto mais tempo os motoristas trabalhavam, mais significativa a mudança.

Esta evidência mostra que, por meio do treinamento e da experiência diária simples, o cérebro físico, na verdade, é alterado. Experiências repetitivas mudam o cérebro mais do que qualquer outra coisa. A descoberta de que o cérebro muda em resposta à experiência chama-se agora de *neuroplasticidade* e dá a todos uma tremenda esperança — você pode *mudar seu cérebro* por meio do treinamento em qualquer idade!

Com a ajuda do Dalai Lama, o grande neurocientista Professor Richard Davidson escaneou os cérebros de monges meditadores que seguiram prolongadas meditações com o mínimo de dez mil horas (não de uma vez só!). A meditação que os monges faziam era de compaixão, parecida com a meditação Metta descrita no Capítulo 6. A parte frontal esquerda do cérebro (córtex pré-frontal esquerdo, caso esteja realmente curioso) associado à positividade foi ativado — na verdade, ele atingiu um pico! Nenhum cientista havia visto tanto efeito positivo em um ser humano anteriormente. Os cientistas descobriram que os cérebros inteiros dos monges haviam sido religados para funcionarem de maneira mais positiva. Isso prova que a atenção plena e a compaixão não são fixas, mas sim, habilidades que você pode treinar.

Certo, os cérebros dos monges tornam-se mais positivos porque eles passam a maior parte de seu tempo meditando. Mas e você e eu? Nós não temos todo este tempo para meditar. Tempos de meditação mais curtos de mindfulness podem funcionar? O cérebro melhora depois de, digamos, 30 minutos por dia por duas semanas?

A incrível resposta é sim. Os cientistas também estudaram a meditação mindfulness em curto prazo. As pessoas foram designadas aleatoriamente em dois grupos. Um grupo treinava a terapia cognitivo-comportamental para mostrar aos membros do grupo como ver os desafios em sua mente com maior positividade. O outro grupo era treinado em meditação Metta (atenção plena com amor e bondade). Algumas das pessoas no grupo Metta tiveram uma maior ativação na parte do cérebro que significava positividade e também relataram um amor-próprio maior do que aqueles do grupo de terapia cognitivo-comportamental. Mudanças úteis realmente ocorreram em uma quinzena de prática.

A meditação mindfulness muda o cérebro e, quanto mais você pratica, maiores as mudanças positivas em seu cérebro. Mais um motivo para baixar as faixas de áudio em MP3 (disponíveis no site da Alta Books) que acompanham este livro e começar a meditar.

Melhorando Relacionamentos

Muitos estudos mostram que os relacionamentos das pessoas tendem a melhorar quando elas começam a praticar a meditação mindfulness. Muitas razões indicam o porquê disso acontecer.

O mindfulness pode desligar o estresse. Quando você se sente ameaçado por uma observação maldosa ou é demasiadamente desafiado no trabalho ou em casa, seu corpo e mente envolvem-se em uma resposta de estresse. Você fica menos compreensivo, passando a reagir e julgar mais. Obviamente, isso pode ter um efeito negativo nos relacionamentos pessoais. Você pode estourar mais facilmente quando seu parceiro pergunta o que há de errado ou responder emocionalmente quando chega em casa e percebe que o jantar não foi preparado. O mindfulness faz com que você fique mais relaxado em seu dia a dia, fazendo com que seja menos provável que reaja de uma maneira que não seja construtiva.

O mindfulness desenvolve sua capacidade de aceitar sua experiência a cada momento. Esta postura de aceitação se traduz em relacionamentos melhores com os outros. Ao saber como aceitar melhor os defeitos de uma outra pessoa (ninguém é perfeito!), maiores as chances de que você desenvolva uma maior compreensão e aumente a possibilidade de perceber os pontos positivos das pessoas.

Julgar os outros não é a melhor maneira para estimular os relacionamentos no mundo. No entanto, pesquisas mostram que os meditadores julgam menos as pessoas e são mais concentrados no momento, mesmo quando não estão meditando. Isso explica por que seus relacionamentos melhoram uma vez que começa a meditar — você está conectando-se com o que as outras pessoas dizem em vez de desperdiçando sua energia julgando-as.

O mindfulness leva a níveis mais altos de empatia e compaixão por si mesmo e pelos outros. Uma atitude de maior cuidado o leva naturalmente a dar maiores níveis de atenção e o ajudam a ver a partir da perspectiva de outras pessoas. Finalmente, um sentimento de amor está no centro de qualquer relacionamento significativo e, assim como o amor cresce na meditação, a qualidade dos relacionamentos naturalmente é aprofundada.

Estimulando a Criatividade

Sua criatividade depende exclusivamente do seu estado mental. Você não pode esperar ter ideias excitantes e perceptivas se sua mente estiver saturada e lotada de opiniões e pontos de vista. A criatividade exige que você se liberte do velho e abra caminho para o novo. A meditação mindfulness baseia-se em estar consciente de seus pensamentos sem julgá-los; esta ausência de julgamento permite que modos novos e únicos de pensamento surjam. Na maioria dos exercícios de criatividade, a ênfase é sempre parar de julgar as ideias e somente deixá-las fluir — em uma prática de mindfulness chamada consciência sem escolha, descrita no Capítulo 6, você faz exatamente a mesma coisa.

A pesquisa publicada no jornal *Consciousness and Cognition,* em 2012, foi o primeiro estudo a mostrar que as pessoas que se consideram com maior atenção plena são mais capazes de resolver problemas de ponto de vista — problemas que requerem uma mudança de percepção e novo raciocínio para encontrar soluções.

LEMBRE-SE

O mindfulness em longo prazo leva a um estado mental de maior calma. Quando a mente consciente acalma, você começa a acessar a capacidade e conhecimentos criativos imensos da mente subconsciente. Você normalmente só acessa esta criatividade dormindo, então fazer isso é quase que completamente fora de seu controle. Com a atenção plena, as ideias criativas que surgem são mais práticas. A maioria das minhas boas ideias surgiram ao meditar com atenção plena. Ao dar à minha mente a oportunidade e espaço para ser ela mesma, acesso minha criatividade, acessando ideia após ideia.

Diminuindo a Depressão

Considera-se que alguns tipos de depressão são causados por padrões de pensamentos negativos repetitivos (ruminação) e por evitar pensamentos e sentimentos desconfortáveis, em vez de encará-los (esquiva experimental). O mindfulness, como parte da terapia cognitiva baseada em mindfulness, explicada no Capítulo 13, ajuda a combater a depressão de diversas maneiras. O mindfulness:

> » **Desenvolve sua capacidade de permanecer, experimentar e encarar as experiências difíceis e emoções em vez de evitá-las.** Evitar as emoções difíceis parece ser a maneira-chave pela qual as recaídas na depressão ocorrem. Você pode gradativamente desenvolver uma atitude de aceitação, bondade e curiosidade em relação à experiência por meio da prática regular do mindfulness, permitindo uma abordagem mais saudável em relação às emoções.

» **Leva você a um estado mental de 'ser'.** Este modo ser (descrito completamente no Capítulo 5) permite que você testemunhe sua depressão como algo que cresce e diminui dentro de si, em vez de ser uma parte central de quem você é. Você pode afastar-se de sua experiência interna de uma maneira benéfica e ver as coisas por uma perspectiva maior. Esta mudança de perspectiva lhe ajuda a evitar a visão da depressão como algo interminável, mudando a ideia de 'Eu sou depressivo' para 'O sentimento de depressão está aqui no momento, mas não é para sempre. Todos os sentimentos têm um início e um fim.'

» **Ajuda você a entender os padrões da mente.** Ter a atenção plena lhe ajuda a ver como sua mente facilmente entra em um modo inconsciente de 'piloto automático', que leva a ciclos de pensamentos negativos, que conduzem a uma depressão ainda maior. Tornar-se consciente destes hábitos da mente é o primeiro passo para começar a vê-los a partir de uma perspectiva diferente e, assim, diminuir sua potência.

» **Desenvolve hábitos mentais mais saudáveis.** A depressão se aprofunda com a ruminação. O mindfulness desabilita este ciclo de pensamentos negativos encorajando-o a conectar sua atenção ao momento presente. Este foco reduz os recursos internos dedicados à ruminação. Com a atenção plena tornando-se um hábito, quando leves sentimentos de tristeza surgirem, sua resposta provável é focar-se nas sensações de seu corpo, em vez de entrar numa espiral de uma depressão enorme.

Vá ao Capítulo 13 para saber mais sobre como combater a depressão com mindfulness.

Reduzindo a Dor Crônica

Por mais incrível que pareça, o mindfulness pode reduzir a dor crônica. A participação no programa de redução de estresse baseado em mindfulness (MBSR) do Dr. Jon Kabat-Zinn mostrou, em diversos estudos, os benefícios do mindfulness para aqueles que sofrem da dor crônica.

Em um estudo, 90% dos pacientes que sofriam de dor crônica treinaram em meditação mindfulness por dez semanas. Especialistas observaram uma redução significativa da dor, imagem negativa do corpo, humores negativos, ansiedade e depressão. Os pacientes também envolveram-se com mais atividades, incluindo uma atividade diária como preparar a comida e dirigir, com as quais eles lutavam antes. O uso de medicamentos para a redução da dor diminuiu e os sentimentos de autoestima aumentaram. Estes pacientes foram muito melhor do que um grupo que passou pelos programas normais de administração da dor.

O aspecto mais excitante foi o resultado de um exame de acompanhamento quatro anos depois. A maioria dos pacientes de dor crônica relatou que boa parte de suas melhoras foi duradoura ou melhorou ainda mais. Isto provavelmente deveu-se ao fato de que, incrivelmente, acima de 90 por cento dos participantes continuou a praticar algum tipo de meditação mindfulness. Esta é uma realização enorme, considerando que treinaram quatro anos antes.

Todos estes benefícios positivos podem ser parcialmente devido à maneira que o mindfulness pode treiná-lo a aceitar as sensações corporais difíceis, em vez de tentar resistir a elas ou fingir que o desconforto não está ali. Paradoxalmente, a aceitação parece reduzir a dor. Você descobre como sentir a dor e experimentá-la como um sentimento a cada momento, em vez de evitá-la e deixar seus músculos tensos. Você pode ajudar os músculos em torno da área dolorida a relaxar, reduzindo assim a própria dor.

Dando um Significado Mais Profundo à Vida

Antes de começar a praticar a meditação, eu achava a vida bastante vazia e oca. Tinha amigos e uma família, um lugar confortável para viver e uma boa carreira, mas algo definitivamente faltava. A vida era meio dura e sentia falta de vitalidade e entusiasmo. Eu ainda lembro da primeira aula de meditação em que eu fui. O professor calmamente falou sobre a natureza da consciência e como, com as práticas regulares, você poderia tornar-se mais consciente. Esta necessidade de consciência ressoava comigo — a coisa toda fazia sentido. No entanto, para começo de conversa, eu não tinha disciplina e descobri que uma falta de uma rotina regular de meditação não funcionava de verdade. Com mais prática, muitos professores maravilhosos e boa sorte, pude aprofundar minha meditação. A prática da meditação em si tornou-se uma força motriz para uma vida com mais significado e autenticidade.

LEMBRE-SE

Quando você chegar a um senso de paz profunda e calma dentro de si, não pergunta mais qual o significado ou objetivo da vida. Você tem clareza em sua mente de que a paz, bondade, empatia e alegria estão disponíveis para serem cultivadas em seu próprio ser. Você sabe que o sofrimento, a dor e a tristeza do mundo são parcialmente um reflexo da incapacidade da humanidade de encostar nessa fonte interna de cultivo. Você vê como seus humores ruins e frustrações devem-se, basicamente, a ver as coisas a partir da perspectiva errada. Então você sabe que seu objetivo é acessar seus próprios recursos internos com a maior frequência e profundidade possíveis, não só para si mesmo, mas para o bem de todos ao seu redor. O bem-estar é contagiante.

Reduzindo o Estresse e a Ansiedade

O estresse e a ansiedade são levemente diferentes. O estresse é a sua resposta a uma situação ameaçadora e a ansiedade é um efeito adverso daquele estresse. A ansiedade é mais baseada no medo e é uma reação ao estresse em si. O mindfulness pode ajudá-lo com ambos.

O mindfulness pode reduzir o estresse. Uma maneira-chave é tornar-se consciente de seus pensamentos e ideias inerentes a eles e suas atitudes sobre uma situação em particular. Fazendo isso, você cria a possibilidade de mudar naturalmente sua resposta à situação de estresse. Responder adequadamente ao estresse é uma maneira importante para reduzi-lo.

PALAVRAS DE SABEDORIA

Dr. Richard Lazarus, um pesquisador renomado sobre o estresse e também psicólogo, definiu o estresse como 'uma relação particular entre a pessoa e seu ambiente que é *avaliado* por ela como sendo exigente ou excedente de seus recursos e colocando em risco seu bem-estar'. Gosto do seu ponto de vista. A definição explica como um evento pode ser estressante para você, mas não para outra pessoa — o nível de estresse experimentado depende se você vê a situação (o causador do estresse) como algo com o que você consegue lidar ou não.

O mindfulness reduz o estresse de muitas maneiras e em muitos níveis diferentes. Por exemplo, digamos que seu chefe tenha a tendência de perder a calma com facilidade e grite frequentemente com você, embora esteja fazendo o seu melhor. Como o mindfulness ajudaria? Leia a lista de três caminhos listados abaixo.

Primeiramente, ao ter mais atenção plena, você perceberá o fato de que está estressado. Você pode sentir sua mandíbula enrijecendo ou seus ombros curvando-se para frente, antes mesmo de chegar ao trabalho. Então, quando seu chefe grita com você, você fica mais consciente das escolhas que tem. Você sabe qual será o efeito de não responder, reagir com insultos ou sair correndo. O próprio fato de estar consciente de suas reações faz com que elas mudem. Você naturalmente começa a mudar de *reagir* a eventos negativos para *responder* com maior sabedoria. Você começa a pensar mais criativamente, o que pode incluir comportar-se mais assertivamente.

Em seguida, com a prática regular da meditação mindfulness, você dá ao seu corpo e mente um descanso. Em vez de passar seu tempo fazendo e realizando isto ou aquilo, você se dá um espaço para simplesmente ser. Este modo 'ser' é tremendamente cultivador e levanta seus recursos internos para relaxar em vez de estressar-se.

Ainda, você começa a ver as coisas de uma perspectiva diferente. Embora seu carro não tenha dado a partida nesta manhã, pelo menos isso lhe dá a oportunidade de tomar uma xícara de chá enquanto espera o mecânico chegar. Embora haja uma fila enorme no banco, pelo menos você tem dinheiro o bastante para viver, ao contrário de tantas pessoas infelizes. Você pode até mesmo usar a oportunidade para praticar o mindfulness ao esperar na fila.

O mindfulness também pode ajudar com a ansiedade. Todo mundo experimenta sentimentos de ansiedade em suas vidas, talvez antes de uma entrevista ou de uma prova. No entanto, caso você sofra de um distúrbio de ansiedade generalizada, o sentimento torna-se parte da sua existência do dia a dia. A ansiedade pode perturbar significativamente as atividades que você achava fáceis no passado.

A ansiedade e a preocupação baseiam-se no pensamento sobre o futuro. Você pode estar preocupado sobre o que vai acontecer mais tarde, no mês que vem ou no ano que vem. Sua mente começa a prever resultados futuros negativos e assim gera emoções desafiadoras. O mindfulness age na contramão disso, encorajando-o a viver no aqui e agora, de momento a momento, sem julgar. Você começa a libertar-se de sua mente que vaga perigosamente e permite-se emergir no mundo sensorial do presente.

O mindfulness permite que você se afaste um pouco dos conteúdos de sua mente e emoções. Você descobre como identificar-se menos com os pensamentos que atravessam sua mente e a perceber que são apenas pensamentos, em vez de fatos. Isto permite que seus pensamentos percam seu poder, reduzindo assim sua ansiedade.

Surpreendentemente, pesquisas descobriram que *tentar* parar de se preocupar aumenta a sua preocupação. Ao ter uma maior atenção plena, você muda seu *relacionamento* com os pensamentos, tendo mais compaixão e aceitando-os mais, em vez de tentar eliminá-los. Esta abordagem com mindfulness parece ser muito mais eficaz do que tentar evitar pensamentos preocupantes por completo. Leia o Capítulo 13 para saber mais sobre o uso do mindfulness para combater a ansiedade.

Controlando o Comportamento Dependente

Você tem alguma dependência? Talvez em cafeína ou cigarros? Ou talvez você seja dependente de comprar, jogar, em internet? Ou você é dependente de ler livros *Para Leigos*? Piadas à parte, a dependência em substâncias como álcool ou drogas ou em atividades, como jogar, obviamente tem consequências negativas sérias para você e seus familiares. A boa nova é que as descobertas iniciais sobre mindfulness estão exibindo resultados promissores.

Por exemplo, considere um pequeno estudo de 2011 sobre mindfulness para parar de fumar publicado no jornal *Drug and Alcohol Dependence*. A experiência pegou 88 fumantes e dividiu-os em um grupo no programa normal para parar de fumar e um outro de mindfulness. Depois de quatro meses, 31% do grupo de mindfulness havia parado de fumar, comparados aos 6% do grupo de tratamento padrão. Isso é uma margem cinco vezes mais eficaz (acima de 500 por cento)!

A razão pela qual a atenção plena funciona tão bem é porque você aprende a domar seu desejo. No estudo, por exemplo, os pesquisadores ofereceram um processo de quatro passos para administrar o desejo:

» **R —** Reconheça que você está passando por um desejo e permita-se ficar tranquilo com esta experiência.

» **A —** Aceite o momento como ele é — não há a necessidade de distrair-se ou evitar seu sentimento.

» **I —** Investigue sua experiência. Pergunte-se: 'O que está acontecendo no meu corpo agora?'

» **N —** Note sua experiência — talvez você tenha uma sensação de pressão, rigidez, uma dor, tensão ou calor. Perceba que estas são apenas sensações corporais que passarão. Surfe na onda desta experiência até que ela passe.

Para mais sobre mindfulness para o vício, veja o Capítulo 13.

Regulando os Hábitos Alimentares

Você tem consciência do que come? Você saboreia cada garfada e mastiga integralmente antes de engolir? Você presta atenção no que está comendo ou distrai-se com a televisão, jornais ou livros? Você usa comida como uma maneira de lidar com emoções desagradáveis?

Caso sinta-se vazio por dentro, pode tentar ajudar a preencher este vazio comendo. Ou sempre que estiver preocupado, pode pegar uma barra de chocolate. Talvez o estresse leve você a abrir a geladeira ou o faça limitar sua comida para sentir-se mais em controle. O mindfulness oferece uma maneira diferente de regular e lidar com suas emoções difíceis e desconfortáveis em vez de fazer isso comendo ou evitando a comida.

LEMBRE-SE

Comer com atenção plena baseia-se em tornar-se mais consciente do processo da preparação da comida e do ato de comer, julgando menos e aceitando mais seus hábitos alimentares atuais. Comer com atenção plena também inclui estar consciente das mensagens que seu corpo manda e usar esta consciência para determinar o quanto comer. Com esta atenção aumentada, você pode escolher o que comer ou não devido a um estado mental mais sábio. Você é capaz de saborear o gosto da comida e saborear o processo de alimentação. Com consciência, é mais provável que você esteja em contato com sua fome física e seja capaz de perceber quando comeu o bastante. Logo, comer com atenção plena pode até mesmo ajudá-lo a manter um peso saudável!

Aumentando sua Felicidade

Todo mundo quer ser feliz. Todas as suas ações podem ser explicadas como o seu desejo pessoal por uma felicidade maior. A pergunta é, qual a melhor maneira para aumentar a felicidade? Parece que simplesmente tentar pensar positivamente não funciona — você precisa envolver-se em algo regularmente que levante sua sensação de bem-estar de uma maneira mais autêntica.

Psicólogos positivos — cientistas que estudam a felicidade — acham que o mindfulness é a resposta. O mindfulness parece treinar a mente para tornar-se naturalmente mais positiva e aumenta a resiliência. Ele é a capacidade de lidar com o estresse e a catástrofe de uma maneira saudável. Garante que você volte ao seu eu feliz o mais rápido possível, seguindo as suas dificuldades. Ele também fortalece sua capacidade de lidar com as dificuldades do futuro. Os exercícios regulares de mindfulness mudam a própria estrutura de seu cérebro, ajudando a aumentar a sua resiliência nos momentos difíceis.

Com a prática de mindfulness numa base regular, você pode também começar a descobrir que a felicidade é um trabalho interno. Você pode ter todo o dinheiro e poder do mundo, mas se seus pensamentos forem negativos demais, e você acreditar neles como verdadeiros, não será feliz. O contrário disso é que você pode possuir bem poucas coisas, mas, caso sua mente seja naturalmente aberta, receptiva e positiva, tendo praticado o mindfulness diariamente, está pronto para provar um senso mais profundo de bem-estar.

Existe um exercício simples de mindfulness para ajudá-lo no caminho da felicidade. Todo dia, olhe para um estranho e pense em sua mente: 'Que você esteja bem, que você seja feliz.' Isso faz você perceber alguém diferente e criar um desejo positivo em sua mente. Provavelmente o fará sorrir também.

NESTE CAPÍTULO

Reconhecendo as percepções erradas sobre o mindfulness

Descobrindo maneiras práticas de superar ideias inúteis

Explorando Aspectos Fundamentais do Mindfulness

Capítulo 18

Dez Mitos do Mindfulness para Descobrir

Quando contei a um amigo meu que eu ensino mindfulness, ele disse: 'Eu não acho que seja para mim — minha mente já está bem cheia, amigo!' O mindfulness não baseia-se em preencher a mente, é claro. O mindfulness também não é só meditação. Se quiser garantir que tem a ideia certa sobre o mindfulness, confira neste capítulo e faça um 'esvaziamento mental' — use esta oportunidade para desarraigar quaisquer ideias erradas que você possa ter sobre a ciência antiga e moderna e a arte do mindfulness.

Mindfulness Baseia-se na Mente

Como ser humano, você tem a capacidade de pensar. Na verdade, não consegue evitar pensar. Pensar parece acontecer, queira você ou não. Pensar é como respirar e provavelmente acontece com mais frequência. Alguns especialistas estimam que os humanos têm até 60.000 pensamentos por dia! O mindfulness não é só sobre a mente; ela se afasta do pensamento em vez de parar de pensar.

O mindfulness pode ser chamado mais apropriadamente de amabilidade. Nas línguas antigas do Oriente, como o sânscrito e o pali, as palavras para mente e coração são as mesmas, então talvez o termo *mindfulness* seja um pouco enganoso. O que amabilidade significa? Caso você tenha um coração caloroso e aberto, você pode: ser bom, gentil, atencioso, receptivo, compreensivo, paciente, crédulo, alegre, honesto, grato, amável, humilde e ter um coração leve. Talvez você não seja todas estas coisas, mas eu compartilho estas palavras para expressar o espírito da atenção plena com você. A ideia é trazer uma ou mais qualidades à sua consciência de mindfulness. Naturalmente, você não pode trazê-las *todas* ao mesmo tempo, mas pode ter uma ideia da atitude que deva trazer à sua consciência.

O mindfulness não é uma consciência fria e áspera. Um ladrão precisa ter atenção quando planeja roubar alguma coisa, mas isso não é mindfulness. O mindfulness tem um senso de bondade assim como de curiosidade em si.

Caso sinta que está sendo crítico, lutando muito e sendo pouco bondoso consigo mesmo ou até achando que sua atenção não é aconchegante quando você está em mindfulness, não se puna. Você acabará frustrado. Apenas esteja ciente do que quer que esteja com mindfulness e, em seu próprio tempo, alguma bondade crescerá naturalmente. Você não precisa forçar muito as coisas — quanto menos forçá-las, melhor.

Algumas pessoas acham que o mindfulness significa que você precisa pensar sobre o que estiver focado. Não é bem isso. Caso você esteja tendo mindfulness sobre sua respiração, isto significa que está tendo a sensação da respiração em seu corpo — não está tentando pensar sobre a respiração.

Mindfulness Não É para Pessoas Inquietas

Você é uma pessoa ocupada, ativa e, talvez, inquieta? Sempre na correria? Caso sim, o mindfulness pode soar como se fosse passivo demais para você. Mas, na verdade, o mindfulness é uma maneira ótima de desarraigar a inquietação e substituí-la por uma alegria interna.

Muitos dos exercícios e meditações mindfulness são sobre desacelerar. Mas esta não é a meta. O objetivo é cultivar um maior nível de consciência e compaixão em relação a si mesmo e ao que está acontecendo ao seu redor. É possível realizar isso estando sentado ou movendo seu corpo.

A inquietação não é uma parte fixa de sua personalidade que nunca mudará. O mindfulness reconecta seu cérebro. Caso você pratique o mindfulness regularmente, começando com apenas alguns minutos por dia, você começa a ficar com a sensação de inquietação sem reagir a ela. Você descobre que o sentimento de inquietação surge e eventualmente passa. Mas tem mais coisa para descobrir. Você pode achar que sua vida vinha sendo *determinada* pela sensação de inquietação. Não precisa ser. Com tempo e esforço, este sentimento de inquietação é substituído por uma sensação maior ainda de paz interior e satisfação.

Como sempre, não prometo que será algo fácil ou rápido de ser consertado, mas a jornada pode começar com uma meditação mindfulness diária de cinco minutos somente de respiração. Então, experimente se quiser superar a inquietação.

Se achar difícil sentar-se quieto até mesmo por alguns minutos, experimente o movimento com atenção plena. Esteja consciente de suas sensações corporais ao alongar-se, tentar tocar seus dedos do pé ou quando for correr em seu parque local.

Mindfulness É o Pensamento Positivo

Você pode interpretar todas as situações de uma maneira negativa ou positiva, mas é mais útil observar as situações de uma maneira otimista do que sempre esperar o pior. Com a prática regular do mindfulness, você fica mais consciente de seus próprios padrões de pensamento, negativos e positivos. Quando surgem os pensamentos negativos, o mindfulness lhe ajuda a reconhecer suas próprias reações habituais. Você pode tentar ver a situação de maneira diferente, seja positivamente ou mais realisticamente, e ver qual o efeito disso. A atenção plena não lhe amarra a nenhuma lista de regras de pensamento positivo — você só traz um senso de curiosidade à experiência.

Não recomendo lutar contra pensamentos negativos. Batalhar com sua própria mente cria uma luta e você pode aumentar o nível de negatividade em si. Quanto mais se combate um pensamento, mais forte ele fica.

Por fim, o mindfulness se afasta um pouco de todos os pensamentos, negativos e positivos. Pensamentos são pensamentos, não fatos. Você não pode controlar os pensamentos completamente — tudo o que pode fazer é observar, afastar-se e parar de reagir a eles. Quando mais puder fazer isto, mais sentirá que está no controle e menos vulnerável e estressado. O Capítulo 5 fala mais sobre desligar-se de seus pensamentos.

Mindfulness É Só para os Budistas

Os Budistas não têm direitos exclusivos sobre o mindfulness. Mindfulness, ou consciência, é um atributo e habilidade humanos universais, qualidades fundamentais de estar vivo, assim como os olhos, ouvidos e um estômago são parte do corpo humano. Ter atenção plena é estar consciente e a consciência não é e nem pode ser atribuída a uma religião em particular.

No entanto, o mindfulness foi investigado e desenvolvido por Buda e seus seguidores. Logo, caso queira, pode ler e estudar mais sobre ela nos textos Budistas, independente de suas crenças religiosas. Você pode também descobrir sobre o mindfulness em várias outras religiões e filosofias, como o Hinduísmo, Taoismo, Advaita, Sufismo e muitas outras. No entanto, você descobre muito mais somente fazendo seu próprio uso mesmo da atenção plena e explorando e aprendendo por meio da sua própria experiência.

PALAVRAS DE SABEDORIA

Como disse um sábio moderno, Nisargadatta: 'O maior Guru é o seu eu interior.' Mesmo Buda disse frequentemente: 'Não simplesmente acredite no que eu estou dizendo — descubra por si próprio, em sua experiência pessoal.'

O mindfulness não é uma religião ou sistema de crença. Caso seja algo, a atenção plena aponta na direção de um modo de vida. A missão do Centro Mindfulness, em Massachusetts é simplesmente 'Um mundo desperto e cheio de compaixão'. Caso você realmente queira um objetivo para a sua prática de mindfulness, acho que tornar-se mais desperto e cheio de compaixão é um bom objetivo.

Se você for religioso e olha profundamente para sua própria fé, provavelmente encontrará alguma maneira ou sistema de fortalecer a capacidade de libertar-se dos pensamentos conceituais e treinar sua qualidade de atenção. Então, você não precisa mudar sua religião para achar a atenção uma disciplina significativa. Ter atenção plena é desenvolver uma capacidade humana inata de estar consciente — você pode ter várias religiões ou nenhuma e ter atenção plena.

Mindfulness Serve Só Para as Adversidades

Mindfulness é usado para aliviar a depressão, dor crônica, ansiedade, recaída às dependências, estresse e alta pressão sanguínea e até mesmo para administrar o estresse e o tratamento de câncer. Resultados iniciais destas áreas são muito encorajadores e a aplicação do mindfulness certamente se desenvolverá ao longo de todos os outros tratamentos.

No entanto, o mindfulness não serve somente para os momentos difíceis. Considere isto: você não pode começar a economizar dinheiro na recessão. Você precisa economizar dinheiro nos bons momentos também, para ter algum dinheiro para ajudá-lo quando as coisas ficarem realmente difíceis. Na verdade, economizar dinheiro é muito mais fácil e eficaz quando a época é boa. Da mesma maneira, você pode beneficiar-se ao desenvolver sua disciplina de atenção plena quando as coisas estão indo relativamente bem. Quando as coisas ficam complicadas, você pode naturalmente desafiar suas habilidades de mindfulness e mergulhar em seus recursos internos para ajudá-lo a lidar com elas.

Quando comecei a praticar o mindfulness, parcialmente para administrar o estresse, nunca entendi o quão longe a prática poderia ir. Por exemplo, eu lutava se tivesse que falar com um grupo de mais de algumas pessoas; hoje tenho sorte o bastante de sentir-me capaz de fazer palestras para centenas de pessoas. Isso não se deve tanto à minha própria coragem, mas ao poder da atenção plena. Embora sua prática de mindfulness possa ser usada para consertar um problema para começo de conversa, caso persevere, o mindfulness alimentará vários tipos de áreas diferentes em sua vida.

Conforme você começa a entender e praticar o mindfulness, percebe os benefícios. Neste ponto, algumas pessoas param de praticar. A vida parece estar indo bem até você ter resolvido suas questões e meio que se esquecem do mindfulness e meditação... até o desastre seguinte chegar! E, então, você busca ajuda novamente. Sair e voltar para a meditação mindfulness é parte do processo natural, mas, no fim, você percebe que sem uma disciplina diária, sua vida vira uma montanha-russa. A meditação torna o passeio um pouco mais suave.

Mindfulness É uma Série de Técnicas

Uma técnica normalmente é um método rápido de obter um certo resultado. Como contar até dez para ajudá-lo a acalmar-se quando sente raiva. Você pode ter uma certa técnica para atingir uma bola de golfe ou para reduzir o conflito numa conversa. Técnicas são ótimas para conseguir certos resultados, mas elas têm suas limitações também. Caso você fique preso demais a uma técnica, você não consegue passar para novas maneiras de fazer as coisas. Às vezes você pode ficar na defensiva sobre sua técnica particular e torna-se ativamente contra tentar algo diferente — desta forma, as técnicas podem atrofiar o desenvolvimento.

Mindfulness não é uma técnica, porque, fundamentalmente, ele não é orientado por objetivos. Este é um conceito difícil de entender, porque você está provavelmente acostumado a fazer as coisas para obter alguma coisa. Por que você se incomodaria em fazer algo para receber, por fim, nada? O mindfulness tem benefícios, mas se você praticar para obter um resultado em particular, limita sua potência. Um bom cientista faz uma experiência sem forçar um certo resultado — tudo o que o cientista quer fazer é descobrir a verdade de uma situação observando o resultado. Caso o cientista esteja buscando

CAPÍTULO 18 **Dez Mitos do Mindfulness para Descobrir** 337

um resultado em particular, talvez, se a experiência for patrocinada por um laboratório, você pode ficar desconfiado dos resultados, pois podem não ser imparciais. Da mesma maneira, caso você busque um resultado em especial com o mindfulness, está sendo parcial e não está tentando o mindfulness integralmente de coração.

Mindfulness baseia-se em estar consciente de suas experiências internas e externas, *quaisquer que sejam elas*.

Paradoxalmente, o mindfulness delineia e aumenta a qualidade de todas as outras técnicas. Sem consciência, você não consegue usar uma técnica. Quanto menos consciente você está, menos provavelmente funcionará qualquer técnica que estiver usando. Por exemplo, caso você use uma técnica para reduzir o estresse ao libertar-se dos pensamentos negativos, mas não está realmente consciente de seus pensamentos, como pode esperar ser bem-sucedido?

Este livro contém muitas dicas e técnicas para encorajar o mindfulness, mas, por fim, o mindfulness em si não é uma técnica.

LEMBRE-SE

O mindfulness baseia-se em libertar-se do fazer. Simplesmente baseia-se em ser como você é. Ser você mesmo, o que quer que você pense de si mesmo. Ser você mesmo não é uma técnica. Você não consegue *fazer* o não fazer. Não fazer significa esquecer todas as técnicas com seus resultados desejados e apenas *ser*.

Mindfulness Não É para Mim

Algumas pessoas podem não ser muito fãs de mindfulness, talvez devido a concepções erradas e pontos de vista estereotipados sobre a prática. O mindfulness nem mesmo tem que conectar-se com a figura típica do meditador: alguém sentado de pernas cruzadas, queimando incenso, olhando perdido para seu umbigo buscando algum êxtase espiritual futuro. Mas o mindfulness é para qualquer um interessado em tornar-se mais consciente, mais acordado, mais vivo, mais conectado. Embora a meditação seja uma maneira extremamente útil de desenvolver uma atenção plena ainda maior, você também pode, simplesmente, prestar um pouco mais de atenção sempre que vai dar uma caminhada, bater um papo com seus colegas ou praticar esportes. Você pode passar alguns minutos sentindo sua respiração ao descansar no sofá, antes de ligar a televisão. Estas são maneiras simples de despertar para sua vida e deixar para lá o piloto automático. Não conheço ninguém que não pudesse fazer bom uso de uma dose maior de consciência.

Você pode achar que não consegue fazer a meditação mindfulness porque é impaciente demais, estressado demais ou ansioso demais. Mas o mindfulness desenvolve sua capacidade de ser paciente, bondoso, atento, calmo e feliz, então você pode ser a pessoa perfeita para experimentar a atenção plena! Dizer que você não é paciente o bastante para praticar mindfulness é como dizer que é incapaz de se exercitar. Caso não se exercite, nunca ficará em forma. No entanto, caso você pegue leve no começo — experimente uma meditação curta, de cinco minutos diários todos os dias e comece a partir daí. Ou experimente algumas caminhadas com mindfulness por alguns minutos. Vá ao Capítulo 6 para maneiras de praticar caminhadas meditativas.

Algumas pessoas acham que o mindfulness é algo estranho que tem a ver com religião ou alguma ideia de culto. O mindfulness é sentir sua própria respiração ou ouvir os sons ao seu redor ou realmente provar a comida na sua frente. A atenção plena é outra palavra para a consciência bondosa — nada misterioso neste sentido. Você pode tornar o mindfulness o que quiser — não existem regras neste jogo. Algumas pessoas praticam mindfulness por razões espirituais ou religiosas, assim como algumas pessoas queimam incenso por razões religiosas — o que não quer dizer que o incenso seja apenas para pessoas religiosas!

A Meditação Mindfulness É Relaxamento

Exercícios de relaxamento são frequentemente projetados para soltar os músculos de seu corpo e o objetivo do relaxamento é ficar menos tenso. Logo, o relaxamento tem um objetivo claro e há vários métodos para obtê-lo.

O mindfulness, por fim, não tem objetivo. Você não pode realmente dizer que teve uma meditação 'boa' ou 'ruim', porque isso pressuporia o tipo de experiência que deveria ter. Meditação é experimentar qualquer coisa que seja o conteúdo da experiência, de momento a momento. Sua intenção e atitudes por trás da meditação são a chave. A meditação baseia-se na compreensão e no crescimento da sabedoria ao olhar para dentro.

O relaxamento é, frequentemente, mas não sempre, um efeito colateral muito bem-vindo da meditação. No entanto, quando você começa a praticar a meditação, pode sentir-se mais tenso no final. Quando comecei a meditar, tentava fazê-la bem e minha atenção era intensa demais. Meu corpo ficava tenso tentando focar, enquanto eu tentava em vão forçar meus pensamentos para fora. Isto levou a mais tensão, mas era parte do processo de aprendizagem.

LEMBRE-SE

A meditação pode, às vezes, liberar emoções presas e profundas que sua mente subconsciente escondeu e trabalha duro para deixá-las guardadas. O processo pode criar mais tensão temporariamente, quando você encara seus demônios. No entanto, quanto mais cedo você liberar esta emoção, melhor. Conforme a emoção se levanta em sua mente consciente, o sentimento pode se dissolver, às vezes relaxando uma parte do corpo que está tensa há anos (o Capítulo 10 fala mais sobre lidar com o mindfulness trazendo à tona emoções dolorosas).

Mindfulness Pode Ser Usado no Lugar de uma Terapia ou Remédio

O mindfulness certamente não pode ser usada *no lugar* da terapia ou do remédio. Caso você sofra de um problema clínico, precisa seguir as recomendações de seu médico. No entanto, *além* dos aconselhamentos médicos, você pode normalmente desenvolver uma prática de mindfulness para incentivar seu processo de cura. O mindfulness ajuda a administrar seus níveis de estresse e podem reduzir sua pressão sanguínea e aumentar a função imunológica do seu corpo.

Os médicos podem encaminhar seus pacientes a um curso de redução do estresse baseada em mindfulness (MBSR), autorizando os pacientes a terem uma parte mais proativa ao cuidar de sua própria saúde e bem-estar por meio da aplicação da atenção plena. Esta maneira de desenvolver recursos internos e aumentar a resiliência ao estresse tem sido considerada profundamente saudável. O Capítulo 9 fala mais detalhadamente sobre a MBSR.

Mindfulness É Complicado e Chato

Como você vê o mindfulness depende das regras que cria em sua cabeça sobre o processo: o mindfulness deve ser relaxante e iluminador; minha mente deve estar vazia; devo sentir-me confortável; não devo ficar sentimental; caso eu não faça isso todos os dias, terei fracassado; caso a sensação seja diferente, talvez tenha feito isso incorretamente.

CUIDADO

Você precisa estar consciente do tipo de regras que criou em sua própria cabeça sobre o mindfulness. Qualquer 'deve', 'precisa' e 'seja' é sinal de uma regra rígida colocada em sua mente. A vida tem a tendência de fluir para qualquer lugar onde deseje ir, assim você encontra seguidamente suas regras internas sendo quebradas e a frustração e tédio surgindo.

O mindfulness é simples, mas não é fácil. A parte simples é que o mindfulness baseia-se em estar consciente e prestando atenção. A parte não tão fácil é ter a disciplina de praticar regularmente e a capacidade de confiar no processo, independentemente do quão selvagem sua mente pareça estar.

O mindfulness contém um sentido de um fluxo simples: fazer menos em vez de mais, pensar menos em vez de mais; ir com o fluxo da vida em vez de passar a vida lutando com as complicações criadas pela mente.

Vou dar um exemplo da simplicidade e da dificuldade do mindfulness. Agora, caso esteja consciente do peso deste livro em suas mãos, você está usando o mindfulness. Caso você saia deste recinto e sinta seus pés no chão, está com o mindfulness. Logo, o mindfulness é simples. No entanto, a parte difícil é superar seus padrões habituais de pensamento atuais, que tem sido fortalecidos por todo o tempo em que você está neste planeta e são naturalmente muito poderosos. Quando você fechar este livro e sair daqui, perceba quanto tempo levará até que você se perca em um oceano de pensamentos, sentimentos, histórias, frustrações e desejos.

Caso você ache meditar chato, tem outras escolhas:

- » Reduza a quantidade de tempo que você usa para meditar.
- » Tenha curiosidade sobre o tédio.
- » Deixe a sensação de tédio ir e foque novamente no momento presente quantas vezes for necessário.
- » Aceite o tédio como parte e parcela da vida e siga meditando — o tédio passará logo.

LEMBRE-SE

Finalmente, independentemente de quantas dificuldades você tenha ao usar o mindfulness, e independentemente do quão confuso ou entendiado possa estar ocasionalmente, você tem um aspecto profundo e poderoso de si mesmo que nada mais pode tocar. A consciência é um aspecto misterioso de ser humano que permanece além da compreensão da ciência. A consciência está sempre aqui, na raiz do seu ser — sempre brilhando, sempre sabendo. Mesmo quando você estiver perdido em pensamentos ou preso nas emoções ou situações mais sombrias e amedrontadoras, você está consciente, em algum nível, do que está acontecendo, dentro e fora de si mesmo.

342   PARTE 5 **A Parte dos Dez**

NESTE CAPÍTULO

Localizando cursos de mindfulness

Descobrindo organizações e livros respeitados de mindfulness

Encontrando centros adequados para retiro

Explorando sites úteis

Capítulo 19

Dez Caminhos para Estudar Mais

Então, você começou a excitante jornada rumo ao mindfulness e quer descobrir mais. Bem, você deu sorte. O mindfulness é um assunto quente e você pode achar todos os tipos de fontes diferentes para ajudar a sua prática. Veja ao longo deste capítulo se algo prende sua atenção.

Web Sites

Você pode descobrir basicamente tudo o que precisa saber sobre mindfulness na internet. O problema é que existem tantos sites diferentes que é difícil saber por onde começar. Eis aqui alguns para ajudá-lo a começar a sua exploração com mindfulness.

ShamashAlidina.com

Se você gosta da minha abordagem neste livro, pode gostar de passar alguns minutos olhando meu site e assinando meu boletim eletrônico. Minha organização oferece treinamento em mindfulness, e para os professores, *online*. Também trabalho com outros especialistas no ramo de mindfulness, oferecendo seus talentos e atributos aos assinantes do meu boletim eletrônico. Meus cursos de mindfulness são oferecidos *online* ou posso dar um workshop ou retiro perto de você, caso você mesmo ou alguém da sua área me convide.

Visite `shamashalidina.com`[1] (conteúdo em inglês) para entrar em contato, para treinamento ou para recursos gratuitos, como:

>> **Curso de mindfulness gratuito de 21 dias online**

>> **Curso de mindfulness de oito semanas online**

>> **Treinamento de professores de mindfulness online**

>> **Boletins por e-mail e e-mails de 'sabedorias semanais' quando você assina**

Caso você esteja no Facebook ou Twitter, dê uma olhada na minha comunidade online que irá apoiá-lo e informá-lo com frases, dicas, ofertas e recursos gratuitos que eu disponibilizo regularmente. É uma maneira ótima de lembrar-se de usar o mindfulness. Veja `facebook.com/shamashalidina` ou `twitter.com/shamashalidina`.

The Greater Good Science Center

A Missão do The Greater Good Science Center (Centro Científico do Bem Maior) é 'estudar a psicologia, sociologia e neurociência do bem-estar e ensinar habilidades que fomentem uma sociedade próspera, resiliente e compassiva.' Soa muito grandioso, mas o site do centro é fantástico e é prazeroso ler suas páginas.

---

1 N. E.: A editora Alta Books não se responsabiliza pela disponibilidade dos conteúdos online sugeridos pelo autor em seu site.

344   PARTE 5 **A Parte dos Dez**

Visite o centro em `greatergood.berkeley.edu` (conteúdo em inglês) e passeie pelos temas centrais, que são: gratidão, altruísmo, compaixão, empatia, perdão, felicidade, e como não poderia deixar de ser, o mindfulness. Os artigos são bem escritos e pesquisados.

Mindful.org

O Mindful.org celebra o mindfulness em todos os aspectos da vida diária. É um recurso ideal caso você esteja interessado em várias formas de prática de mindfulness. O site oferece uma gama de matérias, notícias práticas, pontos de vista e dicas.

Viste `mindful.org` (conteúdo em inglês) e leia seções sobre:

>> Corpo e mente

>> Amor e relacionamentos

>> Casa e trabalho

>> A Prática de mindfulness

>> A ciência por trás do mindfulness

Livros, Revistas e Filmes

Recomendo que você continue a estimular sua prática de mindfulness com uma variedade de escritores diferentes para ajudar a aprofundar seu autoentendimento. Eis alguns recursos que eu gostei e ainda gosto.

Livro: Wherever you go, there you are

Este livro de Jon Kabat-Zinn (publicado pela Piatkus, sem tradução para o português) é simples e fácil de ler, abordando uma vasta gama de tópicos a respeito da meditação mindfulness. Kabat-Zinn desenvolveu um curso de redução de estresse baseado em mindfulness detalhado no Capítulo 9, então, definitivamente, ele sabe uma ou das coisas sobre mindfulness!

Os capítulos neste livro são bons e curtos, então é ideal pegá-lo e lê-lo por alguns minutos antes ou depois de fazer uma meditação mindfulness. O livro é perfeito para os iniciantes e contém algo para os praticantes mais experientes também.

TUDO ESTÁ CONECTADO

Parte do objetivo do mindfulness, de acordo com Thich Nhat Hanh é ver como você está interconectado com tudo e não é uma entidade separada que existe de forma isolada. Esta *interexistência* gera um senso de paz e bem-estar e reduz sentimentos como a raiva e frustração. Você percebe que, se está com raiva de outra pessoa, está de alguma maneira com raiva de si mesmo. Caso esteja martelando um prego num pedaço de madeira e acidentalmente acerte sua mão esquerda com o martelo que está na sua mão direita, suas mãos esquerda e direita não começam a brigar! Pelo contrário, sua mão direita se preocupa com a outra e alivia sua dor, pois as duas mãos são uma só. Da mesma maneira, caso você comece a ver como está interconectado com o resto, experimentará uma compaixão maior (uma das emoções mais positivas que você pode ter) e respeito pelas coisas e pessoas ao seu redor.

Livro: Peace is every step

Thich Nhat Hanh (Pronuncia-se Tik N'yat Hawn) é um monge, poeta, catedrático e ativista da paz Zen Budista Vietnamita. Nhat Hanh escreveu muitos livros e eu particularmente gostei de ler este (publicado pela Rider, sem tradução para o português).

O autor começa o livro assim:

> *Todos os dias, ao acordarmos, temos vinte e quatro horas novinhas em folha para viver. Que presente precioso! Nós temos a capacidade de viver de uma maneira em que estas vinte e quatro horas trarão paz, alegria e felicidade para nós mesmos e aos outros.*

Thich Nhat Hanh é, provavelmente, um dos professores de mindfulness mais famosos do mundo. Devido ao seu comprometimento de toda uma vida e seus esforços pela paz no Vietnã, ele foi nomeado ao prêmio Nobel da Paz em 1967, por Martin Luther King Jr.

Você pode encontrar muitas pérolas neste livro para ajudar a transformar sua vida diária e levar a consciência plena do que faz e sentir gratidão por isto. A simplicidade e poesia das palavras de Thich Nhat Hanh fazem com que seja uma alegria lê-las. O livro é dividido em seções curtas para que você possa ler em alguns minutos e depois refletir sobre elas — ideal antes ou depois da meditação para prepará-lo para o dia.

Livro: Atenção Plena — Mindfulness: como encontrar a paz em um mundo frenético

Este é, no momento, um livro muito popular — na verdade um dos livros mais vendidos no mundo!

O livro é coescrito pelo Professor Mark Williams, ex-diretor do Centro de Mindfulness da Universidade de Oxford e por Danny Penman, jornalista, e detalha um curso de mindfulness de oito semanas para pessoas que sofrem dos desafios do estresse do dia a dia. O livro inclui exercícios curtos de mindfulness, com 10 a 15 minutos de duração, então é ideal se você tiver uma vida ocupada e não tiver tempo para as meditações mindfulness mais longas.

Dê uma olhada e veja se ele lhe interessa.

Revista: Mindful

Esta é a única revista mensal de qualidade que eu conheço dedicada à celebração do 'movimento de mindfulness'. Cheia de artigos bem escritos, a revista contém ideias para a aplicação do mindfulness em casa e no trabalho, assim como as últimas descobertas das pesquisas sobre mindfulness, entrevistas fascinantes, aplicativos móveis recomendados e mais.

No momento, estão disponíveis as versões digitais e impressas para que você possa acessar a *Mindful* (em inglês) onde quer que esteja no planeta.

DVD: Room to Breathe

Este documentário é sobre a transformação de uma escola com dificuldades em San Francisco, enquanto os alunos são apresentados à prática da meditação mindfulness. Professores estressados encaram a opção de ou continuar a batalha para ganhar a atenção de estudantes frustrados ou tentar dividir a prática antiga da atenção plena para ajudar a desenvolver a capacidade dos alunos de estarem presentes. Descubra como um jovem professor de mindfulness de Berkeley, enfrentando a falta de disciplina dos alunos, sua falta de respeito pela autoridade e pouco interesse em aprender qualquer coisa trabalha perante o desafio.

O DVD é particularmente interessante pra qualquer um que trabalhe com crianças ou tenha algum interesse sobre o poder do minfulness.

Retiros

Você pode aprofundar sua experiência de mindfulness ao participar um retiro. Eles lhe oferecem um período extenso longe de seu ambiente e responsabilidades usuais — frequentemente em silêncio. Neste ambiente, sua mente tem mais tempo de se acomodar e, por meio das práticas da meditação mindfulness, você ganha entendimentos e cresce em sabedoria, ao meditar.

Este tipo de oportunidade é rara, então caso tenha uma chance deste tipo, eu o encorajo a arriscar. Se você nunca passou um dia sem falar, por que não experimentar e ver o que acontece? Você pode achar fascinante como sua mente reage à experiência. Para muita gente, a experiência descansa, energiza e é como se fosse uma desintoxicação mental.

Centros de retiro baseados em mindfulness no mundo todo

Os seguintes centros de retiro oferecem retiros silenciosos baseados em mindfulness:

» Insight Meditaton Society, Barre, Massachusetts, EUA

» Spirit Rock, Woodacre, California, EUA

» Insight Meditation Community of Washington, Cabin John, Maryland, EUA

» Southern Dharma, Hot Springs, North Carolina, EUA

» Boundless Way Zen, Worcester, Massachusetts, EUA

» San Francisco Zen Center, San Francisco, California, EUA

» Zen Center of San Diego, San Diego, California, EUA

» Zen Community of Oregon, Claskanie, Oregon, EUA

» Karme Choling, Barnet, Vermont, EUA

» Shambhala Mountain Center, Red Feather Lakes, Colorado, EUA

» Gaia House, Devon, Reino Unido

» Amravati, Hertfordshire, Reino Unido

» Vipassana Meditation Centers (no mundo todo)

Esta não é uma lista extensa, mas dá algumas ideias de lugares para você procurar. A maioria deles fica nos Estados Unidos, mas, quando procurar nos seus sites, pode achar links para centros recomendados perto do seu país ou até mesmo onde você mora.

Os Centros de Meditação Vipassana estão localizados mundialmente e baseiam-se na tradição SN Goenka. Na minha experiência, as pessoas tendem a amar estes centros ou achá-los um pouco intensivos. Visite o site ou fale com alguém que tenha ido lá para ver se é bom para você.

Caso esteja buscando por um centro desassociado de religião, entre em contato com um professor de mindfulness secular como eu. Muitos professores de mindfulness secular oferecem agora retiros. A maneira mais fácil de encontrar um professor assim é procurar na internet por um em sua área e depois verificar suas credenciais e experiência no site relacionado.

Verifique as agendas e horários do retiro. Caso você seja um iniciante e ache que possa sentir-se intimidado com uma semana inteira ou mais, tente começar com um retiro de um dia só ou um fim de semana. E não ache que você precise ir a toda sessão de meditação: dê algumas pausas se precisar e siga um ritmo tranquilo em vez de se forçar muito. É um *retiro*, afinal, não uma *tortura*!

Plum Village e centros relacionados

Plum Village é um centro de retiro Budista fundado por Thich Nhat Hanh no sul da França. Eu fui a um retiro lá e adorei a atmosfera de coração leve, misturada com as palestras incisivas e fascinantes de Thich Nhat Hanh a cada manhã. O retiro era parcialmente em silêncio, especialmente nos momentos de refeição. Todos pareciam aproveitar o silêncio. Os retiros de verão também são convidativos para as famílias, então você também pode trazer seus filhos!

Outros centros de retiro agora seguem a mesma abordagem. Eles são:

» **Mosteiro Blue Cliff:** Nos 80 acres deste lugar lindo, a cerca de uma hora e meia ao norte de Nova Iorque, EUA, ele é o lar de 12 monges e 17 freiras, que os recebem para vir e praticar o mindfulness com eles.

» **Mosteiro de Deer Park:** Em 400 acres nas gloriosas montanhas do Sul da Califórnia, EUA, o Deer Park é um lugar de serenidade, onde moram 17 monges e 19 freiras. Visite e pratique o mindfulness lá.

» **Mosteiro de Magnolia Grove:** Em Batesville, Mississipi, EUA, mais de 30 monges e freiras residentes recebem os visitantes que desejarem praticar o mindfulness e meditação a cada suspiro e a cada passo.

Visite seus sites respectivos para saber a melhor hora de chegar e de sair.

Se você participar de um retiro de verão, eis uma programação típica:

5:30	Acordar
6:00	Meditações sentadas e caminhando
7:30	Café da manhã
9:00	Palestra de Thich Nhat Hanh
12:30	Almoço
14:00	Descanso
15:00	Hora de Aula/Estudo
18:00	Jantar
20:00	Exercício
21:30	Início do Silêncio
22:30	Apagar das luzes

Caso se interesse e goste de Thich Nhat Hanh, procure saber mais sobre seu retiro de verão e inscreva-se! Visite `plumvillage.org` (conteúdo em inglês) ou os sites dos outros centros de retiros para mais detalhes.

Índice

A

Abraçando
    abraçando a aceitação, 179
    abraçando o modo de ser, 80
Acalmando a mente, 26, 30
Aceitação
    abraçando, 179
    compreendendo, 58
    definição, 11
    meditação no lago, 149
A consciência acontece por si só, 37
A consciência vem antes do pensamento, 37
Acrônimo RAIN, i, 241
Alidina, Shamash, vii, 172
Alimentação
    superando a alimentação problemática, 166
Amabilidade, 69
Amor e bondade, 126
Âncora
    respiração, 177
Ansiedade
    aceitação, 11
    ansiedade generalizada, 268, 330
    reduzindo, 12
Aprendendo
    a partir de experiências negativas, 202
    perdão (deixar para trás), 71
    relaxar, 201
Árvore do Mindfulness, 67–68
Atenção
    atenção ampla, 31–32, 270
    atenção da testemunha, 15
    atenção estreita, 32
    atenção externa, 31
    atenção interna, 31
Atenção Plena
    acordando, 163
    caminhando com, 160
Atitude de gratidão, 70, 141, 216
Atitudes inúteis, 73

Atitudes úteis, 58
Atividade prazerosa, 98
Audição profunda, 144
Authentichappiness (site), 220
Autocompaixão
    atitude de,, 295
    aumentar, 133
    pesquisa, vício em álcool, 277
    reconhecer, 155

B

baixar faixas de áudio, 3, 117, 325
Bauby, Jean-Dominique
    O Escafandro e a Borboleta, 289
Beleza da natureza, 315
Benefícios da meditação, 110, 192, 197, 208
Benefícios do Mindfulness
    acalmando a mente, 26
    benefícios cardiovasculares, 21
    compreendendo suas emoções, 32
    criando uma mente atenta, 30
    desacelera o processo do
      envelhecimento, 25
    enfatiza a consciência, 23
    estimula seu sistema imunológico, 24
    reduz a dor, 24
    tomando decisões melhores, 28
    tranquilizando suas emoções, 32
Blackburn, Elizabeth (cientista), 25
Boyatzis, Richard (autor), 157
Brahm, Ajahn (monge), 92, 200
Branson, Richard (empresário), 29
Buda/Budistas, 20, 58, 149, 189–190, 200, 336

C

Caminhada meditativa, 121–122
Caminhando com felicidade, 124
Compreenda que odiar alguém não fere aquela
    pessoa, 71

Índice   351

Conectando
  aos seus sentidos, 28, 87, 149
  com o momento, 92
  com o próprio corpo, 110
  com o que as pessoas dizem, 325
  com sua mente, 110
Conexão mente-corpo, 22, 24, 175
Consciência
  da testemunha, 31
  do coração, , 8
  do observador, 31
Curso de Mindfulness, 174
  Abraçando a aceitação, 179
  Compreendendo o Piloto Automático, 175
  Cuidando de si mesmo, 181
  Estar com a atenção plena em
    movimentos, 177
  Lidando com as barreiras, 176
  Percebendo que pensamentos são apenas
    pensamentos, 180
  Permanecendo Presente, 178
  Reflexão e mudança, 181

D

Dalai Lama, 67
Dando as boas vindas aos vizinhos
  barulhentos, 270
De coração aberto, 9
Dependência em tecnologia, 168
Distanciando-se dos pensamentos e emoções, 90

E

Estresse
  ajudando os adolescentes com o estresse
    nas provas, 304
  avaliando o seu, 238
  emocional, 237
  espiritual, 238
  expirando, 242
  físico, 237
  indo da reação à resposta, 239
  limpando com RAIN, 241
  mental, 237
  mude o modo como vê a vida, 245
  nível ideal, 237
  percebendo os primeiros sinais, 238
  redução de estresse baseada em
    Mindfulness, 260, 290

  reduzindo o esrtresse e a ansiedade, 329
  resposta de atenção plena, 240
  usando sua mente para administrar, 244

F

Fábulas
  A casa de hóspedes (poema), 34
  Afiando suas ferramentas, 194
  A história do pedreiro, 38
  Árvore, cipó ou parede? Descrevendo um
    elefante, 130
  A vida é o modo como você a vê, 245
  Chegando ao outro lado, 18
  Esvazie sua xícara, 31
  Histórias de Mulla Nasruddin, 310
  Não se esforce demais, 26
  O burro e o poço, 54
  O leão e a ovelha, 35
  Os tigres famintos, , 81
  O vaso rachado, 23
  Quem sabe? Veremos, 49
  Raiva nos corredores, 247

I

Ilusão de ótica (cachorro), 232

K

Kabat-Zinn, Jon, 9
Keller, Helen (ativista política), 60

L

Lidando com as raízes da raiva, 251
lutar-fugir-congelar, 237

M

Maestro da meditação, 208
MBCT - Mindfulness-based cognitive
  therapy, 260
Mindfulness
  apoiando adolescentes, 302
  aprendendo, i
  aspecto de atenção, 8
  aspecto de consciência, 8
  aspecto de memória, 8
  benefícios, 12
  comer com, 99, 100, 153, 165, 167

compreendendo o significado, 8

definição, 7

escaneamento corporal, 104

espaço para a cura, 11

meditação formal, 10

meditação informal, 10

meditação mindfulness, 10

melhorando a produtividade, 13

melhorando relacionamentos, 325

na prática, 90

    autodescoberta, 184

    comer, 98–100

    correr, 137

    dicas para preparar-se para a prática da meditação de atenção plena, 98

    emoções, 147

    Exercício do perdão, 72

    minimeditações, 153

    pedalando, 137

    relacionamentos, 140, 146

    respiração, 100, 102, 104, 101

    usando a liderança, 157

rotina diária, 92

Minha religião é a bondade, 67

Momento presente, 9

N

Não reativamente, 9

O

Olhando o lado engraçado da vida, 219

O oceano do ser e do fazer, 82

O que acontece se eu praticar o mindfulness todos os dias, 64

Os fracassos são postes na estrada da realização, 74

Os tipos diferentes de atenção, 32

Os três componentes do mindfulness., 43

P

Pesquisas e Experimentos

    A dependência e o Cérebro, 274

    Alegria de Pintar, 222

    Apreciando o poder dos placebos, 282

    Discutindo com monges, 145

    Encontrando os meditadores Olímpicos, 125

    Entendendo modos de esquiva e de abordagem, 259

    Existe hora e lugar!, 197

    Fazendo a conexão entre o corpo e a mente, 175

    Inspirando-se nos outros, 287

    Levando O mindfulness para as escolas, 307

    Lidando com uma dor de cabeça, 286

    Limpando o estresse com RAIN, 241

    Mantendo suas decisões, 182

    Meditação no Lago: Descobrindo a aceitação, 149

    Mindfulness e eu, 143

    Momentos de genialidade, 231

    Nada é melhor do que a coisa de verdade, 53

    não pense em garotas, 200

    O amor é uma atitude poderosa, 76

    O inferno dos fumantes?, 276

    O Mindfulness aumenta a felicidade: A prova, 228

    Reduzindo o estresse do professor, 159

    Seu cérebro está contando histórias, 28

    Tendo uma gravidez e parto com atenção plena, 294

    Testando a felicidade egoísta e altruísta, 225

    Tudo está conectado, 346

    Uma amostra de atenção plena: Atenção plena dos sentidos, 19

    Uma cura para o tédio na respiração, , 101

    Vendo a base científica da atenção plena, 261

Piloto automático, 79

Prestando atenção

    foco na atenção plena, 9

Primeira flecha, 59

Psicologia do Fluxo, 84

    Arte ou hobbies, 87

    Exercício (caminhar, correr, pedalar, nadar e assim por diante), 87

    Feedback direto e imediato, 85

    Ler ou escrever, 86

    Qualquer coisa feita com atenção plena, 87

    Recompensando intrinsecamente, 86

    Senso de controle pessoal, 86

    Tarefa suficientemente desafiadora, 86

    Trabalho, 87

Psicologia positiva, 140, 213, 217, 225

Q

Qual efeito tem manter um sorriso gentil ao meditar sob a minha prática?, 65

R

Relacionamentos, 146
    comportamento, 146
    emoções, 147
    pensamentos, 147
Respiração diafragmática, , 112

S

Segunda flecha, 59
Sem julgar, 9

T

Tenha compaixão consigo mesmo, 71

U

Uma receita para a felicidade, 216

V

Você é, ao mesmo temo, coisa nenhuma e todas as coisas, 37
Você é apenas os seus pensamentos?, 36
Você é apenas seu corpo?, 36
Você é apenas suas emoções?, 36
Você está sempre consciente, 37